戦国大名 今川氏の城郭

▲今川氏輝木像　14歳で父氏親を失い、母の寿桂尼の補佐を受けて政務を引き継ぎ、甲斐国の武田信虎とも対峙した。天文5年（1536）に24歳の若さで病死　静岡市葵区・臨済寺蔵

◀今川氏親木像　6歳のときに父義忠が戦死し、一族の小鹿範満との家督争いでは家中が分裂。「今川仮名目録」を制定し、領国の安定化に力を注いだ　静岡市葵区・増善寺蔵

今川氏館

大御所・徳川家康が築いた駿府城の遠く背後には富士山があり、家康と同様に今川氏も富士山を権威の象徴として館を築いた。いまだに駿府城の下には今川氏館が眠っているが、往時の記録に「館」とはない。歌人の冷泉為和は「今川亭」・「義元亭」と記し、「洛中洛外図屏風」に描く檜皮葺の公家風の公方（将軍）亭の造りであった。戦時には「構」とあり、大堀で囲まれていたようだ　イラスト：香川元太郎　監修：前田利久　『戦国合戦大全』（学研）より

駿府と今川氏館

安倍川を西の防塞とし、東西を走る東海道と市場は栄え、今川氏十代、230 年間の栄華を誇った駿府城下は“小京都”とたとえられた。北の賤機山麓には、駿河国の惣社である静岡浅間神社をはじめ今川氏一門と家族、東の清水山（谷津山）には重臣らの多くの寺社が建ち並んだ。中央の今川氏館周辺に集住した家臣団屋敷にも、京都の公家・文化人が訪れていた　イラスト：香川元太郎　監修：前田利久　『戦国合戦大全』（学研）より

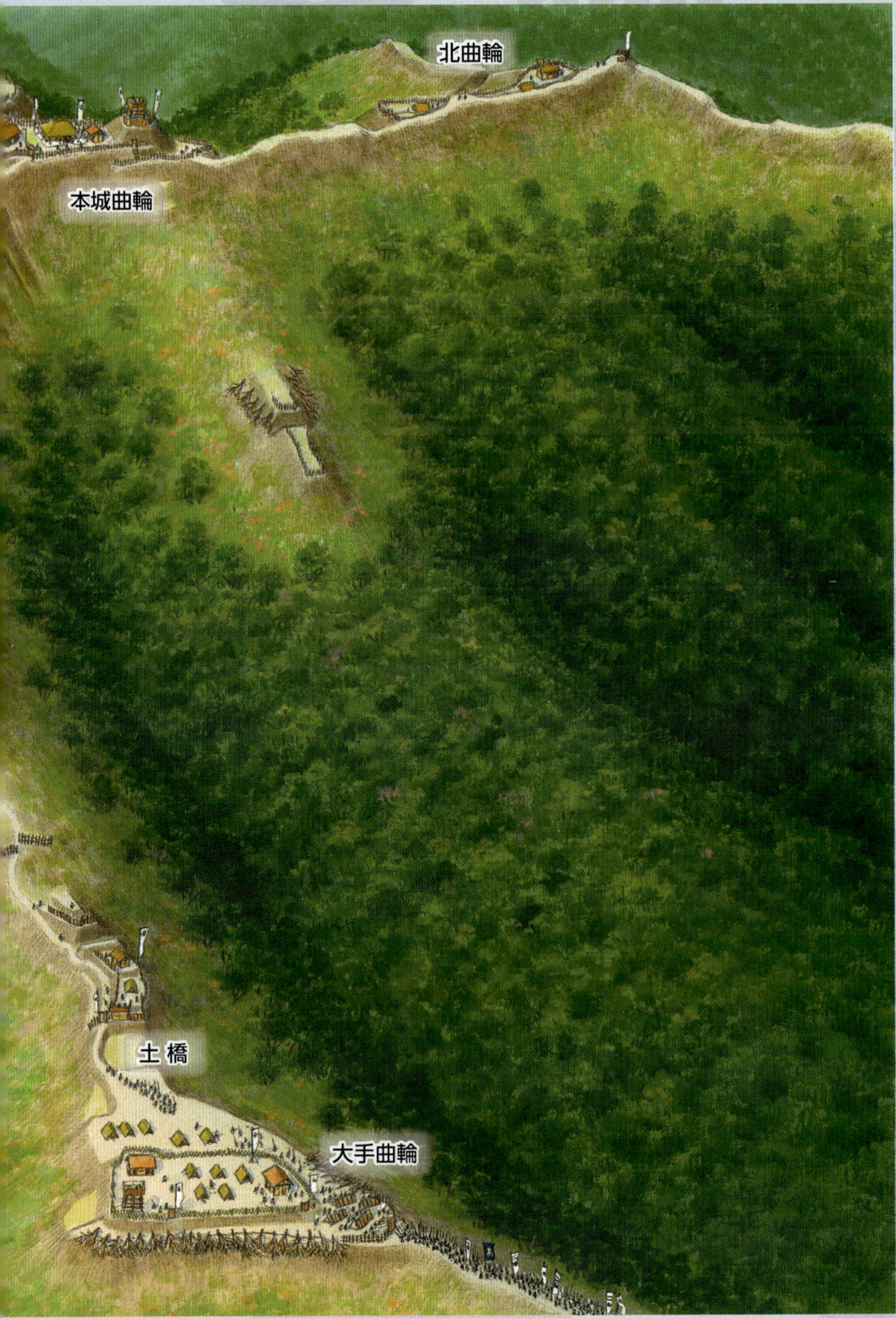
北曲輪
本城曲輪
土橋
大手曲輪

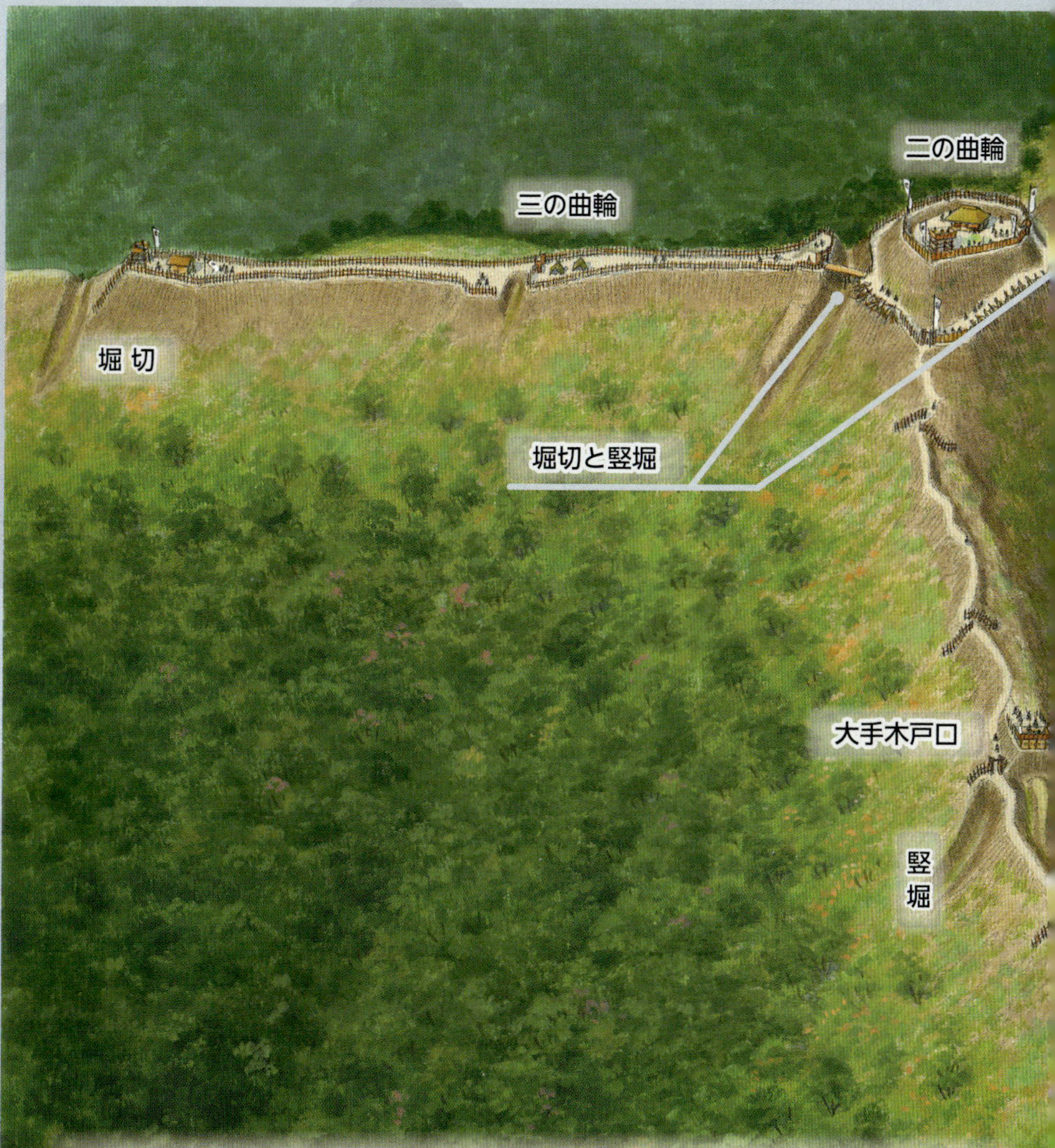

葉梨城（花倉城）

天文５年（1535）、義元が家督を継承することになった花蔵の乱で最終決戦場となった城。藤枝市中山間地の花倉は、南北朝期から今川氏の拠点的存在で、代々、今川氏の御料所だった。絵は義元の兄・玄広恵探が立て籠もった戦況を伝えている。手前の大手曲輪から城道と木戸口、上がった二の曲輪が最も堅固に改修されたが、その他は古式のままで、攻城戦には間に合わなかったようだ　イラスト：香川元太郎　監修／所蔵：藤枝市郷土博物館・文学館

▲賤機山城　南限の堀切　城域南限を仕切る大堀切は、戦国後期になると竪堀と符合してくるが、古式な尾根切りだけの構造は今川系に多い　静岡市葵区

▲犬居城　大手の馬出し・三日月堀と城道　北遠の国衆・天野氏の拠点となった山城で、元亀３年（1572）の武田信玄による遠江進攻で武田氏の番手城となり、その際に改修された可能性がある　浜松市天竜区

▶花沢城　本城曲輪と二の曲輪を区画する珍しいU字形の「毛抜堀」は、小瀬戸城（静岡市葵区）での発掘調査でも見つかり、今川系に多く存在するのかもしれない　焼津市

図説 日本の城郭シリーズ 11

今川氏の城郭と合戦

水野茂［編著］

戎光祥出版

はしがき

近年の静岡県内では、「国衆《くにしゅう》」が話題になっている。それは、大河ドラマ「おんな城主 直虎」の時代考証を担当された小和田哲男・大石泰史両氏の白眉な井伊《いい》氏研究の成果に拠るところが大きい。本書の編者である水野も、産経新聞で「静岡古城をゆく」を長年連載しており、便乗して一年間、特集号の「直虎動乱の渦」をテーマに五〇本を執筆した。井伊氏の本地である遠江井伊谷（浜松市北区）へは一〇回ほど出かけ、井伊氏ゆかりの寺院・史跡、地元の聴き取り取材などを行い、新しい情報を得ることができ、よい勉強になった。

とくに、井伊氏の惣領《そうりょう》系はもともと井伊谷系ではなく、奥まった山間地に拠った渋川《しぶかわ》系井伊氏で、渋川城の周辺には当主であった「次郎」を名乗る墓石や、「スロウ（城）」「殿垣戸」「蔵屋敷」など領主権力を示す地名もあり、歴史・城好きの人はぞくぞくする地域である。また、人気を得た筆頭家老の小野但馬守は、古代の小野妹子や歌人の小野篁《たかむら》の系統とされ、浜松市にその末裔が在住し、古墳を取材させてもらったが、近年では国衆説も浮上し、ますます歴史ロマンを掻き立ててくれる。

遠江国衆の一人で、北遠の天野《あまの》氏も話題になっている。今川《いまがわ》氏にくっついたり離れたり、こっちに付いたりあっちに付いたりしているが、遠江守護の斯波《しば》氏と今川氏との対立は元より、北の武田《たけだ》氏、西の松平《まつだいら》氏の影響も受ける境目の領主であったことに起因しており、実に面白い。平成十五年頃、静岡古城研究会では旧春野町の協力を得て城館跡調査を実施し、天野氏の牙城・犬居《いぬい》城や篠ヶ嶺《ささがみね》城は別にして、各集落ごとに小規模で簡素な山城の存在が多く確認された。なお、今川義元《よしもと》期に天野氏の家督が惣領系から庶子系に交替し、今川氏の衰退期には一門が対立するようになった。おそらく、武田派と徳川《とくがわ》派に分かれるような内乱状態となったことが、集落防衛や避難小屋として機能した小規模城郭になったのだろう。これは、まさしく天野氏の動向と符合し、極めて意義のある調査であった。

井伊氏も天野氏も、今川氏と密接に関わる。中世後期の駿河と遠江は、今川氏を中心に展開したといってよいだろう。だが正直なところ、今川系城郭とはどういうものなのかを語るのは、極めて難しい。今川氏の滅亡後、武田氏や徳川氏によって改造されているためである。両氏の技巧的な縄張りは〝権力の見える化構造〟の説明になってしまい、これまでは、どうしても文献史料を用いた年代比定が主力になってしまったことは否めない。

さらに、今川氏の牙城・賤機山《しずはたやま》城をはじめ、駿府防衛網を担っていたとされる用宗《もちむね》城・丸子《まるこ》城・愛宕山《あたごやま》城・安倍《あべ》城・徳願寺山《とくがんじやま》城などは一次史料がなく、その存在は謎であったが、調査の成果により、難問であった構造学的にも何とか考察することができたと思っている。さらに考察を深めるため、読者の皆さまに本書を手にして現地を訪ねていただき、ぜひ今川系城郭の謎に挑戦してもらいたい。

平成三十年十月

執筆者一同

目次

【第三部】　戦国を彩った義元・氏真の戦い

【コラム】

【視点】

凡　例

◎本書の主役である今川氏は、駿河国と遠江国（いずれも現在の静岡県）を領地としており、すなわち、静岡県の中部と西部地方を対象としている。伊豆国（静岡県東部）は北条氏領であったので除外した。今川系城郭を厳選し、九五城を取り挙げたが、今川氏滅亡後に制圧した武田氏・徳川氏・北条氏による大改造が認められ、現況遺構は今川系とまったく相違しているものも掲載した。

◎今川系城郭は信頼できる文献が少なく、現地踏査による縄張りを優先すると、先行研究が位置づけたものと相違するところが多い。個々の城郭をどう読み取るか、これは執筆者が見た視点で捉えてある。もちろん、これがすべてではなく、執筆者同士でも相違する考えもあり、訪ねたときの一助とされたい。

◎城郭名称について、従来は「城」と「砦」、「館」と「屋敷」など、史料性が乏しく統一性がない表記が多くあり、執筆者の遺構分析を基に異なる場合がある。必要に応じて旧名を（　）で併記した。

◎地形図は、国土地理院発行１／２５０００地形図の原図を用いたが、掲載位置により縮率を変更してある。

◎図中の❶・❷・❸の記号は曲輪、**A**・**B**・**C**は堀切・土塁・虎口などとし、けっして優先順位を表わしているわけではない。

◎出典資料については略記で表した。例えば、（県三―一四〇）は『静岡県史』資料編7 中世三の史料番号一四〇号のことである。その他の資料等も略記してあり、「参考文献一覧」の項を参考にされたい。

◎人名や歴史用語には適宜ルビを振った。読み方については、各種辞典類を参照したが、歴史上の用語、とりわけ人名の読み方は定まっていない場合も多く、ルビで示した読み方が確定的なものというわけではない。

今川氏略系図

人名横の数字は、今川氏歴代当主の順番を示す

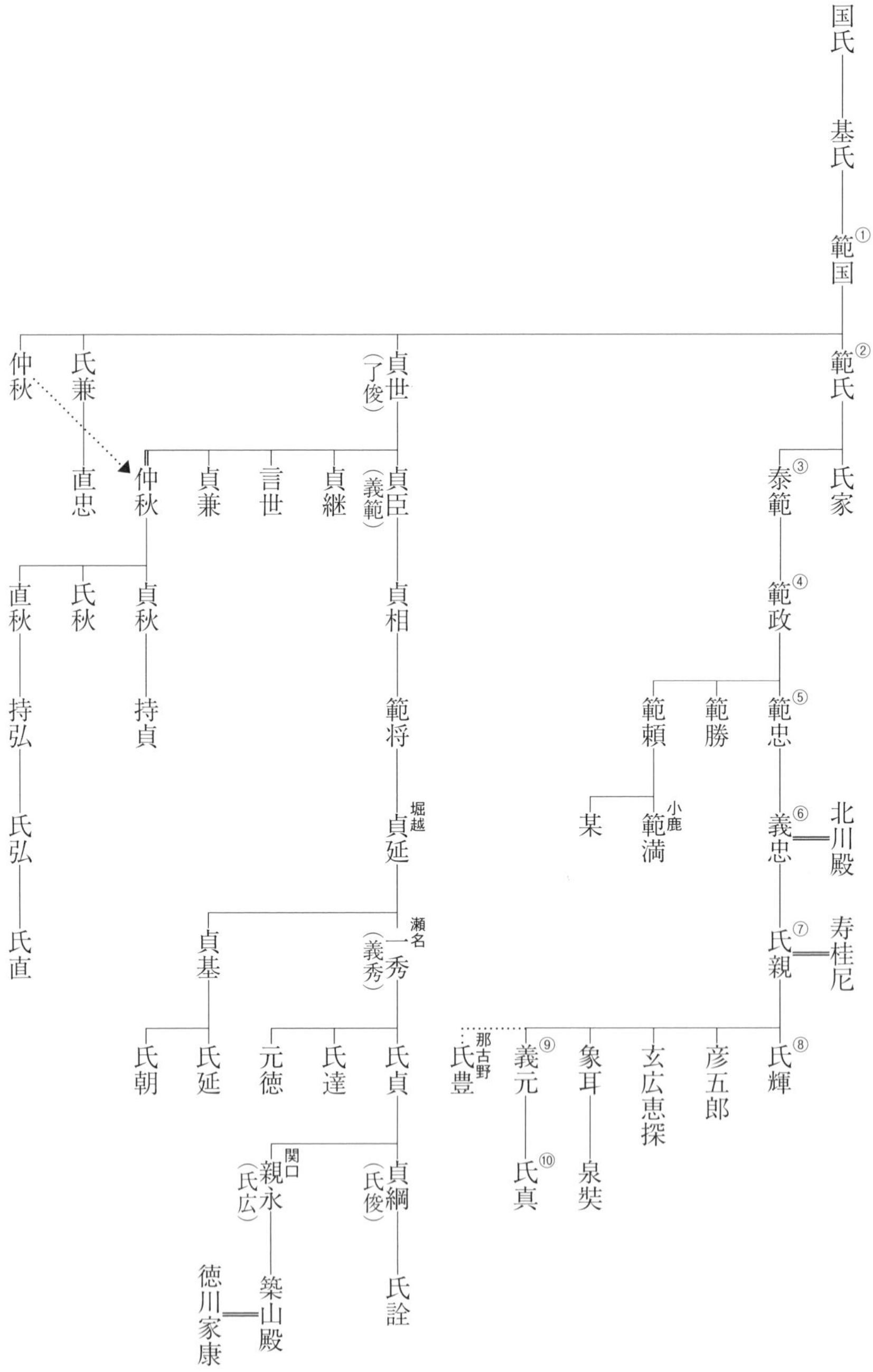

総論
駿遠における今川氏の戦いと城郭

今川氏の勃興

今川氏は、室町幕府将軍家である足利《あしかが》氏の支流にあたる名門の大名家で、鎌倉時代の有力御家人であった足利義氏《よしうじ》の子・吉良《きら》長氏《ながうじ》の次男国氏が、三河国幡豆《はず》郡《ぐん》今川荘（愛知県西尾市）に根拠地を構え、「今川」を称したのが始まりとされる。

国氏の孫範国《のりくに》は、足利尊氏《たかうじ》・義詮《よしあきら》父子に従って軍功を挙げ、足利将軍家より遠江・駿河の守護に任じられる。彼が構えたとされる遠江の守護所については、見付《みつけ》城・見付端城《はじょう》（磐田市見付）とする説が有力であるが、駿河の守護所については不明な点が多く、近年の研究では、当初から駿府にあっただろうという説が有力となっている（近世の地誌等では、藤枝市葉梨《はなし》に遺構が所在するとされる葉梨館という説があったが、一次史料からは確認できない）。

その間、範国と子の範氏《のりうじ》は、南朝《なんちょう》方、または観応《かんのう》の擾乱《じょうらん》の際は直義《ただよし》方の軍勢と戦うが、その際、駿河・遠江両国に築かれた関連城郭については、第一部の「銀河・遠江守護今川氏の勃興と合戦」で詳細に触れる。

一方、範国の次男の貞世《さだよ》（了俊《りょうしゅん》）は九州探題《たんだい》として九州に赴き、南朝方の懐良《かねよし》《かねなが》親王の勢力と戦い、華々しい活躍を遂げる。彼の勢力伸長を警戒した三代将軍足利義《よし》満《みつ》によって、突如探題《たんだい》職を罷免されてしまい、遠江半国守護に任命される。さらに、彼は応永六年（一三九九）の応永《おうえい》の乱《らん》で反幕府勢力に荷担したとして失脚、遠江の残り半国守護は彼の弟仲秋《なかあき》に与えられていたものの、それも応永二十三年（一四一六）に取り上げられて、同国の守護職は斯波氏のものとなる。こうして、今川氏は駿河一国のみの守護として存続することとなる。

室町時代の今川氏

範氏の後、駿河国の守護職は氏家《うじいえ》→泰範《やすのり》→範政《のりまさ》へと受け継がれた。今川氏は、駿府の今川《いまがわ》氏館《しやかた》（静岡市葵区

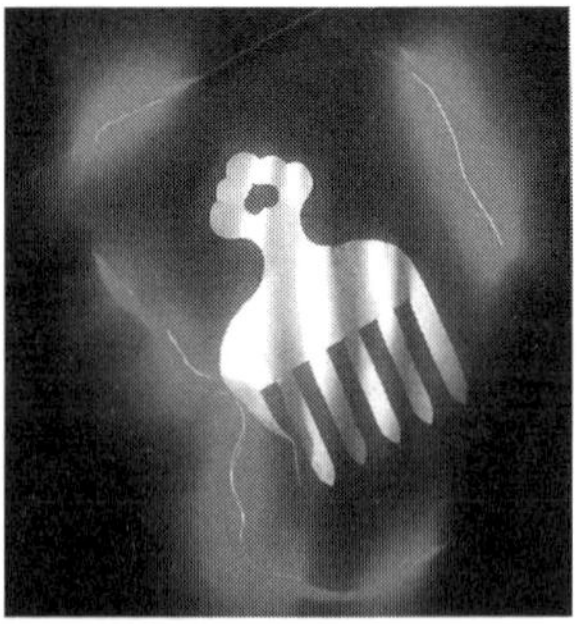
今川氏の家紋・あかとり

駿府町など）を中心として、同国のほぼ一円を支配する「守護大《しゅごだい》名《みょう》」の地位を確立し、伊豆国以東の関東を統治する鎌倉府に対する、幕府勢力の「先兵」としての役割を担うことになる。

範政は、応永二十三年（一四一六）の上杉禅秀《うえすぎぜんしゅう》の乱《らん》で幕府方として活躍する。永享四年（一四三二）、六代将軍足利義教《よしのり》の「富士遊覧」の際にも、義教を駿河に迎えるなど奔走するが、その直後から、範政の後継をめぐって「永享《えいきょう》の内乱《ないらん》（内訌《ないこう》）」と呼ばれる、今川氏の家中を二分する内紛が勃発する。この内紛は、それぞれ嫡子の範忠《のりただ》と末子の千代秋丸《ちよあきまる》を擁立しようとする今川氏一門や配下の国人勢力を巻き込んだものであった。翌五年九月、反範忠派の狩野《かのう》氏が拠る湯嶋《ゆじま》城（静岡市葵区油島）が落城し、範忠派の勝利がほぼ確実となる。この「永享の内乱」に関連する諸城郭については、第一部で詳しく紹介することとする。

範忠の後、嫡子の義忠《よしただ》が駿河守護職を継承するが、彼の守護在職中の応仁元年（一四六七）に、京都では応《おう》仁《にん》・文明《ぶんめい》の乱《らん》が勃発した。義忠は細川勝元《ほそかわかつもと》率いる東軍《とうぐん》に属し、かつて今川氏が守護職を務めていた遠江を回復するため、西軍《せいぐん》に属する遠江守護・斯波義廉《しばよしかど》の勢力を攻撃すべく、遠江に侵攻した。

文明五年（一四七三）、義忠は八代将軍足利義政《よしまさ》から遠江国懸川《かけがわ》荘（掛川市）と河匂《かわわ》荘（浜松市）を拝領する。翌年、両荘園のいずれかの代官巨海《こみ》氏を退け、遠江府《ふ》中《ちゅう》（磐田市）を攻略して、守護代狩野宮内少輔《くないのしょう》を自害に追い込んだ。さらに翌文明七年、東遠江に勢力をもつ国衆の横地《よこち》・勝間田《かつまた》両氏が斯波義廉と呼応して反義忠の兵を挙げた。義忠は、彼らの拠る横地城（菊川市横地）・勝間田城（牧之原市勝田）を攻撃し、戦いは今川軍優勢のうちに進んだようである。

しかし、塩買坂《しょうかいざか》（菊川市高橋）付近を行軍していた義忠は、横地・勝間田両氏の軍勢の襲撃を受け、あえない最期を遂げてしまう。彼の死後、今川氏は後継者争いで再び内紛が起こり、同氏の遠江回復はいったん頓挫してしまうのである。

守護大名から戦国大名へ

　義忠の死去当時、子の龍王丸《たつおうまる》は幼少であったため、堀《ほり》越公方《ごえくぼう》足利政知《まさとも》や扇谷上杉《おうぎがやつうえすぎ》氏の家宰《かさい》・太田道灌《おおたどうかん》らの調停（介入）により、義忠の従兄弟にあたる小鹿範満《おしかのりみつ》が家督を代行した。これに対し、龍王丸を推す一派は将軍義政に働きかけ、文明十一年（一四七九）には龍王丸が今川氏の家督であると義政から承認された。

　さらに、同十八年、範満の有力な後ろ楯であった太田道灌が主君の扇谷上杉定正《さだまさ》により謀殺されると、範満の求心力は目に見えて低下する。その機に乗じて、龍王丸の叔父伊勢盛時《いせもりとき》（北条早雲《ほうじょうそううん》）らが挙兵し、範満を討ち取って龍王丸を正式に家督に擁立した。

　今川家家督の地位に就いた龍王丸は、まもなく元服して氏親《うじちか》と名乗り、父義忠が果たせなかった遠江の制圧を目指し、叔父の伊勢宗瑞《そうずい》（盛時が出家後、「宗瑞」と名乗る）の援助を受けながら同国に侵攻する。

　氏親は明応三年（一四九四）以降、数度にわたって遠江に出兵し、同国守護の斯波氏に与する勢力と引間城《ひくま》（浜松市中区元城町）、三岳城《みたけ》（浜松市北区引佐町）などで戦いを繰り広げ、永正十四年（一五一七）までに、ようやく遠江全域を制圧する。その間の戦いと関連城郭等については、第二部で述べていくこととする。彼はその間に、さらに西の三河にも出兵、遠江支配を安定させるとともに、後の西方進出の足掛かりを築いた。

　遠江を制圧し、領内に検地《けんち》を実施するなど独自の政策を行い、今川氏を「戦国大名」に脱皮させた氏親は、大永六年（一五二六）に病死し、嫡男の氏輝《うじてる》が十四歳で家督を相続する。氏輝の治世の初期は、彼が若年ということもあり、氏親の正室であった寿桂尼《じゅけいに》が後見として、実際に政務を執った。

　彼の代には、前の氏親の代からしばしば対立・抗争していた甲斐の武田《たけだ》氏（信虎《のぶとら》）に対する軍事行動が顕著となる。今川氏と武田氏の抗争は、前代の氏親の代には明応元年（一四九二）、永正十二年（一五一五）、大永元年（一五二一）の三度にわたって行われ、いずれも今川軍が甲斐に侵攻し、武田軍に撃退されていた。天文三年（一五三四）、今川軍は甲斐に向けて侵攻し、国境近くの万沢口《まんざわぐち》（山梨県南部町）で合戦が行われた。

　氏輝は北条氏の支援も受けて、武田氏との対立・抗争

今川氏親木像　静岡市葵区・増善寺蔵

を続けたが、天文五年（一五三六）に二十四歳の若さで病死し、弟の彦五郎《ひこごろう》も同日に死去した。氏輝には子がなかったため、今川家の家督は、僧籍《そうせき》に入っていた氏輝の弟たちの間で争われることになる。

東海第一の戦国大名へ

　亡くなった氏輝の弟たちのうち、家督継承の有力候補となったのは、氏親と正室寿桂尼の間に生まれ、富士郡の善得寺《ぜんとくじ》（富士市今泉）に入っていた栴岳承芳《せんがくしょうほう》であった。彼は、重臣の庵原《いはら》氏出身の太原崇孚雪斎《たいげんそうふせっさい》の奔走もあり、多くの家臣の支持を得ていたが、氏親と重臣福島《くしま》氏の娘との間に生まれた庶兄の玄広恵探《げんこうえたん》を推す一派がこれに反発し、「花蔵《はなぐら》の乱《らん》」と呼ばれる内乱に発展する。「花蔵の乱」と関連する城郭については、第三部で詳しく述べる。天文五年（一五三六）六月には承芳側が葉梨城（藤枝市花倉）を攻略して、恵探は瀬戸谷《せとや》（藤枝市瀬戸ノ谷）で自害し、承芳側の勝利で終結する。承芳は還俗《げんぞく》して義元《よしもと》と名乗り、今川家の家督の座に就いた。

　義元は、家督継承直後の天文六年二月、甲斐の武田信虎の娘を正室として迎え、今まで対立関係にあった武田氏と同盟を結ぶという、外交政策の大転換を行う。これを知った相模の北条氏綱《うじつな》は、今川・武田両氏の同盟に反対して駿河東部（河東地域）に侵攻し、前代の氏輝の代まで同盟関係にあった今川・北条両氏は断交、「河東一《かとういち》乱《らん》」と呼ばれる抗争状態に突入する。

　「河東一乱」と関連城郭については第三部で詳述するが、天文十四年、今川軍は北条軍の立て籠もる長久保《ながくぼ》城（駿東郡長泉町下長窪）を攻め、最終的には武田晴信《はるのぶ》（信玄《しんげん》）の仲介で両軍は和睦する。北条氏は、河東地域から撤退することとなった。こうして、義元は駿河東部を制圧し、武田晴信と北条氏康《うじやす》との間に、天文二十三年までに駿甲相三国同盟《すんこうそうさんごくどうめい》を成立させている。

「河東一乱」の終息と三国同盟の締結により、分国の東方・北方の情勢を安定させた義元は、本格的に西方の三河の制圧に乗り出した。「河東一乱」が事実上終息した天文十五年十一月には今橋城《いまばし》（愛知県豊橋市）を攻略、翌十六年九月には田原城《たはら》（愛知県田原市）を陥落させ、東三河をほぼ手中に収めた。

義元はさらに西三河へ進出し、天文十七年三月には小豆坂《あずきざか》の戦いで尾張の織田信秀《おだのぶひで》の軍勢を破り、翌十八年には安城城《あんじょう》（愛知県安城市）を攻略、岡崎城《おかざき》（愛知県岡崎市）に拠る松平氏《まつだいら》をはじめ、西三河・奥三河の国衆《くにしゅう》を服属させて、三河全域をほぼ制圧した。

こうして、義元は駿河・遠江・三河の三国を支配する戦国大名として、今川氏の最盛期を築くこととなった。しかし、尾張への進出と伊勢湾沿岸の海上交通の把握を図るため、尾張の織田氏を屈服させるべく大規模な軍事行動を起こした矢先、永禄三年（一五六〇）五月十九日、義元は桶狭間《おけはざま》で織田信長《のぶなが》の軍勢の急襲に遭い、あえない最期を遂げてしまうのである。

戦国大名今川氏の衰退と滅亡

義元の死後、嫡男の氏真《うじざね》が名実ともに家督を相続し、桶狭間の敗戦の戦後処理や駿河・遠江・三河の国衆の掌握に努めた。しかし、その支配の動揺はまず、三河から起こり始める。同国の有力国衆で、義元の代には今川氏に服属していた松平元康《もとやす》（徳川家康《とくがわいえやす》）が、桶狭間の敗戦直後に岡崎城に拠って自立し、永禄四年（一五六一）には尾張の織田信長と同盟を結んで、反今川の動きを見せ始めたのである。

これに呼応し、三河各地の国衆が次々と離反、三河国内は今川方と松平方に分かれて抗争が起こり、「三州錯乱《さんしゅうさくらん》」と呼ばれる状況になった。氏真は、永禄五年には三河に出兵、松平方についた国衆の諸城を攻撃するなど、態勢の挽回に努めた。状況は好転せず、翌六年には松平元康が三河の大半を制圧し、今川氏の勢力は同国から次第に後退していった。

さらに、元康の調略の手は隣国の遠江にも及び、同年、彼に同調した引間城（浜松市中区元城町）の飯尾氏《いのお》らが挙兵し、「遠州忩劇《えんしゅうそうげき》」といわれる争乱状態となった。この争乱は、徳川家康（松平元康から改名）が三河の一向《いっこう》

今川義元画像　愛知県豊川市・大聖寺蔵

一揆《いっき》の鎮圧《ちんあつ》で反今川方を援助できなかったこともあって、明くる年の永禄七年に今川軍が勝利し、何とか収拾に向かう。一向一揆を鎮圧した家康は、東三河に残っていた今川方の諸城を次々と攻略し、永禄八年五月には吉田《よしだ》城（愛知県豊橋市）が開城して、今川氏は三河から完全に撤退することとなった。

　その頃、甲斐の武田信玄は駿河侵攻の野望を抱くようになり、妻が今川氏真の妹で、今川氏との同盟維持を訴えていた嫡子の義信《よしのぶ》と次第に対立するようになっていく。信玄は、永禄八年十月、義信が信玄の暗殺を企んだ家臣たちの計画に荷担したとして甲府《こうふ》の東光寺《とうこうじ》に幽閉し、二年後の永禄十年十月には、同寺で義信を殺害した。義信の妻も駿河の今川家のもとに送り返され、氏真はこの頃から、越後の上杉謙信《けんしん》との接触を図るようになる。

　氏真が謙信と組んで信玄を挟撃しようとしていることを知った信玄は、徳川家康と示し合わせて駿河・遠江の今川領への侵攻を図る。永禄十一年十二月、信玄が甲斐から駿河に、家康が三河から遠江に侵攻した。信玄の駿河侵攻と家康の遠江侵攻は第三部で詳しく述べるが、両者の今川領侵攻により、氏真は駿府の今川氏館から掛川《かけがわ》城（掛川市掛川）に退去し、ここに今川領国は崩壊した。

　氏真は、掛川城で重臣の朝比《あさひ》奈《な》泰朝《やすとも》の支援により徳川家康との間で籠城戦を繰り広げるが、翌永禄十二年五月には開城し、駿河の大平《おおだいら》城（沼津市大平）に隠退した。これにより、戦国大名としての今川氏は滅亡し、同氏は近世には高家《こうけ》として江戸幕府に仕えることとなる。

　以上、駿河・遠江を中心に守護大名・戦国大名として君臨した今川氏の盛衰について概観した。本書は両国の各地に残る城館跡の遺構を通じ、今川氏の戦いや領国支配について、その真相に迫っていくものである。〈望月〉

【第一部】

駿河・遠江守護今川氏の勃興と合戦

本書では、今川氏の戦いと城郭との関係を時系列的に記述したが、十代・約二三〇年の長きにわたることから、全体を三部構成とした。この第一部では、今川範政没後の家督をめぐって争った「永享の内乱」を主に扱い、そのほか南北朝期から室町期までの城郭を取り上げた。

①1、井伊《いい》城～3、千頭峯《せとうがみね》城（遠江における南北朝《なんぼくちょう》対立と井伊城の戦い）

遠江守護・今川範国と、遠江南朝方の井伊氏が立て籠もる井伊城（三岳《みたけ》城）をはじめ、千頭峯城（尉ヶ峰《じょうがみね》）、大平城の戦いを見ていく。

②4、安倍《あべ》城～11、瀬戸谷《せとや》城（駿河における南北朝対立と観応の擾乱）

駿河南朝方のリーダー的な存在の狩野介《かのうのすけ》や前駿河守護・石塔義房《いしどうよしふさ》家人の佐竹《さたけ》氏・藁科《わらしな》氏らが、今川範国・範氏の駿河入国にともなって争った安倍城・久能寺《くのうじ》城・徳山《とくやま》城・滝沢《たきざわ》城での戦いを見ていく。

③12、湯嶋《ゆじま》城～14、徳願寺山《とくがんじやま》城（永享の内乱）

永享年間以前から、足利将軍家と関東を治めていた鎌倉《かまくら》（関東《かんとう》）公方《くぼう》家とは対立していた。「くじ引き将軍」といわれた足利義教は、駿河守護の今川泰範・範政夫人が上杉氏からの入室であることから、今川氏が鎌倉公方側になることを警戒し、富士遊覧と称して自ら駿河まで出馬して威力偵察行動に出る。このことは、将軍義教の信任が厚く、幕政に深く関与していた三宝院満済《さんぼういんまんさい》（醍醐寺座主《だいごじざす》）の『満済准后日記《まんさいじゅごうにっき》』に内乱の経過とともに詳細に記され、極めて貴重な史料といえる（県二―一七四七～）。

永享五年（一四三三）五月、病に伏していた今川範政は、末子の千代秋丸を後継者に指名して死去したが、義教はそれを認めず、嫡男の彦五郎（範忠）を後継者に決めた。しかし、範忠が入国する際には、千代秋丸を支持する山東《やまひがし》（現在の静岡市）に所領を持つ狩野氏をはじめ、三浦《みうら》・

進藤《しんどう》・興津《おきつ》・富士《ふじ》氏等の国衆らが同心して一揆を起こした。一方の範忠派には、重臣の朝比奈・岡部《おかべ》・矢部《やべ》氏らが支援して、今川家を二分する内乱に陥っていたが、義教から重んじられていた今川遠江入道（貞秋《さだあき》）・氏秋《うじあき》・直忠《なおただ》・下野守《しもつけのかみ》などの遠江今川氏一門が大きな働きをした。このとき、貞秋・氏秋は駿河守護代であったと考えられている。

同年九月四日、範忠派は総攻撃をかけ、狩野氏本拠の湯嶋城（狩野介城）に続いて奥《おく》城も落城し、狩野氏が知行する安倍山（旧安倍郡）は、範忠の御料所《ごりょうしょ》として預けられた。こうして内乱は終結するが、『満済准后日記』に「遠江・三河勢、草々可有御合力」とあり、幕府軍となる三河守護の一色《いっしき》・遠江守護・斯波両氏配下の相当な軍事力が投入されたことは間違いない。だが、この大軍勢がどこに布陣したかは明記されていない。安倍川西岸には、高所から駿府を見守るように、安倍城・建穂寺《たきょうじ》城・徳願寺山城という広大な山城が並び立ち、各山城が位置する環境と古式な縄張りなどから、幕府軍の最前線基地となったと類推できると考えた。よって、ここでは「永享の内乱」に関する城郭を見ていく。

なお、敗者となった狩野氏の湯嶋城と奥城については、本編を参考にされたい。

④15、賤機山《しずはたやま》城～25、由比《ゆい》城（今川氏の拠点と山東支配）

今川氏の駿遠支配の本拠である今川氏館と軍事拠点の賤機山城について見ていく。なお、後者に関する文書史料はなく、ミステリアスな山城である。さらに、駿府防衛網城砦群《じょうさいぐん》の存在や、駿府周辺の今川氏一門の瀬名《せな》氏、有力家臣の朝比奈・庵原・由比氏の本地と屋敷を見ていく。

第一部掲載城郭位置図

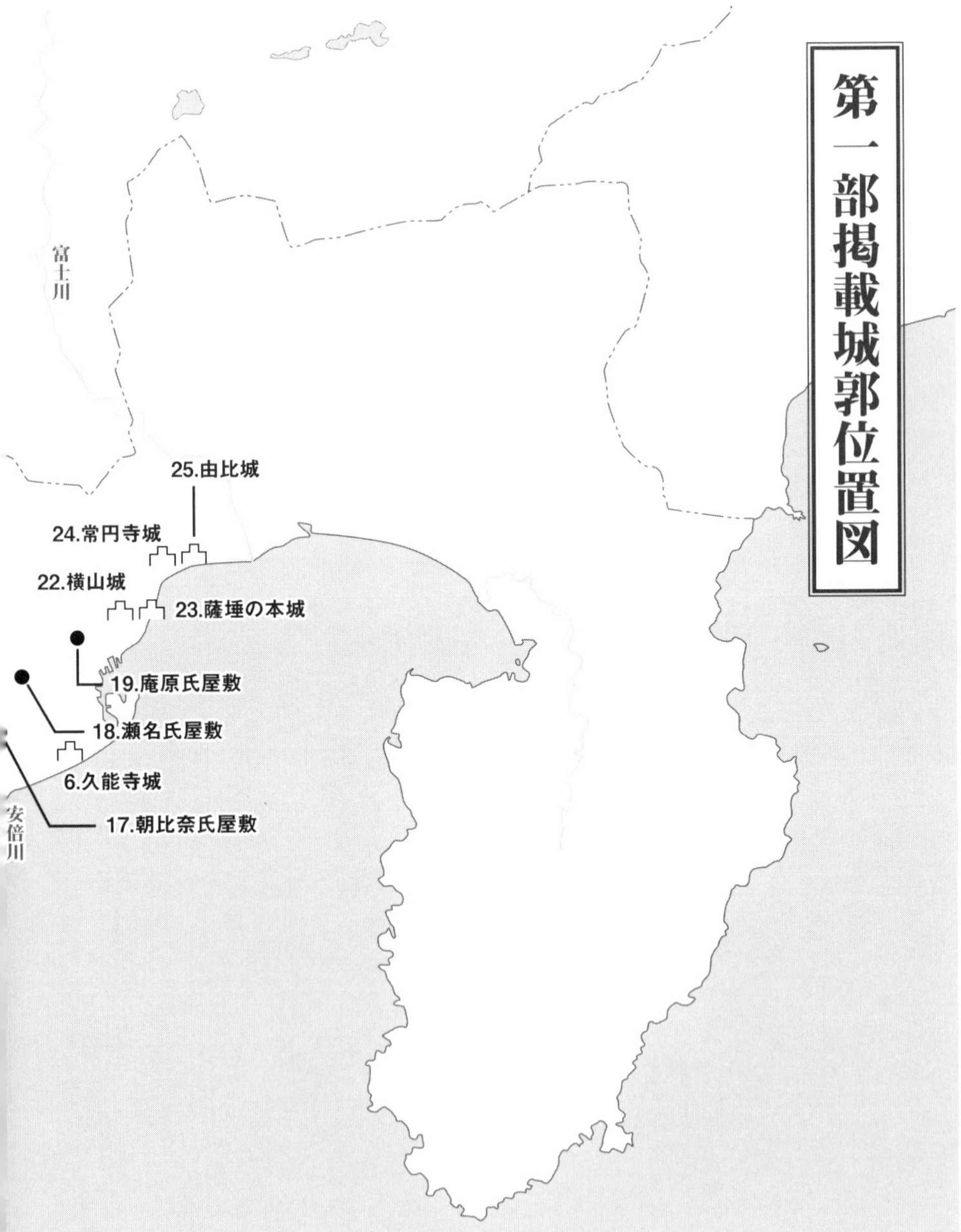
富士川
25.由比城
24.常円寺城
22.横山城
23.薩埵の本城
19.庵原氏屋敷
18.瀬名氏屋敷
6.久能寺城
17.朝比奈氏屋敷
安倍川

21.朝倉氏屋敷
20.奥池ヶ谷城
13.大篠山城
12.湯嶋城
9.護応土城
4.安倍城
8.徳山城
5.久住砦
7.建穂寺城
15.賤機山城
14.徳願寺山城
10.滝沢城
11.瀬戸谷城
16.今川氏館
2.大平城
1.井伊城
3.千頭峯城
浜名湖
大井川
天竜川

遠江南朝派の最大拠点

1 井《い》伊《い》城《じょう》（三岳《みたけ》城《じょう》・三嶽《みたけ》城《じょう》）

①所在地：浜松市北区引佐町三岳
②立　地：標高四六六・八m（比高四二九m）の山上
③交　通：井伊谷から車で中腹の三岳神社には駐車場有り、ここから井伊城山上まで二〇分

【城館史】井伊城（三岳城）*1は、遠江国の南朝方在地領主《ざいちりょうしゅ》・井伊氏の本城である。遠江では、建武三年（一三三六・延元元年）八月頃より、守護今川範国等の南朝勢への攻勢が強まり、井伊城も九月に攻められた（県二―一三四）。翌建武四年七月には三方ケ原《みかたがはら》（浜松市北区）で戦があり、再び井伊城が攻撃を受けている（県二―一六七）。この状況下、後醍醐天皇《ごだいごてんのう》より南朝勢の再編強化の命を受け、皇子・宗良《むねよし》親王が井伊谷に入り、井伊行直《ゆきなお》をはじめとする周辺の南朝勢は大いに盛り上がった。

だが、翌暦応元年（一三三八・延元三年）春、北畠顕家《きたばたけあきいえ》が奥州を発ち、京を目指して西上してくると、宗良親王は合流して吉野《よしの》（奈良県吉野町）に帰ってしまう。しかし同年九月、宗良親王は伊勢大《おお》湊《みなと》（三重県伊勢市）から船で東国を目指して出航するも、天竜灘で嵐に遭い、白羽《しろわ》の湊に打ち上げられ、再び井伊城に入った。この頃、遠江国の南朝方勢力は劣勢に陥り、井伊氏は井伊城を本城に、西に千頭峯城、東に大平《おいだいら》城、南に鴨江《かもえ》城等の城を築いて防備を固めていった。これに対し、暦応二年七月末、足利尊氏が尾張守護・高師泰《こうのもろやす》と遠江守護・仁木義長《にっきよしなが》に宗良親王と井伊氏の討伐を命じたことは、大福寺《だいふくじ》所蔵の「瑠璃山年録残篇裏書《るりさんねんろくざんぺん》」が詳しく伝えている（県二―一三三一〜）。

七月二十二日、高師泰の軍勢は大平城へ、高師兼《もろかね》の軍勢は浜名手に向かい、鴨江城（浜松市中区）

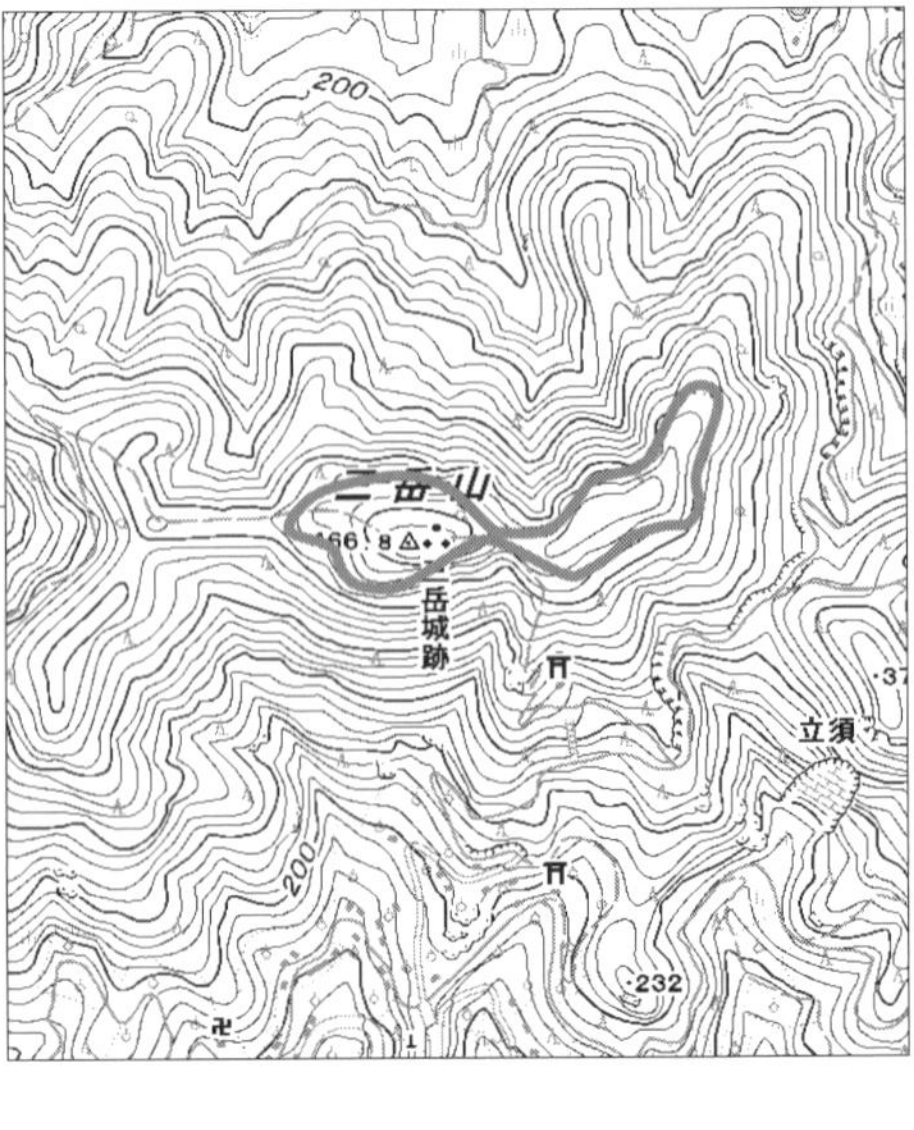

宗良親王を祀る井伊谷神社

井伊谷地域の井伊氏史跡の案内板（井伊谷城跡山上）

は二十六日に追い落とされ、続いて千頭峯城（同北区）は十月三十日に落城。本城の井伊城はよく耐えたが、翌年の暦応三年正月三十日に落城し、宗良親王は大平城に逃れた。しかし、同城も八月二十四日についに攻め落とされ、親王は駿河国安倍城（静岡市葵区）に逃れたという。

【縄張り概要】 井伊谷の北東にそびえる、標高四六六・八mの三岳山頂が井伊城であ

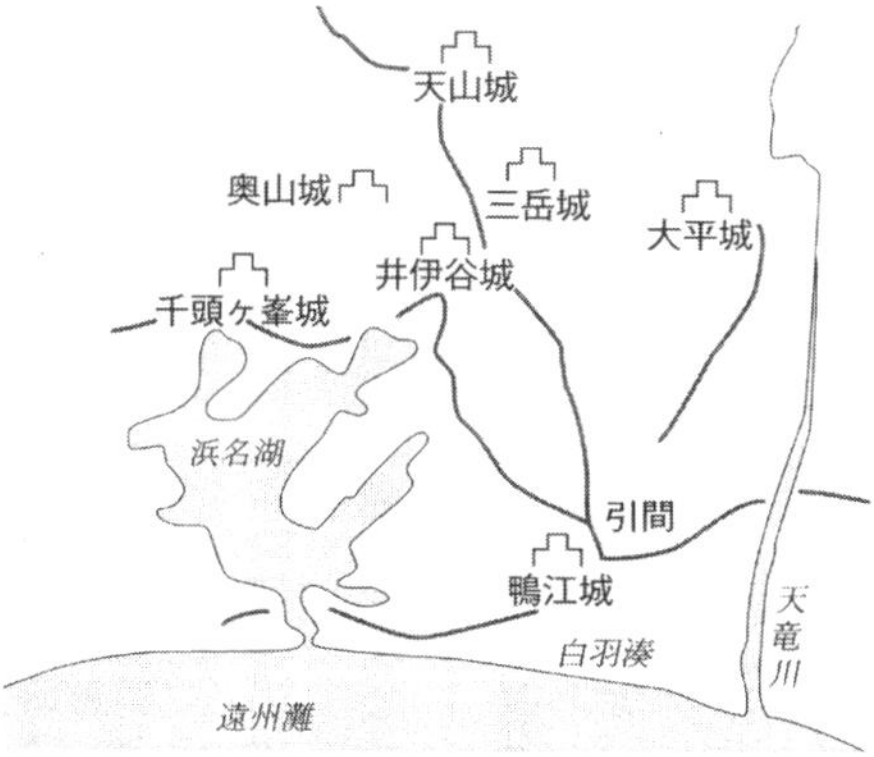

三岳城を中心とした支城（『引佐町史』より転載）

＊1　通称は三岳城であるが、史料的には井伊城の表記が多く、便宜上、南北朝期と室町・戦国期を分けるための城名とした。三岳城については、別途取り上げる。

井伊城（三岳城）の本城曲輪の山頂に建つ城址碑と、その周辺も自然地形である

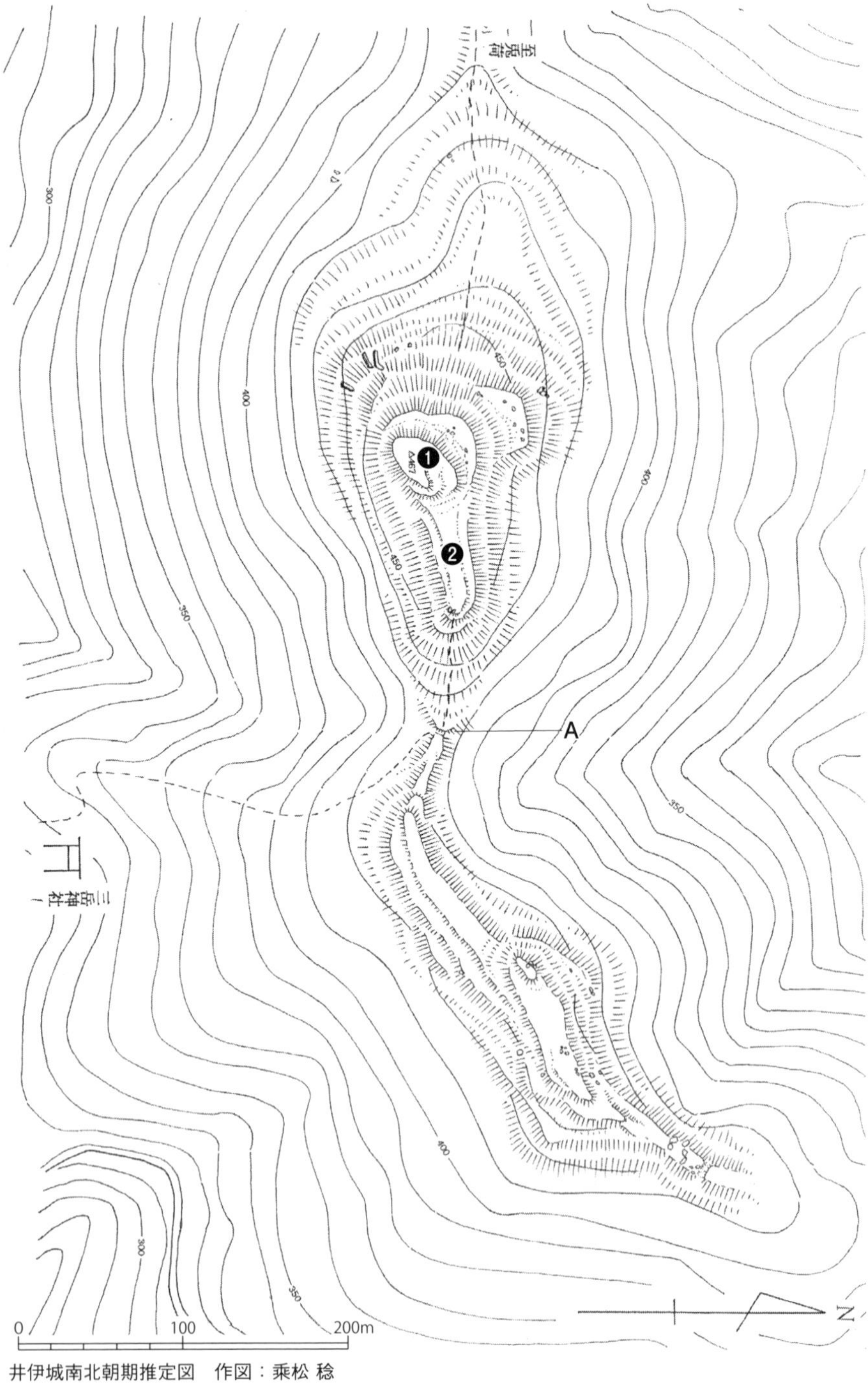

井伊城南北朝期推定図　作図：乗松 稔

る。南中腹の三岳神社までは車で行けるが、その背後の山上は、西域の「一の城」と東域の「二の城」との二つに区画されている。西域の最高所❶が本城曲輪《ほんじょうくるわ》にあたり、東西四〇m、南北三〇mの不整形な曲輪で、ここから南側は浜名湖と太平洋や浜松の町並み、東は御前崎《おまえざき》（御前崎市）、西は渥美《あつみ》半島まで望むことができる。本城曲輪の東側は二の曲輪❷で、この❶・❷を西から北へ巻き込むように帯状腰曲輪が二段に構えられている。このあたりが南北朝期の遺構ではなかろうか。

静岡市葵区の安倍城、島田市の徳山《とくやま》城などと同様に、峻険《しゅんけん》で山自体の要害性に依存した地勢と類推される。なお、西側中腹には横堀《よこぼり》、石積みの曲輪と虎口《こぐち》などが重層的に構えられているが、これらは戦国期の武田・徳川抗争期のもので、三岳城の項で詳しく後述したい。

❷の東端から三〇m下の暗部に幅七mの堀切**A**を入れて、東側の「二の城」と分断している。

２つの城域をわける中央の堀切跡

ここは広い空間をもち、東辺には大型の横堀が穿たれているが、あくまでも戦国期の改修痕で、往時は自然地形そのままであったと考えられる。

駿遠における南北朝系の類似形態では、山自体の要害性だけではなく、二つの城域を持つ〝二城一連式《にじょういちれんしき》〟とか〝別郭一城《べっかくいちじょう》〟的な地勢に、中央に堀切を入れて機能の分散化を図り、一体化した防御を強めた縄張りを見ることができる。赤坂《あかさか》・千《ち》早《はや》城（大阪府千早赤阪村）のように大城砦《だいじょうさい》群の形成を示唆する先学もいるが、*2 現地調査では確認できない。駿遠の南北朝系城郭は、後の室町・戦国期に改造されたものが多い中でも、往時の形態をよく伝え、指標となる貴重な山城である。〈乗松・水野〉

＊2　沼舘愛三「井伊谷を中心とせる勤王遺蹟の研究」（『静岡県郷土研究』第三輯、一九三四年）では一之城・二之城と記す。また、後述するように、大城砦群の存在を捉える内容は検討するべくもない。

西域の本城曲輪西山腹に構えられた石積み遺構は、元亀年間の徳川氏の遺構か

宗良親王が籠城したのはこの城か

2 大平城《おいだいらじょう》

①所在地：浜松市北区渋川字城山
②立　地：標高四九〇m（比高二五〇m）の山稜
③交　通：渋川集落から北三kmの大平集落北西背後山稜か

【城館史】　建武の新政が破綻した南北朝期初頭、遠江国へは足利一族の今川範国や高師泰・仁木義長らが守護として入国し、それに対抗したのが、後醍醐天皇が期待した井伊遠江介《とおとうみのすけ》（行直）であったと思われる。遠江南朝方の最後の砦となった大平城での戦いは、すさまじい抵抗を見せたが、同八月、宗良親王は落城前に信濃へ落ちていったと異説もあるが、この経緯は「瑠璃山年録残篇裏書」等に詳しい（県二—二四七・二五二・二六二）。

沼舘愛三氏は比定地として浜北区の大平城を挙げているが、*1後述するように、遺構の年代観と史料分析から、浜北区の大平城は戦国期とする見解が高まっている。

渋川集落。３㎞奥が大平地区

元亀四年（一五七三）に、三方ヶ原で大敗北した徳川家康ではあったが、『三河物語《みかわものがたり》』の二俣《ふたまた》城奪還を目指す内容の中に、「二俣之城に向って、取手を御取被成ける。一ツ屋城山《やしろやま》（社山《やしろやま》）、一ツ合大嶋《ごうだいじま》（合代島《ごうだいじま》）、一ツ道々。国中之押と被成ける」とあり、この「道々《どうどう》」が大平城のことと位置づける説がある。*2それは、寛永五年（一六二八）発行の「遠江小図」の内、に麁玉郡大平《あらたまぐんおいだいら》に接

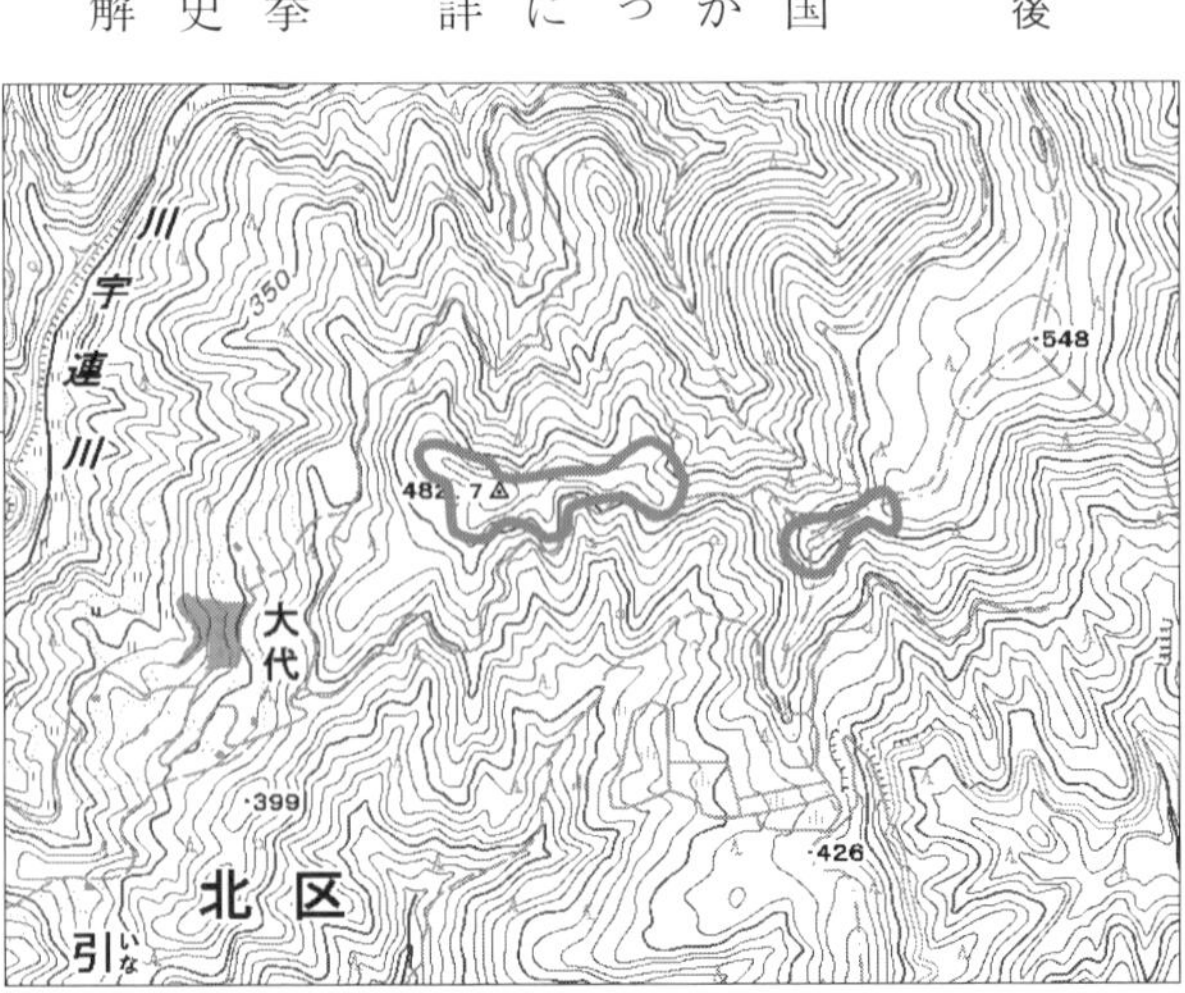

＊1　沼舘愛三「井伊谷を中心とせる勤王遺蹟の研究」（『静岡県郷土研究』第三輯、一九三四年）。

するところに「百々原」が存在しており、『三河物語』に記す社山城と二俣城、また、「百々原」（大字「大平」）と二俣城の対等距離関係からも理解できると考える。

【縄張り概要】　井伊城（三岳城）の支城《しじょう》として定説になっている大平城（道々）は、浜北区北部の山間丘陵地に位置する。比高七〇ｍの丘陵全体が城域で、東西四〇〇×南北三〇〇ｍほどの大規模な山城である。山上の主要部はほとんど自然地形だが、東西三〇〇ｍの北側直下には、落差五～八ｍの大規模な切岸がライン化した様相を見せ、北へ延びる支尾根《しおね》には、幅七～一〇ｍの堀切が二条穿たれている。平成二十三年の発掘調査で出土した遺物も十六世紀後葉のもので、まさしく戦国期の構造である。家康は、北から侵入する武田軍を最も警戒したことがわかる。

では、宗良親王が入った大平城はどこか。『遠州渋川の歴史』＊3には、渋川井伊氏館《しぶかわいいしやかた》と周辺の城砦群を描いた挿図と、種々の北朝方の軍忠状を示しながら、渋川大平集落の北西背後の山稜を比定地として踏査している。そこを踏査したが、「残念ながら明瞭な遺構はない」とある。静岡古城研究会でも、愛知県境辺りから広範囲に調査を試みたが、同様に確認できなかった。しかし、この山塊は比較的痩せ尾根であったが、恐ろしくなるほどの峻険地形であり、南北朝系城郭の特性として、堀切・削平地などを普請しない、山自体の要害性を指摘できることから、＊4渋川大平の山塊を大平城と考えておきたい。

また、前述の「鴨江城」は浜松市中区の鴨江寺の伽藍《がらん》を城としたのであろうか。さらに、『引佐町史』などによると、井伊氏一門である奥山氏開基の奥山半僧坊《おくやまはんそうぼう》背後の「奥山城」、「竜ヶ石《りゅうがし》山《やま》砦」、「天山城」など多くの位置づけがあるが、すべて遺構はなく、幻の城郭といえる。〈水野〉

＊2　中村昭司「大平城は百々の砦」（『古城』第四五号、一九九九年）。

＊3　一九九三年に、渋川の歴史と文化を守る会が刊行した。

＊4　斎藤慎一「南北朝内乱と城館―一三三〇年代の様相」（『城館と中世史料―機能論の探求―』高志書院、二〇一五年）。

渋川集落台地上の渋川城には「殿垣戸」地名がある

南北朝系山城の地勢を伝える

3　千頭峯城《せとうがみねじょう》

①所在地：浜松市北区引佐町奥山・尉ヶ峰
②立　地：標高四三五ｍ（比高九五ｍ）の山上
③交　通：東名高速道路三ケ日ＩＣから北方の林道を行き、旧・三ケ日町と旧・引佐町の境界線上が尉ヶ峰

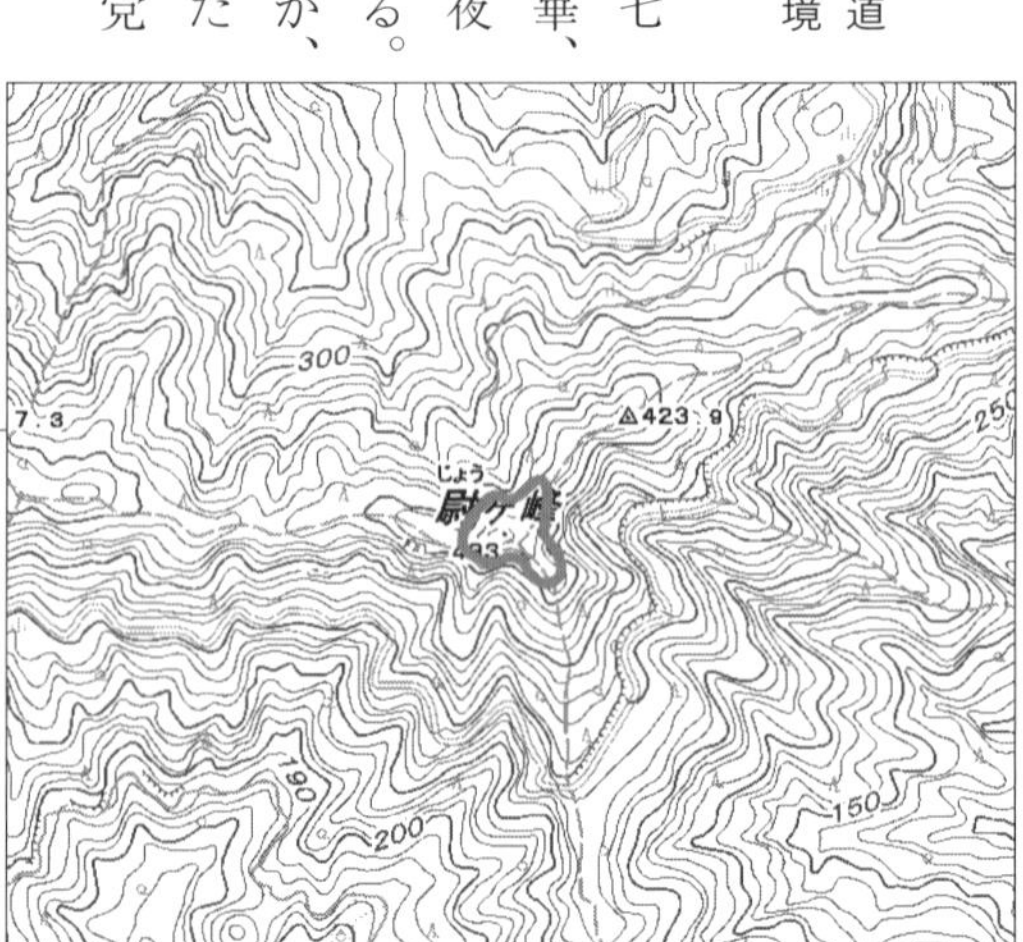

【城館史】「瑠璃山年録残篇」の暦応二年（一三三九）の条に、「暦応二年己卯七月廿二日為井責越後殿下大平ニ向給尾張殿浜名手向給カモヘノ城廿六日追落畢、同十月卅日千頭峯城追落畢、同次正月卅日ミタ□城追落畢、同次年八月廿四日夜大平城□□□但當国守護新木殿落給……」とあり、千頭峯城の落城を伝えている。

この城を三ケ日町摩訶耶寺《まかやじ》背後の城山《しろやま》（通称「センドウ山」）のこととしたのが、沼舘愛三氏である。[*1]『日本城郭大系』[*2]でも、「南北朝時代、引佐地方を本拠とした井伊氏を主力とする南朝方城砦群の一つで（中略）井伊氏の一族奥山朝藤《おくやまともふじ》の一党が守備についていたものと思われる」としている。

さらに、昭和五十八年の発掘調査成果をまとめた『千頭峯城跡』[*3]が刊行されたが、曲輪内の土塁には石積みがあり、木戸の柱穴《ちゅうけつ》、石敷き建物跡など戦国期の遺構で、出土した遺物もほとんど十六世紀初頭のものであったにもかかわらず、南北朝期の同城を再利用したと位置付けている。

静岡古城研究会の調査では、当該城郭は今川氏家臣の浜名《はまな》氏領にあること、『宗長日記《そうちょうにっき》』の大永七年（一五二七）の記事に、浜名湖西岸にある宇津山《うつやま》城（湖西市）から見て、「北は浜名城、刑部の城、引佐山」との記述を論拠として浜名城と考えたが、検討の余地がある。これは、出土遺物の年代観とも符合する。

そこで、「瑠璃山年録残篇」が記す千頭峯城の所在を求めて、静岡古城研究会では悉皆《しっかい》調査を

＊1　沼舘愛三「千頭峯城址の研究」（『静岡県郷土研究』第十三輯、一九四〇年）。
＊2　平井聖・村井益男・村田修三編『日本城郭大系』（9　静岡・愛知・岐阜　新人物往来社、一九七九年）。
＊3　『千頭峯城跡』三ケ日町教育委員会、一九八三年。

実施し、引佐山中で奥山背後の「尉ヶ峰」に、南北朝系らしき山城を確認することできた。

【縄張り概要】　静岡古城研究会で千頭峯城とした尉ヶ峰は、三ケ日・細江・引佐の三町が交わる標高四三五ｍの山上に位置する。「人」文字形の痩《や》せ尾根上は峻険で、山自体の要害性は高く、南北朝系山城に多い形態を有している。最高所の削平地らしきところは、「奥浜名自然歩道」として整備され、西から北には簡単な帯状腰曲輪があり、北へ下がった支尾根周辺には、腰曲輪とおぼしき遺構が数段見られる。さらに、反対側の北東と南東にも痩せ尾根が延び、自然地形を活かした平場もある。

千頭峯城縄張り図　作図：水野 茂

遠江の南北朝系山城は、井伊城を本拠としていたことは疑いの余地がなく、同主要部周辺にも同様に幼稚な腰曲輪が取り巻き、共通するところが多い。

前項の大平城についても定説になっている浜北区の大平ではなく、渋川の大平を位置付け、南北朝系と類推する峻険な山自体に依存した地勢に注目している。

〈水野〉

尉ヶ峰（千頭峯城か）山上からの浜名湖の展望

本当に駿河南朝方の拠点城か

4　安《あ》倍《べ》城《じょう》

①所在地：静岡市葵区慈悲尾・羽鳥
②立　地：標高四三五m（比高三八〇m）の山上
③交　通：南麓の洞慶院より徒歩一時間三〇分

【城館史】　本項で見る安倍城は、駿河南朝方の旗頭であった狩野介貞《さだ》長《なが》の拠点城とされてきた。その評価の嚆矢《こうし》となったのが、沼舘愛三氏の研究である。[*1]沼舘氏によると、狩野介の許には興良《おきよし》親王を訪ねて宗《むね》良《よし》親王らも立ち寄り、北朝方の今川氏と十三年間にわたり対立していた。その後、室町幕府の内部抗争となった観応の擾乱を契機に戦闘を本格化させ、いったんは駿府を奪回する勢いであったが、駿河南朝方の兵はほどなく大津《おおつ》城（島田市）、そして徳山城（島田市）へと敗走し、落城することで、安倍城の使命も終わったとしている。

一次史料の伊達《だて》景宗《かげむね》軍忠状（県二―五二一）からも、抗争の経緯がわかり、貴重である。しかし、安倍城の存在については松井《まつい》助宗《すけむね》軍忠状（県二―二一六）に、「於駿河国安部城令御共、致合戦候訖」とあるものの、これでは所在地が特定できない。

なお、『満済准后日記』に「於阿部（安倍）山狩野知行」とあるものの、『駿河志料《するがしりょう》』には「洞慶院の山嶺より慈悲尾《しいのう》山の際にあり。福島《くしま》氏の所拠なり」と、狩野氏のことは記していない。そこで、今川氏重臣・福島氏の城郭とするのは縄張りや遺構からも符合しており、南北朝期の安倍城は安倍川上流域に存在していたとの説を提議した。また、近年の調査で油島《ゆしま》集落の安倍川対岸

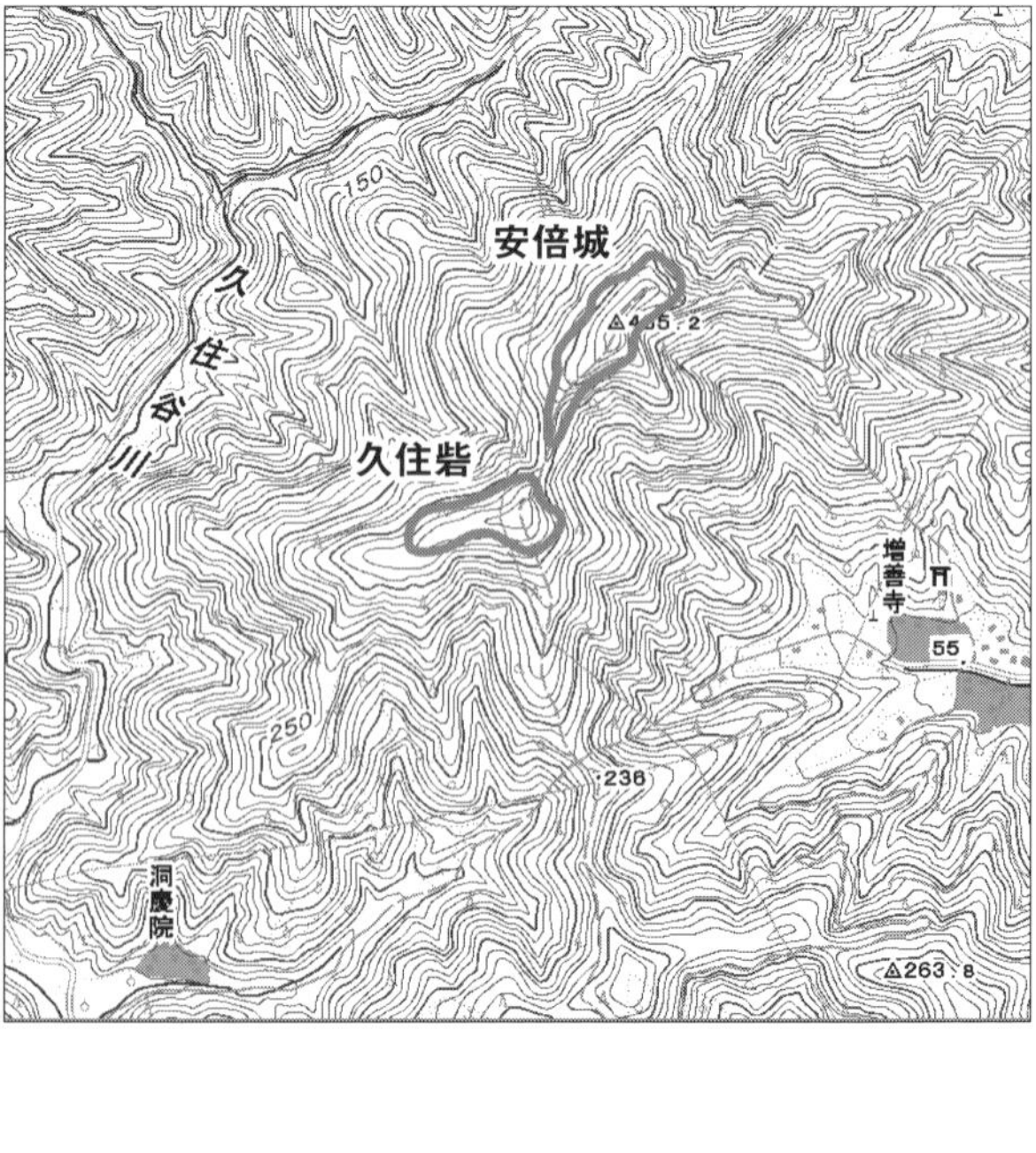

＊1　沼舘愛三「安倍城の研究」（『静岡県郷土研究』第一輯、一九三三年）。沼舘氏は旧制静岡中学の教員を勤め、昭和八年の第一輯から第九輯まで八回にわたる調査報告は、初期の基礎資料となっている。

安倍川西岸に屹立する安倍城を東方から望む（右側山上）

の大篠山《おおしのやま》（静岡市駿河区蕨野《わらびの》・柿島）に大規模な山城が発見され、その蓋然性《がいぜんせい》は高いと注目されている。そして、後押しするように、油島周辺地域には狩野姓が多い。さらに、狩野氏は明応年間（一四九二）に今川氏に対して再び謀反を起こして滅亡するが、『宗長日記』に「此山中甲州につつき、せめ入かたくして三ヶ年」とある。こうした戦況と環境からも、大篠山が妥当と考えているが、南北朝期の安倍城は、沼舘説のように慈悲山であった可能性も捨てきれない。

　ところで、狩野氏のゆかりの地について、沼舘氏や『駿河記』は安倍城北麓の内牧集落に内牧城があるとするが、新東名高速道路の建設にともなう発掘調査で城郭遺構は発見されず、存在は否定された。本地・屋敷・氏寺《うじでら》などはいまだに特定できず、今後の調査・追究に期待するところが多い。

【縄張り概要】　安倍城の占地は、安倍川と藁科川に挟まれた山塊に位置する。中世では「安倍郡服織庄」とあるが、狩野氏が知行した「安倍山」の一角に入るのか不明である。標高四三五mの最高地からは、駿府・江尻《えじり》方面から駿河湾まで俯瞰でき、富士山も望める絶景地であった。南麓に「駿河七観音」の一つの建穂寺《たきょうじ》、東麓には増善寺《ぞうぜんじ》（慈悲寺）が建ち、それぞれの背後地に山城構の観音

永享の内乱で落城した湯嶋城

内牧に祀られる狩野介貞長の供養塔

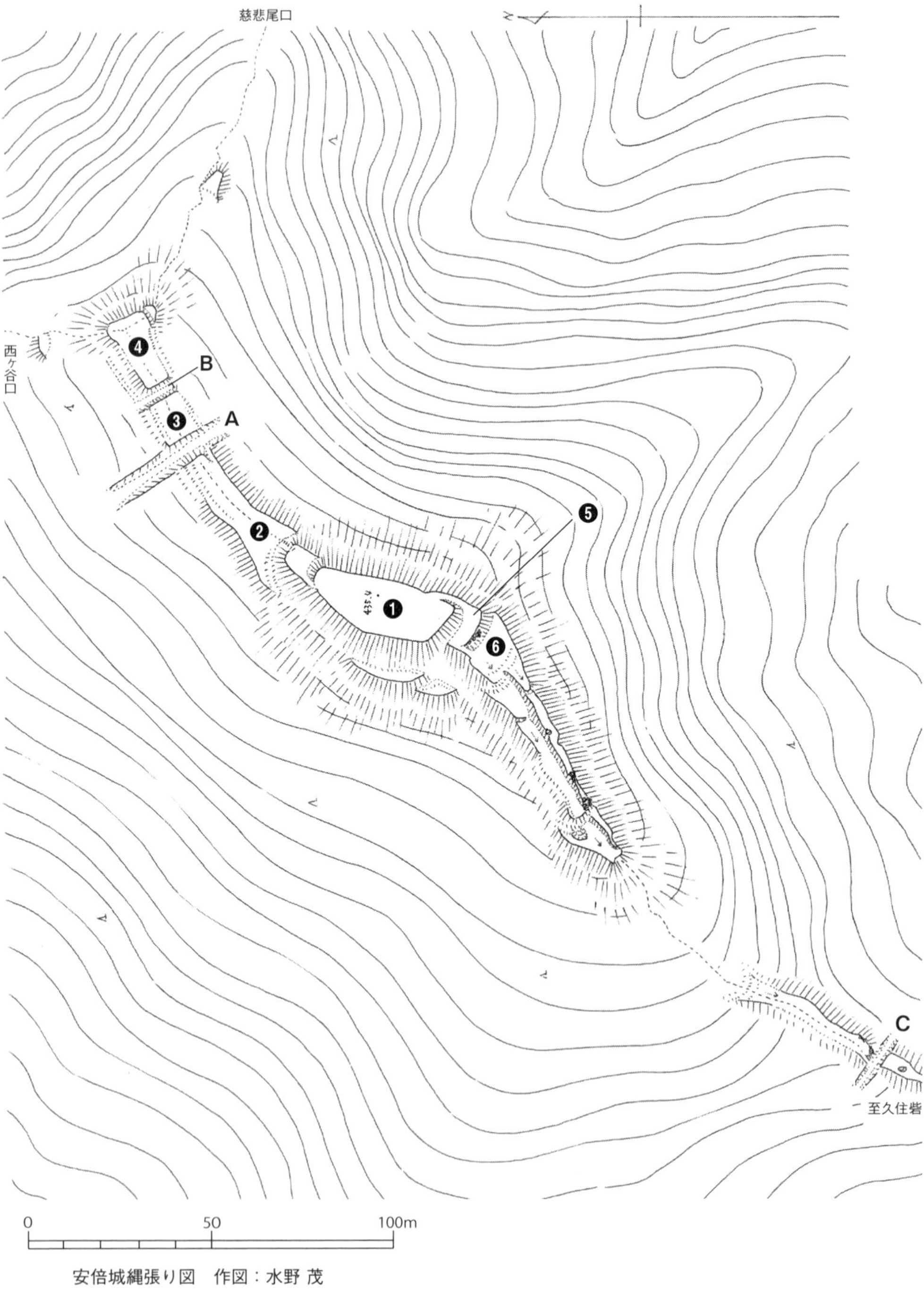

安倍城縄張り図　作図：水野 茂

堂を設け、安倍城と連帯的役割を担っていたと考えられる。

　最高所の主要部は「安倍本城」と称される。南西側に続くもう一つのピーク上には久住《くすみ》砦が築かれ、県内の南北朝系城郭に多く見られる「二城一連式山城」という、二つの城域が連郭式に一体化した形態を伝えている。本城は南北三〇〇mと細長く、痩せ尾根上にあるために各曲輪は小規模で、本城曲輪❶は東西一五m、南北三八mを測り、土塁《どるい》は確認できない。本城曲輪から北に続く❷・❸・❹は、堀切A・Bにより曲輪として区画し、遮断系構造を強化したもので、これは南北朝期ではなく、室町期の今川系に類似化できる構造を見せている。

最高所の本城曲輪❶までは1時間30分はかかる

　反対の南側は、二段の腰曲輪❺・❻とわずかな石積み、❶に入るジグザク状の導線も認められる。❻から下がる稜線上は、自然の土塁状地形を利用したのか不明だが、駿府に対する防備として有効である。さらに、痩せ尾根を下がって離れたところに堀切Cがあり、徳山城や井伊城（浜松市北区）などの南北朝系山城と類似する構え方を示している。

　ところで、南北朝期の縄張り特性を分析した齋藤慎一氏は、山岳密教《さんがくみっきょう》系の山林寺院を活用した城郭化と、山自体がもっている要害性に依拠していたことを指摘している。＊2

　改めて、安倍本城の縄張り特性を見ていくと、南北朝

＊2　斎藤慎一「南北朝内乱と城館―一三三〇年代の様相」（『城館と中世史料―機能論の探求―』高志書院、二〇一五年）。

本城曲輪❶から駿府と賤機山城、さらに江尻まで眺望できる

系遺構もあり、その後の室町期に改修された今川系遺構も混在している。普請による要害化を図る形態面・機能とともに、初期的な多様化を遂げようとした縄張りや構造を評価すれば、南北朝期の狩野氏期のものが、今川氏期に改修されたとするのが妥当と考える。よって、南北朝期以降の狩野氏は今川氏に従属することで、永享年間頃には安倍山（安倍郡）に位置する湯嶋城に本拠を移したことは、史料からも明白である（本書「湯嶋城」の項参照）。

最後に、沼舘愛三氏がまとめた総括的な「安倍城の価値」を紹介しておきたい。*3

本城は純然たる山城《やまじろ》で金剛山《こんごうさん》の千早城、霊山《りょうぜん》城、春日山《かすがやま》城等と略其価値を等しくし狩野

上：本城曲輪の南下段❻の腰曲輪
中：同城と久住砦との鞍部に構えた堀切C
下：本城曲輪北側の堀切Aは竪堀にも続く

*3　沼舘愛三「安倍城の研究」（『静岡県郷土研究』第一輯、一九三三年）。

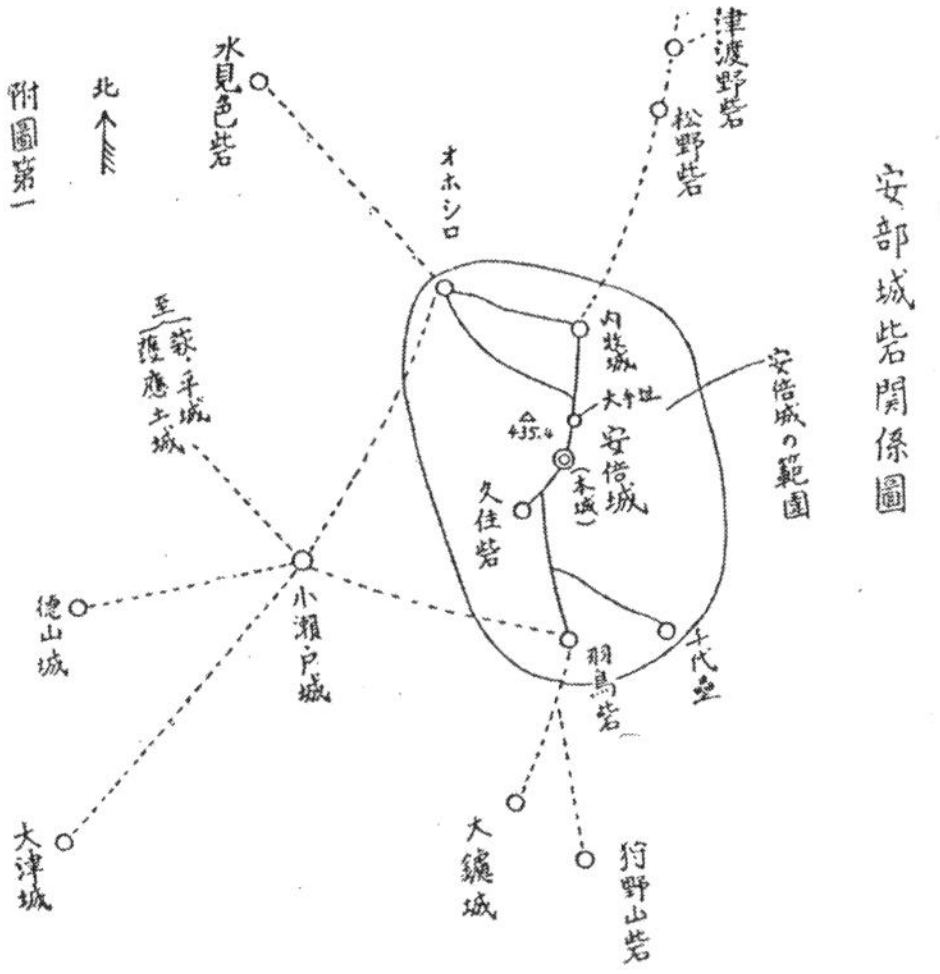

安倍城砦関係図　沼舘愛三「安倍城の研究」より転載

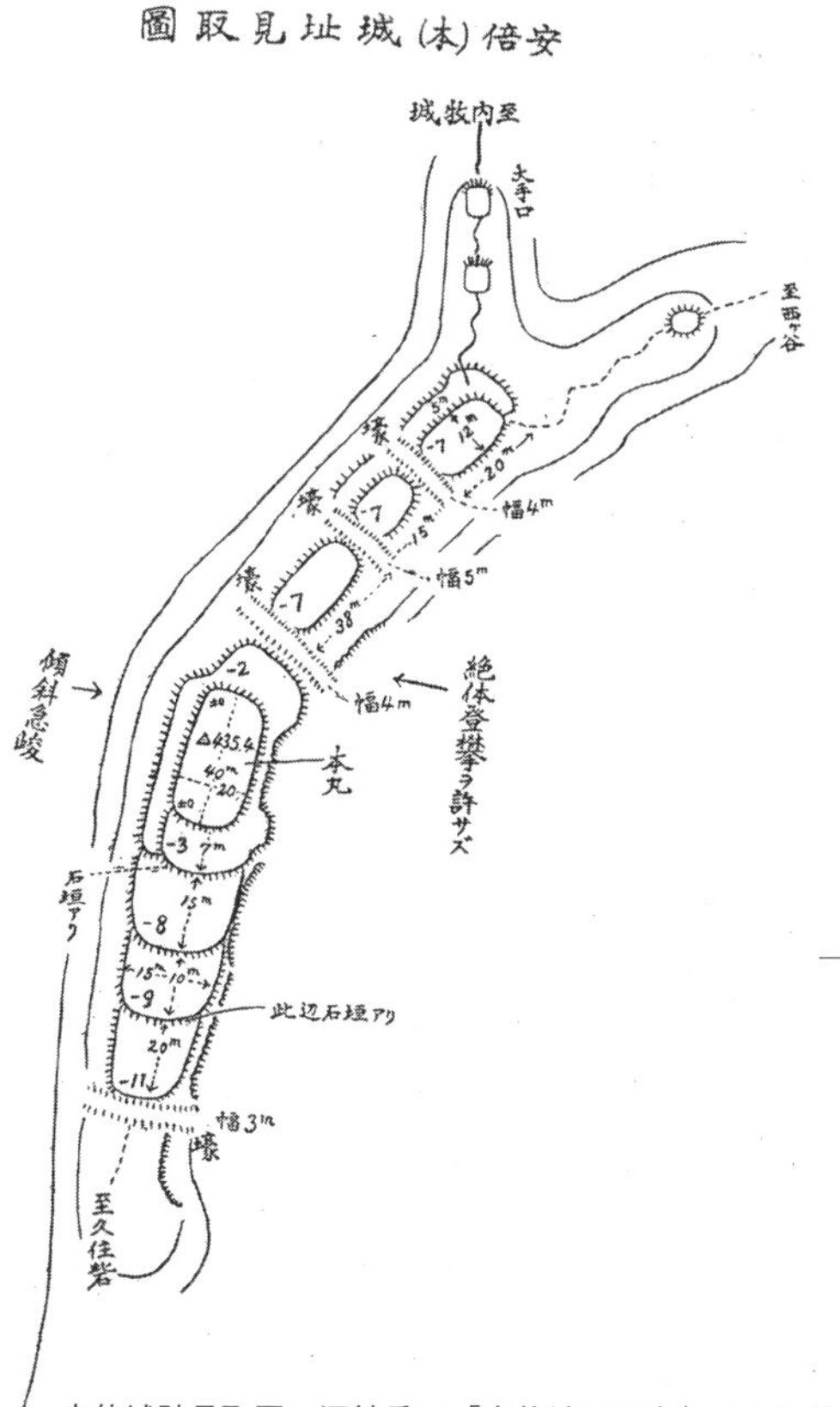

安倍城趾見取図　沼舘愛三「安倍城の研究」より転載

氏が之に拠りて延元正平の頃から永享寛正の頃保持し得たのは城が堅固で要害の地を占めた為で東海付近には其比を見ざる処である。抑も当城は東は安倍川南は藁科川北は内牧川西は険峻なる渓谷で地域広大山骨稜々険峻で何れの方面よりも攻撃挙登困難である。而かも当城は一面専守的設備を有する傍附近に幾多の支城、出丸伝への城、向の城等を有する城砦群で敵の近接を困難ならしめると共に之等の支城を足場として更に攻撃に転じ得るの配備にあり。之れ駿州に於て勢威を振るひ今川氏をして入国せしめざり所以である。

〈水野〉

安倍城と一体化した山城

5 久《く》住《すみ》砦《とりで》

①所在地：静岡市葵区羽鳥
②立　地：標高三九〇m（比高三四〇m）の山上
③交　通：羽鳥の洞慶院より徒歩一時間三〇分

【城館史】『駿河記《するがき》』の「羽鳥」の項に、「洞慶院の山嶺より慈悲尾山の際にあり。福島氏の所拠なり」とある。そこが安倍城か、この久住砦なのか明確でないが、今川氏重臣の福島《くしま》氏が拠るものとしている。沼舘愛三氏は、「此砦は本城の南方を扼し其防禦力を強大ならしむる為に施設せられたもので攻略せざる限り南方より本城への接近し出来ない」と記し、[*1] 狩野介が拠る安倍本城防備の要として、同一期のものとしている。

【縄張り概要】藁科川の北岸、羽鳥《はとり》地域の奥まった地に福島氏開基と伝わる洞慶院《とうけいいん》が建ち、その背後地が「慈悲尾山」という、安倍本城の南に位置している。また、そこから久住砦までは一時間半ほどかかり、徳山城（島田市）・井伊城（浜松市北区）とともに、県内有数の高地に築かれた南北朝系の連郭式山城であると、いまだに沼舘説を孫引きした内容の書籍が多い。

久住砦の山稜は、細長い東西軸の東に構築しているが、西を前面とする城域を区画した堀切《ほりきり》Bは幅一mほどで、確認するのも難しいほどお粗末な構えである。堀切Bからは三〇mほど自然地形が続き、そこから堀切Aまで小規模な曲輪が四つ以上築かれ、山腹には切岸を強化したためなのか、帯状腰曲輪が確認できる。このような遺構を県内から探ると、南北朝期系よりも室町期に散見する。

幅五mの堀切Aを越え、主要部❶に入る。ここは本城曲輪にあたり、東西三二m、南北一六m

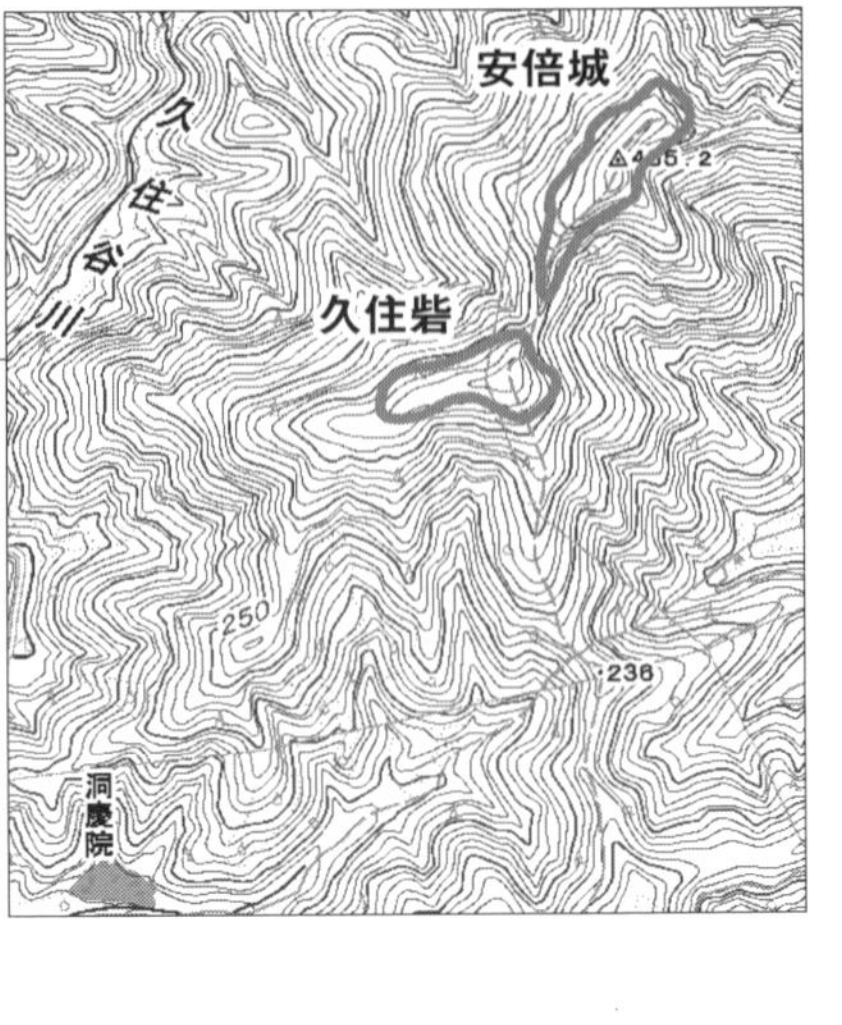

同砦南麓に建つ、福島氏開基の洞慶院

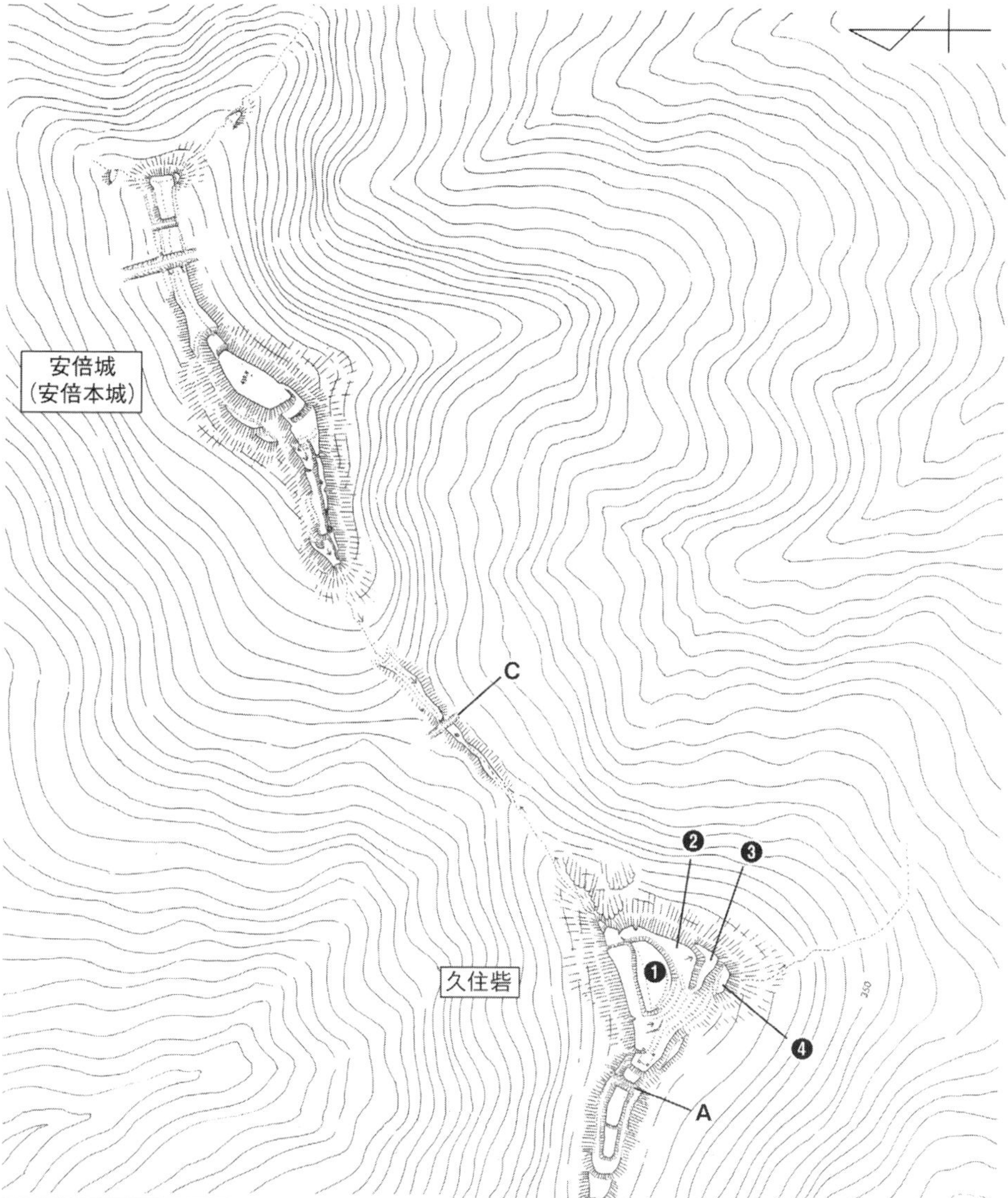

久住砦縄張り図　作図：水野 茂

洞慶院西側にある久住砦・安倍城への登り口

を測る小規模なものであるが、北と南には付属するように二～三m下段にきちんと削平した腰曲輪❷・❸・❹を築き、それなりに求心性を強化している。❸の南下には、二段の小規模な腰曲輪を設け、山道も付けられており、増善寺の最も古い観音堂跡から繋ぐ登城ルートの存在も考えられる。

上：20年前に山林伐採したとき。左が久住砦、右が安倍城
下：西端を区画するわずかな堀切Bは何を意味するか

東西一八〇mもある久住砦内部は、古く畑地として開墾を受けた可能性もあるが、大きく改変されることはなかったと思われる。砦の年代を示す構造は、砦域前面の西限を区画する遠堀的遺構、堀切によって曲輪を構成する構え、わずかながら山腹の防衛強化を図る切岸など、安倍城と類似するところが多々ある。すなわち、沼舘氏の説と同じところが多いが、安倍城は北・東を軍事的な前面とし、久住砦は南・西側の守備固めとする、一体化した防衛機能によって縄張りされている。それなりに堅固な普請であると縄張り論からもいえるが、今川氏では室町・戦国期に家督相続にともなう内訌が三回もあり、いつ誰が改造し、どう運用したのか、今後、多分野からの研究を期待したい。[＊2] そこで、安倍本城と久住砦の両城が並立した縄張り図を掲載したので、参考にされたい。

南中腹の腰曲輪❷、麓の増善寺に下りる

＊1　沼舘愛三「安倍城の研究」（『静岡県郷土研究』第一輯、一九三三年）。

＊2　たとえば、今川範政の死後、永享の内乱に際して将軍足利義教の命で三河・遠江の斯波軍らが軍事介入した時期（県二―一八二二）が大いに考えられる。

現在の久住砦主要部❶

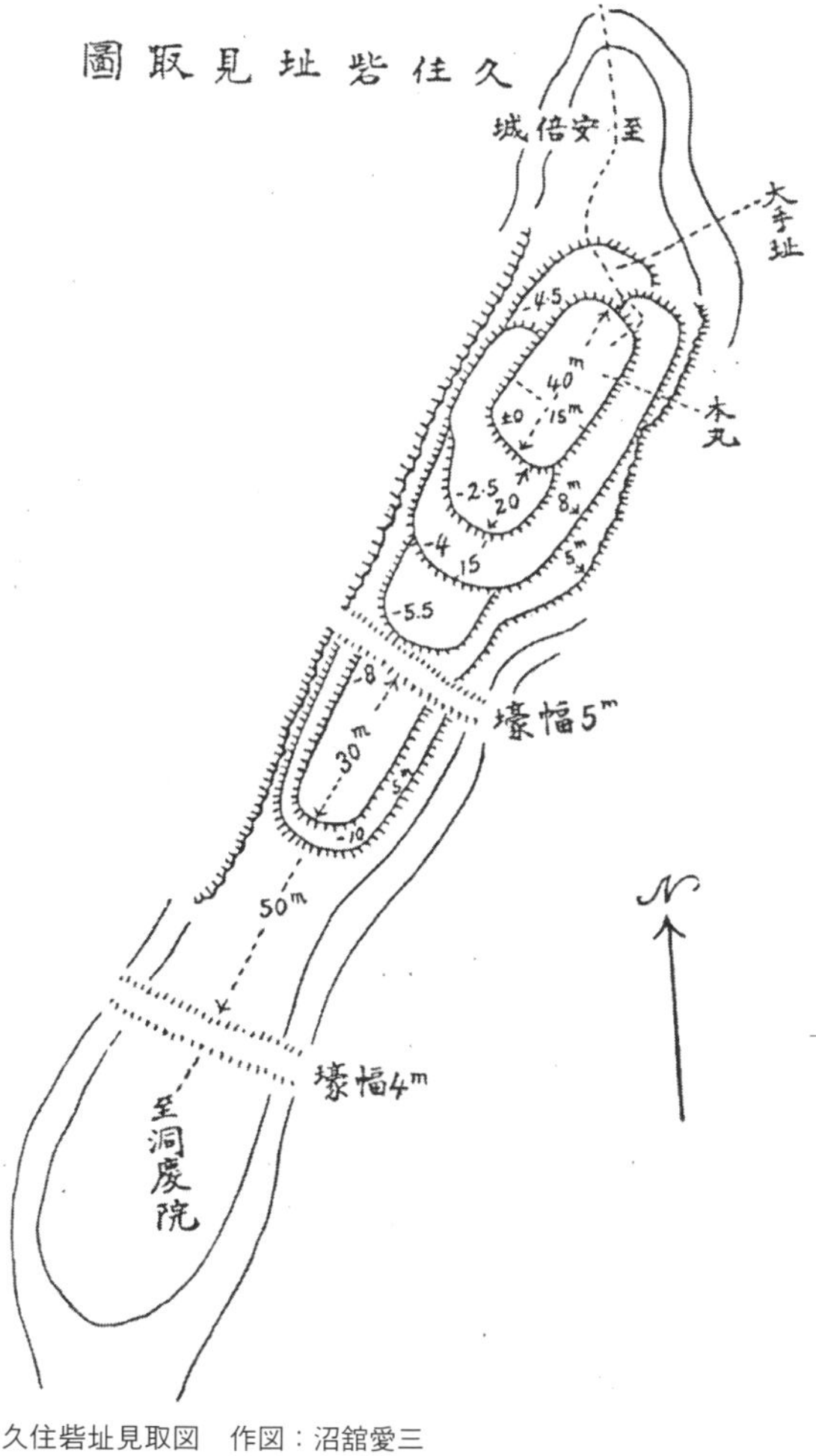

久住砦址見取図　作図：沼舘愛三

南北軸の五〇〇m以上の稜線上に占地している北側の最高所が安倍本城で、反対の左ピーク上の久住砦とは、お互いに背を向けるよう、一体化した防御体制で縄張りされている。小堀切**B**の西側には兵員が駐屯可能な広大な平場もあり、これだけ大規模な山城を築き上げたのは、相当な勢力だったのであろう。文献史料はないが、今川氏の内訌期に、近年、存在が確認された安倍城南の徳願寺山城と一体的に軍事運用された関連性も考えられる。〈水野〉

南北朝期の寺院城郭

6 久能寺城《くのうじじょう》

①所在地：静岡市駿河区根古屋
②立　地：標高二一五m（比高二〇七m）の山上
③交　通：久能街道（国道一五〇号線）の久能山東照宮の登り口から徒歩三〇分

【城館史】　古来、久能寺は建穂寺《たきょうじ》とともに「駿河二大寺」といわれた名刹で、鎌倉期には大窪寺《だいわじ》・霊山寺《れいざんじ》を含め、「駿河四大寺」（その後は駿河七観音）として格式高い聖地であった。南北朝期には駿河南朝方の入江駿河守《いりえするがのかみ》らが籠もり、今川氏は「久能寺城」と明記している（県二―四五六）。また、天文五年（一五三六）に義元が家督となった花蔵の乱に際しても、敗北した玄広恵探方の福島一族が籠もっている（県三―一三七八）。

城跡航空写真　急峻な局谷が取り囲む久能寺城

永禄十一年（一五六八）十二月の武田信玄の駿河侵攻にともない、武田氏滅亡後には、徳川家康の重臣・榊原清政《さかきばらきよまさ》が守備している。元和二年（一六一六）に家康が駿府城で没し、遺言により久能山に葬られると、廃城となった。

【縄張り概要】　日本平《にほんだいら》・有度山《うどやま》から南へ延びる尾根先端部に位置し、駿河湾を望む比高二〇〇mを越す峻険な要害地形上に存在する。現在は独立峰に見えるが、往時は日本平から尾根続きの中ほどの豆腐《とうふ》山から久能山北側に繋がり、『駿河記』では搦手口《からめてぐち》としたとある。このような退路地形の存在

＊1　近江京極系の上平寺城・弥高寺、大和の佐味城など。

により、軍事的に機能したと理解できる。大手口❹の南麓直下に「根古屋《ねごや》」・「海賊倉」・「中村」・「西村」という地名が確認でき、南麓の久能街道に沿うように、門前地と根小屋集落を形成していた。現在の遺構は、今川期以降の武田・徳川期によるものである。

城域は東西一九〇m、南北四四〇mを測る、駿河国では最大級の山城である。『駿河記』によれば山上に十八坊とあり、広大な城域には、古く久能寺とその塔頭《たっちゅう》・坊が存在していた。久能《くのう》山東照宮《さんとうしょうぐう》所蔵の「駿河国久能山全図」にも、規模を有する区画（曲輪）が同本社より南域の約十一か所に見られる。最上部の愛宕《あたご》社❶、西側の階段状の坊院❷などの数を入れると、『駿河記』の十八坊と符合し、現在の遺構も久能寺期のものを再利用したとみなされる。

なお、山岳寺院の特色として、中央最上段に本坊を置くことが多く、*1 現在の本社（本神）地❸が主要部であったと考えられる。〈水野〉

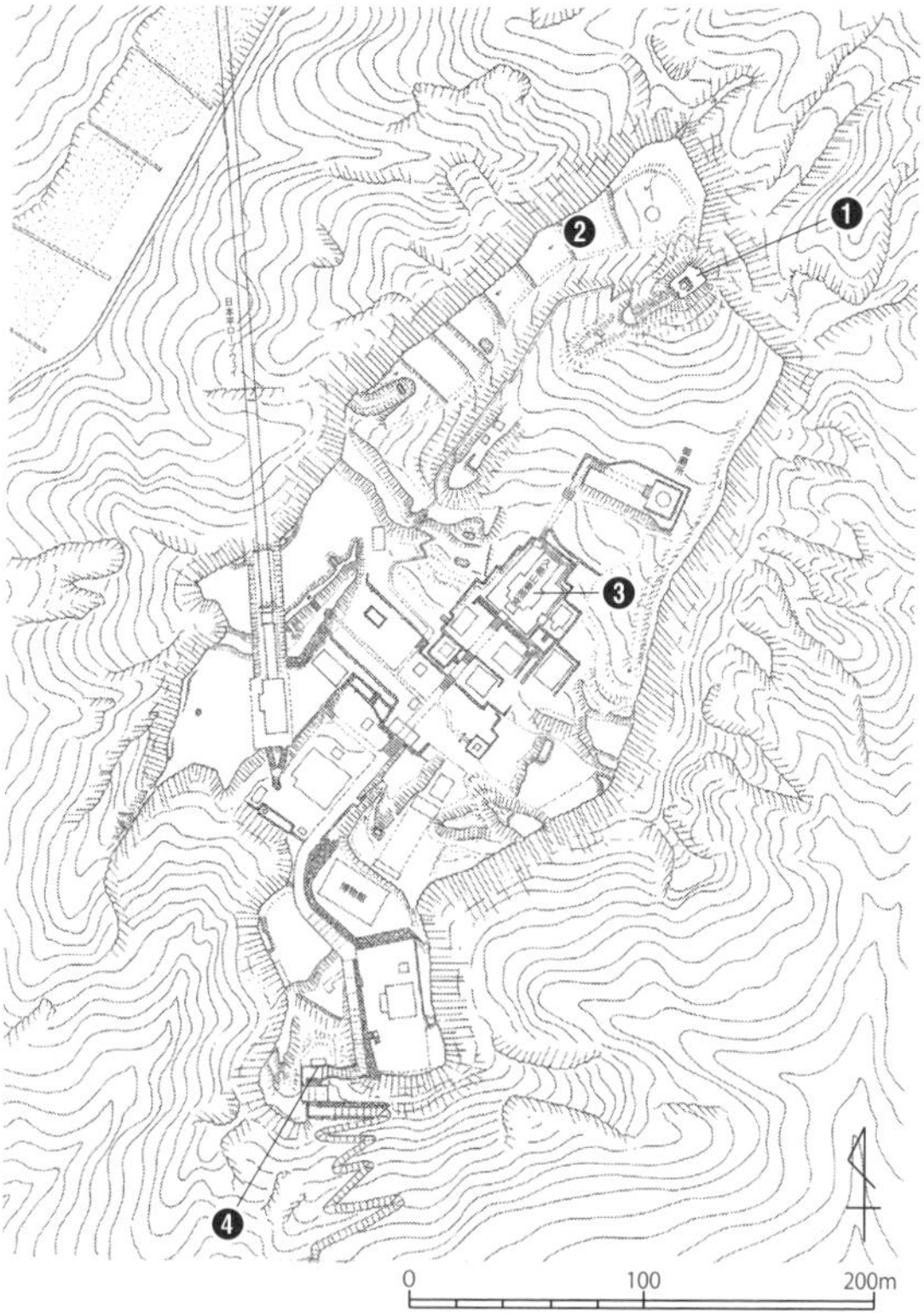

久能寺城縄張り図　作図：水野 茂（『久能山城跡現況遺構確認調査報告書』静岡古城研究会編を参考）

北西域の階段状で古式な坊院跡

久能寺の枢要であった久能山東照宮本社

名刹の寺院城郭か

7　建《た》穂《きょう》寺《じ》城《じょう》

①所在地：静岡市葵区建穂字宮城山
②立　地：標高二九三ｍ（比高二五三ｍ）の山稜
③交　通：羽鳥建穂寺から徒歩二〇分

【城館史】　建穂寺背後の山上地を「宮城山《みやしろやま》」（現在は「大沢日向平」か）といい、筆者たちの調査で山城と位置付け、「建穂寺城」と呼称した。沼舘愛三氏は安倍本城の支城・「羽鳥砦」は南方の藁科口に対して防備を設けたと記すが、*1同城と隣接しているものの、違う城域である。

【縄張り概要】　「千代《せんだい》」と「建穂」との境界線上に築かれ、南北六〇〇ｍと広大な城域をもつ。まず、山稜北端に幅六ｍの堀切**Ａ**（竪堀《たてぼり》状に続き、南北朝期以降のものか）を北限としており、山稜❶の尾根幅は二〇～四〇ｍではあるが、東西二六〇ｍ以上と広く、多くの兵を収容できる自然の空間を備えている。この山稜の南側に対しては、堀切などの遺構は存在せず、沼舘氏がいう千代砦（畑地か）があったのだろうか。

　南西側中段に建穂寺観音堂跡があり、そこの平坦部❷は東西三〇ｍ、南北六五ｍと広く、北辺には石積み（後世）の観音堂の基壇《きだん》が置かれているが、背後には一段の腰曲輪があるのみである。観音堂南側には、腰曲輪状の削平地が八か所以上築かれ、城郭構造とするのは早計かもしれないが、南北朝期に山岳寺院を活用する例は普遍的に見られるので、地名の「宮城山」を尊重すれば、ここだけは比定できると考えられる。

右側が安倍城、左側の山上が建穂寺城

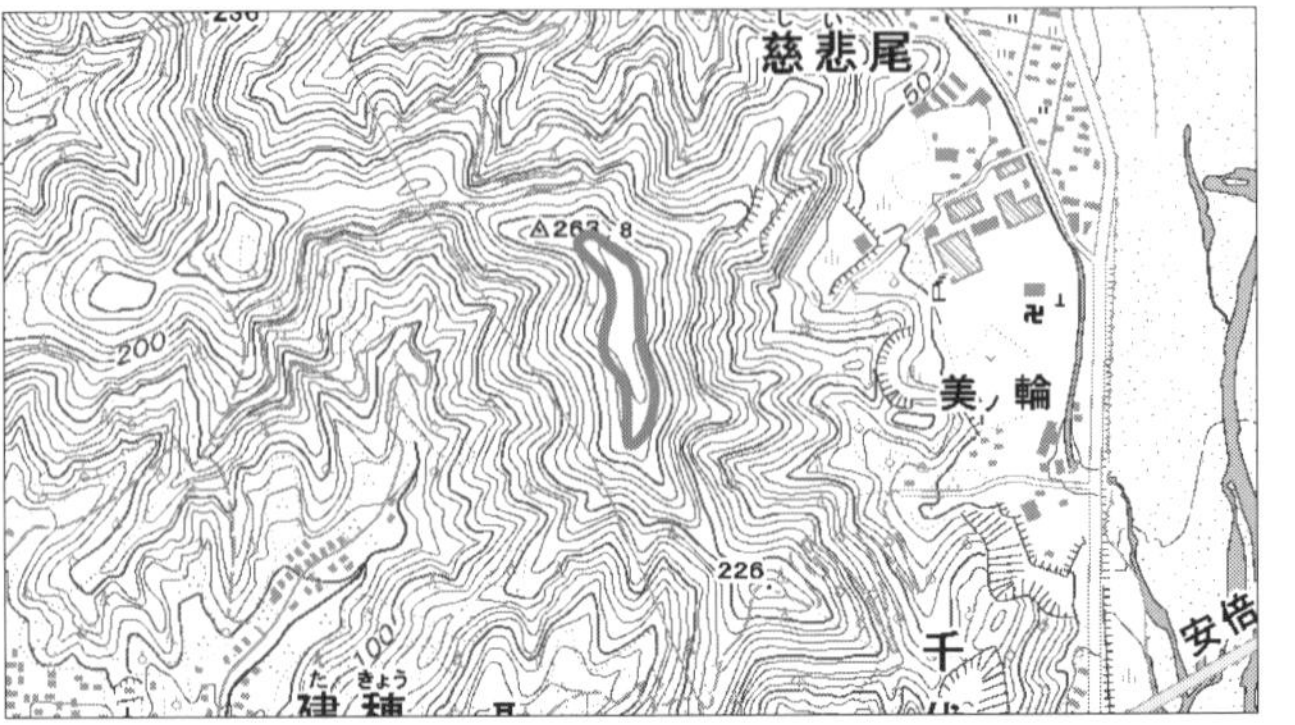

＊1　沼舘愛三「安倍城の研究」（『静岡県郷土研究』第一輯、一九三三年）。

ちなみに、永禄十一年（一五六八）十二月、武田信玄に駿府を逐われた今川氏真は、小田原《おだわら》北条氏の援軍を待ったのか、ここで半日布陣しており、この地は早くから城郭機能を有していた証にもなる。〈水野〉

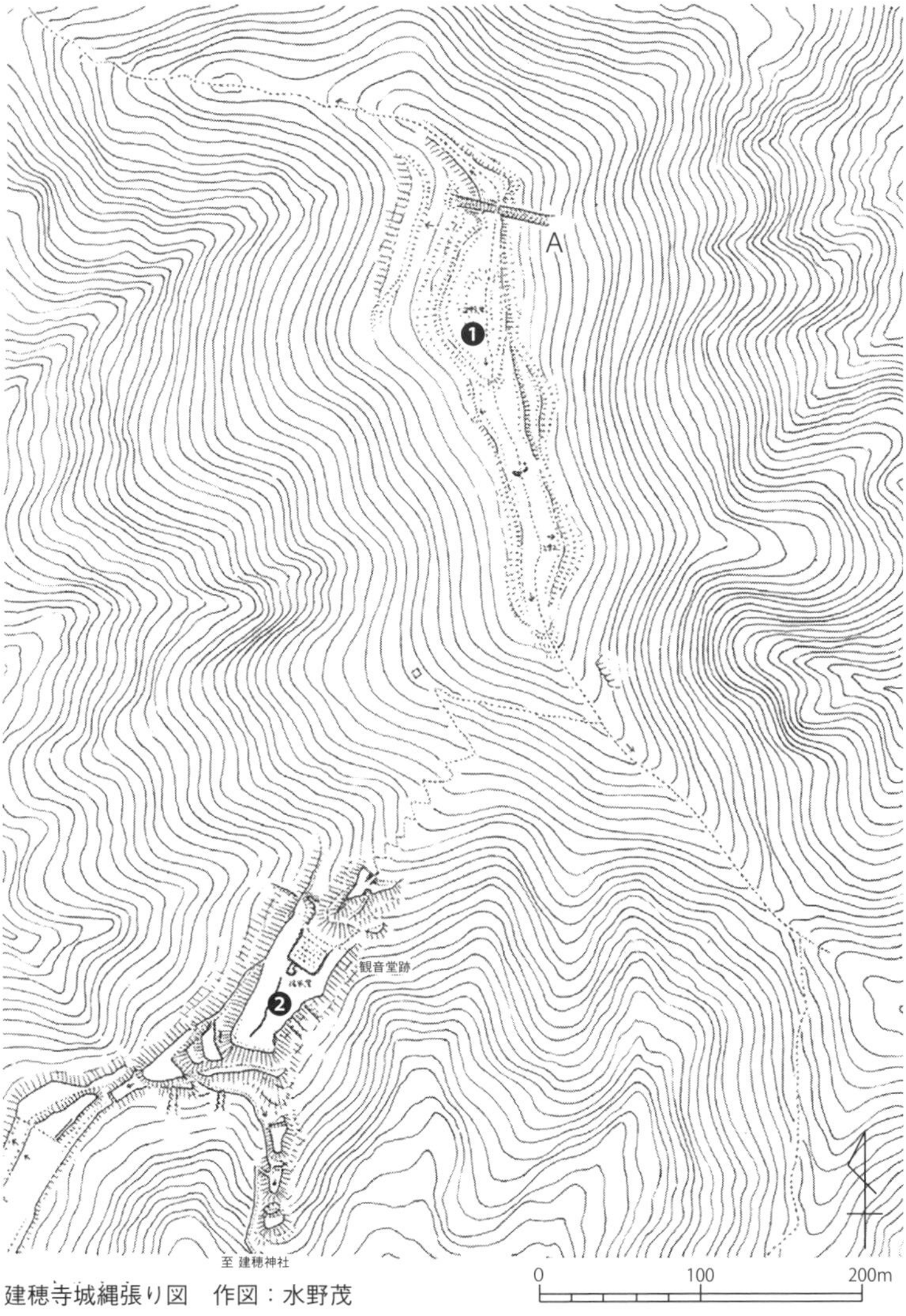

建穂寺城縄張り図　作図：水野茂

建穂寺観音堂跡の基壇

城域北端の堀切A

現存する駿河南朝城郭の実像

8 徳《とく》山《やま》城《じょう》

①所在地：榛原郡川根本町徳山
②立　地：標高一一〇〇m（比高三八〇m）の山上
③交　通：大井川鐵道大井川本線の青部駅より徒歩約一時間、国道三六五号線の富士城集落より林道あり

【城館史】　室町幕府の内訌・観応の擾乱については、『太平記《たいへいき》』に「天下三ニ分レテ合戦ヤム時アラジ」とあり、駿河南朝方も府中（駿府）奪還に向けて攻勢に出ている。しかし、足利直義派を破った尊氏派の今川範氏らは、手越原と府中での戦いで南朝方を撃破し、敗れた南朝方は大津城（島田市の野田城が定説）に逃れたが、そこも攻められ、最後は徳山城に立て籠もった。

観応三年（一三五二。九月に文和と改元）、尊氏から「遠江・駿河両国の凶徒退治」を命じられた今川範氏と伊達景宗は、まず南朝方の大津城を攻略し、翌文和二年二月十日に「徳山凶徒退治」のため、駿府を発向した（県二―五二二）。

景宗は藁科越え（川根《かわね》街道）から攻め上がる搦手軍となり、十一日に萩多和《はぎたわ》城（静岡市葵区か）を落とし、次いで十三日には自らも負傷しながら護応土《ごおうど》城（川根本町を攻め落とした。徳山城の北背後から進んだ景宗軍は、十六日に朝日山《あさひやま》（所在地不明）に陣取り、十八日には「鴇《とき》（土岐）彦太郎攻城西尾四伝多和取寄陣」とある。最終的には四伝多和《しでんたわ》（所在地不明）に陣を寄せて徳山城を攻めたが、それは夜襲によるものであった。二十五日夜に「御敵彦太郎親類・兄弟并石塔入道殿家人佐竹兵庫入道・藁科以下凶徒令没落訖」とあり、駿河南朝方はここを逐われて没落した。これらの戦いは、駿河国守護・今川範氏に従った、幕府御家人の伊達景宗軍忠状によって知られ、貴重である。＊1

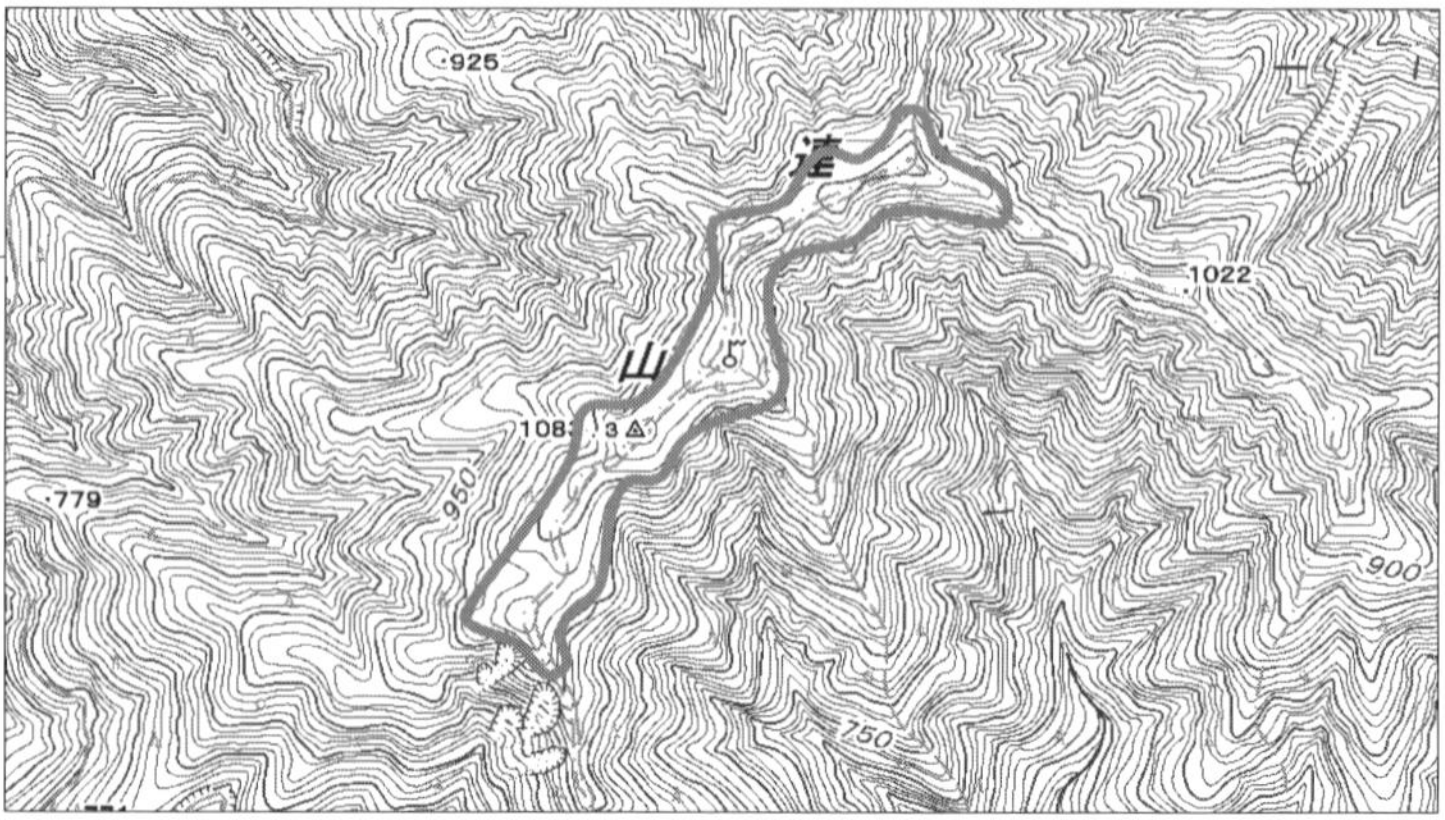

＊1　京都大学文学部「駿河伊達家文書」（『博物館の古文書』第5輯、思文閣出版、一九八九年）。

『駿河記』に、本城山（徳山城）の城主は土岐山城守《やましろのかみ》とある。北方の智者山神社《ちしややまじんじや》の棟札にも「駿河国徳山鴇郷」とあるので、土岐氏はこの地域を支配していた在地領主であったことは間違いない。

【縄張り概要】 徳山城（本城山）は、川根本町と島田市の境界である無双連山《むそうれんざん》に位置し、沼館愛三氏は、「三角標高一〇八三・三高地より其北約八百米に亘る細長の尾根上を利用して構築せられたもので、之を二郭に分ちて居る」とする。*2 実際、この二郭域を測量すると一二〇〇m以上になる広大なもので、氏がいう中央の幅六・五mの堀切Aから北端ピーク❷までの北半の六〇〇mが、「本城山」とか「本城」という城郭域である。

伊達景宗が攻めた搦手方面から本城山には、清

大井川中流域からの徳山城遠望（上段三角形の山塊）

東麓の小猿郷から見上げる

*2 沼館愛三「無双連山を中心とせる諸城址の研究」（『静岡県郷土研究』第四輯、一九三五年）。

大井川河岸段丘上である駿河徳山集落の「森の段」。地元で「堀の内」という土岐氏屋敷地は、茶畑等の開発が著しく遺構は不明であるが、その井戸跡と五輪塔が残る。背後の山塊の奥に徳山城が存在する

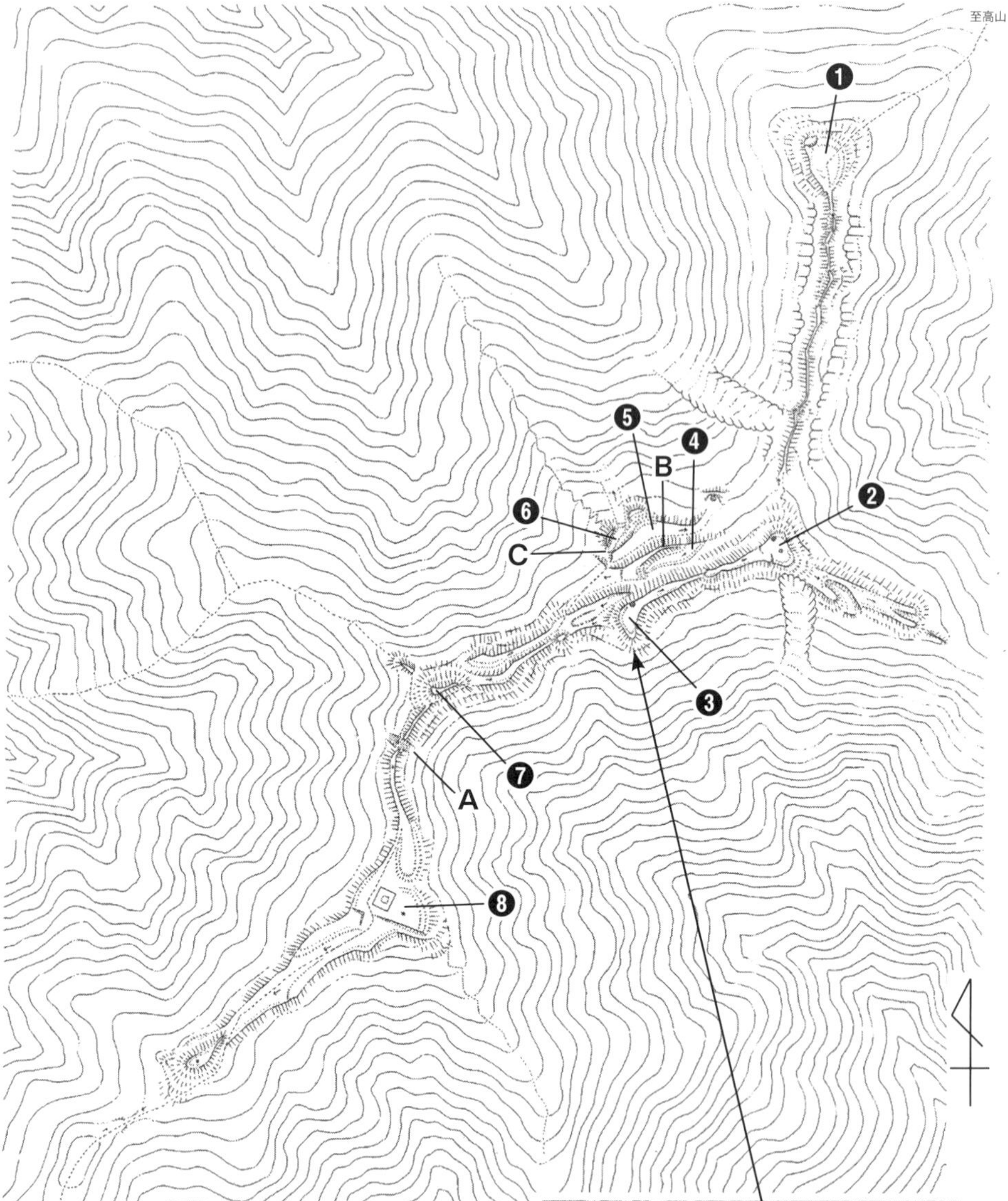

徳山城縄張り図　作図：水野 茂・大塚 勲

この最高所は「殿屋敷」と称している

水呰というピーク❶から、約一m幅の「犬戻り」という恐ろしくなるような断崖上の一騎駆けを二一〇mも渡ると、城域北端のピーク❷に入る。❷からピーク❸までの一四〇m間は、自然地形の痩せ尾根で、❸は無双連山最高峰の標高一一〇〇mにあり、沼舘氏は「殿屋敷」と称している。ここから北西側の緩斜面には、谷地形を利用した三段の平場がある。上段❹には人工的に手を加えたような土塁**B**が付属する。落差六mの下段に平場❺・❻を配置し、堀状遺構**C**（自然の谷につながり、圧巻）等が認められる。沼舘氏もこの区域を「本丸」と称しており、同城で最も階層性の高い主要部と考えられる。なお、中段平場❺の下には水場があり、最下段❻の支尾根には、北麓の文沢・塩野に下る山道（登城路）が現在も残る。

ピーク❸からピーク❼に向かう南西尾根上には、東辺に土塁状に掘り残して東西一四〇mの平場を形成する。自然地形ではあるが、安倍城（静岡市葵区）の本城曲輪南の構造と類似する。ピーク❼上は狭小であるが、西支尾根に下る登城路があり、物見台があったと推定される。❼から南西五〇m地点から城域南限となる堀切**A**までは一騎駆《いっきが》け状の地形が続き、防御性の高い一騎駆けと幅六・五mの堀切は、同城で唯一、戦闘を想定した遺構であった。広大な城域中央に堀切を穿つことは、「山籠り」や「山あがり」という村人たちの避難所（山小屋）になった場所と、兵員を駐屯させる軍事的な場所との、階層的な区分を明確にしたのであろうか。*3

堀切**A**から南域❽も五〇〇m以上と広く、沼舘氏は「陣屋平」・「鍛冶屋敷」・「蔵屋敷」の名を記しているが、まったくの自然地形で、名称に関わる遺構的なものは存在しない。また、戦場となる山城に屋敷地名があることは考えられない。さらに、氏は「本城の附属塁砦」として、周辺丘陵上に「清水砦」・「朝日陣場」・「塩野塁」・「梶山塁」など二五か所以上があったとするが、遺構は見つからなかった。

「犬戻り」という長大な一騎駆け

明確な遺構はこの堀切のみ

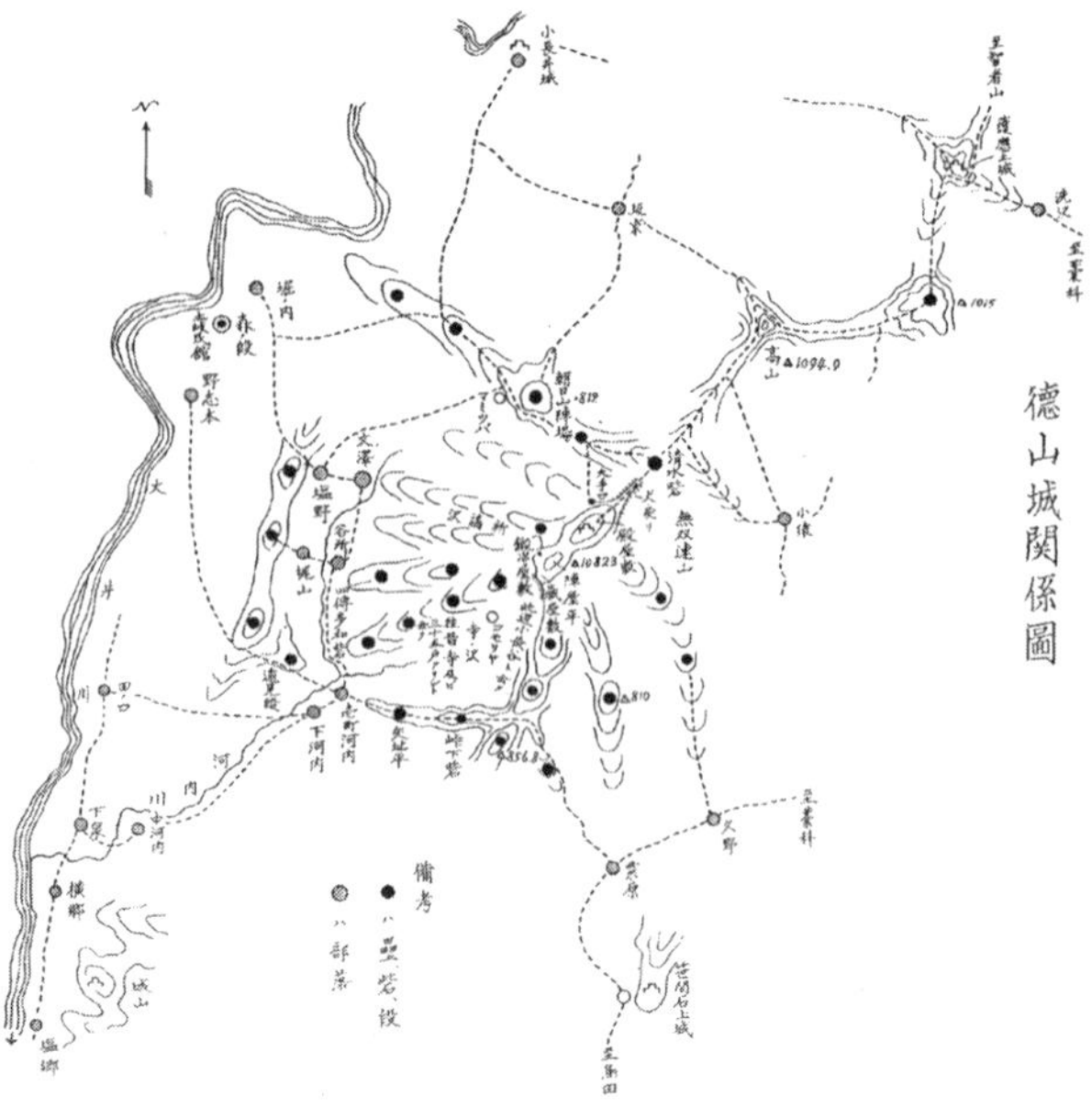

徳山城址見取図　作図：沼舘愛三

先学も論じているように、[*4]徳山城は恵まれた天険の要害地形に依存し、自然地形を巧みに縄張りした構造は、県内の南北朝系城郭を解明するための構造指標となり、全国的に見ても類のない山城の様子を健全に伝えている。〈水野〉

上：西山腹の土塁と谷戸状曲輪か
下：見える化的な切岸と曲輪

＊3　井原今朝男「付論『山小屋論争』について」（『中世のいくさ・祭り・外国との交わり』校倉書房、一九九九年）。

＊4　斎藤慎一「南北朝内乱と城館―一三三〇年代の様相」（『城館と中世史料―機能論の探求―』高志書院、二〇一五年）。

南北朝期の木戸遺構

9　護《ご》応《おう》土《ど》城《じょう》

①所在地：榛原郡川根本町藤川字富士城
②立　地：標高九五五ｍ（比高六四〇ｍ）の山上
③交　通：大井川鐵道大井川本線の千頭駅より国道三六二号線を車で四五分、富士城集落の背後

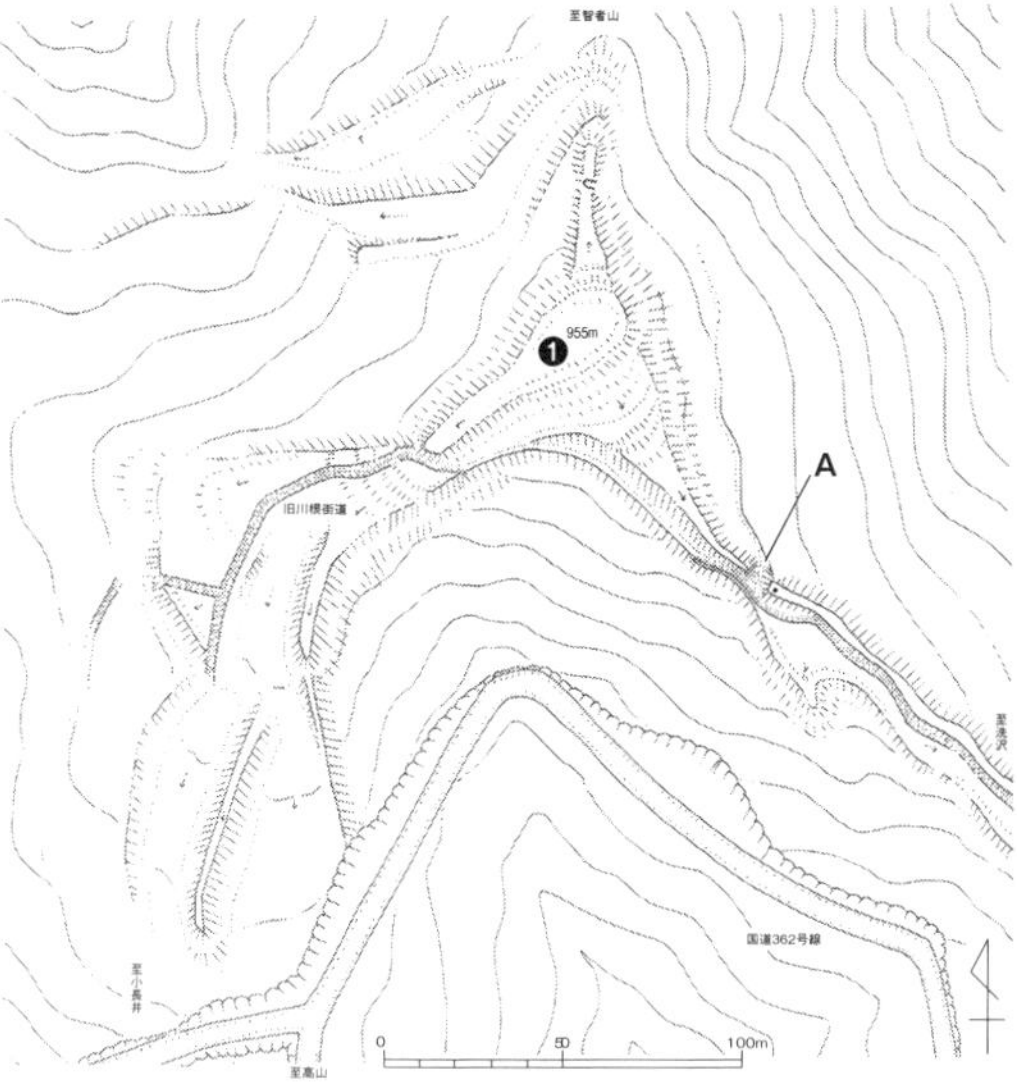

護応土城縄張り図　作図：水野 茂

【城館史】　文和二年（一三五三）二月、今川範氏は駿河南朝方の鴇（土岐）彦太郎が立て籠もる徳山城を攻めた。その北方の搦手筋（川根街道）に護応土城が位置し、徳山城攻めに先だって合戦があった。伊達景宗軍忠状には「藁科越壱木戸於五応度要害」（県二―五二〇）とあることから、簡単な交通遮断的装置でバリケード程度のものを設けたとされている。*1

【縄張り概要】　川根街道（国道３６２号線）が通過する富士城集落の北東背後に位置する。街道を西に下れば千頭に、分岐して北は智者山、南は無双連山（徳山城）に至る交通上の要地である。

最高所❶から東側稜線上が狭まるところに古道の切通し**A**（堀切か。古く護応土観音を祀る）が築かれ、❶から古道に向けて横矢が掛けられるが、周辺はすべて自然地形である。〈水野〉

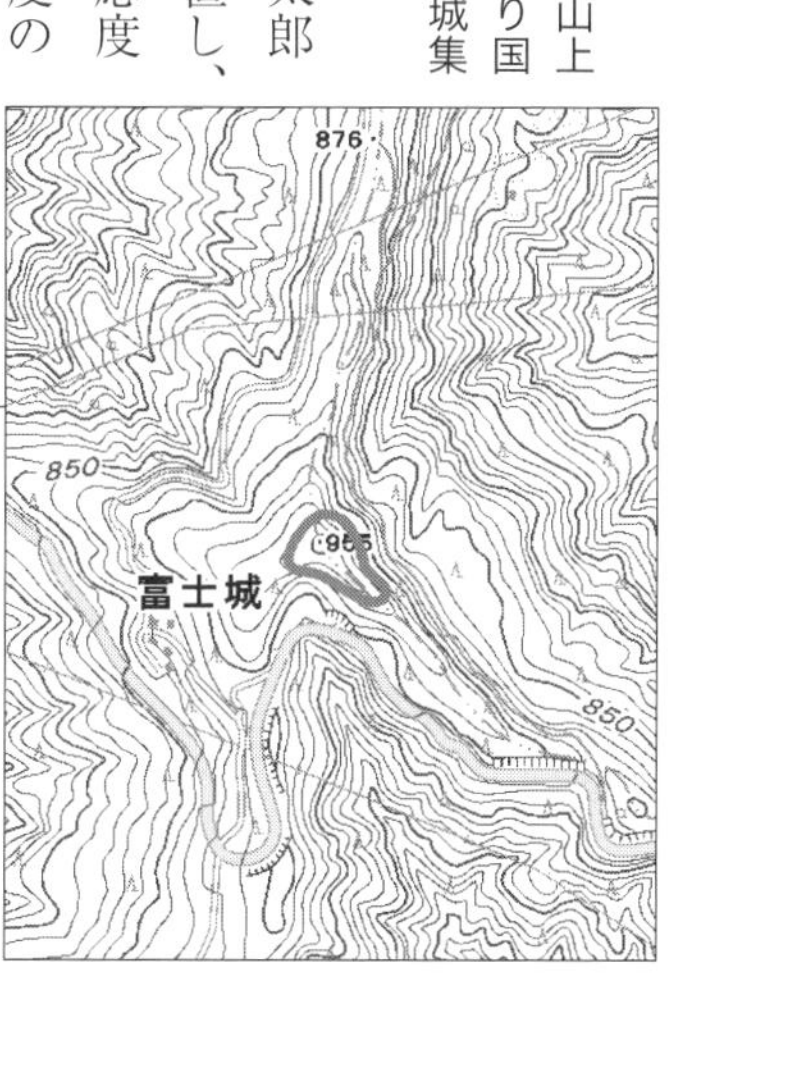

＊1　川合康『源平合戦の虚像を剥ぐ』（講談社、一九九六年）。

稜線上が括れたところに堀切を入れただけの構造

駿河南朝方の大津城か

10 滝《たき》沢《ざわ》城《じょう》（滝《たき》沢《ざわ》西《にし》城《じょう》）

①所在地：藤枝市滝沢字釜ヶ沢
②立　地：標高三八〇m（比高二八〇m）の山上
③交　通：滝沢集落より登り四〇分、明確な山道はない

【城館史】大正二年に編纂された『瀬戸谷村誌』の「龍雲寺由来」に、「抑当寺創立の原因は当寺裏に大滝小滝あり。其の左右東城西城と云う有り。蓋し後三条帝の御世何れの武将か当寺裏山に立て籠り、陣を張りて城をなせり。而して程なく此の地を去れり」とある。滝之谷《たきのや》不動峡を挟んで東西に並び立つ要害に陣城が築かれていたことを伝えている。平安中期の後三条《ごさんじょう》帝とは、伝承の誤謬《ごびょう》であろう。また、昭和五十一年刊行の『瀬戸谷の歴史』（瀬戸谷家庭学級編）には、「城山は南朝方の徳山城の出城で、今川軍に攻められ落城した」との口伝を記している。

西城が所在する山自体がもつ天険に依存した構え方は、東城とともに山城発生期の形態を示しており、葉梨城・葉梨小城《はなしこじょう》との位置関係などから、南北朝期の創築とみるのが妥当だろう。

なお、観応三年（一三五二）九月に今川軍が攻略した大津城（県二一－五一三）の比定地を、島田市野田の城山とする見解に対し[＊1]、滝沢城こそが大津城であったとする説が提唱されている[＊2]。

【縄張り概要】滝沢城（滝沢西城）は、瀬戸川の支流である滝沢川と滝ノ谷川沿いに開けた集落全域を根小屋とする立地にあり、島田市の相賀《おおか》・千葉方面や伊久美《いくみ》白井方面から通じる大小の峠越え・間道を押さえる要衝である。また、瀬戸川中流域を一望に見下ろせ、東方三kmに位置する今川氏の葉梨城・葉梨小城を見通すことができ、その対峙関係が当城の築城主体を明かす鍵と思われる。

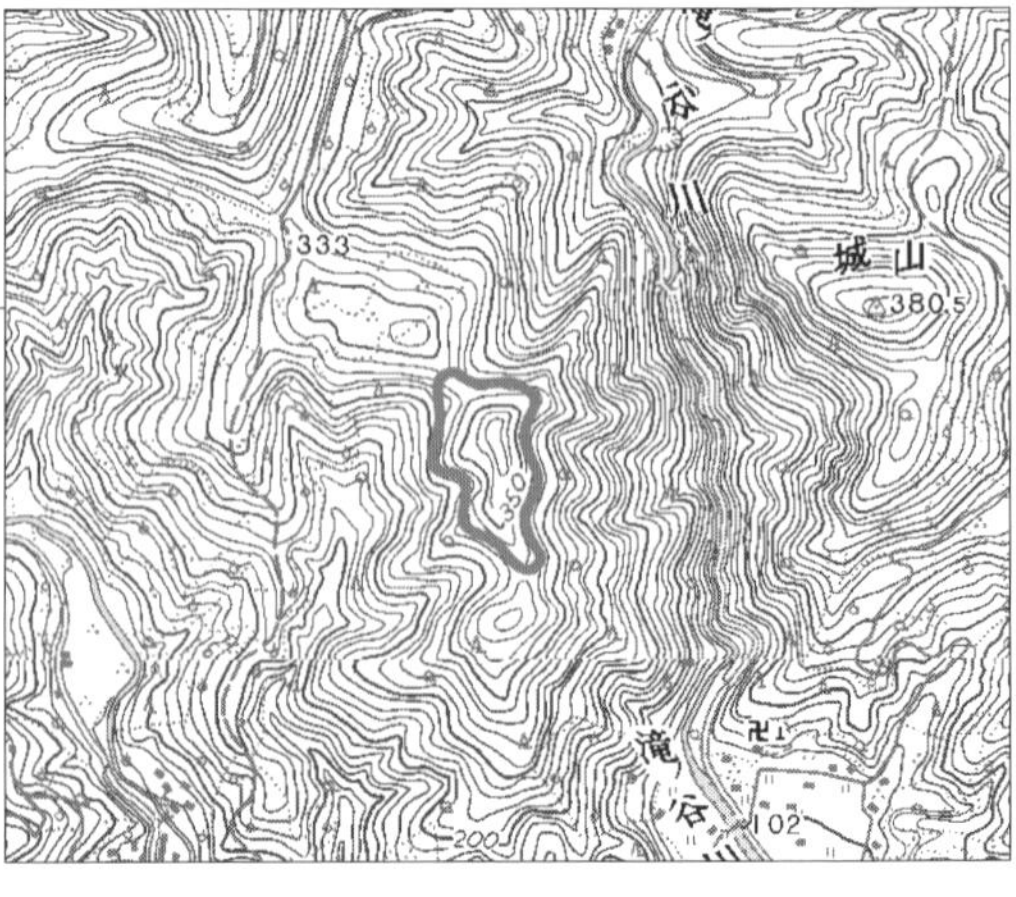

＊1　大塚勲「大津城について」（『地方史研究大井川』第二号、一九七八年）。
＊2　水野茂「古城発見・滝沢城」（『古城』第三七号、一九九二年）。
（左写真）滝沢集落から望む左側の滝沢城、右側が瀬戸谷城

遺構は、山上を南北に分離した二城一郭的に曲輪❶・❷を配し、削平地が見られる。曲輪間の鞍部には、土橋を架けた堀切**B**があり、その西側には自然岩石を活かした枡形の窪地❸があるが、用途は不明である。城域を明確に区画する北山腹の堀切**A**は、山頂から五〇m下る急斜面の基部に構え、幅四mで両側に竪堀につながる。また、掘削した土を外側に盛土する工法は、葉梨城・葉梨小城でも城域を区画する堀切と同様で、築城年代や築城者を究明する指標となる。なお、二の曲輪❷の南に下がる尾根筋にも堀切、小テラスが認められ、さらに南三四〇mの山頂平場では、開墾の際に古銭が掘り出されたという。

こうした地域領主の権力構造も垣間見られるが、全体として原初《げんしょ》的で古式な縄張りであるものの、地域環境からして戦略上の重要度も推し量れる。南朝方伝説を色濃く残す地域性や川根筋に連なる山稜から、徳山城の支城であったと判断できる一方、ある程度、普請による要害性も高く、攻略した北朝方の今川氏が改修・運用した可能性も、先の堀切遺構から浮かび上がってくる。〈水野・平井〉

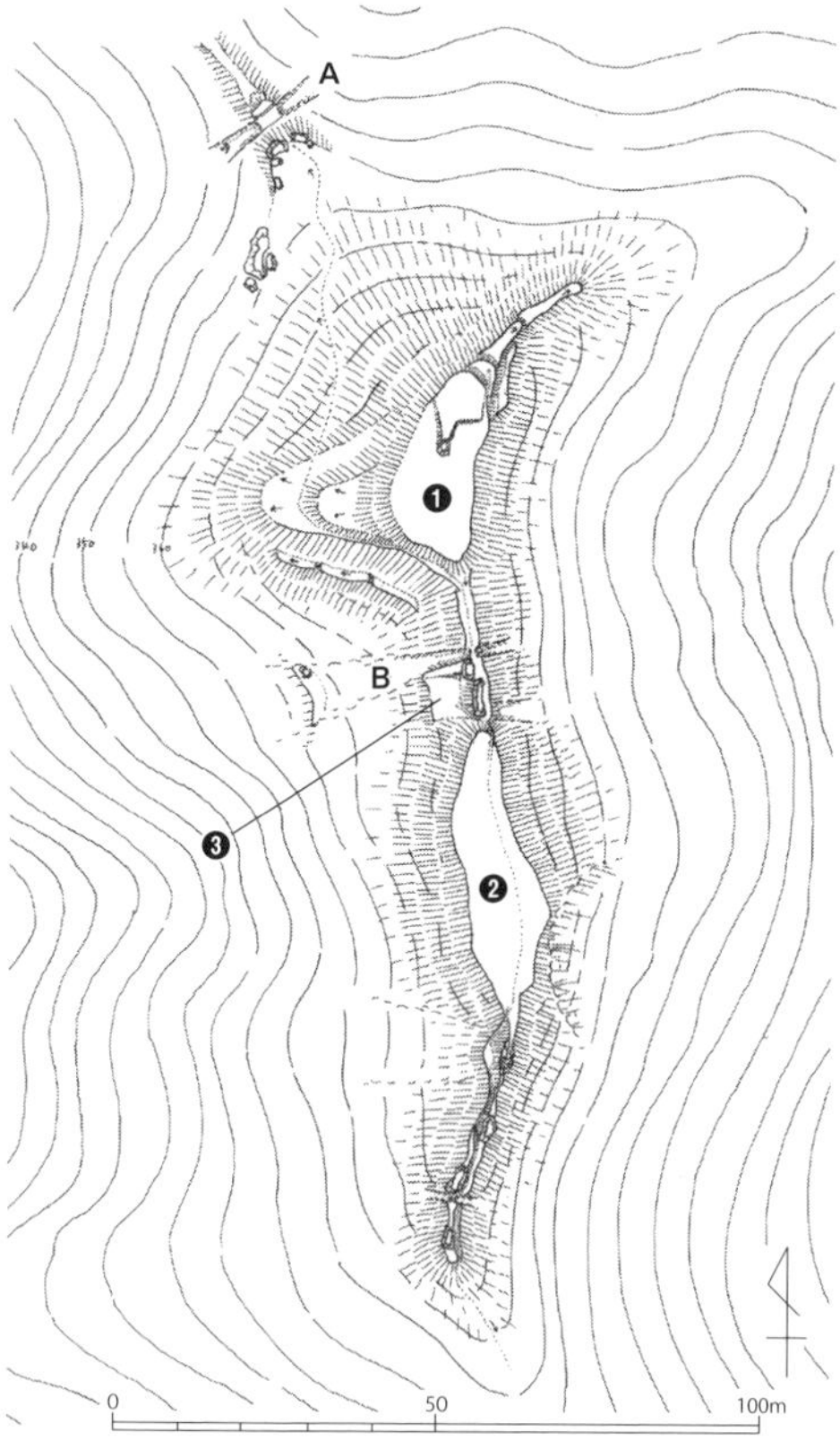

滝沢城縄張り図　作図：水野 茂

二の曲輪にあたる山上は、雨乞神事をした「踊り場」といわれ、よく削平されている

滝沢城との別城一郭式か

11 瀬戸谷城《せとやじょう》（滝沢東城《たきざわひがしじょう》）

①所在地：藤枝市瀬戸ノ谷字城山
②立　地：標高三八〇・五ｍ（比高二八〇ｍ）の山上
③交　通：瀬戸川中流域の萩間から登り五〇分

滝沢城と瀬戸谷城を西上空から俯瞰。今川軍の葉梨城との対峙環境がよくわかる

【城館史】『静岡県の中世城館跡』[*1]には「瀬戸谷の城山」として標記される。江戸後期の地誌『駿河記』には、「小田の澤と云う所より登るなり。誰人を居城せしか未詳。後の方は瀧之谷なり」と記され、大正二年の『瀬戸谷村誌』にも同様の記述が見られる。また、滝口の「龍雲寺由来」では、滝沢城（滝沢西城）と同時期に並び立つように築かれたと記されている。

【縄張り概要】瀬戸谷城（滝沢東城）の山上の主要部❶一帯はほとんど自然地形で、三角点の西側に低塁段の切岸と、その北面に小テラスがある程度である。明確な遺構としては、山上尾根が北東に下りかかる基部に幅三ｍの堀切**Ａ**が土橋《どばし》とともに残存する。また、山頂から南に四〇ｍ標高を下げた小ピーク❷には、尾根の東側を削り取った平坦部があり、小屋掛け的な空間の可能性もあるが、後世の畑地開墾によるものと思われる。

＊1『静岡県の中世城館跡』（静岡県教育委員会、一九八一年）。

対岸の滝沢西城と隣接する別城一郭の関係にあり、峻険な山自体の要害性に依存した徳山城（島田市）、井伊城（浜松市北区）などの南朝系山城の縄張り環境と酷似する。唯一の堀切は、今川軍が布陣した葉梨城に向けられている。今川軍が攻略した駿河南朝方の「大津城」を、先学では野田の城山（島田市）とするが、瀬戸谷地域も「大津御厨」ないし「大津新御厨」の荘園内であることから、滝沢城と瀬戸谷城を「大津城」と考えたい。

〈水野・平井〉

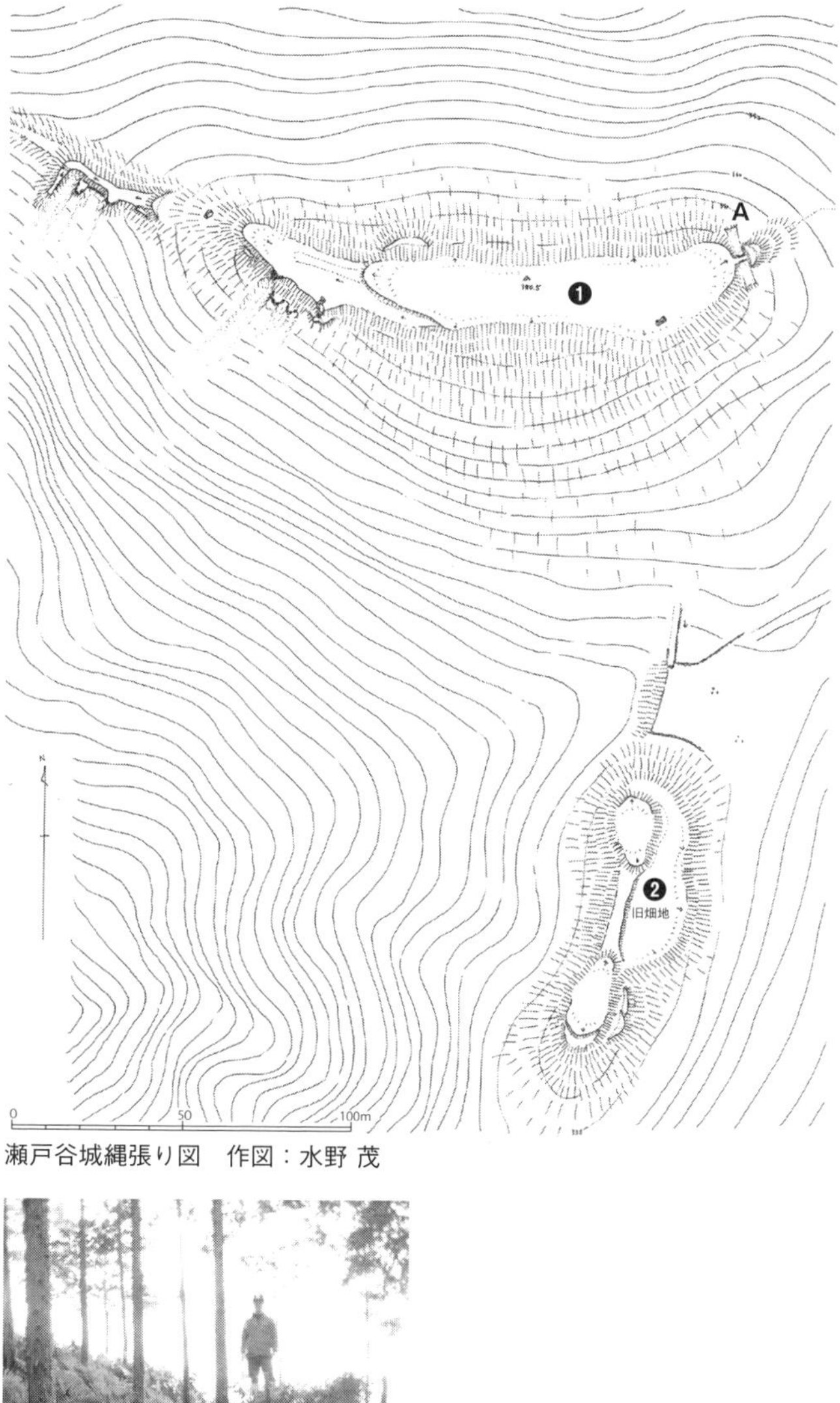

瀬戸谷城縄張り図　作図：水野 茂

東に向けられた小規模な唯一の堀切

瀬戸谷城の極めて峻険な北側山腹

駿河国衆一揆の拠点

12 湯《ゆ》嶋《じま》城《じょう》

①所在地：静岡市葵区俵沢字城山
②立　地：標高三〇三m（比高一五〇m）の山上
③交　通：安倍川中流域の油島集落から登り三〇分

【城館史】湯嶋城は、『駿河記』・『駿国雑志《すんこくざっし》』などの地誌類に記載はないが、その存在を明らかにしたのが沼舘愛三氏と、静岡古城研究会の現地調査である。沼舘氏は、

安倍城北方の出城で、狩野介末葉の本拠であった。安倍川の上流大河内川と、中河内川との合流点東側高地で、賤機《しずはた》村字湯島にある。甲州口の抑となるのみならず、安倍城北方の要点で、安倍城衰滅の後、狩野介が永享五年九月三日、今川貞秋（氏秋か）の兵と、最後の決戦をなせし所と伝えられている。

と記し[*1]、駿河南朝方リーダー格の狩野氏との関係を示唆させ、「永享の内乱」に際して湯嶋城で攻城戦が展開したとする。

永享年間（一四二九〜）に入り、くじ引きで将軍となった足利義教《よしのり》と鎌倉公方の足利持氏《もちうじ》との間で亀裂が生じた。駿河国では、今川範政の後継者をめぐって、範政が推す末子の千代秋丸（母は扇谷上杉氏出身）支持派と、将軍・足利義教が推す二男の彦五郎（範忠）支持派との間で、国内が騒乱状態になった。これを「永享の内乱」という。千代秋丸派には鎌倉公方をはじめ、国衆の狩野氏・興津氏・由比氏・富士氏らが、彦五郎派には岡部氏・朝比奈氏・矢部氏らが支援し、内乱となった。義教は、軍事指揮権を「守護」的に公認させた遠江今川氏系の氏秋（仲秋の子。貞世の甥）を主力に、遠江・三河の軍勢にも支援させた。

永享五年（一四三三）九月、ついに千代秋丸支持派のリーダー格である狩野氏が立て籠もる湯

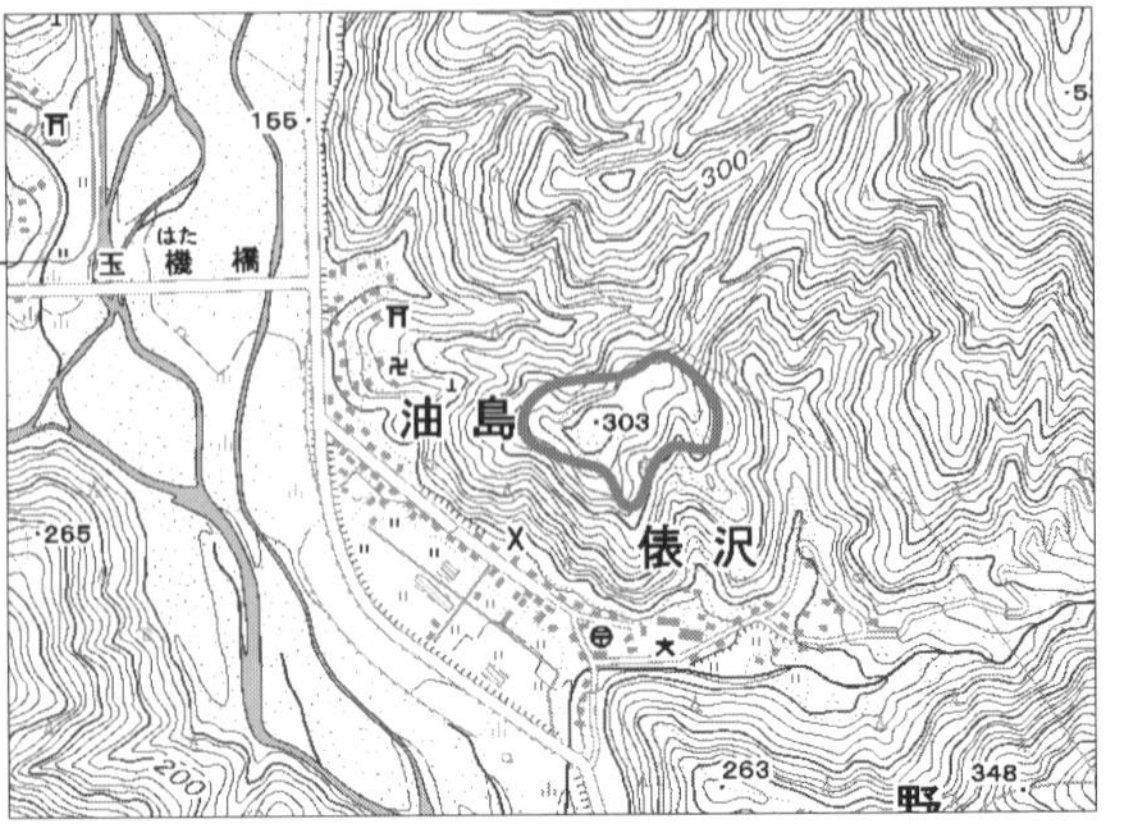

＊1　沼舘愛三「駿府附近に於ける古城趾の研究」（『静岡県郷土研究』第二輯、一九三四年）。

嶋城と奥城（所在地不明）が攻め落とされたことは、『満済准后日記』[*2]に詳しい（県三—一八二六）。これで、範忠の家督継承については一応の決着をみた。これにより、狩野氏の本領であった安倍《あべ》山《やま》（旧安倍郡）は、今川氏の御料所（直轄地）となる。

その後の狩野氏は、罪を許され今川氏に従属していたが、『宗長日記』によると（県三—二四九四）、文明年間（一四六九～）頃にまたも今川氏に謀反を起こし、滅亡している。その戦いは、「此山中甲州につつき、せめ入かたくして三ヶ年」とあり、このときの狩野氏の城郭については今後の課題で、安部山にはさらなる巨大山城の存在を期待するところである。

【縄張り概要】湯嶋城は、安倍川中流域の油島集落東背後に位置し（現在の地籍は「俵沢《たわらざわ》」）、安倍川の支流・中河内川との合流地点と合わさるように、安倍街道と井川《いかわ》街道、そして俵峰を経て両河内地区（清水区）へもつながる街道の要衝地にある。同集落は安倍川の河岸段丘にあって、奥まった菜流寺《さいりゅうじ》背後（墓地）から二〇分ほどで主要部の山上に至るが、手前に幅が約四mの堀切・土橋**A**が構えられ、城内へつながるものの、山上は茶畑開墾により大きく改変している。東西

上：安倍川西岸から望む湯嶋城、手前は玉機橋
下：大手導線にあたる土橋をともなう堀切

山上主要部は茶畑開墾により大きく改変した（平成十年代撮影）

＊2　醍醐寺座主の三宝院満済の日記。室町将軍の足利義持・義教の政治顧問として仕えた黒衣の宰相で、同日記により、今川家の跡目争いであった永享の内乱の様相が詳細にわかる。

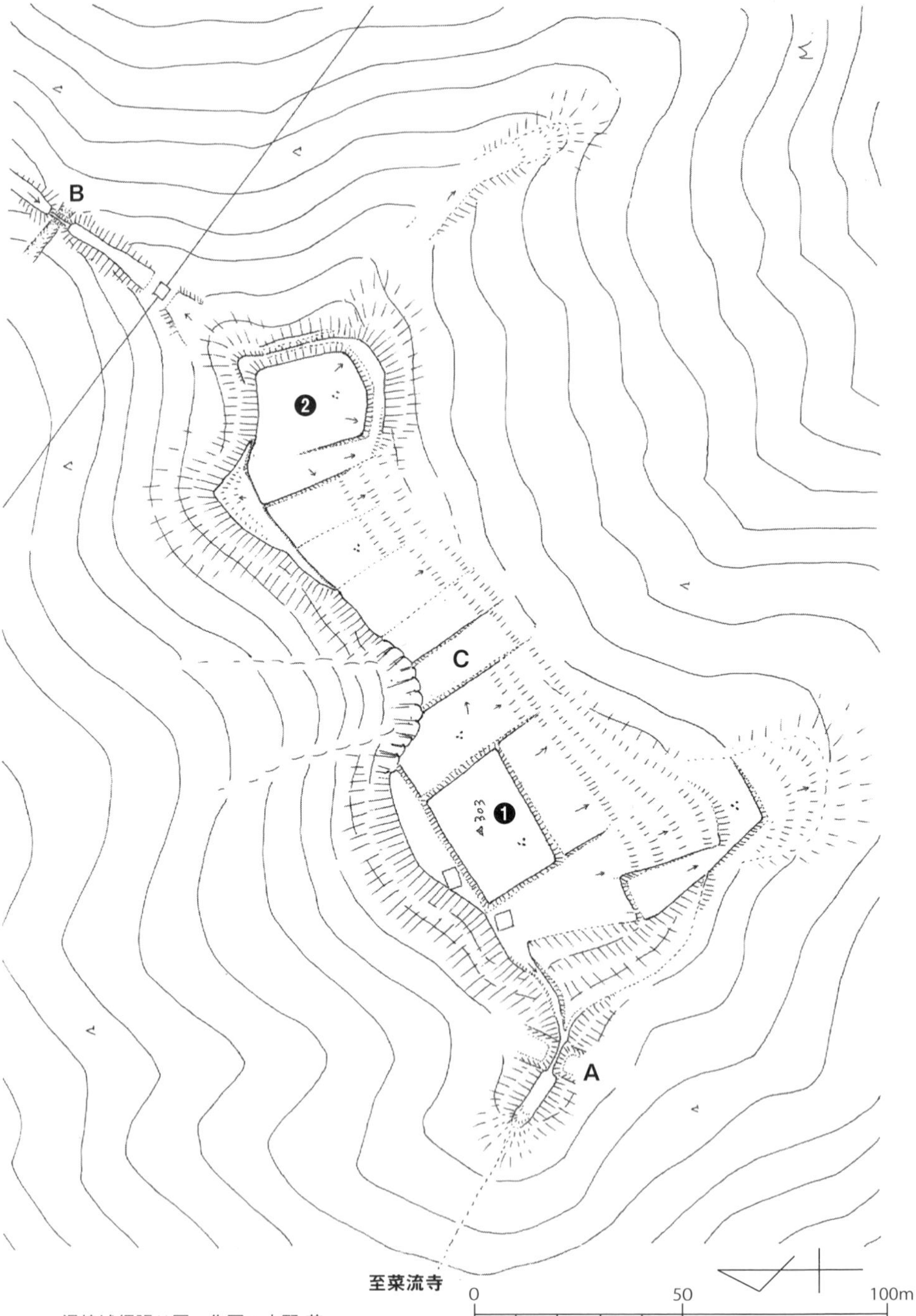

湯嶋城縄張り図　作図：水野 茂

軸の山上主要部は東西一七〇m、南北は最大で七〇mを測り、南に傾斜する地形である。東半よりも西半が高く、標高三〇三mで、ここが本城曲輪❶と思われるものの、約三〇m四方の台状に石積み開墾されており、遺構は不明である。また、東半❷も同様に開墾が著しく、遺構は確認できないが、東西二地区に分れるような現状地形から、連郭式山城の形態であったことが推定できる。中央に石積み鞍部**C**があるが、古く堀であったのか不明である。東地区❷から高山に続く北東尾根を六〇m下ると、幅三mの堀切**B**が築かれており、東西二か所の堀切遺構がわずかに城跡であることを伝えている。安倍山（旧安部郡）において良質で健全に保全された城跡は希少であり、やはり強大な勢力を保持した狩野氏が拠った大規模な城郭といえる。

西地区❶の手前にある堀切**A**西側から北西に下る痩せ尾根が延び、ところどころに腰曲輪と堀切状のものがあることから、大手口（登城ルート）であった可能性が高い。この先端部からは河岸段丘上の油島集落につながり、地元では「大上」・「ウエンタイラ」「ハネ」・「ママ」といわれる平坦地が広がる。ここは、狩野氏の屋敷空間としてふさわしい環境を有している。〈水野〉

上：狩野氏屋敷地が想定される河岸段丘上（手前）
下：山上東側の搦手にあたる堀切

安倍川中流域に架かる玉機橋から望む

湯嶋城対岸の中沢集落からの遠景

村人たちの大避難所か

13 大篠山城《おおしのやまじょう》

①所在地：静岡市葵区蕨野・柿島
②立　地：標高九〇四m（比高七四〇m）の山上
③交　通：油島集落の安倍川を渡り中沢集落の尾根上を登ること一時間以上

【城館史】　大篠山城の歴史を伝えるものは見られないが、読み方については『賤機村誌』*1に、当該山中に「大子兄山天神社」と書いて「おおしのやま」といっていたが、その後、村名主の佐右衛門《さえもん》が「大篠天神」と書き改めたとある。

ところで、現地調査をする動機となったのは、大篠山城の山続きに存在する「見月山」について、『静岡大百科事典』*2に、「今川氏の家臣が見月山《みつきやま》に石垣で固めた山城を構築し、三方が川の水に囲まれている水城（みずき）が見月に転化《てんか》したのが山名の起源と言われている」と記されていたことだった。

安倍川の流れと北方の大篠山城（見月山）を望む

中世、安倍山（ほぼ安倍郡）といわれる当該地域で、山城を構える動機となるような軍事的抗争をたどると、南北朝期の動乱から、天正十年（一五八二）に徳川家康が武田領の駿河に侵攻したときまで入れると、五回ほどが考えられる。そのなかで、地理的環境や地域の有力者との関係から理解していくと、次の二回にしぼられる。

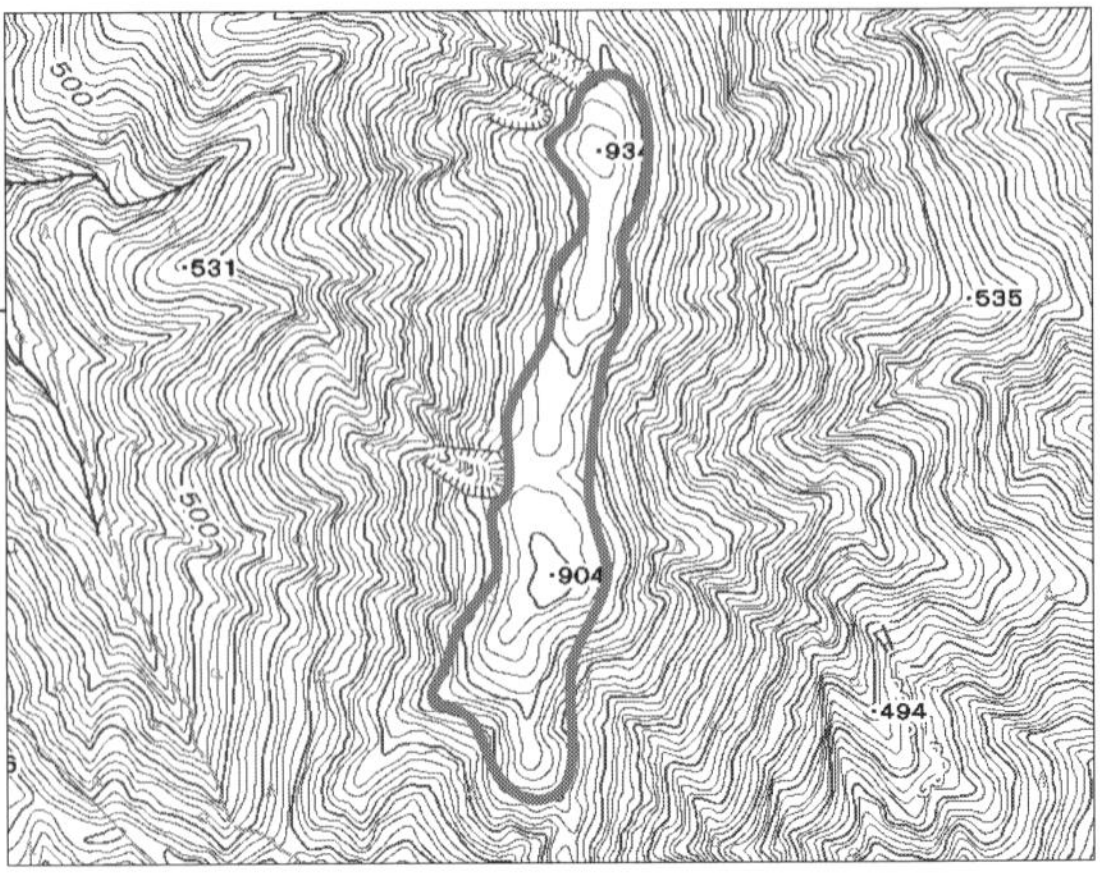

*1　『賤機村誌』（賤機村役場、一九一二年）。
*2　『静岡大百科事典』（静岡新聞社、一九七八年）。

まず、永享五年（一四三三）の今川範政亡き跡、範忠の家督相続にともなう内訌で、国衆一揆派のリーダー的存在の狩野氏が立て籠もった、湯嶋城の戦いにおける狩野氏の支城（奥城）であったとする可能性。もう一つは、永禄十二年（一五六九）の武田信玄の駿河侵攻にともなう、安倍山の土豪一揆衆の蜂起による、反武田戦線が繰り広げられたことである。

ちなみに、広大で高地の見月山山系の一角にある大篠山城を空間核に、安倍一揆衆らが山麓地域に支配拠点を置いている。このとき、三〇〇〇ばかりの武田軍が安倍口に侵攻すると、「此口之一揆中、山々へとちこもり候」と「南条文書」（県三―三六一七）が記していることからも、この時期に機能・運用された可能性が最も高いと考える。

大篠山上部からは駿府（静岡市葵区）が遠望できる

【縄張り概要】　標高一〇四五・九mの見月山と南北に連なる山系は広大で、南先端部の標高九〇四mの大篠山山稜が城域である。当該山稜からは、安倍川本流・下流域まで俯瞰でき、東に竜爪山《りゅうそうざん》、西に中河内川域の柿島集落などが広く望める要害地に占地している。

❶の山上部周辺だけでも南北六八三mと広く、下段南限の堀切**A**から北限の堀切**C**までを城域とすると、なんと一一三〇m以上と、県下最大の山城になってしまうほど広大である。また、大篠山城の山容は、全体が断崖絶壁状の峻険地形が自然防御として機能し、南北朝期の徳山城（島田市）にも勝る要害性に依存し、勇壮を誇っているように見える。

大篠山城の特性を要約すると、まず、自然の屹立《きつりつ》した要害

＊3　藤木久志氏『雑兵たちの戦場』（朝日新聞社、一九九五年）、同『戦国の村を行く』（朝日新聞社、一九九七年）。

標高一〇〇〇mを越える急峻地形は、敵を寄せ付けない

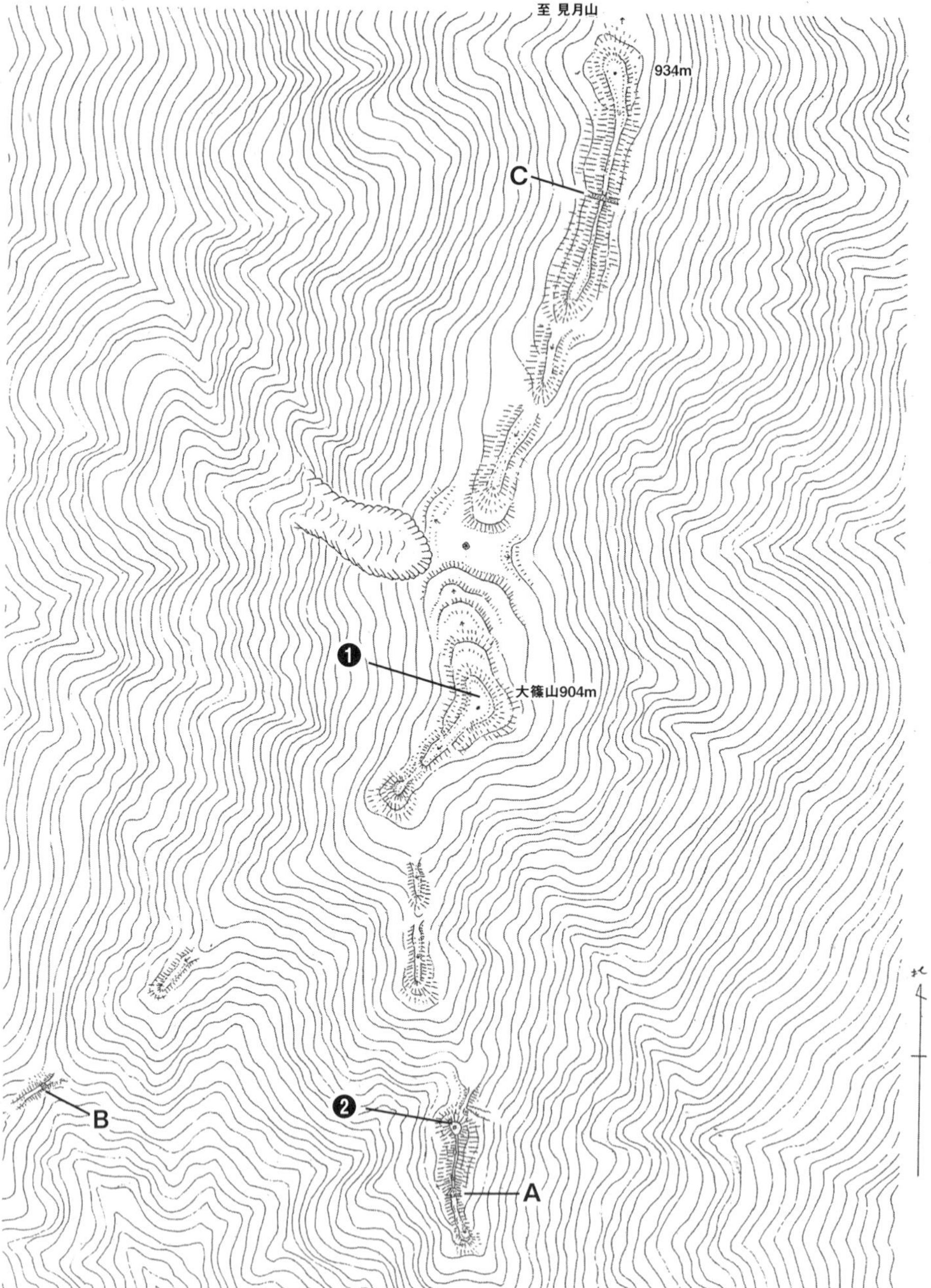

大篠山城縄張り図　作図：水野 茂・平井 登・望月保宏

性の高さに依存していることが挙げられる。そして、防御性についてはあまり評価できず、わずかな堀切**A**・**B**・**C**により区画された脆弱な城域であるものの、多くの人員を収容できる空間を持ち合わせていることがいえる。縄張り的には、主要部を山上❶に置き、前面となる下段❷には、堀切**A**をともなう防御性を高めた小規模な空間を配し、この異なる二郭域が有機的に機能していたと考えられる。

大篠山城と類似の山城に、山梨県北杜市の「星山古城」がある。同城は、武田領の国境警備を担う武川《むかわ》衆らの山城であった。天正十年（一五八二）の天正壬午《てんしょうじんご》の乱《らん》に際して、家康に味方した同衆の柳沢《やなぎさわ》氏らが、村人の「妻子足弱」を隠し置いた「山小屋」であったことが『甲陽軍鑑《こうようぐんかん》』に詳述されている。ここから、村人たちが、周辺の山深いところに自主的に「小屋籠り」という避難所を確保していたことが、「村の城」論として近年、話題となっている。*3

以上のことから、大篠山城は、安倍山地域の村人たちが抗争地域の掠奪行為から逃れるための避難所とした「大篠山小屋」と理解できないだろうか。永享五年に狩野氏が拠った「奥城」の可能性も捨てきれないが、「山小屋」や「村の城」論について、県内をくまなく現地調査した遺構分析、文献史学、民俗学などからも、広く研究が進むことを期待したい。〈水野〉

城域北限には、極端な痩せ尾根上に堀切を構える

南中腹の堀切と、その上には小規模な曲輪がある

堀切Bに至る谷部にある不可思議な石積み

ミステリアスな巨大山城

14 徳願寺山城《とくがんじやまじょう》

①所在地：静岡市駿河区向敷地字扇松峰
②立　地：標高三六一m（比高三四〇m）の山上と中腹
③交　通：しずてつジャストライン（バス）北丸子金属団地入口バス停から徳願寺に登り北側に登り口、山頂の仏平まで一時間

【城館史】　徳願寺山城は平成五年に存在が確認され、現在の徳願寺境内周辺と、それより一二三〇mも高い徳願寺山山頂部（仏平）に分布する、広大な城郭であった。同城の伝承・文献史料は見当たらない不思議な山城だが、『駿河記』に「平城　得願寺山内なり。塁石など残りぬ。誰人の居住地か不詳」とあり、徳願寺周辺が「平城」という古地名であったと記す。

手前の安倍川西岸の独立峰全体が城域。架かる橋は旧一号線の弥勒橋

現在の徳願寺の前身は、久能寺・建穂寺・法《ほう》明《みょうじ》寺・慈悲寺《じひじ》（増善寺）・霊山寺・平澤寺《へいたくじ》とともに駿河七観音の一つの大窪寺《たいわじ》であったことは、『久能寺縁起』・『駿河記』・『駿河志料』などが示している。鎌倉期には久能寺・平澤寺・建穂寺・大窪寺が「駿河四大寺」として認証されており（西山本門寺の『曽我物語《そがものがたり》』）、同寺も格式高い寺院であった。

前述の地誌類によると、康正年間（一四五六〜）に山頂の「仏平」より寺院を現在の北側の「大段」に下ろし、得願寺（江戸期までの表記）と改め、さらに享禄二年（一五二九）、今川義忠室の北川殿《きたがわどの》が没し、当寺を菩提寺と

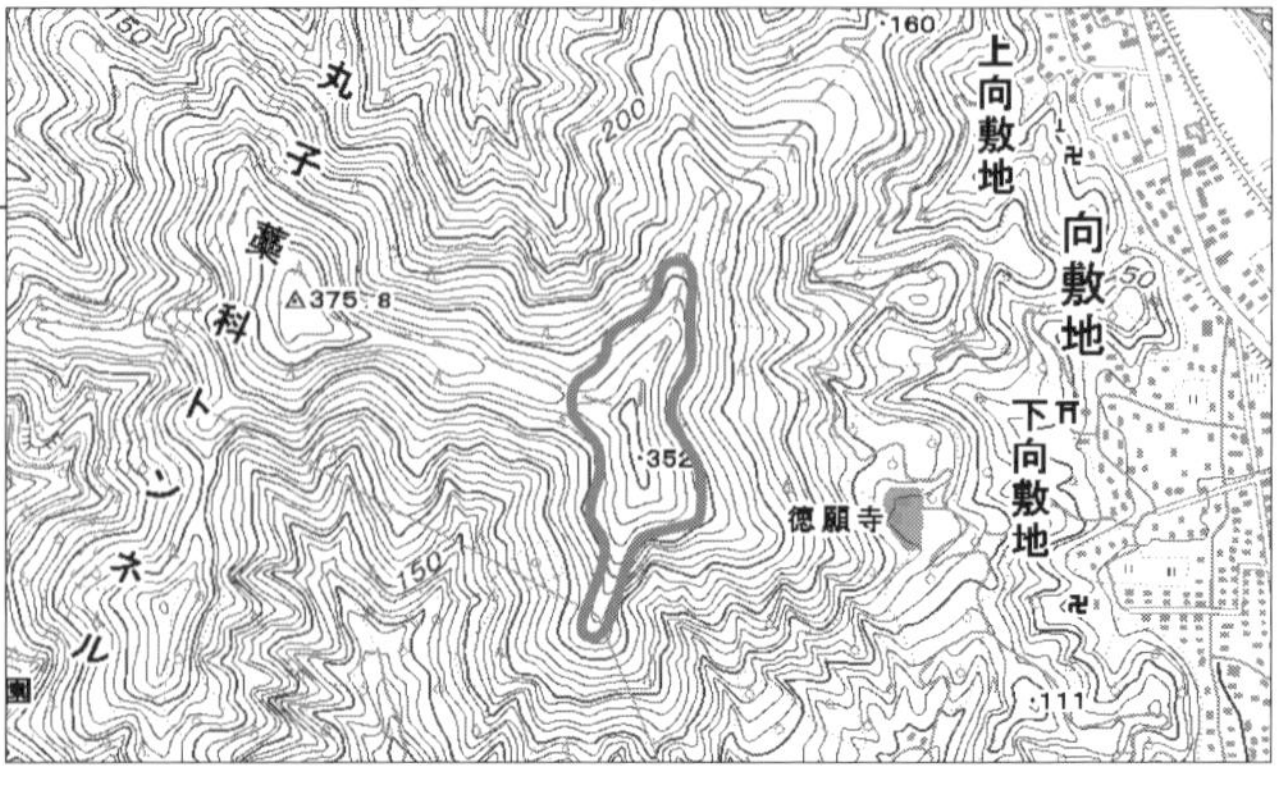

＊1　『平城遺跡・平城古墳群』（静岡市教育委員会、一九九二年）。農道建設に伴う「平城」地名の発掘調査は、静岡市教育委員会の手で実施された。

城郭遺構は、徳願寺南山腹に石積みによる数段の腰曲輪と、

して現在地に遷し、中興したことが記される。こうした徳願寺の歴史経緯については、最上段の「仏平」、中段の「大段」と「平城」地区から地表面採取した山茶碗などの遺物からも符合し（室町・戦国期も含む）、現在の徳願寺境内を含めて広大な伽藍を有していたと考えられる。

さらに、昭和六十一年から徳願寺南側で実施された、県営畑地総合土地改良にともなう発掘調査で、三段以上の石積みの腰曲輪と、数か所の堀切が検出されたことによって、城郭遺構であることが確認された。*1 地理的環境から、南北朝期に勃発した手越原《てごしはら》の戦い時の活用だけではなく、室町期あたりにも、城郭として軍事的に取り立てられたと考えるのが妥当である。

【縄張り概要】 徳願寺山城は、安倍川西岸の独立した広大な城郭域を有し、駿府《すんぷ》と隔てる安倍川を控えて軍事的・地理的にも有利な要地に存在する。南麓には主要道の東海道、北麓は藁科川に沿う川根街道も扼す。高地からは東の駿府方面の絶景が展望でき、縄張りも東に向けられていた。

まず、最上部の「仏平」を見ると、南北軸の五〇〇mにわたって曲輪を配した広大な連郭式山城で、西からつながるもう一つの稜線上には虎口**A**が構えられ、歓昌院《かんしょういん》坂・丸子《まるこ》城へと容易に連絡できる。一方、北に下る稜線は緩斜面地形であることから、幅六mの堀切**B**・**C**と切岸、数段の腰曲輪で固めて遮断系構造を強化している。

反対の南側へ八〇m下ると、幅六mの長大な竪堀に落とした堀切**D**を穿ち、この方面も厳重である。主要部の❶が本城曲輪、❷が二の曲輪で、❶の前面の❷のところで北・西から延びる導線（連絡路）が集約されることで、前面となる馬出的機能を果たしていたと理解できる。なお、「仏平」周辺は遊歩道があり、堀切には木橋が架けて整備され、散策は容易に楽しむことができる。

「仏平」よりも二〇〇m下段に位置する「大段」❸は、畑地の開墾が著しく、大窪寺期のものかよくわからないが、周辺には「大門段」・「馬道」という伝承地があり、同寺との関係を彷彿と南の「盗人坂」（東海道の脇道）、さらに東海道に張り出す支尾根上を遮断する堀切が四条以上も確認された。

出土遺物は、大窪寺が栄えた時期と符合するもので、戦国・近世期までも見られるが、南北朝・室町期だけがなぜか極端に少ない。

最高所の本城曲輪より。東側眼下に駿府（今川氏館のある静岡市葵区）が広がる要地である

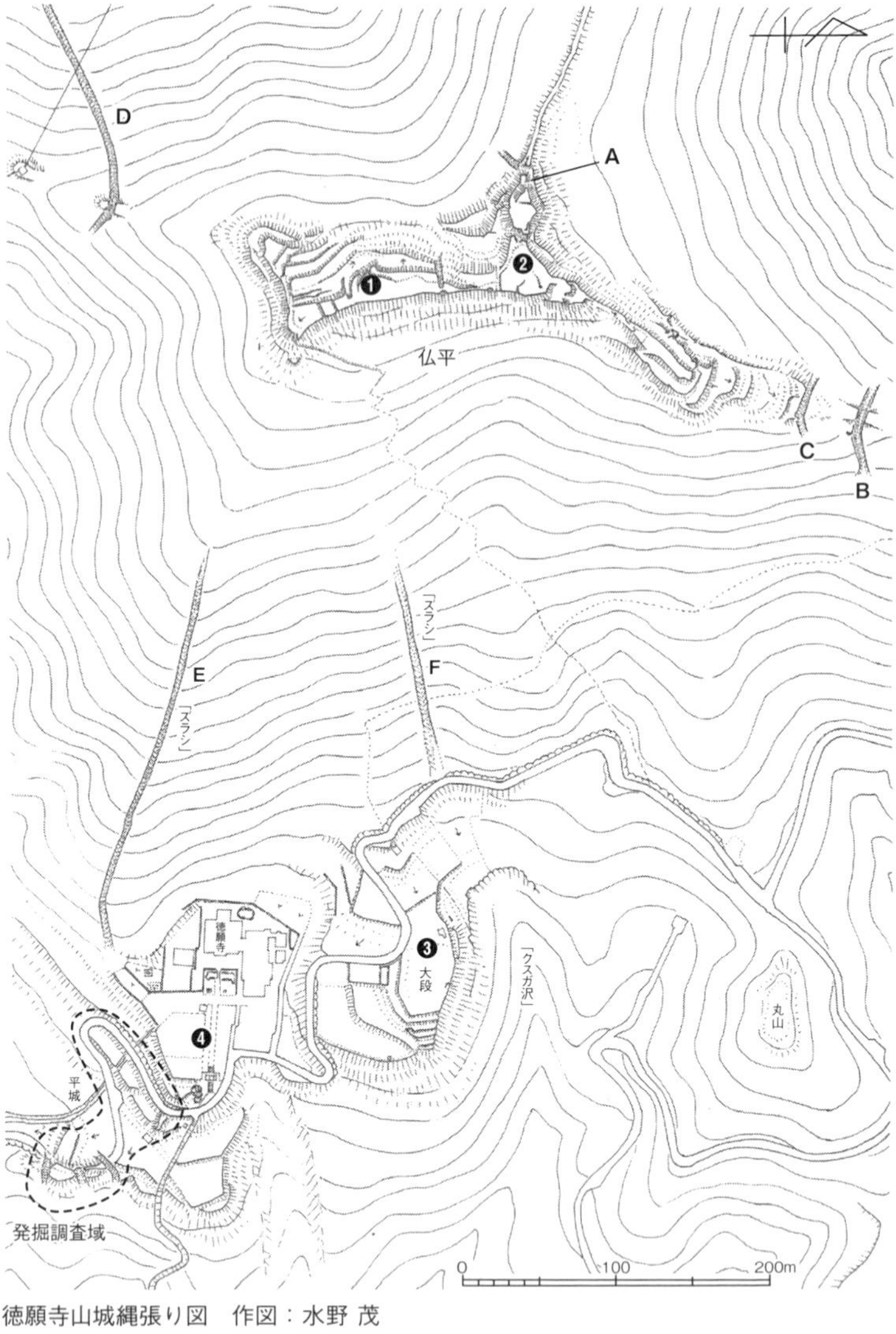

徳願寺山城縄張り図　作図：水野 茂

徳願寺山中腹の徳願寺は、駿河七観音の大窪寺であった。その後に今川義忠夫人・北川殿（北条早雲妹）の菩提寺となった

堀切Bの架橋。徳願寺北側の農道から散策路が整備された

させる。そして、「大段」よりも二〇m低い現在の徳願寺境内❹は、東西一二〇m、南北一〇〇mを測る。おそらく、同寺の造営にともない地形は改変されているものの、南側山腹の発掘成果による三段以上の腰曲輪と堀切の存在から、重要な曲輪空間であったことは間違いない。「大段」・徳願寺境内背後の山腹を南北に遮断する、「ズラシ」という竪堀状の遺構**E**・**F**が二か所築かれている。地元では、木材などを切り出した跡といわれているが、「大段」・「平城」地区を区画・防御する竪堀が原型になっていたとも推定される。

徳願寺山城の縄張りは、広大にして大量の兵を収容可能で、二重堀切・石積みの腰曲輪・虎口などは技巧的で、機能的役割の分化・明確化がうかがえる。臨時性が高いなかでも、付城や対の城という簡素なものでなく、寺院を取り込んで格式高く、恒常性も有し、長期的展望の中で拠点的な縄張りが推定される。室町期~戦国初頭に相当な権力を持った築城主体者が考えられる。

今川家の跡目争いは、まず永享期の範忠内乱（一四三三年）、そして文明期の氏親内乱（一四七六年）、さらに天正期の義元内乱（一五三六年）と三度にわたり、いずれも家臣団が二つに割れ、駿府の制圧がカギを握っていた。戦いの様相を見ていくと、いずれの内乱期にも運用された可能性は高いが、筆者は、これだけの巨大城郭である点と駿府を俯瞰できる環境から、今川氏と同等か、それを超える大勢力が布陣したと思えてならない。そのため永享五年、反今川義忠派の国人一揆のリーダー格であった狩野氏の湯嶋城攻めに際して、将軍足利義教の命によって、三河・遠江両国の守護職であった斯波氏の軍勢が派遣されたことに注目している（本書「湯嶋城」の項参照）。

〈水野〉

主要部周辺の切岸。これより大規模な切岸もある

「ズラシ」と呼ばれる竪堀状遺構

今川氏の最重要拠点

15 賤機山城《しずはたやまじょう》

①所在地：静岡市葵区大岩・籠上
②立　地：標高一七六・七ｍ（比高一三七ｍ）の山上
③交　通：静岡浅間神社から登り徒歩四〇分

【城館史】　賤機山城は、今川氏に関係する最重要拠点なのに、築城・歴史についての良質な史料は見出せない、不思議な城である。多くの地誌類等では、初代・今川範国の駿府入府にともなう駿河南朝方との抗争期、駿河支配が安定する範政期、そして戦国大名として自立した氏親期の三期説を記す。『駿国雑志』は、浅間より山続きに「浅間の砦」の存在を記し、同城の前身があった可能性もある。今川氏十代、二三〇年間の本拠とした平時の駿府今川氏館と、戦時の詰の城である賤機山城が一体化した「根小屋式城郭」の形態は、異説もあるが、県内では普遍的《ふへんてき》なものである。史料性は乏しいものの、同城は今川氏一門衆か重臣たちが在番し、その存在は否定できないだろう。

永禄十一年（一五六八）十二月、武田信玄は駿河に侵攻して駿府を焼き打ちにし、信玄は「駿府籠鼻《かごはな》」に布陣したと『甲陽軍鑑』にある。「籠鼻」については、同城西端の籠鼻砦とする意見と、井宮と篭上《かごうえ》の境に祀る井宮神社《いのみやじんじゃ》（妙見堂）あたりとする説がある（『駿国雑志』）。また、『甲陽軍鑑』の元亀元年（一五七〇）頃の記事に、「駿州へ御馬を入れられ、駿河中城（府中城、今川氏館か）之半造作《はんぞうさく》なるを、御普請可被仰とある所に」とある。天正三年（一五七五）六月にも、武田氏は同城を再利用して守備したと思われるが、その際、一条信友《いちじょうのぶとも》・小原継忠《おはらつぐただ》・三浦員久《かずひさ》の三人に「其城用心専要候之間」とあるものの（県四―九〇八）、これは賤機山城か旧今川氏館か、それとも田

中城（藤枝市）のことなのか不明である。さらに、近年の言及に、元亀二年九月十七日、武田氏家臣の駒井《こまい》英長《ひでなが》から籠鼻円皆寺《えんかくじ》に宛てた書下に（県四―三五四）、「尚々籠山之儀、無油断可被相守事肝要候」とあり、「籠山」を賤機山城とするが、これは駿府城下へ供給する用水施設のことと考えられ、無理があると思われる。

【縄張り概要】賤機山城は、竜爪山から延びる稜線が、静岡市の葵区市街地へ突き出た賤機山丘陵高地に位置する（臨済寺の背後）。山上からは、西に安倍川流域、東に駿府城下を見下ろし、清水方面や駿河湾も見渡すことのできる絶景地ではあるが、直接、東海道を押さえることはない。

中央方形の駿府城公園、右上の賤機山城、背後の安倍川を挟んで安倍城を俯瞰。平成10年代撮影

城域は、東西・南北四五〇mにも達する広大なものに見えるが、痩せ尾根上に築かれているため、大規模なものでなく、自然地形を利用した不整形な曲輪が多い。

城の南限を遮断する堀切**A**は幅一〇m、西に派生する支尾根末端部（通称「籠鼻砦」）を遮断する幅一二mの堀切**B**は大規模なもので、この方面が前面として防御を強化した部分であろう。ところが、「籠鼻砦」には曲輪となる空間もなく、先学が安易に呼称してしまったと考えられる。また、南北軸の稜線から三支尾根が派生し、末端部は曲輪としているが、後世の畑地なのか不明である。*1

同城の曲輪配置は堀切**A**を越えると、二の曲輪❷、本城曲輪❶、三の曲輪❸という主要部が一直線上に並

（右写真）駿河国の惣社で、新宮浅間神社・神部神社・大歳御祖神社の三社と摂末社を祀る静岡浅間神社。この背後地が「籠山」で信玄が布陣したのではないかと思われる

今川義元が建立した兄・氏輝の菩提寺である臨済寺。この背後に賤機山城が存在する。桶狭間で討たれた義元の首は駿府に帰り、臨済寺のわずか南の天沢寺に埋葬され、子の氏真により七つの塔頭が建立されたとき、同時に義元夫人の定恵院も弔われたが、明治期の廃寺にともない、現在は臨済寺境内に義元公の霊廟が遷された

ぶ、今川系に多い連郭式山城《れんかくしきやまじろ》構造である。二の曲輪❷は、南辺に高さ二mの土塁が残存するも、茶園による改変も著しく、ここと本城曲輪❶の間には堀切は存在しない。本城曲輪の虎口は、土塁が狭まるものの明確なものはなく、曲輪内は複雑な形態をしている。中央に櫓台があったのか高台を残し、北側は高さ二mの土塁が巡る穴蔵地形となり、北東隅に虎口の跡と推定できる開口部となっている。三の曲輪❸は❶から一五mほど低く、南北に細長い自然地形の曲輪ではある。北と西の腰部も畑地の開墾が著しく判然としないが、北限を区画する幅八mの堀切**D**が構えられている。❸の西山腹には唯一、竪堀**C**があるも、元亀年間以降（一五七〇〜）の武田系・徳川系

上：土塁で囲まれた本城曲輪❶は虎口も不明で、今川系に多い土壇状地形が多い
中：二の曲輪❷の土塁は、南西一辺のみ築く（平成５年撮影）
下：城域南限の堀切Ａを東下すると臨済寺庭園まで落ちる

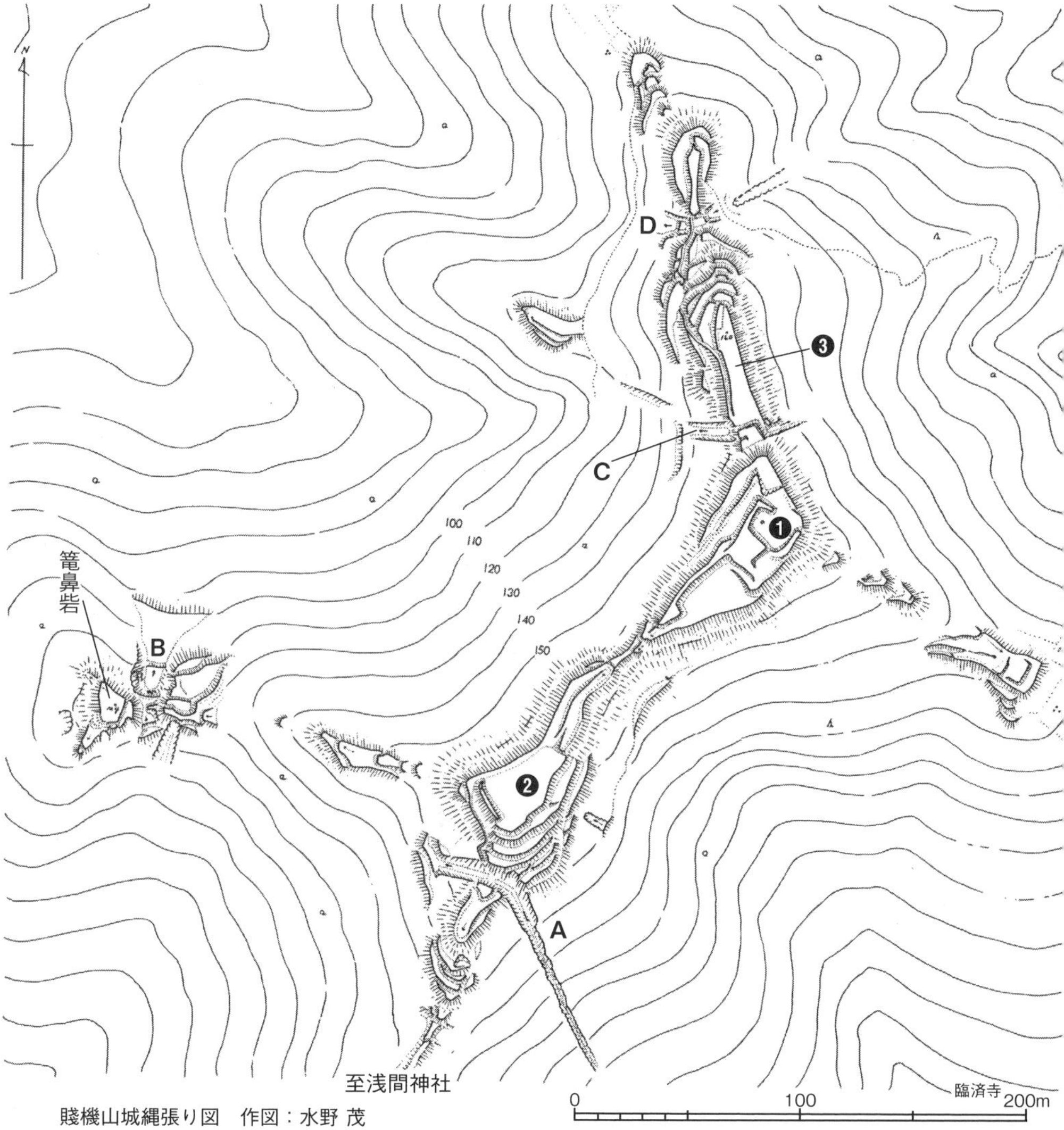

賤機山城縄張り図　作図：水野 茂

＊1　当城の本格的現地調査は、平成五年頃から実施した。本城曲輪❶周辺だけは雑木で覆われ残存も良かったが、その他の多くは茶畑開墾にともない改変されていた。特に山腹は肥溜めなどがあり、階段状に造成されていたことを目のあたりにして、縄張り図に入れなかったが、どこまで城郭遺構であったのかとまどった。現在の茶畑は手付かずの荒れ放題で、一抹の寂しさを覚える。

＊2　「大平」の地を清水町の徳倉城とする説もある（『古城』第四十四号、一九九八年）。氏真に従った三浦左京進元政らが武田軍の侵攻に際し、明記したように「大平」籠城を遂げていることと、酷似した縄張りからも大平古城とするのが妥当である。

の城郭には普遍的に見られる、馬出曲輪・横矢構造・横堀・二重堀切などは存在しない。先学も指摘するように、堀切での遮断系構造を基本に、主要部の側面も小規模な腰曲輪で固める古式な山城形態であることは、今川系城郭を色濃く伝えているものとして理解できる。ここで、改めて今川系山城と武田・徳川両氏の遺構との相違を見ていく。

　まず、今川系山城は連郭式山城がほとんどで、自然地形を利用した小規模で不整形な曲輪が多く、なぜか主要部には土壇状の未造成が残る。また、単純な堀切（竪堀に付加しない）・竪堀・土塁が小規模で、大手に対する横矢が掛かるような複雑な導線はなく、虎口も確認できない。さらに、前線面に対する遮断系構造を強化した大空堀、圧倒させる高切岸による〝軍事力の見える化〟構造は脆弱で、どうしても武田・徳川両氏と対比して、見劣りが首肯されてしまう構造である。

　ちなみに、信玄に逐われた今川氏真は掛川城に逃れるが、永禄十二年（一五六九）五月、徳川家に同城を開城させ、北条氏康の支援を受けて沼津市の大平に入り、大平古城[*2]を築いている。この古城と賤機山城の縄張りが照応するので、前述した今川系縄張論が納得できるようである（本書「大平古城」の項参照）。

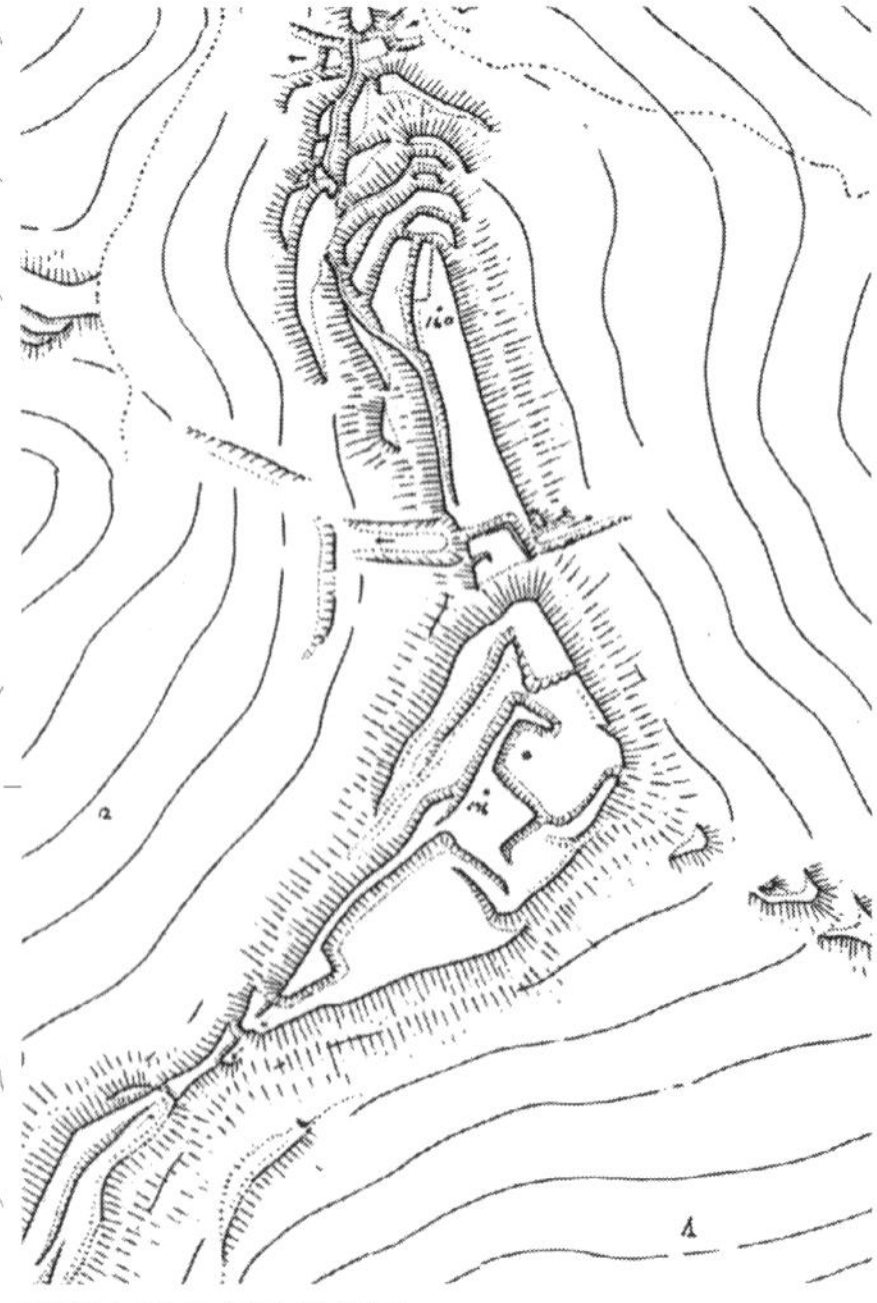

賤機山城の主要部分図

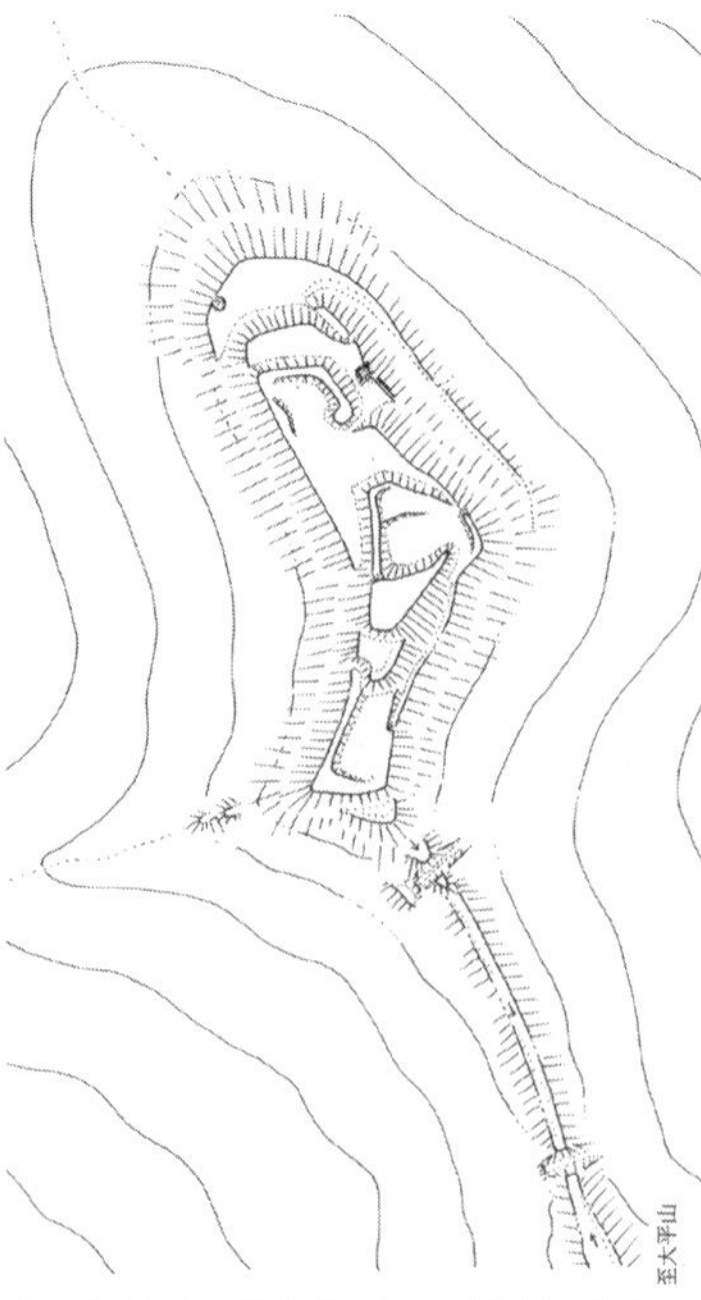

大平古城（沼津市大平）の主要部分図

籠鼻砦《かごはなとりで》（所在地：静岡市葵区籠上字籠鼻）

籠鼻砦は、『駿国雑志』によると、籠上村入口の妙見山に武田信玄が築いたとある。静岡浅間神社背後の賤機山を反対の西側へ下った丘陵先端部に妙見山（井宮神社）が建ち、ここは古く「籠山」と称し、その端《はな》が地名となった。信玄は、同社の広大な背後地に布陣したのだろう。

山上は井宮神社造営にともなう改変はあったものの、南北三〇mの主要部と三段の腰曲輪、東側には支尾根を遮断する大規模な鞍部が造成され、賤機山城の支城と考えられる。〈水野〉

上：慶長12年（1607）、家康大御所期の駿府築城に際して、安倍川の瀬替えをした「薩摩土手」は籠鼻砦から延びて現在も残る
下：先端丘陵上に井宮神社が建つ。籠鼻砦が築かれていたが、県道建設で西面が破壊された

籠鼻砦縄張り図　作図：水野 茂

いまだに特定できない主要部

16 今川氏館《いまがわしやかた》

①所在地：静岡市葵区追手町・駿河町
②立　地：標高二四m（比高〇m）の平地
③交　通：ＪＲ東海道本線静岡駅より徒歩二〇分

【城館史】　今川氏館の創成は、『駿河記』にいう四代範政の代に葉梨庄《はなしのしょう》から入府したときとする説と、初代範国の段階で駿府の守護所と今川氏館が置かれていたとする説の二説が提唱されている（『藤枝市史』通史編上）。「長源寺記」では、氏親期に家臣の朝比奈泰以に命じて城下を整備するとともに、館を修築したと伝えている（『駿河国新風土記』）。

ともかく、今川氏十代、約二三〇年間にわたる領国支配の本拠としたことは確かで、史料に「今川の御舘」・「今川亭」・「太守北の亭」などと記されていることは、公私ともに政治的、生活・居住的機能を優先させた施設と思われる。天文五年（一五三六）、義元の家督相続にともなう花蔵の乱では、今川氏館のことを「構」と称して、館の周辺には防御のための堀・土塁・柵などを急造し、軍事的に強化・対応した様子が読み取れる。

永禄十一年（一五六八）には、武田信玄の駿河侵攻に際して今川方の岡部正綱《まさつな》らが立て籠もり、武田期には武田（一条）信龍《のぶたつ》が守備したと『武徳編年集成《ぶとくへんねんしゅうせい》』にあるが、陣城としたのか、詳細は不明である。その後の武田氏十三年間の駿河・遠江支配では同館は再利用されず、清水湊・江尻湊を開き、水運を重視した江尻城（静岡市清水区江尻）を支配拠点としたという。

【縄張り概要】　所在地について、駿府城南西の屋形町とする説があったが、今川氏館に由来する格式高い「四ツ足御門」の起こり、また、近年の発掘調査成果などから、現在の駿府城の一角に存在していたことが示されている。

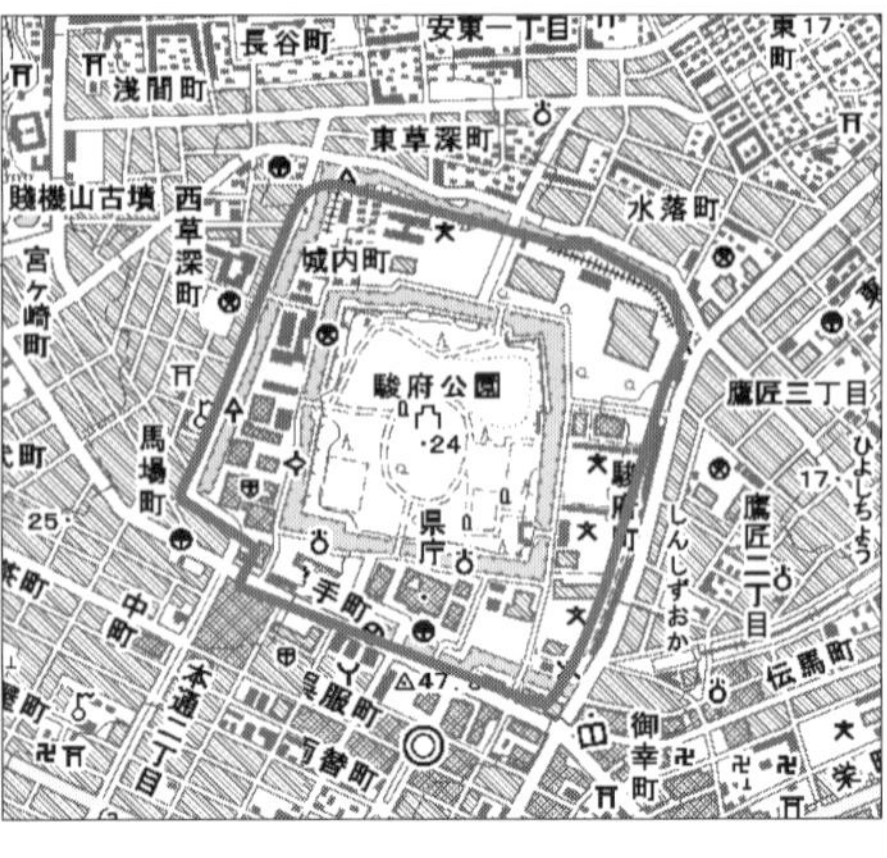

昭和五十七年、静岡県立美術館の建設にともなう三の丸地での発掘調査で、今川期の幅三mから最大で八mの大溝（大堀）、池状遺構などが見つかったものの、これは主要部を形成するものではなく、付属する施設か家臣団の屋敷地のものと報告書*1は位置づけている。この大溝は、家康大御所《おおごしょ》期の駿府城本丸の南北軸と揃い、他の調査地からも、市当局では本丸南域を館の推定地としている。発掘調査は旧城内小学校地、旧児童会館地、静岡地方裁判所地などでも実施されたが、今川期の幅二mほどの小規模な堀が検出する程度で、南北軸もまちまちであった。これらは、家臣団が集住する区画された屋敷地跡と考えられる。甲斐の武田氏館、越前の朝倉《あさくら》氏館《しやかた》のように、いまだ二〇〇m四方規模を構成する確実な大堀は発見できていない。今後の発掘調査に期待したい。

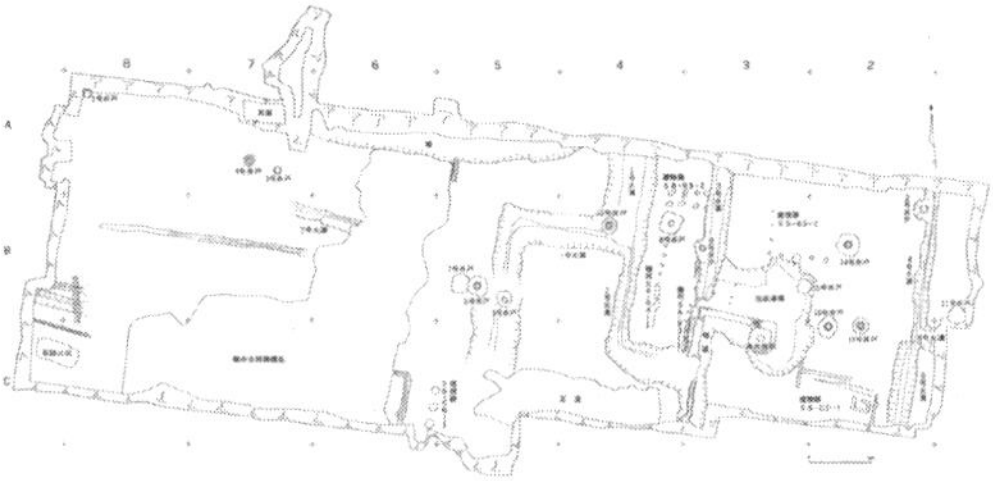

上：昭和 57 年度に実施された完掘状況の写真
下：写真上の「発掘調査区全体平面図」

ところで、武田氏本拠の躑躅《つつじ》ヶ《が》崎館《さきやかた》（武田氏館）は、長さ一二〇m、幅二〇mの土塁と幅一六mの堀で囲繞しているが、武田神社周辺整備にともなう近年の発掘調査で、現在の土塁内部から武田氏期の小規模な土塁・堀跡が共に検出されている。〈水野〉

（右写真）復興された二の丸の未申櫓周辺に今川氏館が存在していたことが有力視されている

*1　『駿府城跡内 埋蔵文化財発掘調査報告』（静岡県教育委員会、一九八三年）。

葵小学校の校舎建設にともなう発掘調査で見つかった、小規模な今川期の堀跡

今川氏を支えた国中の国衆の屋敷

17 朝比奈氏屋敷《あさひなしやしき》

①所在地：静岡市葵区瓦場
②立　地：標高一九m（比高二m）の谷戸地
③交　通：静岡鉄道静岡清水音羽町駅より徒歩二〇分

【城館史】　有度《うど》郡南安東《みなみあんどう》村瓦場の元長寺《げんちょうじ》は、駿府に知行地を持つ今川氏家老の朝比奈元長《もとなが》（親徳《ちかのり》）が中興開基し、自らの屋敷跡に建立したと、『静岡県の中世城館跡』・『静岡市史』は記す。

【縄張り概要】　谷津山丘陵の西先端は「清水さん」（清水公園）といわれ、元長寺は西に開く谷戸《やと》地に存在する。現在は、同寺の墓地と予備校の敷地となり、大きく改変が進んでしまった。同寺所蔵の寛永五年（一六二八）の絵図には、西半❷は「元長寺田」で、東の一段上❶に境内が描かれており、本堂周辺に屋敷があったと位置づけられよう。ちなみに、東背後の最上段に、朝比奈元長と一族の墓がある。〈水野〉

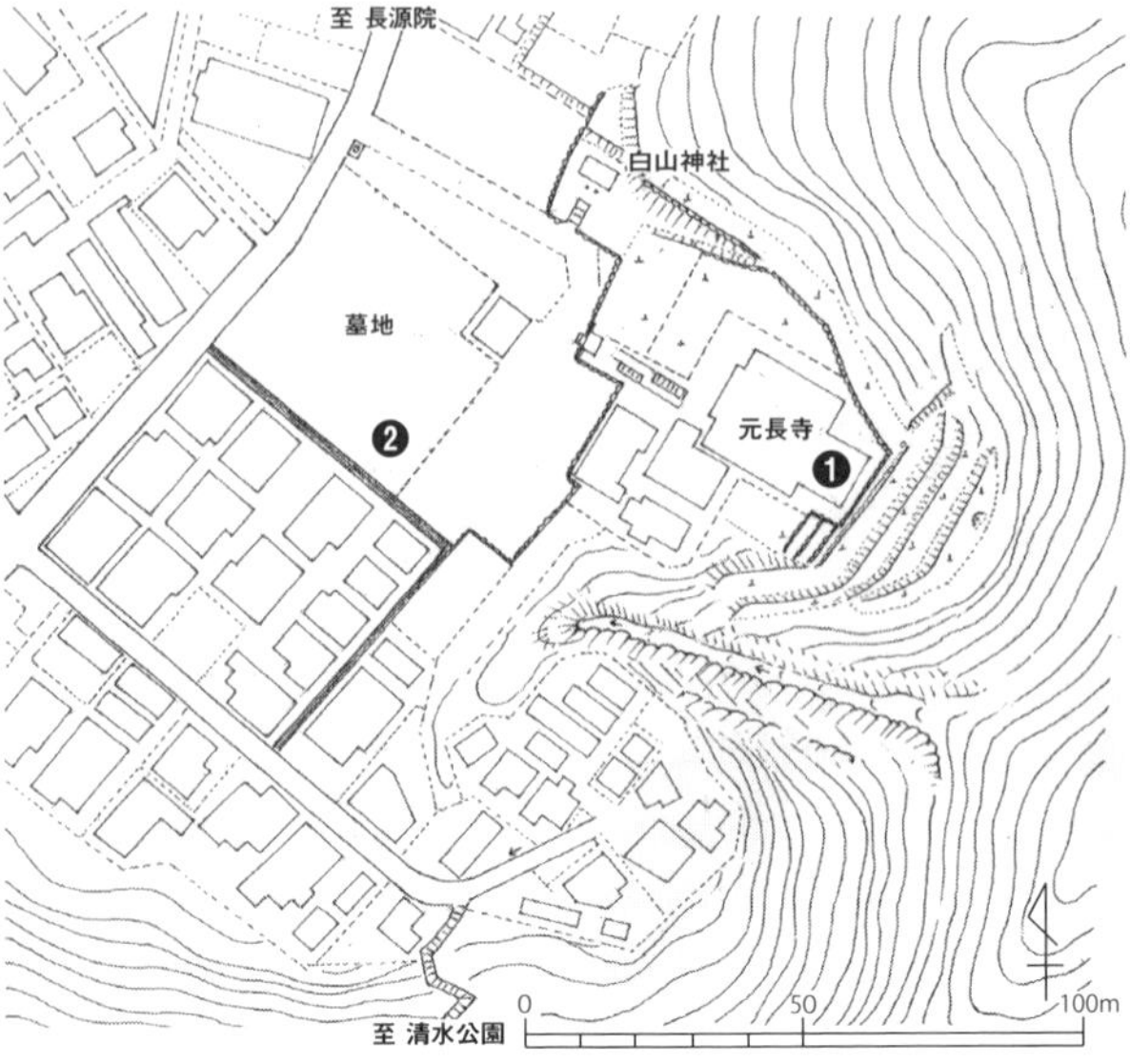

朝比奈氏屋敷縄張り図　作図：水野 茂

元長寺の背後地に朝比奈家の墓地が建つ

遠江今川氏一門の拠点

18 瀬名氏屋敷《せなしやしき》

①所在地：静岡市葵区瀬名二丁目
②立　地：標高一七m（比高〇m）の平地
③交　通：しずてつジャストラインのバス停・瀬名リンク西奈前より徒歩五分

【城館史】　直接伝える史料はないものの、屋敷が所在する瀬名郷は、貞世（後の了俊）から始まる遠江今川氏の駿府における本領であったことは、『静岡県史』などが指摘している。一時期、この一族は駿河守護代でもあったが、結城合戦《ゆうきかっせん》に連坐し、当主氏秋は自害したという。

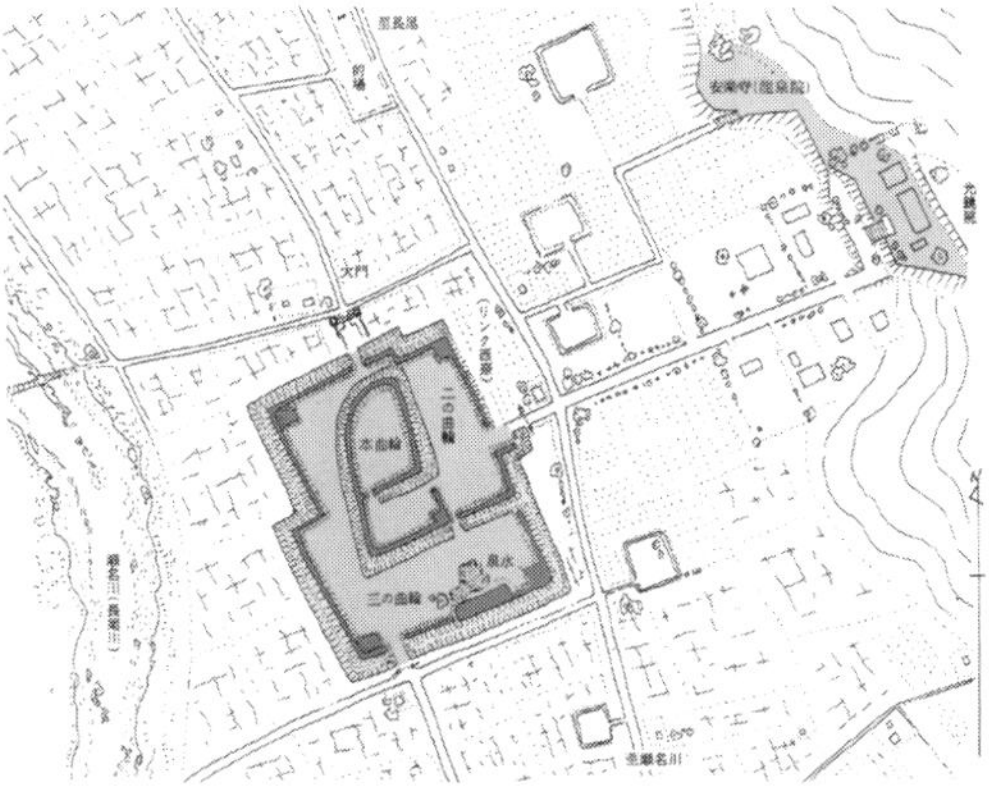
明治時代の地籍図を参考にした瀬名氏屋敷の推定復元図
作図：水野 茂

通説では、義忠の跡目争いに際し、遠江今川氏の一秀は幼い龍王丸（後の氏親）を擁護した功績で瀬名《せな》に移り住み、後見人になったとされる。当該地には初代瀬名一秀《かずひで》の菩提寺・光鏡院《こうきょういん》、二代目氏貞《うじさだ》の松寿院《しょうじゅいん》などがあり、四代が居住したと『駿河志料』は記し、瀬名氏ゆかりの史跡が多い。

【縄張り概要】　『駿河志料』による瀬名氏の屋敷地は、光鏡院西域の「大屋敷」・「大門」という古地名を記している。現在の「生涯学習センター リンク西奈」に隣接する場所で、建設時に発掘調査を実施したが、古墳時代の住居跡が出てきた程度で、屋敷跡の遺構は見つからなかった。〈水野〉

瀬名一秀の菩提寺・光鏡院本堂。その後、徳川家康に仕え旗本となった直系は、現在、清水区草薙にお住まいである

今川氏の重臣・庵原氏の屋敷

19 庵原氏屋敷《いはらしやしき》

①所在地：静岡市清水区庵原町字御屋敷
②立　地：標高二三ｍ（比高一〇ｍ）の微高地
③交　通：東名高速道路清水ＩＣより車で二〇分

【城館史】　庵原郷に興った庵原氏は、代々今川氏に仕えた。今川義元を養育して盛り立て、黒衣《こくえ》の宰相《さいしょう》とまでいわれた臨済寺《りんざいじ》住持の太原崇孚雪斎も、庵原氏の出身である。義元亡き後、氏真に仕えた庵原正盛《まさもり》は、今川氏滅亡後は小田原北条氏の家臣となり、その子の正成《まさなり》は江戸幕府に出仕したという。

【縄張り概要】『静岡県の中世城館跡』では、清水区庵原地域の中央に位置する庵原小学校周辺が庵原氏屋敷地とする。現況や発掘調査での成果もなく不明だが、「御屋敷」・「小屋敷」・「町屋」・「成街道」などの地名が残ることから、屋敷地と伝承されていた。

ところで、当該地東方にも「城山」・「堀内」の地名があり、ここを庵原氏の庵原城としているが、武田氏時代に朝比奈信置《のぶおき》が拠っているので、駿遠支配の拠点城である江尻城を援護する城郭と考えられる。〈水野〉

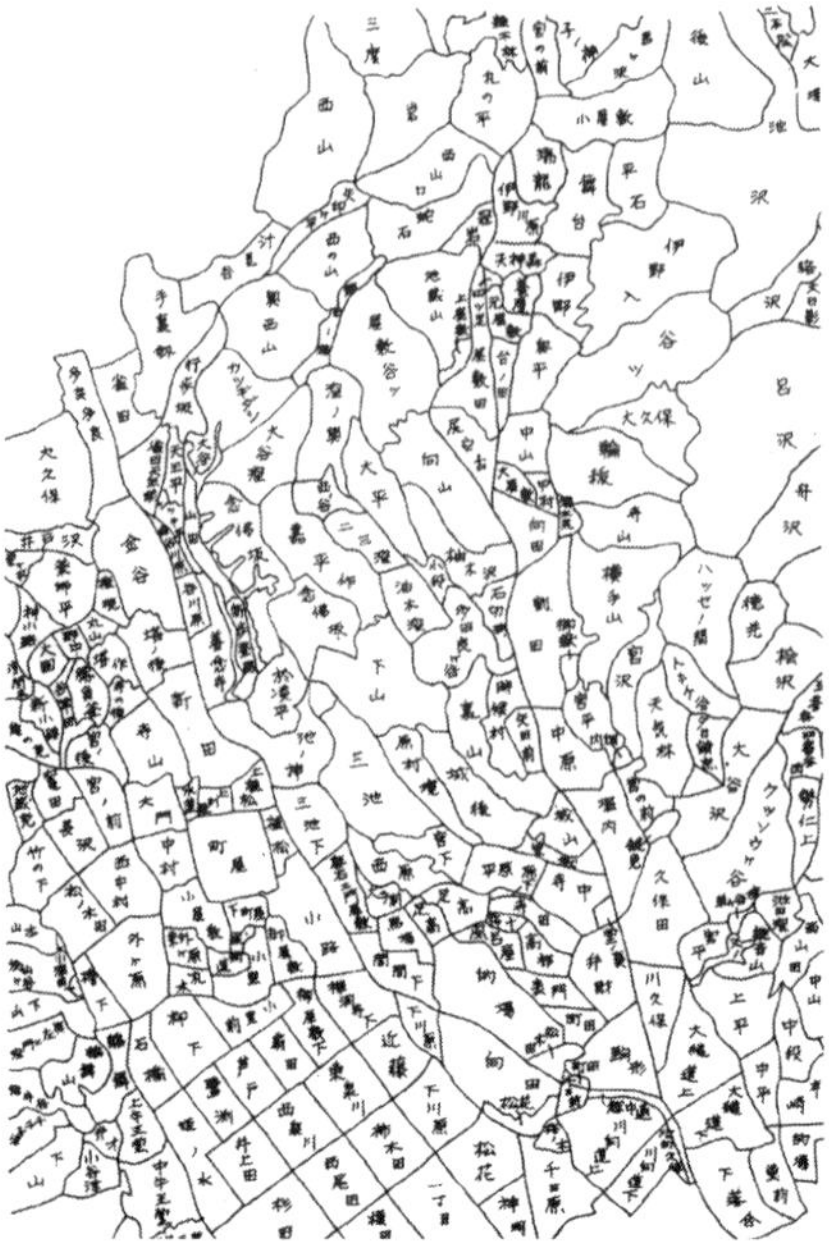

庵原城・庵原館付近の小字図　『静岡県の中世城館跡』より転載

庵原城は、新東名高速の工事にともなう発掘調査で、武田系に認められる二重堀と馬出が検出した。主要部山腹の切岸も圧巻である

築城者の友任氏は誰か

20 奥池ヶ谷城《おくいけがやじょう》

①所在地：静岡市葵区柿島字城山
②立　地：標高三六二m（比高八〇m）の山上
③交　通：井川へ行く県道二七号線の安倍街道が中河内に入り、奥池ヶ谷バス停（しずてつジャストライン）から一五分

【城館史】　奥池ヶ谷城については、『玉川村誌』に、今川範国・貞世に仕えた友任氏が、奥池ヶ谷（旧地名は「池ヶ谷」）の城山に居を構えたとある。また、城山についても詳述し、永禄十一年（一五六八）十二月の武田信玄の駿河侵攻に際して、友《とも》任《とう》氏は武田軍に攻められ自害したと、一族の秘話も伝えている。『駿河国新《するがのくにしん》風《ふ》土《ど》記《き》』では、柿島の朝倉氏と対立して討たれたとある。

しかし、友任氏は今川氏の家臣でもなく、文献史料には出てこない幻の人物である。ところが、奥池ヶ谷の望月家には、井川の「安倍友任氏」、すなわち安倍大蔵《おおくら》のことで、武田氏の軍事行動に立ち向かった安倍一揆衆が軍事拠点としていたと、一年ほど続く抗争について、この地が錯綜《さくそう》した伝承が伝えられている。

これらの二次史料・伝承から類推すれば、やはり信玄の駿河侵攻にともない、混乱する中河内《なかごうち》地区での抗争が導き出され、奥池ヶ谷城の遺構からも、この時期に符合すると考えられる。

井川街道と小集落南から奥池谷城を望む

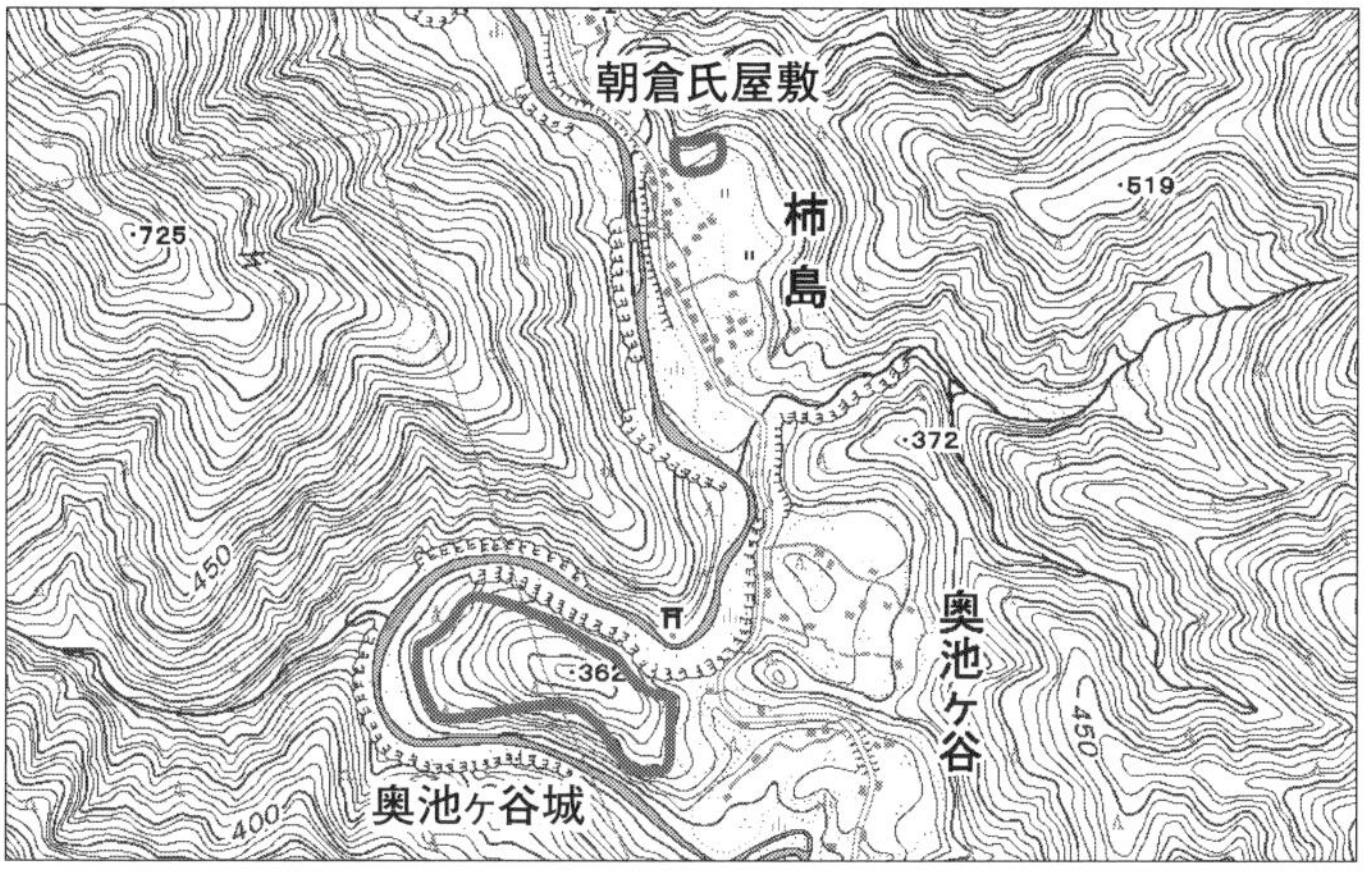

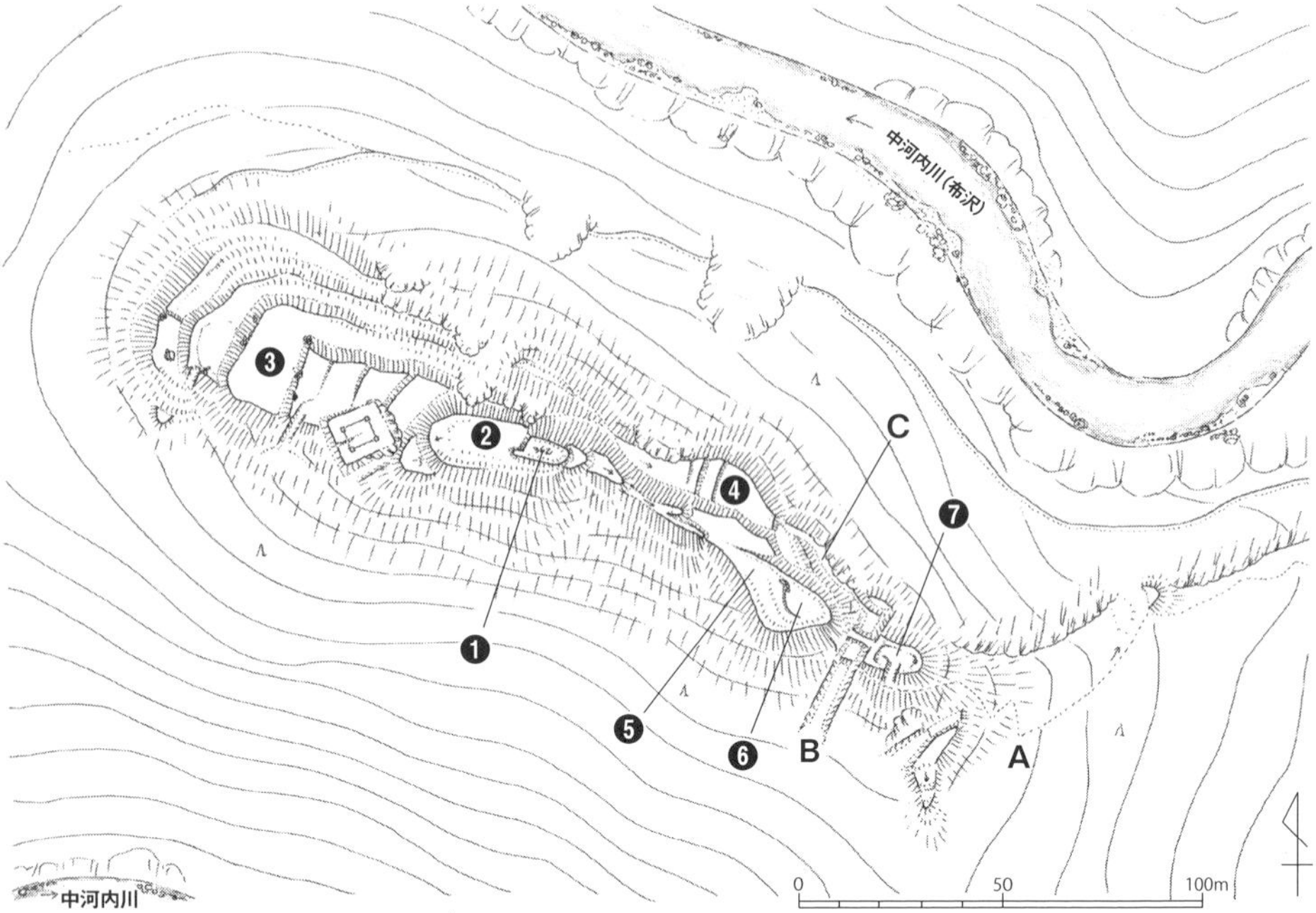

奥池ヶ谷城縄張り図　作図：水野 茂

【縄張り概要】　奥池ヶ谷の地は（現在は「柿島」地内）、駿府から安倍川の支流・中河内川沿いに井川へ通じる井川街道を押さえ、中河内川が大きく蛇行する要地に位置している。現在の県道２７号線が井川街道なのか不明だが、街道と密接に結びついた環境と縄張り構造からは、純軍事的で陣城的な山城であったことが推定される。

北・西・南と中河内川が渦巻く半島状の地形は、高さ八〇ｍ以上の敵を寄せつけない峻険な断崖で囲まれている。東西二三〇ｍもある連郭式の城域は、ほぼ中央の曲輪❶・❷が最高所で、本城曲輪に相当するが、自然地形を利用した、求心力を担うような空間ではない。❶・❷

大手筋を固める横堀

馬出曲輪を区画する大堀切

の西に広がる階段状の曲輪❸は、後世の畑地により開墾されているが、もともと緩斜面地で、兵の駐屯が可能な空間だったと思われる。また、❶・❷の東にも❹・❺・❻を曲輪として構築し、それなりに兵を収容できる空間を確保しているが、各曲輪間の階級《かいきゅう》性、求心《きゅうしん》性を示す縄張りは見られず、階級性を必要としない散在的な曲輪配置が読み取れる。

特異的な遺構は、大手・前線面となる❼の馬出状構造である。遮断系構造を強化した堀切**B**や、**A**から❼・**B**・**C**を経て❺とつなぐ導入には横矢が掛かる重層化が大手口に見られる。戦国期にそれなりの有力者が介入した可能性を示している。だが、相対的な完成度を見ると、臨時性の高い軍事運用であったことは否めない。

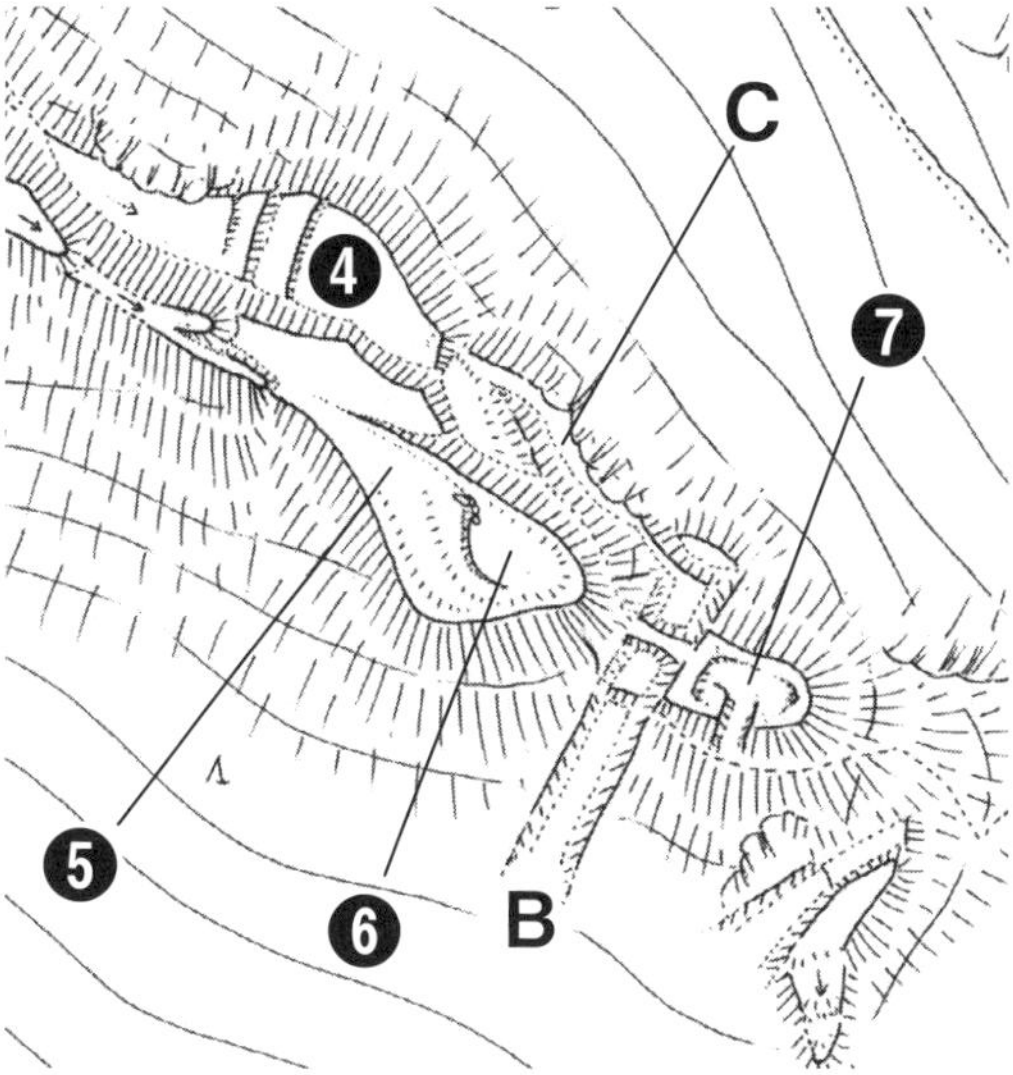

縄張り部分拡大図

安倍山（ほぼ旧安倍郡）は広大な地域だが、ある程度完成した山城は、意外にも奥池ヶ谷城と湯嶋城の二城だけである。ただし、いずれも武田氏か徳川氏が介入した横堀、長大な竪堀、落差が高い切岸などの技巧的な構造は見られず、安倍山での抗争で培われた山城と評価できると思われる。しかし、永禄十一年から同十二年の武田氏の駿河侵攻に際して、武田・徳川両軍の軍事介入は必要不可欠のもので、その中で前面防衛を担う❼を中心に改修した可能性は大いに考えられる。〈水野〉

主要部手前の数段に構えられた腰曲輪

安倍山の全山を支配

21 朝倉氏屋敷《あさくらしやしき》

①所在地：静岡市葵区柿島
②立　地：標高二八〇m（比高二〇m）の山麓部
③交　通：静岡市街地から県道二七号線を車で一時間

【城館史】　宮本勉著『史料編年井川村史』掲載の「朝倉氏由緒書」等によると、朝倉景高《かげたか》・在重《ありしげ》父子は越前国から、永禄年間（一五五八〜）に今川氏親を頼って柿島に移住したという。朝倉氏は、安倍山という中河内川・西河内川流域一帯を安堵されることで、今川氏に対して軍役を勤めたが、その中に「金掘夫丸」も含まれ、領内で金山経営をしていた。安倍山一帯の海野《うんの》氏・狩野氏・末高《すえたか》氏の土豪《どごう》（いずれも姻戚関係）らとともに武田氏に従属し、徳川家康にも仕えた朝倉宣正《のぶまさ》が知られている。宣正は、家康没後に駿府城主となった駿河大納言忠長《だいなごんただなが》の付家老《つけがろう》として、掛川城主となった。

柿島集落上段の屋敷地には石垣が残存している

【縄張り概要】　朝倉氏の本地である中河内川中流域段丘上の柿島集落は、南北二〇〇mほどの盆地を成し、北端に屋敷を構え、南一帯は前田となる水田が広がる。屋敷地は石積みにより複数に区画され、母屋は最上段の「元屋敷」といわれる❶で、全体的には東西九〇m、南北四〇mを測る。南台地に朝倉氏ゆかりの定林寺《じょうりんじ》（廃寺・初代景高の菩提寺）

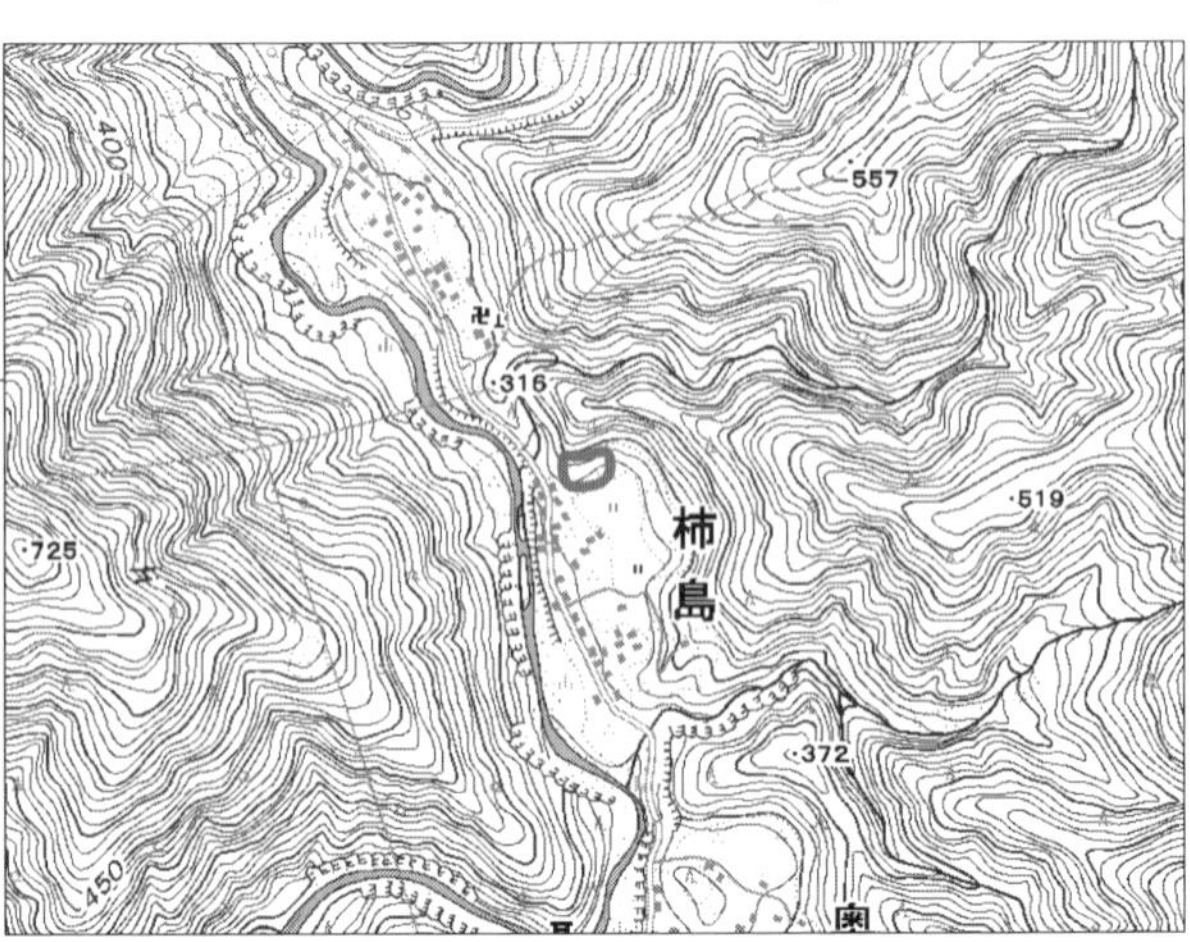

と一族の墓所が建つ。周辺には「柿島の城山」、「柿島小屋（砦）」も見つかっている。

〈水野〉

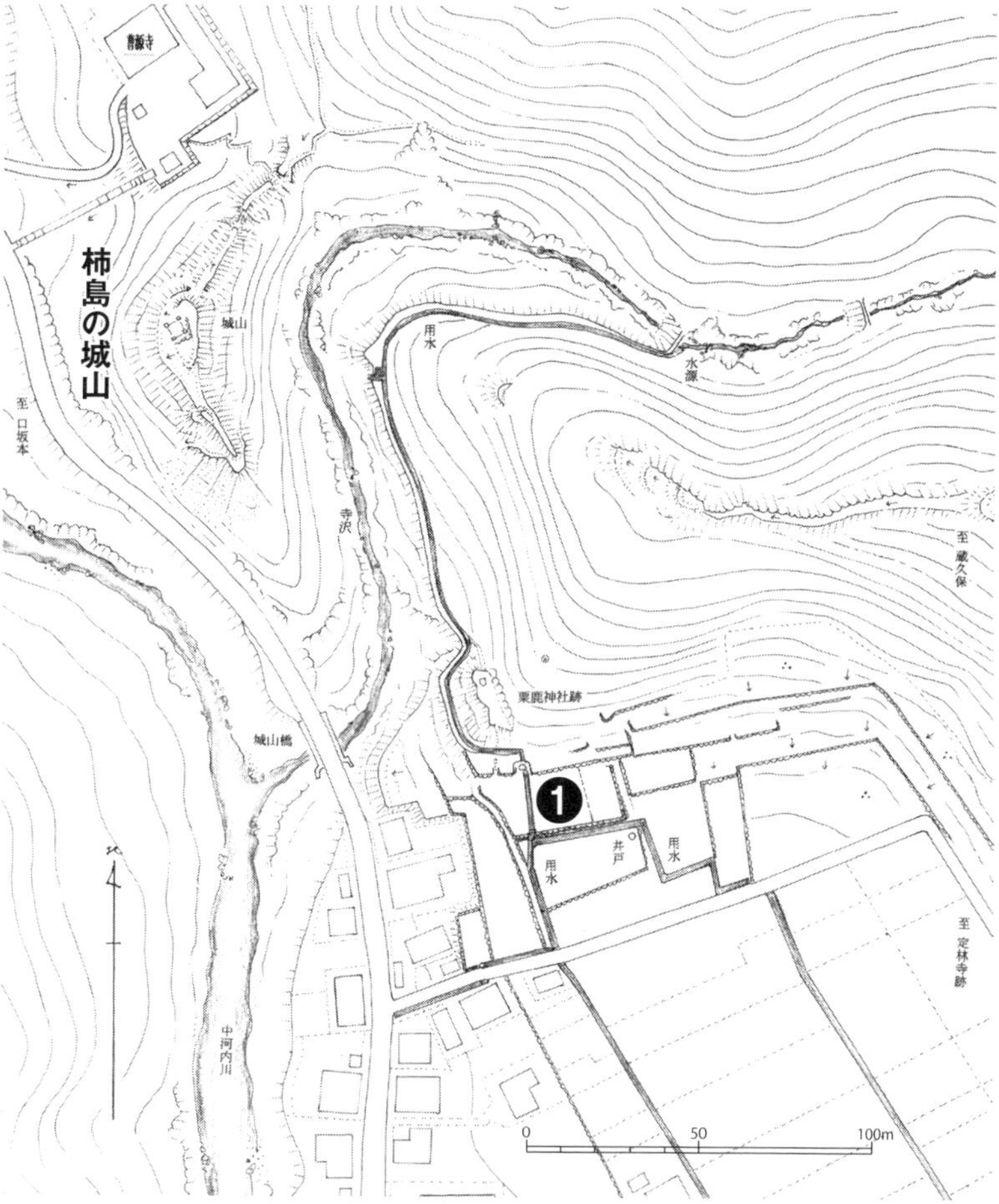

朝倉氏屋敷縄張り図　作図：水野 茂

興津郷の国衆の城

22 横山城《よこやまじょう》（興津城《おきつじょう》）

①所在地：静岡市清水区興津
②立　地：標高九七・二m（比高四四m）の丘陵
③交　通：JR東海道本線興津駅からしずてつジャストライン（バス）に乗車、承元寺入口から徒歩一〇分

【城館史】　横山城主の興津氏は、平安時代に土着した藤原南家《ふじわらなんけ》入江《いりえ》氏の一族である。もともとは現在のJR興津駅に近い谷に屋敷（現・宗徳院）を構えていたとされる。室町時代には今川氏に仕え、駿河でも有力な国衆にもなっており、永享の内乱では、富士氏・狩野氏などとともに千代秋丸派に立った。薩埵関や甲斐への塩関を管理し、水運にも携わり、遠江国村岡《むらおか》郷大坂《おおさか》も知行している。また、義元の軍師として知られる太原崇孚（雪斎）の母が出た家でもある。

興津川にせり出すような横山城を薩埵山中腹より俯瞰（対岸中央の小高い丘陵）

大永年間（一五二一～）には、盛綱《もりつな》・清房《きよふさ》父子、久信《ひさのぶ》・正《まさ》信《のぶ》父子などの名が見え、天文年間（一五三二～）にも清房・信綱《のぶつな》の名が確認できる。なお、このころには、より奥の横山《よこやま》に居館を置いたようである。

横山城の様子は、連歌師《れんがし》・宗長の手記から推測できる。宗長は、興津盛綱や清房と親交を重ね、その館を訪問し、連歌の席で、この城の庭の山水を発句にと所望され、「みるたびにめかれぬ庭の木草な」と詠んでいる（県三―八五一）ことから、庭園を備えた居館部があったことがうかがえる。

横山は、甲斐への道（身延街道・国道52号線）を押さえる

本城曲輪西下段の大堀切

位置にある。永禄十一年（一五六八）十二月、武田信玄が駿河に侵攻すると速やかに接収された。その後、興津川の東まで迫った北条勢への最前線となったため、大規模に改修され、約八か月間、穴山信君《のぶただ》が守った。

【縄張り概要】横山城は、山城部分と居館部からなる。それぞれ穴山信君による改修が推測できるが、基本的なプランに大きな変更はないものと思われる。現在、山城部分の中心部❶は荒廃している。しかし、西につながる鞍部を通る身延《みのぶ》街道側に対して、支尾根を登るような大横堀**A**と本城曲輪西側には、土塁と二段の堀切**B**・**C**が歴然と残存する。これだけ強固な遺構は、興津氏によるものとは考えられない。

居館部❷は、畑の中に庭石が残っていることから、内部は武田氏時代も大きな改修はなかったものと思われる。土塁**D**は、二〇〇mに達するもので、発掘調査で新旧二層が確認されたため、武田氏による改修がわかる。さらに、柱穴・暗渠《あんきょ》排水路が確認でき、陶磁器が見つかっている。〈川村〉

南麓の居館部に残存する土塁。この内側に庭石がある

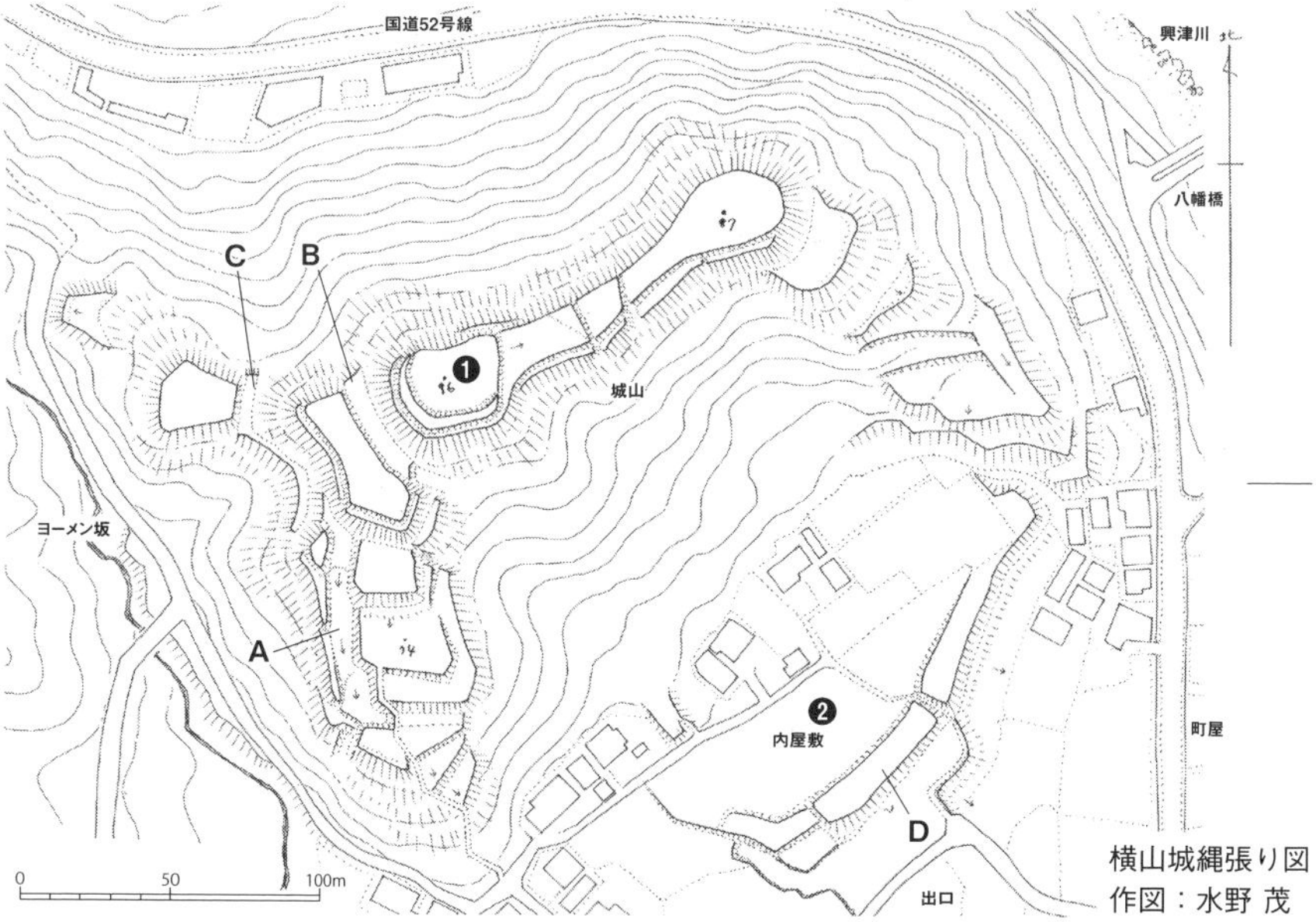

横山城縄張り図
作図：水野 茂

駿府防衛の東玄関口

23 薩埵《さった》の本城《ほんじょう》

①所在地：静岡市清水区興津東町字小状川・本城
②立　地：標高一三二m（比高九二m）の山稜上
③交　通：興津川下流の興津大橋から旧東海道を経て徒歩五〇分

【城館史】　興津と由比の間には、東西交通の要衝・薩埵山がある。「親不知《おやしらず》子不知《こしらず》」として知られる難所は海岸線の道（岫崎《くきがさき》を通る下道）であり、地蔵道《じぞうみち》という古道は山中の峠道で、関が置かれていた。興津氏はその関も管理しており、大永四年（一五二四）九月、今川氏親が興津久信に安堵した「佐田山関壱ヶ所」（県三―八四九）、天文三年（一五三四）七月、今川氏輝が興津正信に安堵した「薩埵山警固関」（県三―一二八七）がそれに関わるものと思われる。

江戸期の薩埵峠越えの背後に薩埵の本城が占地

関の場所は史料的には明らかではないが、峠道の上、小字名の「小条川」・「本城」に城跡が確認され、関との関係は容易に推測できる。ただし、永禄十二年（一五六九）に武田氏と北条氏が対峙したとき、北条氏が使用したと考えられることから、そのときに改修された蓋然性《がいぜん》が高い。

【縄張り概要】　薩埵の本城は、南北に延びる尾根上、峠道である西山麓の地蔵道と並行して、はっきり峠道に向けられた縄張りである。さらに、反対の波打ち際の海岸線も押さえる要衝地に占地している。城域は南北二八〇mに達し、山上一

古来の興津氏屋敷地に建つ宗徳院に伝わる興津氏の五輪塔

帯は果樹園として使用されているため改変が著しいが、明確な堀切を確認できる。❶が本城曲輪で、その他四つ以上の曲輪、五条の堀切が認められた。ただし、谷地形を利用した幅二〇m以上の大堀切A・Bや馬出《うまだし》状曲輪❷があり、これらは小田原北条氏による改修と考えられる。〈川村〉

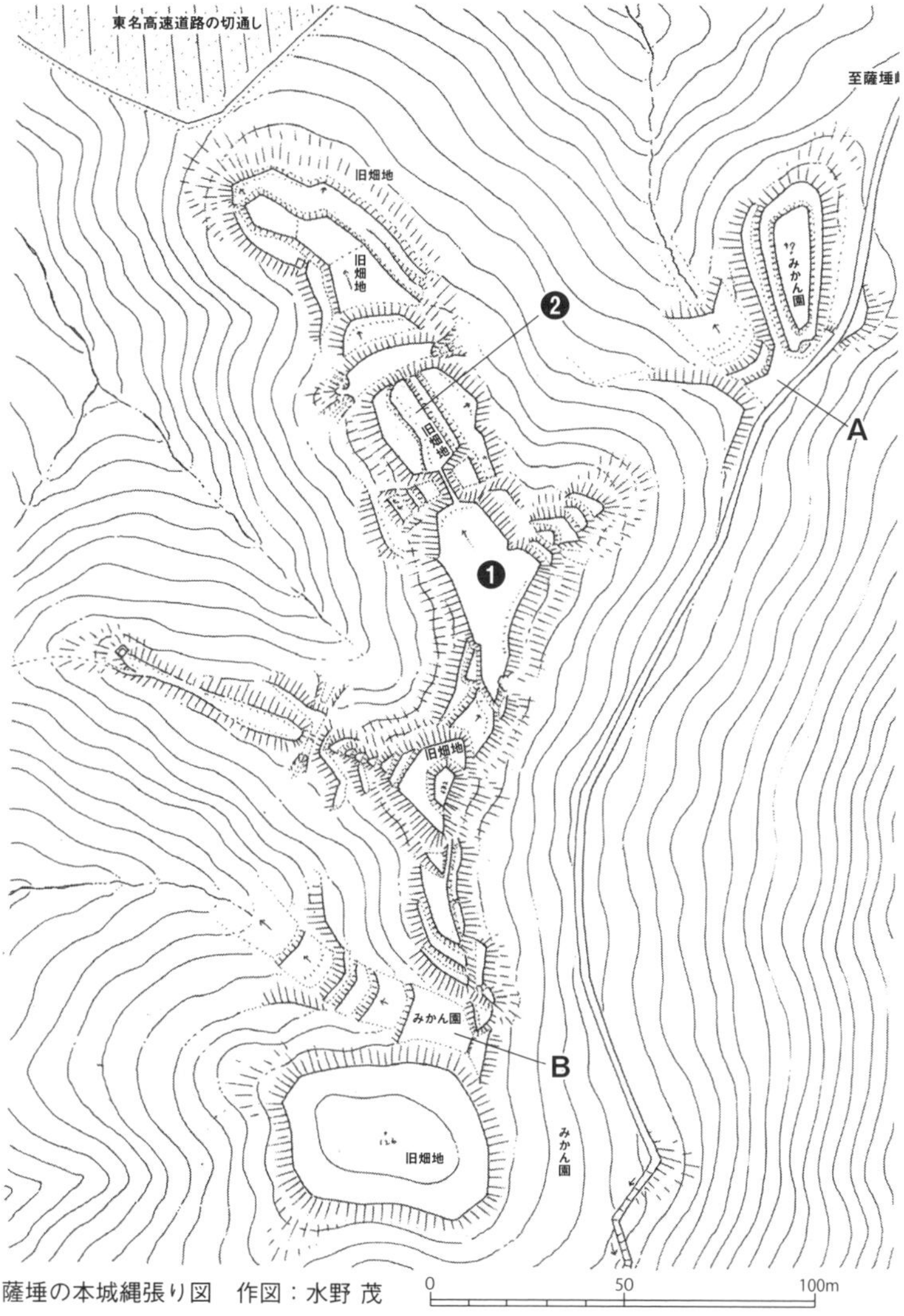

薩埵の本城縄張り図　作図：水野 茂

薩埵の本城に残存する大堀切

直下には要衝の岫崎と駿河湾が広がる

国衆・由比氏の城

24 常円寺城《じょうえんじじょう》（川入城《かわいりじょう》）
25 由比城《ゆいじょう》

24 常円寺城
①所在地：静岡市清水区由比阿僧字前田
②立　地：標高六五m（比高四〇m）の丘陵上
③交　通：JR東海道本線由比駅から徒歩五〇分

25 由比城
①所在地：静岡市清水区由比字城山
②立　地：標高一〇二m（比高九〇m）の山上
③交　通：JR東海道本線由比駅から徒歩三〇分

【城館史】由比氏は大宅《おおや》氏の一族で、平安末期に駿河に土着したとされる。由比郷のほか高橋《たかはし》郷（清水区高橋）・西山《にしやま》郷（富士宮市）を領し、兄弟でそれぞれ由比氏・高橋氏・西山氏を名乗った。その後、西山氏は衰退し、高橋氏は西国に移り、備中や石見で勢力を拡大した。由比氏は光高《みつたか》にはじまり発展、室町時代には今川氏に従って遠江侵攻にも従軍し、遠江守護代にもなっている。

一族は、富士郡に移った惣領家（光茂《みつしげ》系）と由比にとどまった為光《ためみつ》系に分かれ、駿河・遠江に広がった。所領は駿河・遠江の各所にあり、たとえば、大永三年（一五二三）十一月二十一日付の文書には、入江庄・泉庄・中田村・富士上方・遠江に所領が確認できる。蜂ケ谷《はちがや》（清水区）にも所領をもつ一族があった。惣領家は後に由比郷に戻ったようで、蒲原城の城番も務めている。

一族間での抗争もうかがえ、武田氏の侵攻後、惣領家は由比を去ったようで、為光系がいくつもの家に分かれて帰農した。今宿《いまじゅく》加宿《かじゅく》問屋《とんや》の太郎左衛門家、本宿本陣の岩辺《いわなべ》郷右衛門家、本宿の問屋鍵屋がそれである。惣領家以外は藤原氏を称することもあった。『寛政重修諸家譜《かんせいちょうしゅうしょかふ》』によれば、旗本となった由比氏もいるが、この一族は大宅氏ではなく三浦流平氏を称している。

由比氏時代の井戸跡と伝えている

さて、史料から由比郷には城郭があり、由比氏が守ったことが確認できる。天文五年（一五三四）閏十月二十七日付の今川義元判物《はんもつ》（県三―一四〇六）は、由比助四郎《すけしろう》が「由比之城」を守った功績で所領を与えられたことを示す。これは花蔵の乱に際してもので、玄広恵探勢が承芳派（後の義元）の由比城を攻撃したこと、由比氏が承芳派であったこともわかる。

ただし、この「由比之城」の位置に関しては複数の説がある。江戸期の偽書と考えられる『今《いま》川家《がわけ》分限帳《ぶんげんちょう》』は、由比周《す》防守《おうのかみ》を由比城主とするが、「今此城跡詳ならず」とあり、現在、「由比城」と呼ばれている城を指しているわけではなく、すでに所在がわからなくなっている。候補となるのが、由比川西岸段丘上の「常円寺城」、もうひとつが由比川東岸・本光寺《ほんこうじ》背後の「由比城」である。

上：常円寺周辺環境から本城曲輪にあたり、館城的な構造を想定させる
中：常円寺西背後の土塁跡
下：幅 10 mの堀跡は北隅にわずかに残る

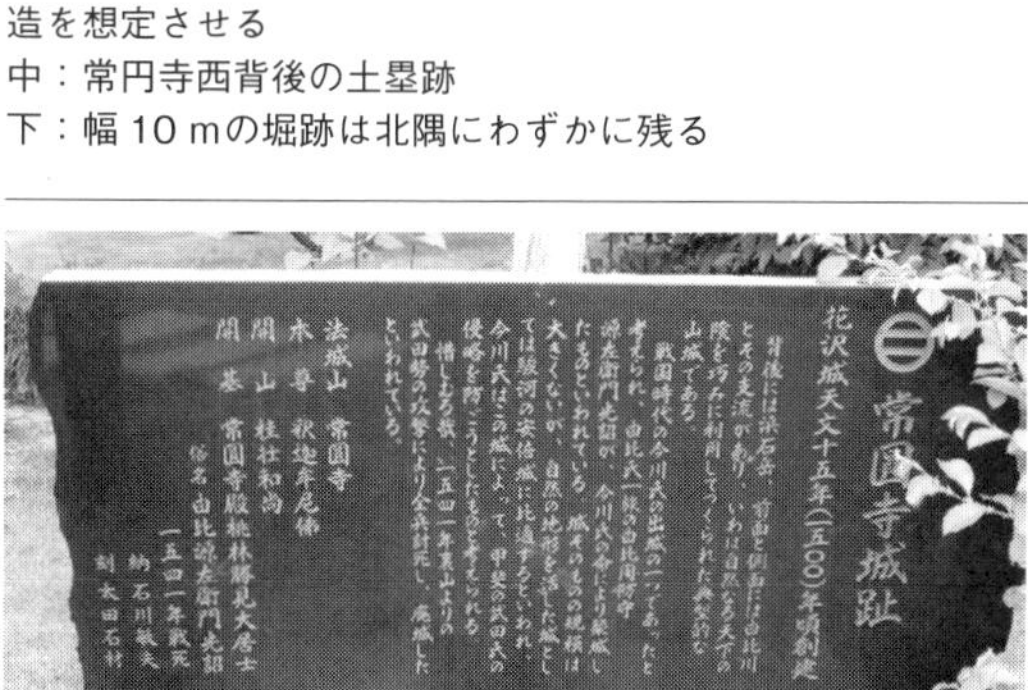

常円寺境内に建つ城址碑

常円寺城は史料に見えないが、江戸時代の地誌『駿国雑志』「常円寺城」の項で記されている。ここでは「法城山（古くは古城山）常圓寺は古城也。枇杷《びわ》澤《さわ》岸高く南を流れ、東北岸高く巡りて、西一方山に連る。今猶城壁の如く、疣山、川端に有りて、古の大手の跡とす」とあり、現状地形をよく伝えている。一方、「舊某の居城たる詳ならず」ともされ、由比氏の城であるとする伝承はなかったことがうかがえる。

一方、「由比城」は史料だけでなく地誌にも見えない。ただ、旧由比宿に近く、かつ「城山」の地名がある。太郎左衛門家の系図によれば、常円寺城は支流為光系由比氏の居城と考えられるため、由比城が「由比之城」であった可能性が高い。

【縄張り概要】常円寺城は、浜石岳から西に延びる支尾根先端部の高さ四〇mの段丘上に占地し、由比川・枇杷沢川に挟まれた要害の地である。由比川の東対岸には古い身延街道が通り、中世には主要な道であったと考えられる。主要部❶は、東西一七〇m、南北一四〇mと広く、現在は常円寺と往時の井戸跡・テニスコート・畑地となっている。西限となる常円寺背後には、高さ一・五mの土塁**A**と幅一〇mの堀切が残存していたが、現在は埋められている。反対の東南端に疣神様《いぼがみさま》の祠《ほこら》があり、幅七mの切通《きりどお》し**B**、川に下る小道があるが、根小屋の存在は確

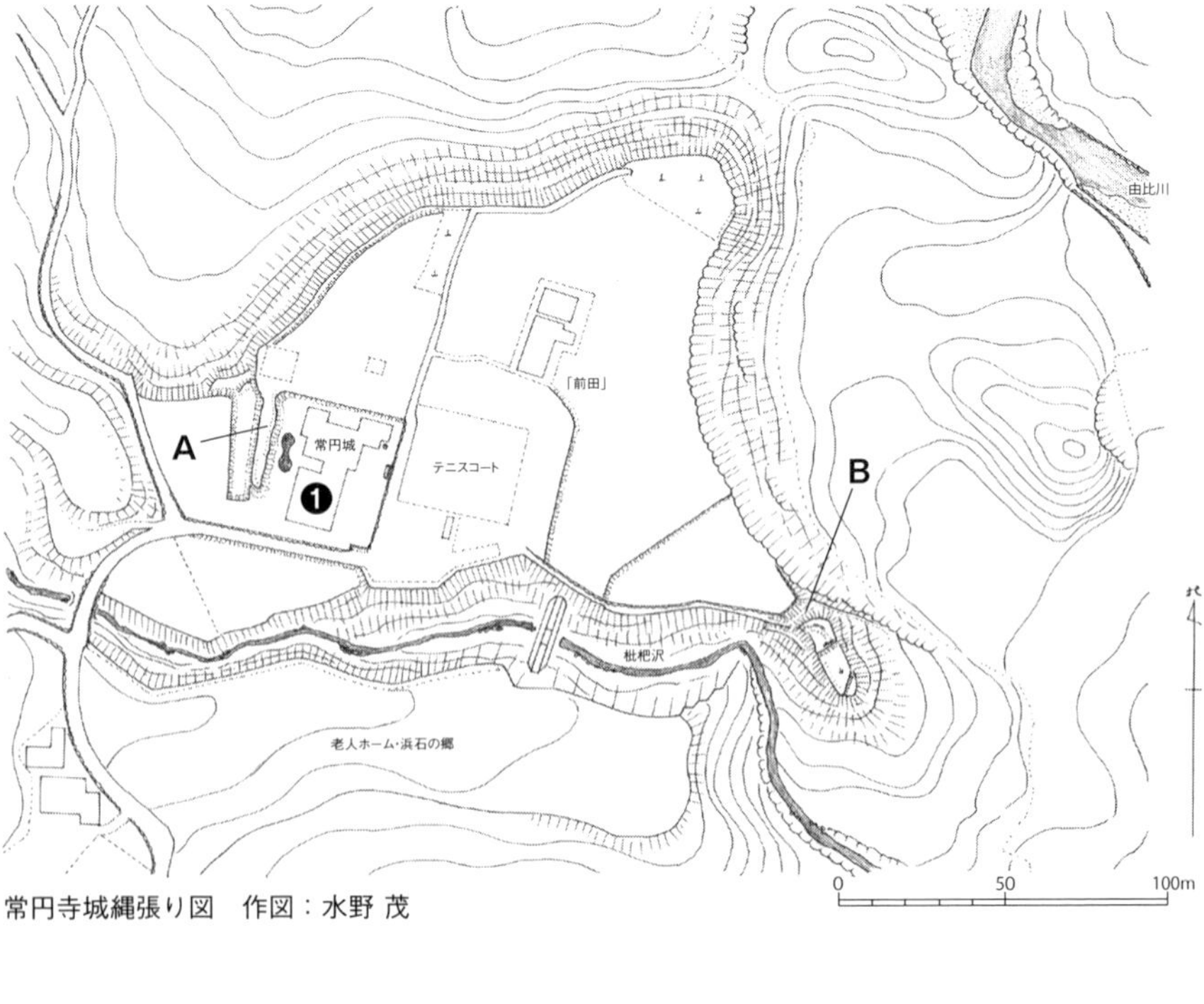

常円寺城縄張り図　作図：水野 茂

認できない。

同城に残るわずかな土塁と堀切のあり方からは、峻険な河岸段丘《かがんだんきゅう》という自然地形を活かした領主の屋敷空間を担う館城《やかたじろ》的な縄張りで、戦闘的な城郭ではないと推定される。

由比城は、由比川と神沢川に挟まれた比高九〇mの独立した山上にあったが、平成元年の土砂採取で消滅した（発掘調査を実施したが、その成果は不明）。本城曲輪にあたる山頂部❶は二段に削平され、南東辺に高さ約二mの土塁**A**が残存していた。すでに、城山全体でみかん園・畑地による開墾が著しく、腰曲輪か造成地なのか、城域を決める遺構の判断ができなかった。〈川村〉

上：平成元年当時の城山（由比城）。現在は山上の3分の1が削り取られた
下：由比城の本城曲輪東辺の土塁跡

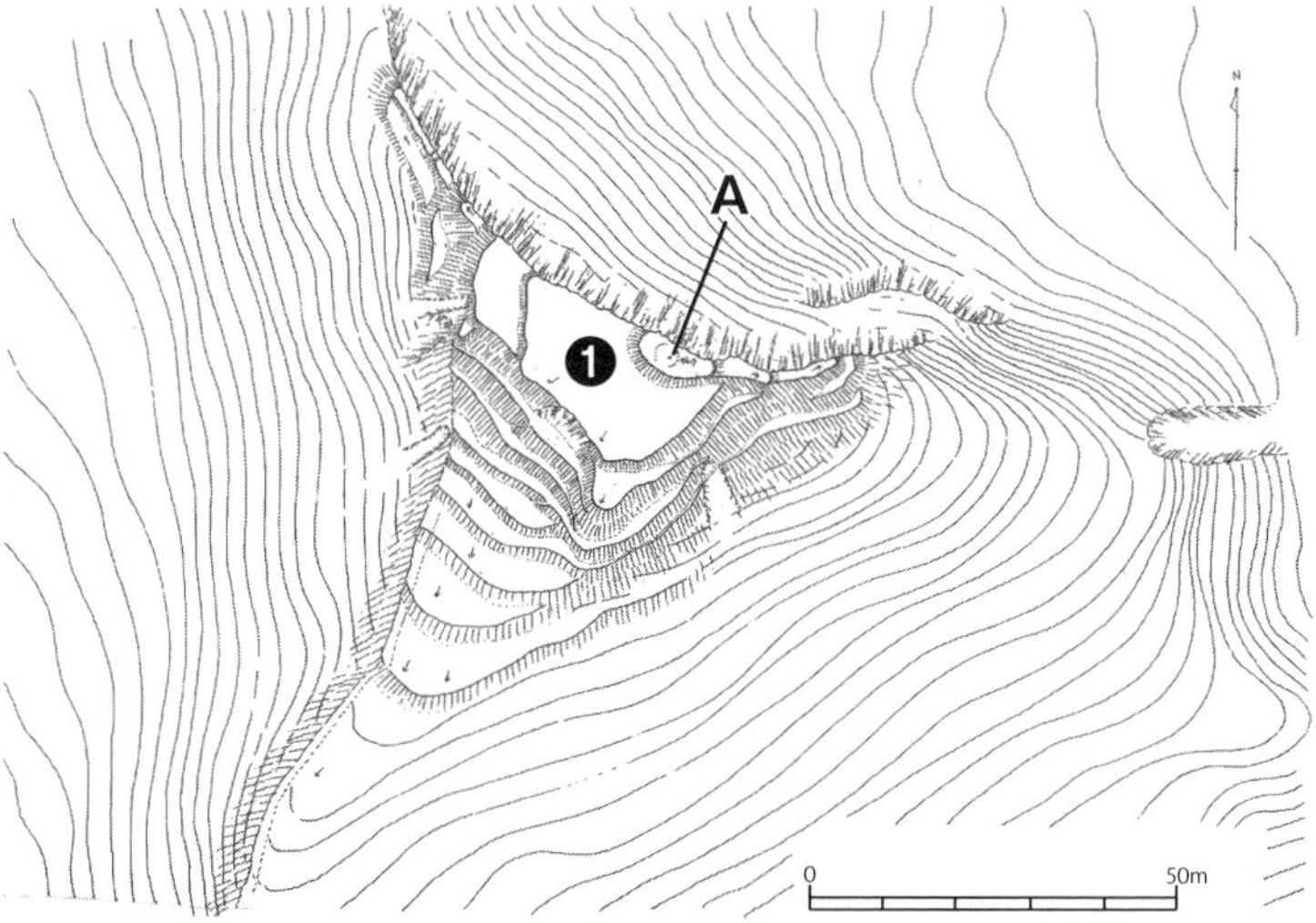

由比城縄張り図　作図：水野 茂

コラム

駿府防衛城砦群は存在していたのか

今川氏は駿府に守護所《しゅごしょ》と居館《きょかん》を置いた。そこでは城下の市場（安部の市・楽市楽座《らくいちらくざ》）と主要な五街道《ごかいどう》とが密接な関係にあり、その喉元を押さえるように支城を構え、防衛網を形成していたとされる。

このような見解は、昭和九年に発表された沼舘愛三氏「駿府附近に於ける古城趾の研究」（『静岡県郷土研究』第二輯）で初めて出され、氏によると、東海道の東口を押さえる長《なが》沼《ぬま》城（愛宕山《あたごやま》城）、反対の西口の宇津ノ谷《うつのや》峠越えを押さえる宇都谷城（丸子城）、海岸線の小坂《おさか》越えの持船《もちぶね》城（用宗《もちむね》城）、南からの久能街道の八幡山《やはたやま》城と有東《うとう》砦《とりで》、北西の川根街道からの小瀬戸《こぜと》城などの城砦網を築き上げたという。だが、論拠となる史料は存在せず、さらに、今川氏の有事に際して最大拠点となる賤機山城も証左できる一次史料がない。

どうやら、典拠は『駿河記《するがき》』や『駿河志料』、『駿国雑志』などの江戸末期の地誌類のようだ。たとえば、『駿河記』の賤機山城の項では「此城何人の籠りしか未詳」と称し、口伝もないようである。丸子城についても『駿河志料』が詳述しているが、「高平云」とあり、すなわち著者の中村高平氏の推論を記しているだけである。永正元年（一五〇四）四月、丸子城麓の泉《いずみ》ヶ《が》谷《やつ》集落は今川氏家臣・斎藤安元の所領であったが、同地を拝領した連歌師宗長が柴屋軒《さいおくけん》を結ぶとき、周辺は自然で閑静の地であることを詳述している（『宇津山記《うつやまのき》』）。しかし、そこに丸子城があったことは触れておらず、今川期の丸子城存在説は否定されてもしかたがない。

それなりに保存されている用宗城・小瀬戸城・愛宕山城についても、領地している今川氏家臣団はわかっているが、城郭と直接関係する史料もなく、文献史学者は駿府防衛城砦群を想定することはできないという。というのも、これらの城は、永禄十一年（一五六八）十二月以降、武田信玄の駿河侵攻と勝頼《かつより》の駿・遠支配にともない武田氏が築城したと明記されているからである。とくに天正三年（一五七五）五月の長篠《ながしの》・設楽原《したらがはら》での大敗北後と、同七年の甲相同盟《こうそうどうめい》破綻《はたん》後に武田氏による築城や改修の様子が記されている。また、高天神《たかてんじん》城の落城を契機に、織田・徳川連合軍の駿河侵攻を看取《かんしゅ》し、用宗城・丸子城・小瀬戸城などは山西（志太《しだ》平野）から山東（静岡平野）を分ける安倍川西岸の山岳地帯に戦闘的な山城を大改造したことが、遺構

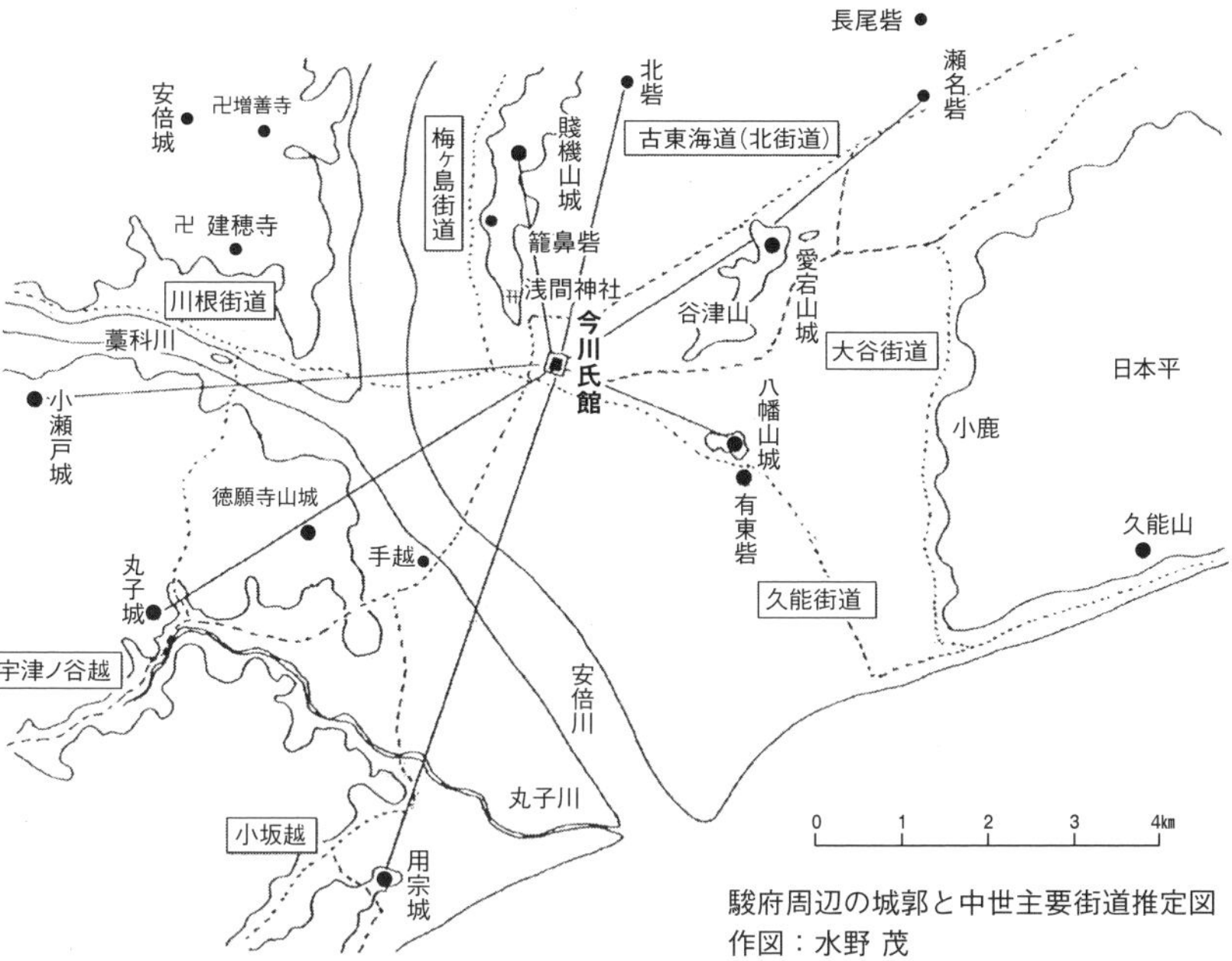

駿府周辺の城郭と中世主要街道推定図
作図：水野 茂

からも類推できる。縄張り構造と諸史料から考えると、これらの城は駿府を防衛するものではなく、駿・遠支配の牙《が》城《じょう》であった江尻城（清水区）の前衛に位置することから、武田氏による〝江尻防衛網〟としたほうが妥当と考える。

　ところで、今川氏は氏親の時期に武田信虎とは対立関係にあった。武田氏は今川軍の甲斐侵攻を受け、本拠の武田氏館（躑躅ヶ崎館）周辺に、詰《つめ》の城の要害《ようがい》城・熊《くま》城をはじめ湯村山《ゆむらやま》城、一条小山《いちじょうおやま》城、各所の烽火台《のろしだい》など多く築き、甲府防衛網を築いている。これは、武田氏に攻略された信濃国の小笠原《おがさわら》氏、越前一乗谷《いちじょうだに》の朝倉氏など、主に敗者となった戦国大名クラスに多く見られる防衛形態で、国衆にも見られる。

　こうした防衛城砦群の実状を鑑《かんが》みると、戦いの中で不利に陥った防戦側が、大きな普請をすることが多い。二三〇年もの間、他国から攻められたことはなかった今川氏は、駿府防衛網などは築く必要がなかったのだ。

　なお、街道監視程度の簡素な物見《ものみ》・番所《ばんしょ》的なものが配置されていた可能性は、八幡山城・有東砦の遺構なのかもよくわからない縄張りから考えられるが、今後の追究を待ちたい。〈水野〉

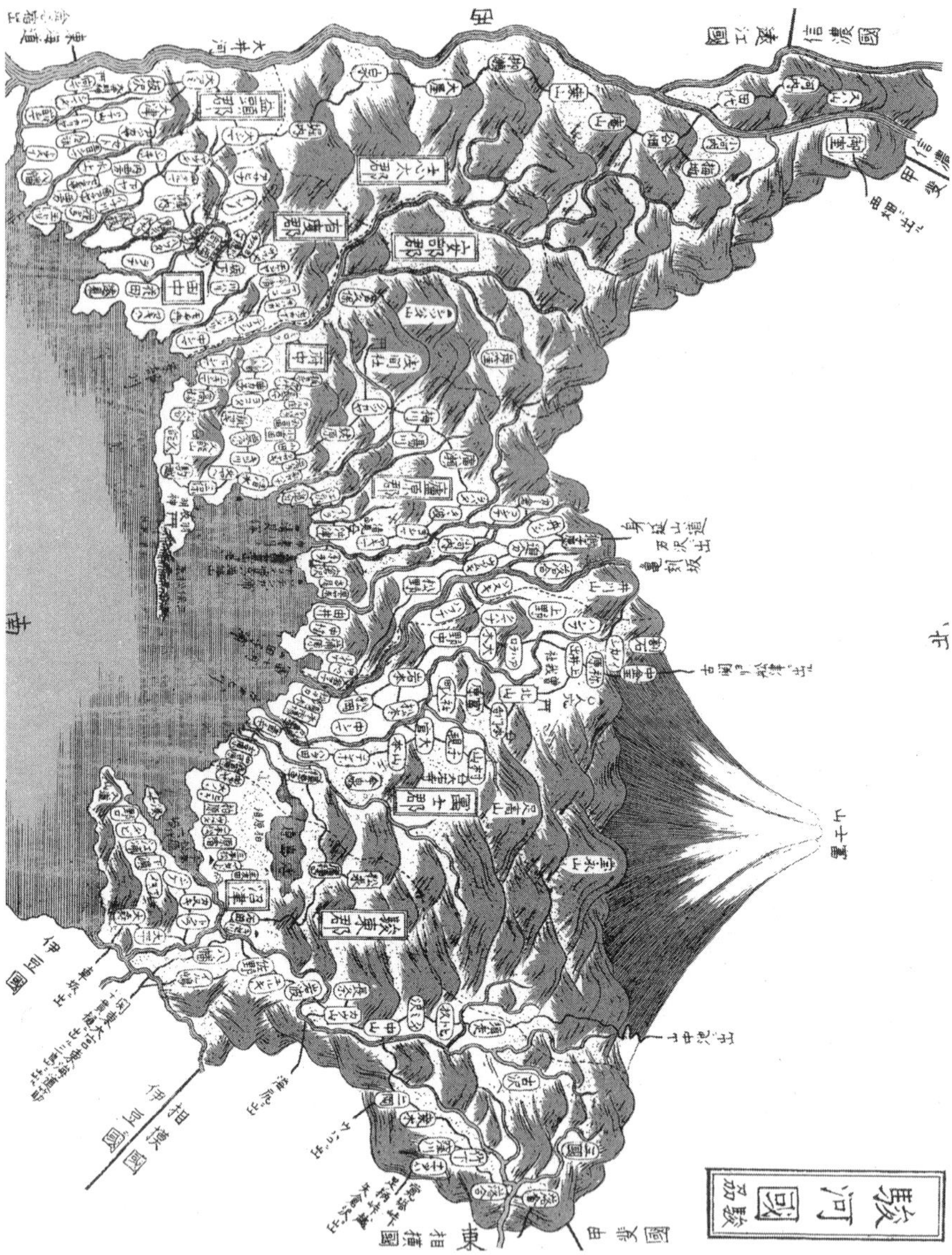

江戸時代の絵図に描かれた駿河国　当社蔵

【第二部】

今川氏の戦国大名化と城郭

第二部では、応仁・文明の乱から始まる戦国時代での戦いがメインとなり、主役は六代義忠・七代氏親・八代氏輝の三人である。この時期には、義忠の遠江侵攻時の謎の死にともなって二度目の家督争い「明応《めいおう》の内乱《ないらん》」が勃発する。第二部では主にその実態を見ていきたい。

⑤26、見付《みつけ》城～31、石脇《いしわき》城（文明の義忠遠江侵攻と戦死）

義忠の遠江侵攻は、文明五年（一四七三）に将軍足利義政から河勾《かわわ》荘（浜松市）と懸川荘（掛川市）を拝領したことが契機となった。おそらく、河勾荘は遠江守護・斯波《しば》氏に仕える吉良《きら》氏の被《ひ》官巨海新左衛門尉《かんこみしんざえもんのじょう》が代官で、守護代《しゅごだい》狩野宮内少輔《くないのしょう》とともに、義忠軍を遠江府中の見付城で阻止しようとした。そこで戦いとなり、翌六年十一月に宮内少輔は自害する。

さらに文明七年、横地・勝間田両氏が今川氏の遠江侵攻に対して蜂起し、義忠の支援を受けた遠江今川氏の堀越陸奥守範将《のりまさ》が侵攻したものの、小夜《さよ》の中山《なかやま》（掛川市）で討たれてしまった。範将の弔い合戦となった義忠による横地・勝間田城攻めは、翌八年に入って激戦のうえ落城させたが、義忠は凱旋途中の塩買坂《しょうかいざか》（菊川市）で、両氏の残党に討たれたとするのが定説であった。

しかし近年、横地・勝間田両氏は幕府の奉公衆《ほうこうしゅう》で、遠江守護・斯波義良《よしすけ》も将軍義政・細川勝元の東軍方に寝返らせており、幕府軍が派遣されて討たれたとする説が出ている。そこでここでは、それに関する城郭を見ていく。

⑥32、横岡《よこおか》城～41、日比沢《ひびさわ》城（文亀・永正の遠江侵攻と三岳城攻め）

義忠の死後、嫡男龍王丸（後の氏親）は幼少であったため、父の従兄弟・小鹿範満が守護屋形に入ったため、今川家臣が二分する内乱に陥った。そこに登場したのが、氏親の母北川殿の弟・伊勢宗瑞である。宗瑞の働きで氏親は家督に就くことができた。

父の遺業を継いだ氏親の遠江侵攻は、明応三年（一四九四）秋、宗瑞率いる今川軍の「遠州三郡乱入」で再開した。これは、細川政元《まさもと》が起こした「明応の政変」に呼応するもので、以前から遠江守護の斯波氏とは対立していた。今川軍の遠江侵攻に際し、最大の戦いは「永正三岳城の戦い」と「引馬城攻め」であった。斯波氏に従った引馬城の大河内貞綱《おおこうちさだつな》、三岳城の井伊直平《なおひら》連合軍との戦いは伊達景宗軍忠状に詳しく記され、戦いの全貌《ぜんぼう》が把握できる。氏親の遠江侵攻は実に二十三年にもおよんだ、戦国史上、類稀な大合戦であった。ここではそれに関する城郭を見ていく。

⑦42、葛山《かづらやま》城～48、片岡《かたおか》氏屋敷（今川氏の駿東《すんとう》支配）

駿河国東部の駿東地方には、国衆で最大の勢力をもっていた葛山氏の諸城が存在する。南駿には今川氏直轄地の戸倉《とくら》郷・大平郷があり、土豪の星谷《ほしや》・片岡両氏の屋敷地なども見ていく。

⑧49、徳一色《とくのいっしき》城～52、石上《いしがみ》城（今川氏の山西支配）

山西とは、高草山《たかくさやま》以西の焼津市・藤枝市・島田市地方をいう。このうち、一時的に今川氏の拠点地となった花倉《はなぐら》地方については第三部で記すが、ここでは駿府防衛の藩屏《はんぺい》になった田中《たなか》城の前身・小川《おがわ》城・徳一色城などを見ていく。

⑨53、掛川《かけがわ》城～64、武藤《むとう》氏屋敷（今川氏の中遠支配）

掛川市・袋井市・磐田市が中遠地方で、今川氏の遠江支配における最大拠点の掛川城が置かれた。中遠には、外様的な今川家臣が多く、ここでは久野《くの》城・天方《あまがた》本城・飯田《いいだ》城・馬伏塚《まむしづか》城と、遠江今川氏の見付《みつけ》城・堀越《ほりこし》城を見ていく。

⑩65、笹岡《ささおか》城～75、大洞若子《おおほらわかご》城（今川氏の北遠支配）

北遠とは、現在の浜松市天竜区を指し、今川氏に従属した国衆として天野《あまの》・奥山氏の存在が知られる。南信、東三河との国境の領主でもあり、今川氏の代替り期にはたびたび謀反を起こしており、ここではそれを押さえる今川軍の拠点二俣《ふたまた》城・中日生《なかびう》城などを見ていく。

第二部掲載城郭位置図

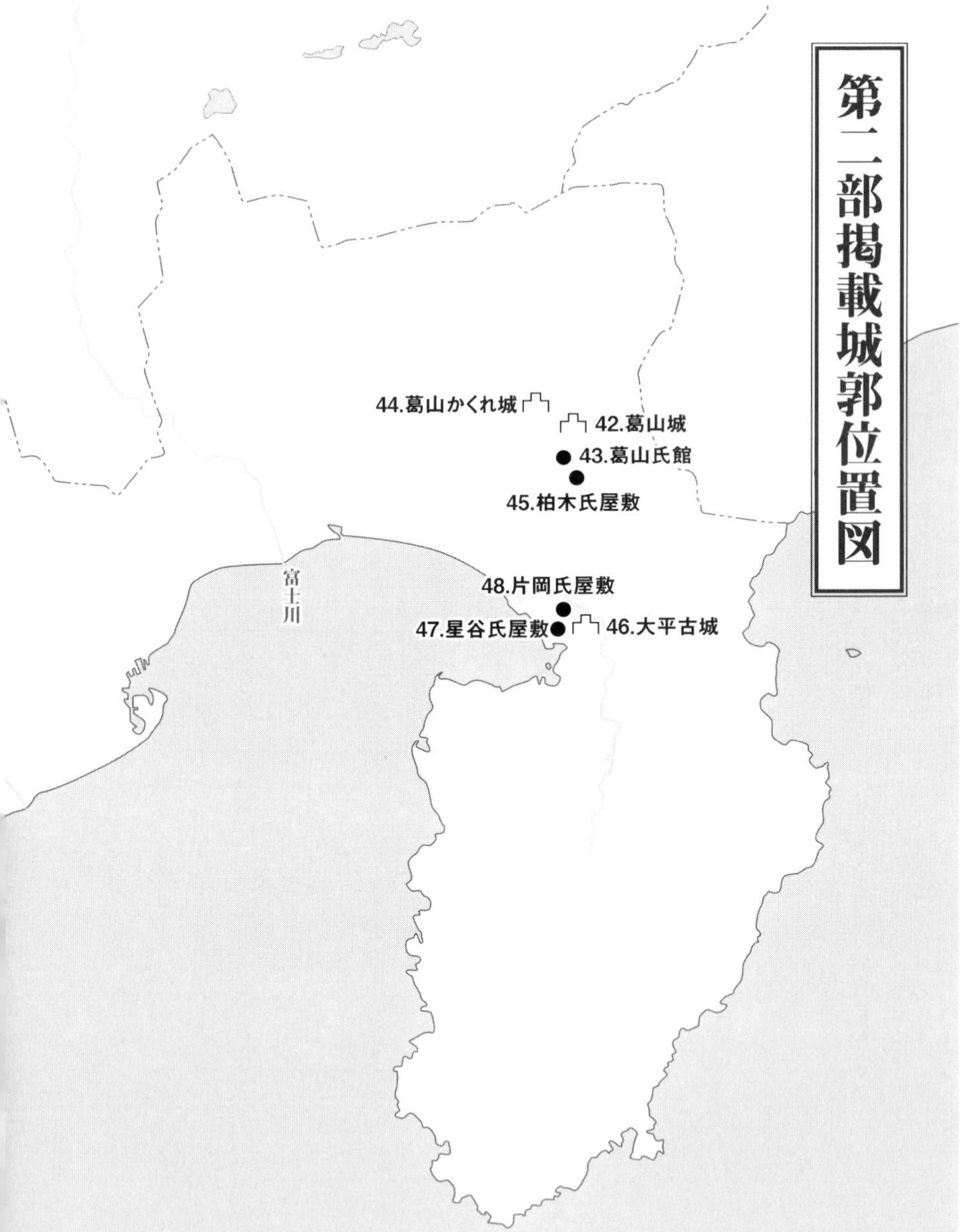

74.高根城
68.篠ヶ嶺城
75.大洞若子城
73.小川城
67.犬居城
70.萩野城
71.樽山城
52.石上城
安倍川
72.中尾生城
66.光明城
69.平尾の城山
51.朝日山城
49.徳一色城
61.天方本城
31.石脇城
35.三岳城
65.笹岡城
62.三倉城
33.松葉城
32.横岡城
50.小川城
64.武藤氏屋敷
53.飯田城
36.井伊谷城
41.日比沢城
34.高藤城
大井川
40.尾奈砦
38.刑部城
58.杜山城
54.久野城
53.掛川城
28.勝間田城
浜名湖
55.見付端城
30.穴ヶ谷城
37.引馬城
56.高天神城
29.龍眼山城
39.志津城
26.見付城
59.堤城
27.横地城
57.馬伏塚城
60.舟ヶ谷の城山
天竜川

斯波氏方の拠点城

26 見《み》付《つけ》城《じょう》

①所在地：磐田市見付字古城
②立　地：標高六ｍ（比高六ｍ）の段丘上
③交　通：ＪＲ東海道本線磐田駅から北へ二㎞の旧見付宿

【城館史】　文明五年（一四七三）十一月、将軍足利義政から河匂荘（浜松市）と懸川荘（掛川市）を与えられたことがきっかけとして、今川義忠は翌年八月、遠江守護・斯波義良の守護代・狩野宮内少輔が拠る見付城を攻めた。このときの様子は、『宗長日記』に「狩野宮内少輔と云もの……よき城をかまへ、……入部を違乱す。しかるに義忠自身発進発。八月より十一月まで、狩野が城府中せめらる。同廿日、責めおとされ狩野生《しょう》害《がい》す」とある。狩野氏らに遠江入部を妨げられた義忠は、「遠府城」こと見付城に立て籠もる狩野氏を攻めたが、「よき城をかまへ」とあることから、同国の守護所を取り込んで要塞化をはかり、三か月にわたる熾烈な戦いであったことが読み取れる。

ところが、義忠の遠江侵攻に不満を持っていた国衆の横地・勝間田両氏が挙兵し、文明七年に今川軍が攻め込だが、翌八年、義忠は勝間田城を攻めた後に塩買坂（菊川市）で戦死してしまった。

見付城の主要部があった磐田北小学校

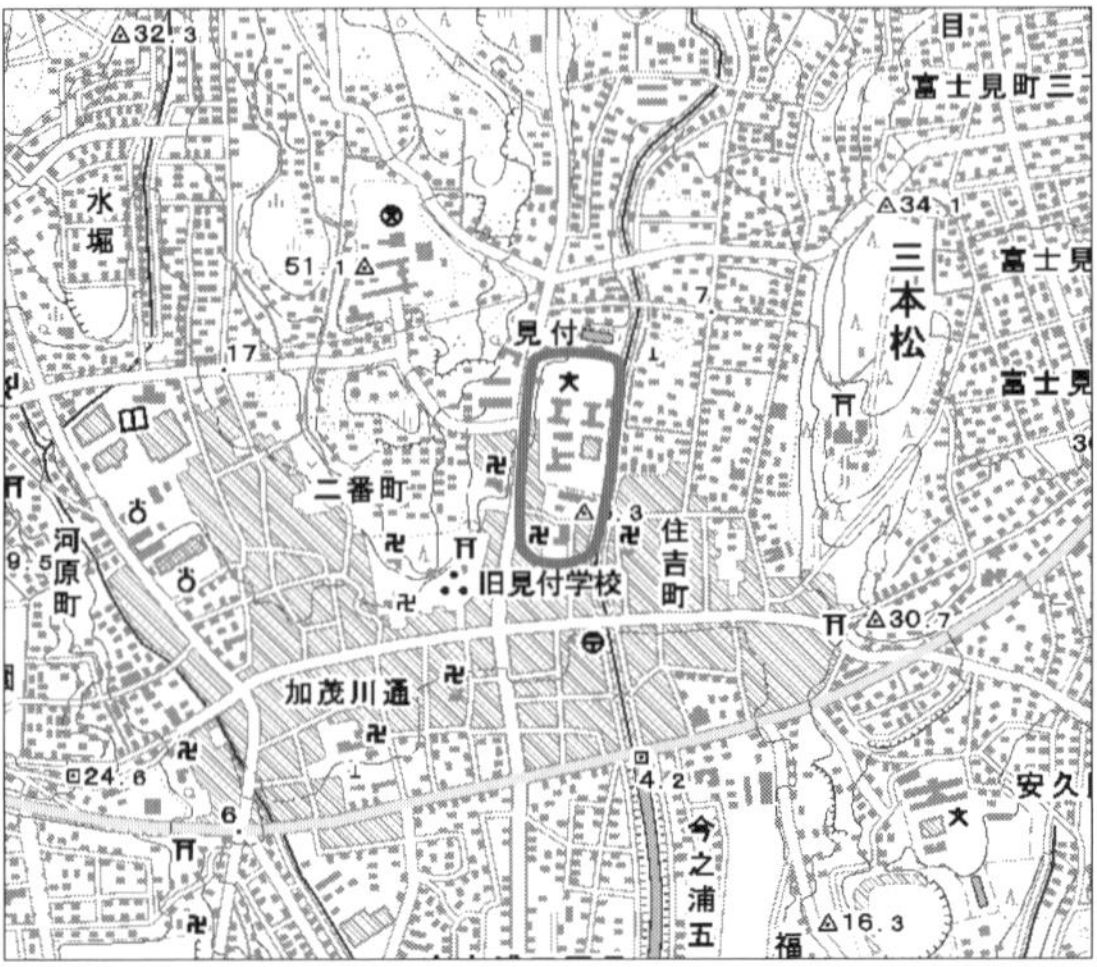

【縄張り概要】現在の見付城は、山城と違って要害地形ではないように見えるが、東側に中川が流れ、『遠江国《とおとうみのくに》風土記伝《ふどきでん》』の記述から周りは低湿地の泥田であったと想定される。磐田北小学校が主要部で、南に下がった見付公民館からは二重堀が検出された。後述するように、南側の大見寺が見付端城と称され、複郭式《ふっかくしき》の平城《ひらじろ》形態ということになる。磐田北小学校の建設により遺構は消滅したが、大見寺境内には西と南を区画する高さ二～三mの土塁が歴然と残り、凄まじい戦いがあったことを垣間見ることができる。

実は、その後の天文六年（一五三七）に今川義元が家督を継いだとき、見付城主の堀越用山《ようざん》（遠江今川氏）が反義元派につき、天野虎景《とらかげ》によって攻められ落城した際に「見付端城乗崩」とあることから、このときにも改造されたのであろう。〈水野〉

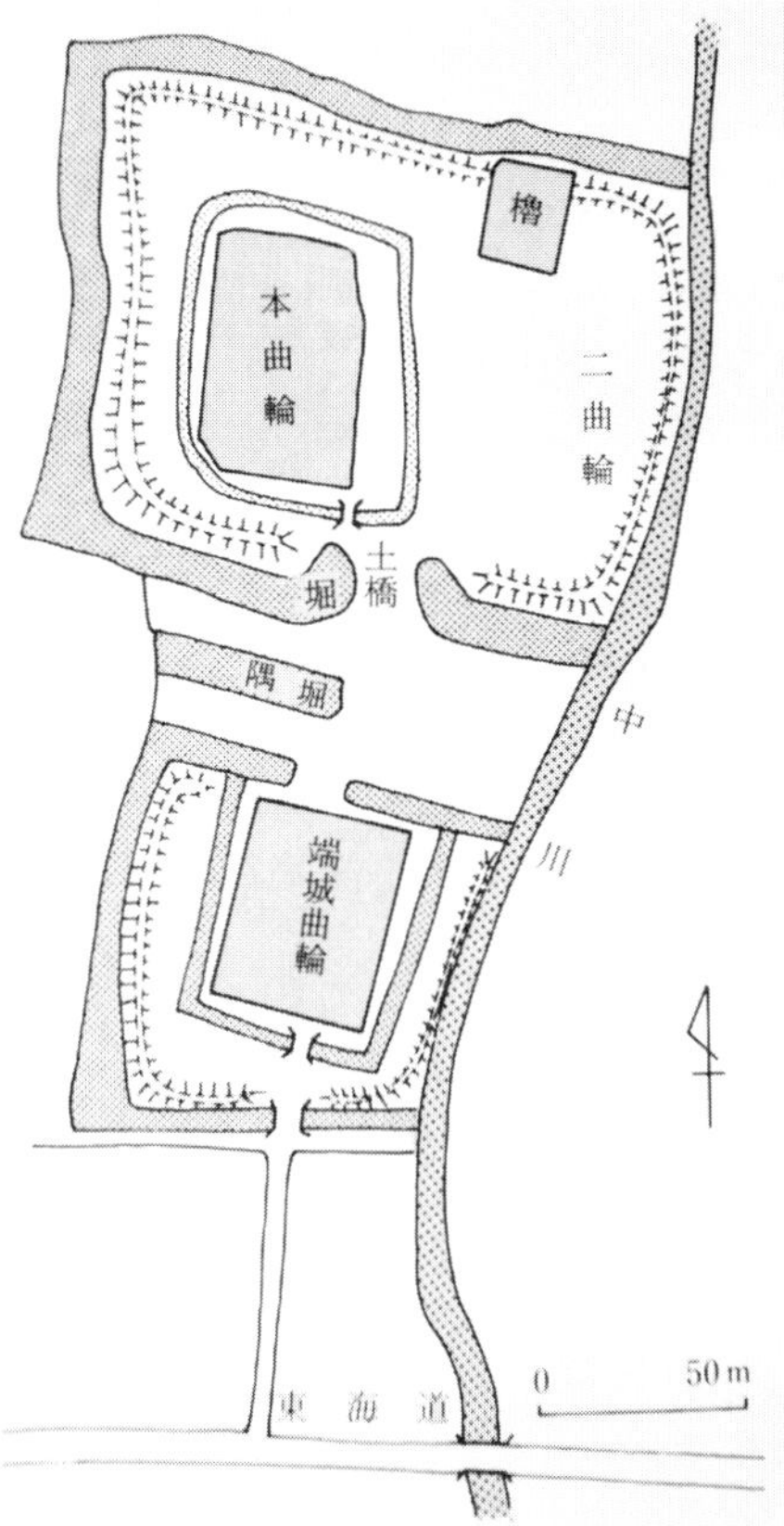

見付城および端城推定位置図　『図説 磐田市史』より転載

発掘調査で二重堀が見つかった

今川義忠が攻略した横地氏の根拠地

27 横《よこ》地《ち》城《じょう》

①所在地：菊川市東横地字杉ノ谷
②立　地：標高一〇一・七ｍ（比高約六〇ｍ）の山上
③交　通：駐車場から登り徒歩二〇～四〇分

【城館史】横地城は、東遠江の有力国衆・横地氏が本拠地を防衛するため、十五世紀前半～半ば頃に築いた山城とされる。横地氏は、鎌倉時代は御家人《ごけにん》、室町時代には奉公衆として将軍に仕え、近隣の内田氏・勝田《かつまた》（勝間田）氏と並ぶ同地の名族であった。

横地城南麓の溜池から見る全景

応仁元年（一四六七）、京都で応仁の乱が始まると、駿河守護・今川義忠は東軍（細川勝元方）につき、西軍（山名持豊方）の斯波義廉《よしかど》を攻めるという名目で遠江に侵攻した。横地・勝田両氏は遠江守護・斯波氏側について対抗し、文明七年（一四七五）には遠江今川氏の堀越貞延《さだのぶ》を山口《やまぐち》（掛川市）で討ち取っている。これに対し義忠は、横地・勝田両氏の根拠地である横地城・勝間田城を攻め、翌文明八年に両城を陥落させた。

しかし、この頃には東軍側の斯波義敏《よしとし》・義寛《よしひろ》父子が遠江守護の座を確保しており、義忠が遠江へ侵攻する大義名分は失われていた。義忠の軍勢はほどなく横地・勝田両氏の逆襲を受け、塩買坂（菊川市）で重臣の飯尾長連《ながつら》らとともに討ち死にする。その後、家督争い等もあって、今川氏の遠江侵攻は

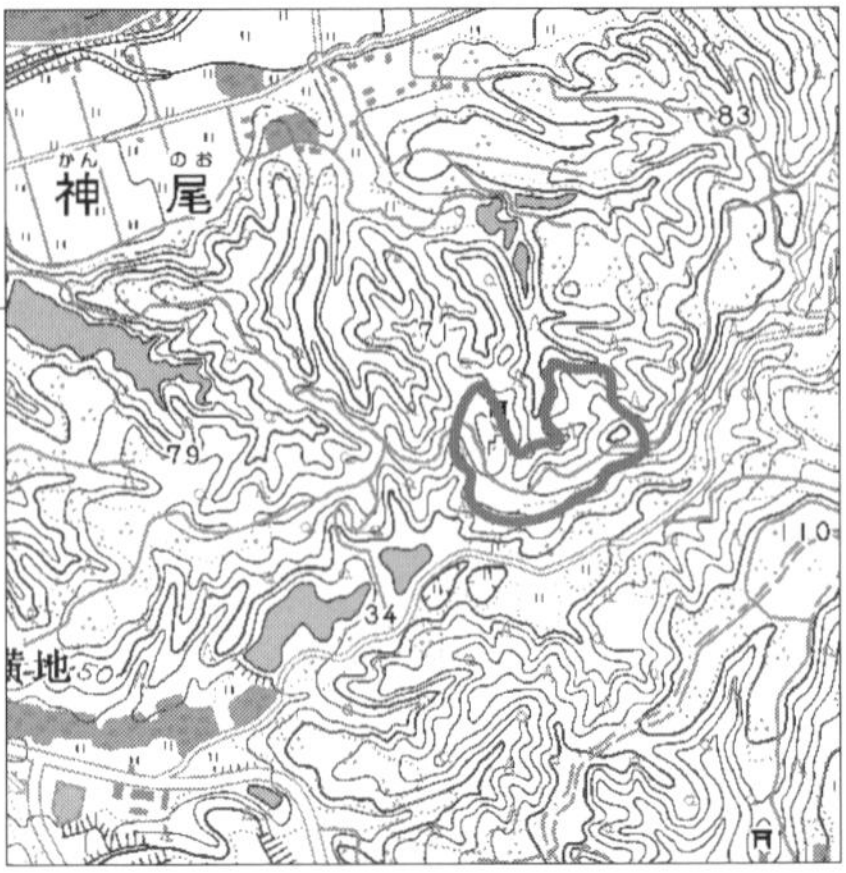

「東の城」の本城曲輪に建つ城址碑

いったん頓挫《とんざ》することとなった。

【縄張り概要】　横地城は、牧ノ原台地から派生した丘陵に立地し、東西約四〇〇m、南北約四五〇mの範囲の尾根上の地形を巧みに利用して築かれている。広大な城域は、「東の城」「中の城」「西の城」と呼ばれる三つの区域に分かれており、それぞれの区域が半ば独立して存在する、いわゆる「一城別郭《いちじょうべっかく》」の縄張り構造となっている。

「東の城」は、同城の最高所に位置する長辺約三〇m、短辺約一〇mの規模で、南側に土塁を設けた曲輪❶を中心（本城曲輪）として、北側の小尾根に曲輪❷を配し、それぞれの曲輪に階段状の小曲輪が連なる構造となっている。その北側裾部には幅約五mの堀切**A**、その北西に同規模の堀切**B**が築かれ、尾根を遮断している。さらに、それぞれの尾根先端部には幅二〜三mの比較的小規模な堀切が設けられており、城域を画している。

「西の城」は、「東の城」から深い谷を隔てて西側に設けられた曲輪群である。最高所の南北約五〇m、東西約一〇〜一五mの曲輪❸が本城曲輪と考えられ、同所には横地神社が鎮座《ちんざ》している。その南には幅約六mの大堀

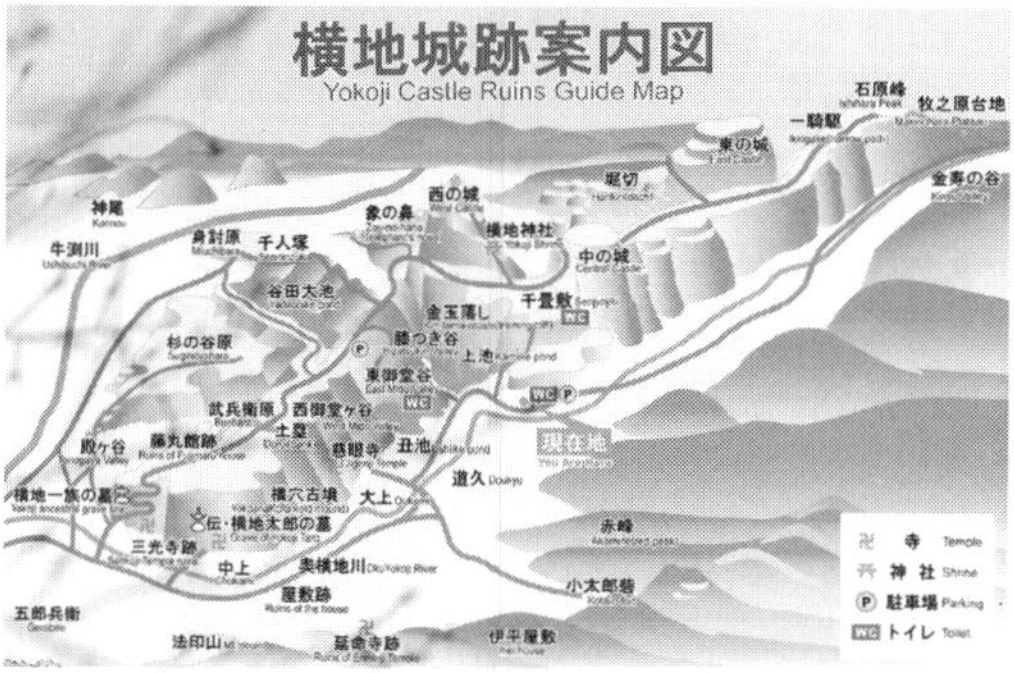

上：南麓には駐車場と案内板がある
下：「西の城」の主要部も土塁は見られない

横地城山中に散在していた横地氏関係の石塔を集めた墓所

切Cと、基底部幅約五mの大規模な土塁Dが設けられ、強固な遮断線を形成している。

曲輪❸の北側には、細い尾根上に階段状に小曲輪を数多く設け、北西方向からの敵の侵入に備えている。「西の城」の南側には、「千畳敷」と呼ばれる東西約九〇m、南北最大幅約三〇mの不整形な平場があるが、その形状や調査の結果から、後世の改変を受けている可能性が高い。

その下段には大手口と想定される空間もあるが、茶畑等の開墾により改変されており判然としない。

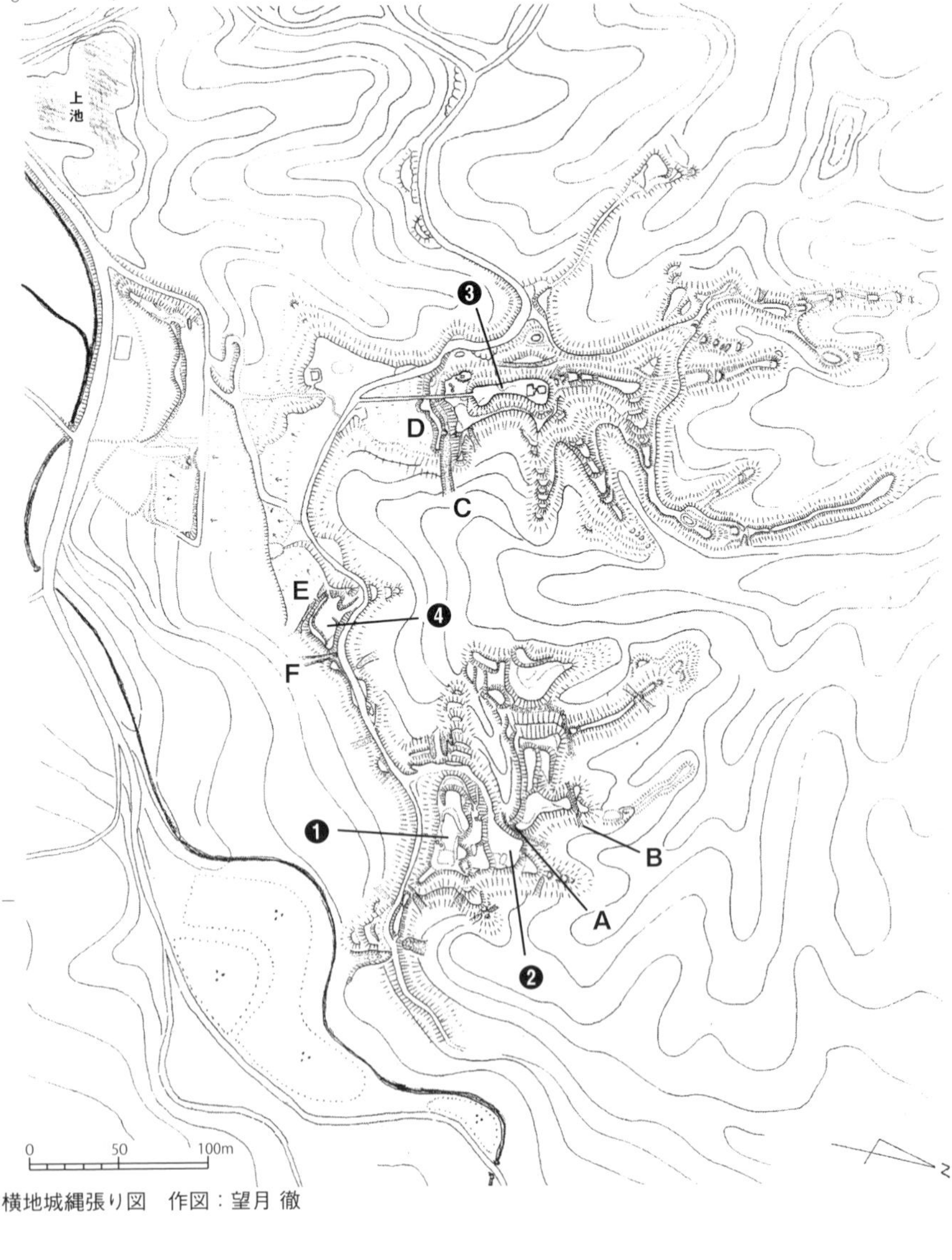

横地城縄張り図　作図：望月 徹

「中の城」は、「東の城」と「西の城」をつなぐ中継点にあたる、低い尾根に設けられた小規模な曲輪群で、南方からの敵の攻撃を防ぐ「出城」的な施設であったと推定される。尾根の先端を利用して築かれた、台形状を呈する曲輪❹が中心的な曲輪で、南側に高さ五〇cm程度の低い土塁が巡っている。その下段には幅約一・二mの小規模な堀**E**が巡っており、静岡県の戦国期後半の城郭に多くみられる、横堀の初源的なものとする見方もある。さらにその東側には幅約三mの竪堀状の**F**が掘られており、「木戸口」という名称が残っている。現在、道路が造られて見えにくくなっているが、「東の城」に向かう登城口があったのだろう。

以上のように、横地城は自然地形を利用し、比較的小規模な堀切や曲輪を配置して築かれる、古い様相を呈する山城の構造である。平成八年には、史跡整備のために発掘調査が行われ、平場（曲輪）や堀切、竪堀等の遺構の規模や形状が確認されるとともに、舶載陶磁器《はくさいとうじき》（青磁・白磁等）、瀬《せ》戸美濃産陶器《とみのさんじき》、かわらけ（土師質土器《はじしつどき》）等の遺物が出土している。これらの遺物の年代は、ほぼ十五世紀前半～後半に比定され、同城の存続年代を反映していると考えられる。

横地城は、広大な「千畳敷」の存在等、戦国期後半に改修された可能性も指摘されているものの、基本的には室町～戦国初期、駿河・遠江地域が本格的に戦国時代に突入する以前の段階、東遠江の有力国衆の横地氏が、遠江守護・斯波氏の援助も受けながら築城し、今川義忠に攻略されその機能を終えた山城と考えてよいのではないだろうか。

武衛原館《ぶえばらやかた》（所在地：菊川市東横地字武衛原）

横地城「西の城」から尾根伝いに西に約五〇〇mの丘陵上に、「斯波武衛殿」が構えた館跡とされる武衛原館がある。『東寺執行日記《とうじしぎょうにっき》』によれば、嘉吉元年（一四四一）に「遠州今河殿（遠

「西の城」南下段の腰曲輪と横堀

江今川氏）」が遠江を横領した事件により、斯波義建の被官甲斐《かい》氏と細田氏が現地に下向したとあり、同館はその際に構えた陣の可能性がある。一方、文明八年（一四七六）に今川義忠が横地城を攻めた際の、今川方あるいは斯波氏側の陣城《じんじろ》の可能性などもあり、歴史的位置付けは判然としない。

遺構は東西約一五〇ｍ、南北約八〇ｍの範囲にあり、遺構の東西に堀および土塁が残存している。

東側の土塁**A**および堀**B**は良好に残存しており、土塁は高さ約二ｍ、長さ約四〇ｍと、横地城のそれよりも大規模である。

その土塁に沿って、上部幅約六～七ｍ、深さ約二ｍの大規模な堀切**B**が存在している。東側土塁の南には虎口状遺構**C**も見られるが、草木の繁茂が著しく、明瞭ではない。

また、西側にも土塁**D**と堀らしきものがあるが、畑地の開墾等により改変を受けている。東西の土塁の内部は畑や山林となっており、遺構の残存状況は不明である。今後、その性格を解明するためにも、発掘調査等の詳細な調査が期待される。

武衛原館の東端を区画する土塁

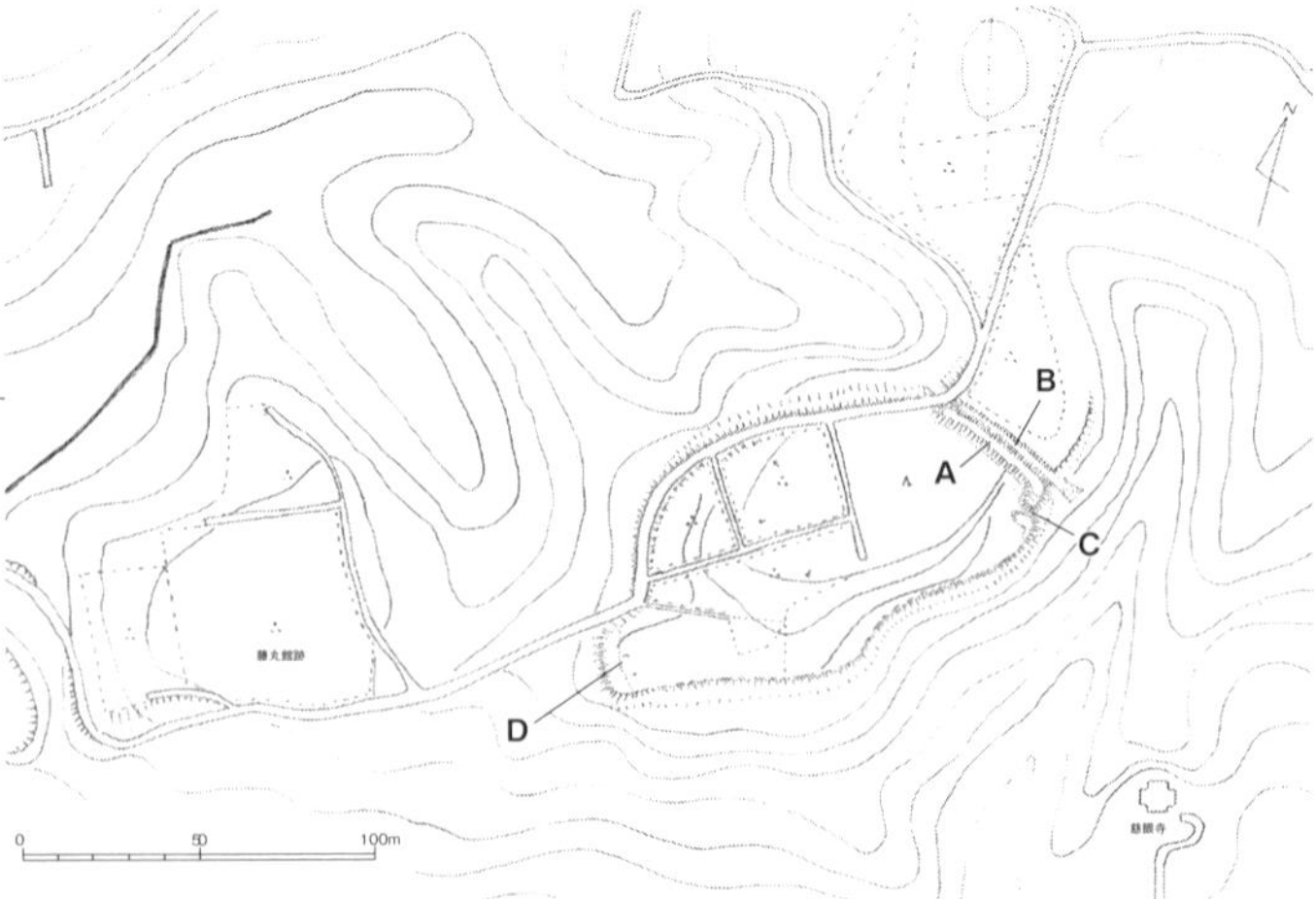

武衛原館縄張り図　作図：望月 徹

小太郎《こたろう》砦《とりで》（所在地：菊川市東横地字小太郎）消滅

横地城南方において、平成六年頃から工場用地の造成にともない発掘調査が実施され、東西一

＊1 『横地城跡 総合調査報告書 資料編』（菊川町教育委員会、二〇〇〇年）。

km、南北二〇〇m以上にわたる広大な城郭遺構が発見された。地名の「小太郎」から、小太郎砦と称されている。標高一〇〇m、城域東端の最高所に占地する小太郎砦の主要部❶には土塁はないが、良好に削平され、西中腹には土塁と柱穴を伴った腰曲輪と堀切も検出された。❶からは、広大な同城域全体と横地城、南方の塩の道（信州街道）も扼せる環境にある。

　ここの遺構は、横地城と相反する構造で、主要部❶から南方は痩せ尾根が蜘蛛の巣のように延びているが、稜線上は自然地形で、所々に平場と山腹に同様の土塁と柱穴を伴った腰曲輪状の遺構が造られている。『横地城跡 総合調査報告 資料編』*1では、横地城の南域を押さえ、糧道《りょうどう》を確保し、城下集落の防御も兼ねていたと評価し、横地城の防衛ライン（外郭）と認めてもよいだろうとしている。さらに近年、同砦の東域でも横堀を入れた赤峯砦が発見され、話題となっている。〈望月〉

最上段左側が小太郎砦の本城曲輪で、その山腹に腰曲輪を構えている

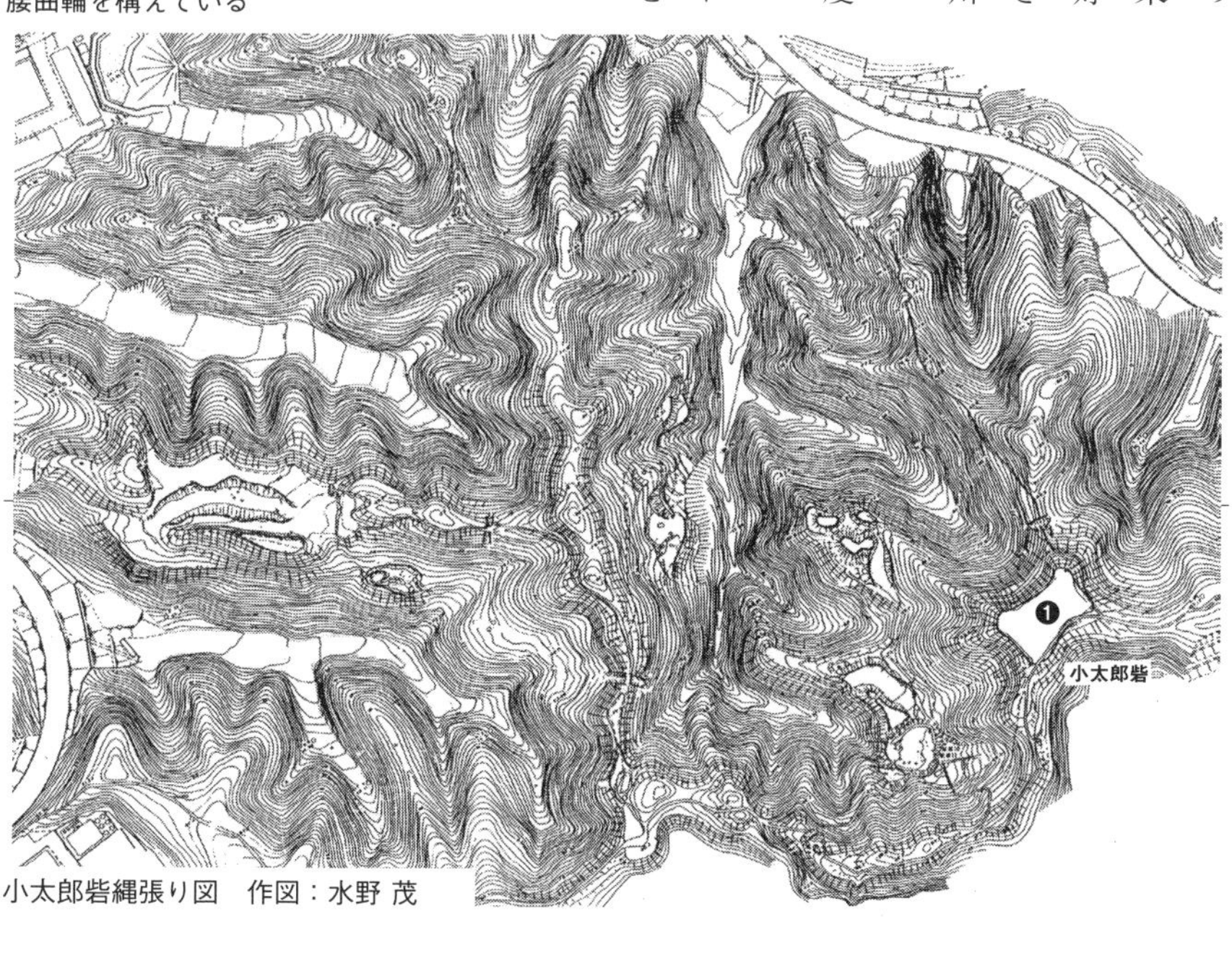

小太郎砦縄張り図　作図：水野 茂

文明期の山城は主要部に残存

28 勝間田城《かつまたじょう》

①所在地：牧之原市勝田字小山段・桃原
②立　地：標高一二五・六ｍ（比高六九ｍ）の丘陵上
③交　通：東名高速道路牧之原ＩＣから車で二〇分、勝間田川上流域

【城館史】　勝間田氏の系譜は、八幡太郎義家《はちまんたろうよしいえ》庶子の横地氏と同族の源氏系統とする説と、平安期にこの地を治めた在庁官人《ざいちょうかんじん》の藤原氏系統とする説があり、明らかではない。＊1 早い時期では『保元物語《ほうげんものがたり》』や『吾妻鏡《あづまかがみ》』に勝間田氏の名が見られ、鎌倉期には幕府の御家人、室町期には奉公衆という幕府・将軍直属の要人として仕え、勝間田川流域の勝間田庄を領した。伝承によると、鎌倉末期の勝田直幸《なおゆき》は、楠木正成《くすのきまさしげ》軍らの赤坂・千早城攻防戦に加わり、直幸の戦法によって幕府の大軍を退けたとする。なお、そのときの築城術が活かされ、勝間田城の原型とする先学がいる。＊2

勝間田氏の滅亡を招いた最大の抗争は、京都で勃発した応仁の乱の影響を受け、つづいて地方で巻き起こった文明の乱のときである。文明六年（一四七四）、駿河守護・今川義忠は遠江守護・斯波義廉《よしかど》が領する遠江へ侵攻し、失地回復を図った。東遠江の最大勢力であった横地氏と勝間田氏らは、小夜の中山（掛川市）・見付城（磐田市）で三か月にわたる熾烈《しれつ》な戦いをしたという。文明八年、佳境《かきょう》を迎えた勝間田城攻めに関しては良質な文書史料はなく、『今川記』に七昼夜の死闘の末、横地・勝間田両城が落城し、両氏も討ち死にしたと

小規模な本城曲輪には北・西辺に土塁が残る

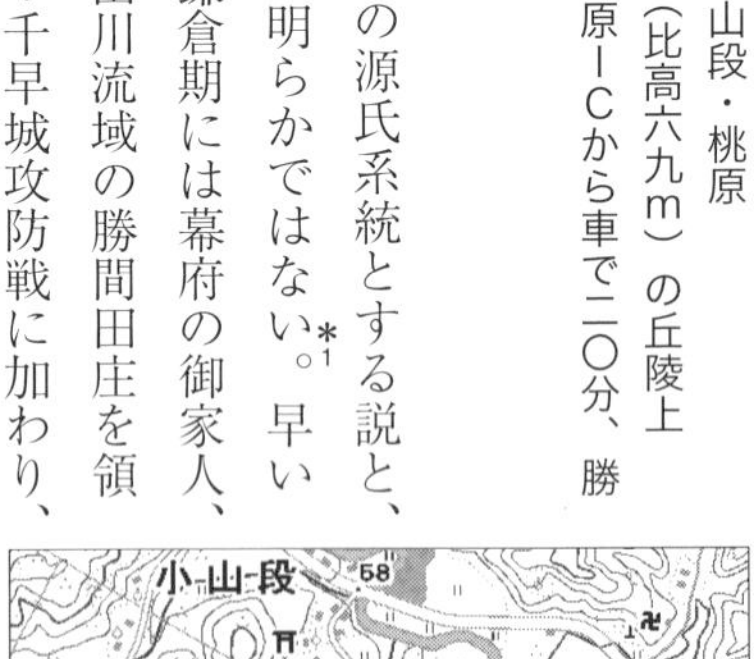

＊1　『横地城跡総合調査報告書』（菊川町教育委員会、一九九九年）。

＊2　桐田榮『勝間田氏物語―遠江勝間田氏の研究―』（榛原町教育委員会、一九九〇年）。この他に多くの著書がある。

記すのみである。これらの経過は『掛川《かけがわ》誌稿《しこう》』に詳しいが、「勝間田氏古城」の項にも「又按ニ勝間田氏先祖ノヨリ相伝ヘシ本宅の知ハ、中村辺川寄《かわさき》近所ナルヘシ、切山養勝寺《きりやまようしょうじ》等ノ山城ハ中古戦争ノ間、要害ニ構ヘタル所ト見ヘタリ」とある。このことは、勝間田氏の本拠を勝間田城ではなく、穴ケ谷《あながや》城近辺に位置付けていることは興味深く、今後の文献・現地調査に期待したい。

【縄張り概要】　同城は勝間田川の北深部に位置し、牧之原台地から延びる支尾根上の一角に存在する。東麓を流れる勝間田川沿いの桃原《ももはら》側が大手口で、比高で六九mを登る山上に東西二五〇m、南北一二〇m以上の規模で曲輪が配置されている。中央の幅一〇mの大堀切**A**を境に、機能形態と年代観が異なる縄張りであると位置付けられている。

まず、南半最上部の本城曲輪❶を中心に、小規模で古式な曲輪を配置する戦闘的な山城形態は、勝間田氏古来の縄張りという。しかし、本城曲輪の西側には、土塁を前面に付加した西曲輪❷と、さらに馬出し状の小曲輪❸を設ける構造は、戦国期に普遍的に見られる。さらに、本城曲輪東側支尾根上の連続堀切**B**も同様である。

一方、下段にあたる北

上：整備された二の曲輪内では多くの倉庫群を検出した
下：右側は二の曲輪。左側は一段低く、三の曲輪と間の土塁は整備時に高く改造されたもの

勝間田氏が帰依した時宗の清浄寺（勝間田川下流域）には、同氏の石塔が多く祀られている

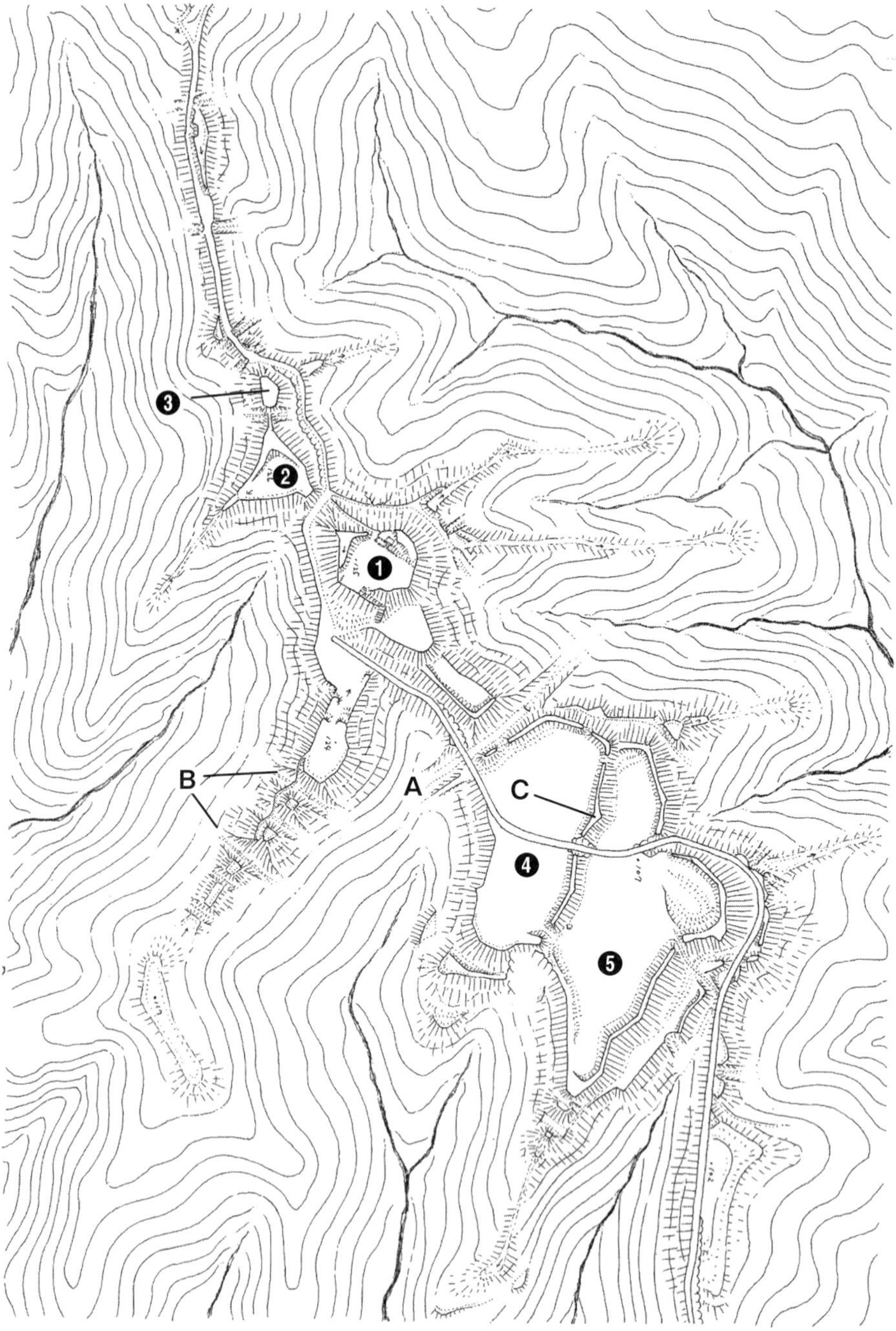

勝間田城縄張り図　作図：水野 茂

三の曲輪で発掘調査された「馬洗場」井戸跡では、貴重な木簡が発見された

半は、広い曲輪を二段❹・❺に設け、兵の大量動員収容を可能にする、完成された駐屯地的な空間であろう。ここには、土塁Cの折・歪、横堀、城内路の横矢構造などから見ても、戦国期に武田氏か徳川氏によって改修されたことは否定できない。よって、文明期と天正期（一五七三〜）の相違する構造が良好に見学でき、よい教材となろう。

昭和六十年からの史跡整備にともなう発掘調査で、❺の「馬洗場」井戸では「笠原殿」「池田衆陣所」「九郎兵衛入道」と記された木簡を検出した。近隣の勝間田川北東岸には、これと符合する「池田」、「九郎兵エ作」地名が伝わる。これらは、地衆という村単位の軍役衆の存在を示し、郷民たちが守備していたことがわかった。また、村人が牛にたくさん食糧を積んで同城へ運び入れたとき、ひじ曲りの道で足を踏みはずして角を折ってしまい、それがもとで牛が死んでしまったので、男は地蔵を建立して厚く供養した「柿ヶ谷のつのおれ地蔵」も伝わり、地名も「角折」といい興味深い。[*3]

出土遺物は文明八年段階に集中しており、戦国期のものは確認できなかったが、縄張り構造の分析と遺構編年から、天正年間（一五七三〜）の改修は否定できないと思われる。近年、埼玉県の杉山《すぎやま》城問題などで、考古編年と遺構年代観の相違・ズレについて熱く論じられている。静岡県内でも、伊東市の鎌田城も同様に、戦国期に改修を受けても遺物が出ない場合も報告されているので、文献史学、考古学、縄張り研究の三者による相互的、補完的な位置づけが進むことを期待したい。

〈水野〉

＊3　『勝間田城跡　発掘調査概報1―昭和六十年度―』（榛原町教育委員会、一九八六年）。

大手口にあたる山腹は見事な茶畑の奥に横地城が占地する

勝間田氏の支城か

29 龍眼山城《りゅうげんざんじょう》

①所在地：牧之原市静波（植松）字龍眼
②立　地：標高七六ｍ（比高七〇ｍ）の丘陵上
③交　通：牧之原市役所より徒歩四〇分の榛原公園内

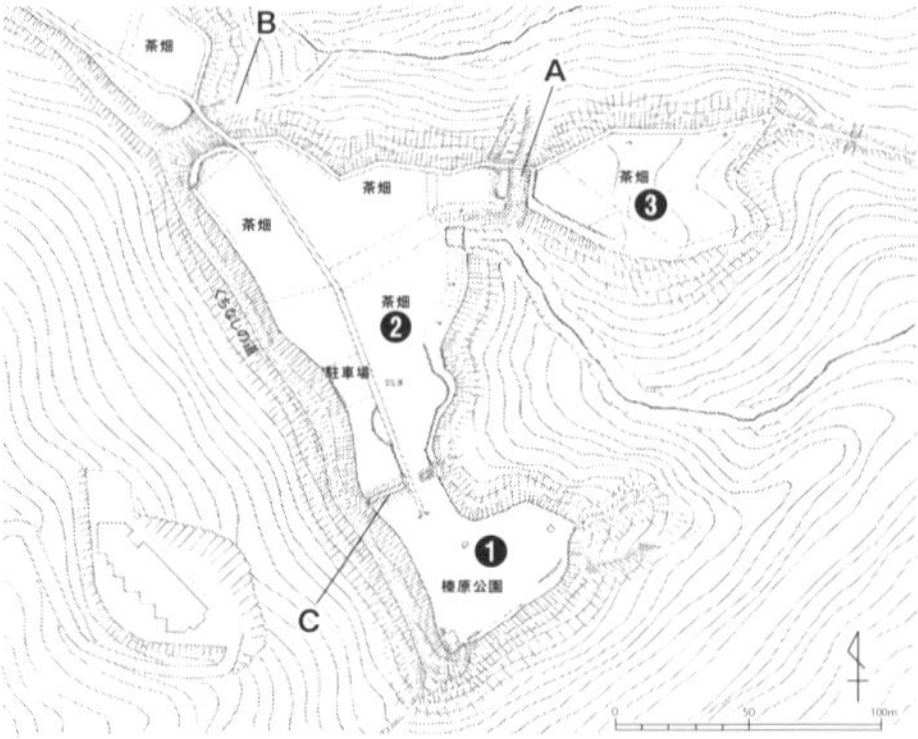

龍眼山城縄張り図　作図：水野 茂

【城館史】『掛川誌稿』の「勝間田氏古城」に「中村ニ一所、植松ニ一所（静波）、下湯《しもゆ》日《い》養勝寺ニ一所、其古城墟在セリ」とあり、植松（江戸期の植松村）とは龍眼山城である。また、『静岡県榛原郡誌』上巻にも「植松字内山……頂上の平地に数箇所の塹濠《ざんごう》あり」とあり、同様に勝間田氏が築いたとあるが、同期に存在したかは不明である。

【縄張り概要】牧ノ原台地南端の丘陵上に位置し、東西二五〇ｍ、南北二一〇ｍの城域は広大である。南部❶は榛原公園として整備されているが、四分の三以上となる曲輪❷・❸は茶畑造成で改変された。中央部に位置する❷は東西一一〇ｍ、南北一四五ｍと大規模で本城曲輪と考えられ、東辺には土塁と幅七ｍの堀切**A**、北辺は土塁と幅一四ｍの大堀切**B**、南は土塁**C**だけであるが、遮断系構造の堀切が明確に残存する。

こうした広大な曲輪配置は、大量に兵を収容可能にし、西に隣接する滝坂城と類似する縄張りから、大名間抗争期に武田氏が築いたものである。南麓の勝間田川河口部には「川崎湊」があり、*1 船運による兵粮補給基地として、遠江の拠点城・高天神城へのつなぎの城として機能したのだろう。〈水野〉

＊1『高天神記』

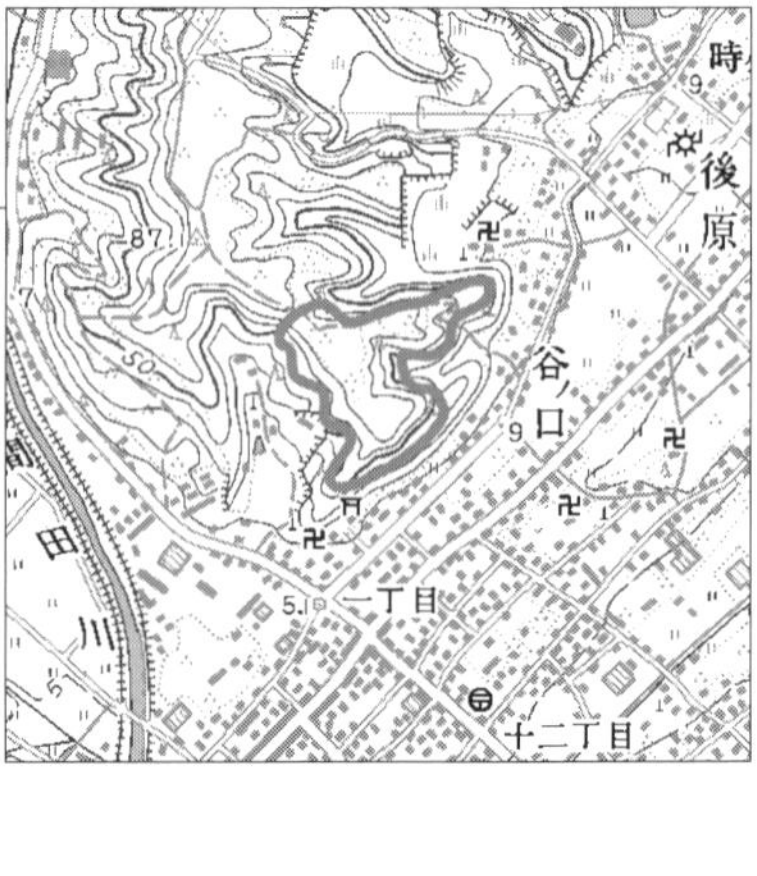

現在は榛原公園となり、市民の憩いの場となっている

ここも勝間田氏の拠点か

30 穴《あな》ヶ《が》谷《や》城《じょう》

①所在地：牧之原市中字穴ヶ谷
②立　地：標高一一四・八m（比高一〇六m）の丘陵上
③交　通：牧之原市役所から車で二〇分、東名沿いの中集落背後

【城館史】龍眼山城と同様に、『掛川誌稿』や『静岡県榛原郡誌』上巻に、「城山」と称して勝間田十郎政次《まさつぐ》の居城とある。政次は西麓の長興寺《ちょうこうじ》の開基である。勝間田氏の支城の山城で、文明八年（一四七六）の勝間田氏滅亡にともない廃城になったとされる。

【縄張概要】現地調査により、前面（大手）に対する馬出状曲輪・堀切・土塁の重層的な構え方から、文明期とするよりも、天正七年（一五七九）頃からの武田・徳川両氏の東遠抗争期に位置づけるのが妥当である。前述した「勝間田氏古城」に列記された四城は、戦国末期に両氏の改修を受けており、今後、遺構面から年代観を分析するのに恰好な教材となろう。

なお、「中村」という地名から、一時期、勝間田氏の本拠が置かれた可能性も指摘されている。先学が勝間田系と位置づけているので、参考までに挙げておく。〈水野〉

穴ヶ谷城縄張り図　作図：水野 茂

主要部近辺の大規模な堀切

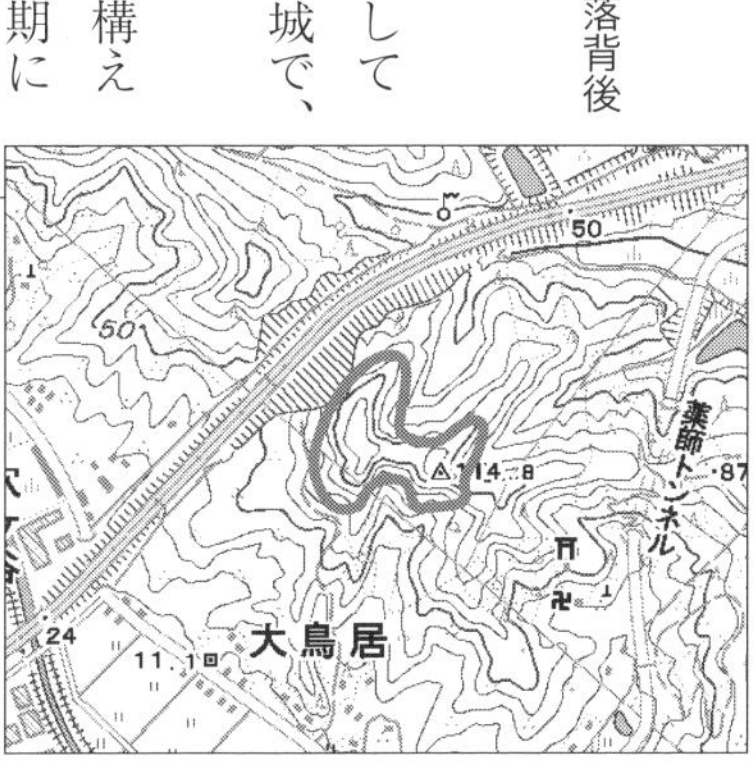

伊勢新九郎旗揚げの城か

31　石《いし》脇《わき》城《じょう》

①所在地：焼津市石脇下
②立　地：標高三三・六m（比高三〇m）の舌状丘陵
③交　通：国道一五〇号線沿いの石脇下集落背後

【城館史】 文明八年（一四七六）四月の今川義忠死後、子の龍王丸（後の氏親）は幼少だったことから、小鹿範満が当主代行者に推戴《すいたい》された。しかし、龍王丸を擁護したのは母の兄（弟か）である伊勢新九郎《しんくろう》（北条早雲）で、新九郎は山西（益頭《ましず》郡・志太《しだ》郡）の石脇城に入ったという。他の地誌類でも詳述しているが、ここでは『駿国雑志』の石脇城の項を引用しておこう。

益頭郡石脇村にあり。今は廃せり。里人云。城山は登り一町計り、頂平面なり。国主今川義忠の時、伊勢新九郎長氏（北条早雲）茲に居住す。氏親の代、永正三年当国勢一万余の主将となりて、三州岩津城を攻る時氏親長氏をして、駿河興国寺の城をさづく、即ち此所より移れり。又云。当城は花沢城の西に有り。云云。

また、新九郎に与していた伊豆江梨《えなし》郷（沼津市）の鈴木《すずき》入道《にゅうどう》・同小次郎《こじろう》宛ての文書に、「早雲寺殿様、駿州石脇御座候」とある（『焼津市史』資料編二―八八）。これらが典拠となり、新九郎の在城は確定される。

【縄張り概要】 石脇城は、高草山から南に延びた舌状《ぜつじょう》丘陵先端部に位置し、山麓周辺は湿地帯（現在は住宅地）で要害地であったという。また城域北に古道の切り通しが存在し、小坂越え（日本坂）から志太平野部に通じる間道を扼す位置にある。比高三〇mの小丘陵全体の東西七〇m、南北一八〇mに曲輪を連郭式に配置している。

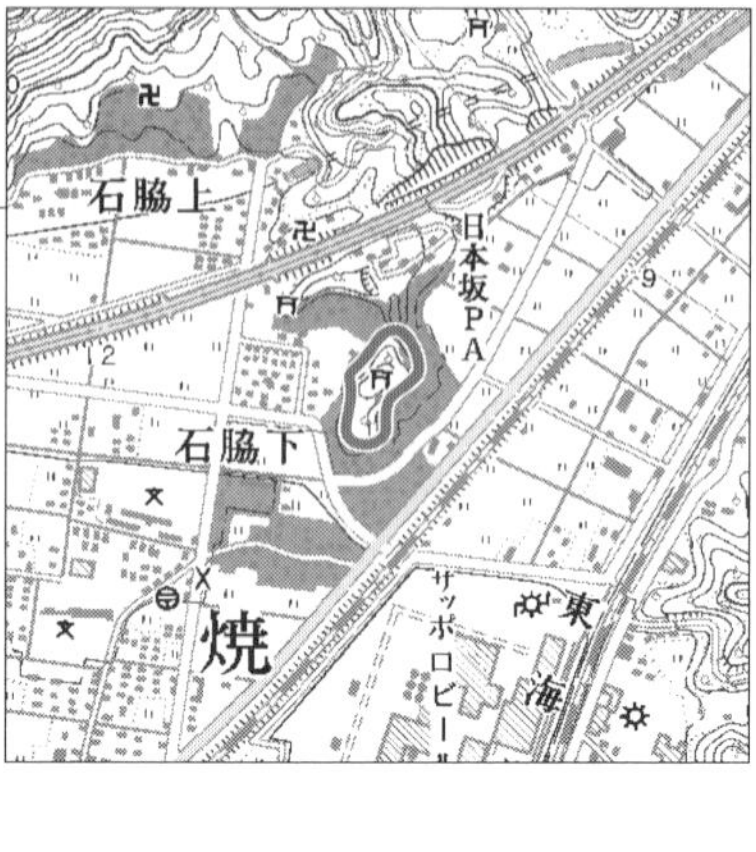

高草山から俯瞰した石脇城。背後は焼津漁港

これまで、築城途中で使命が終わり、後世、茶・みかん園の開墾で大きく改変したとする説が一般的であったが、本城曲輪❶を中心に、遺構の残存は顕著に見られる。

東西五〇m、南北二〇m規模の本城曲輪❶には、西辺に大日堂が祀られているが、東・北辺には高いところで二mの土塁**A**が築かれ（南中央は虎口遺構か）、六m直下には南北五〇mの腰曲輪❹と小規模な竪堀も認められる。この先の小坂越え古道の存在から、北域に防御的力点が置かれていることがわかる。本城曲輪南直下は畑地❷となっているが、一部、土塁と西山腹に腰曲輪が残存する。さらに、南域の南北五〇mを測る曲輪❸も畑地が広がるが、西辺の城山八幡神社地の土塁状残土と、東・南には改変した腰曲輪が見られ、これらは曲輪造成が原型であったと考えられる。なお、全昌院《ぜんしょういん》（明治九年廃寺）があった南麓は、根小屋の屋敷地であったと伝わっている。

縄張りが意外に発達しており、近くに武田・徳川両氏に仕えた物主《ものぬし》の原川新三郎の存在から（『焼津市史』資料編二―一四二）、天正三年（一五七五）以降の両氏による再利用も推定される。〈水野〉

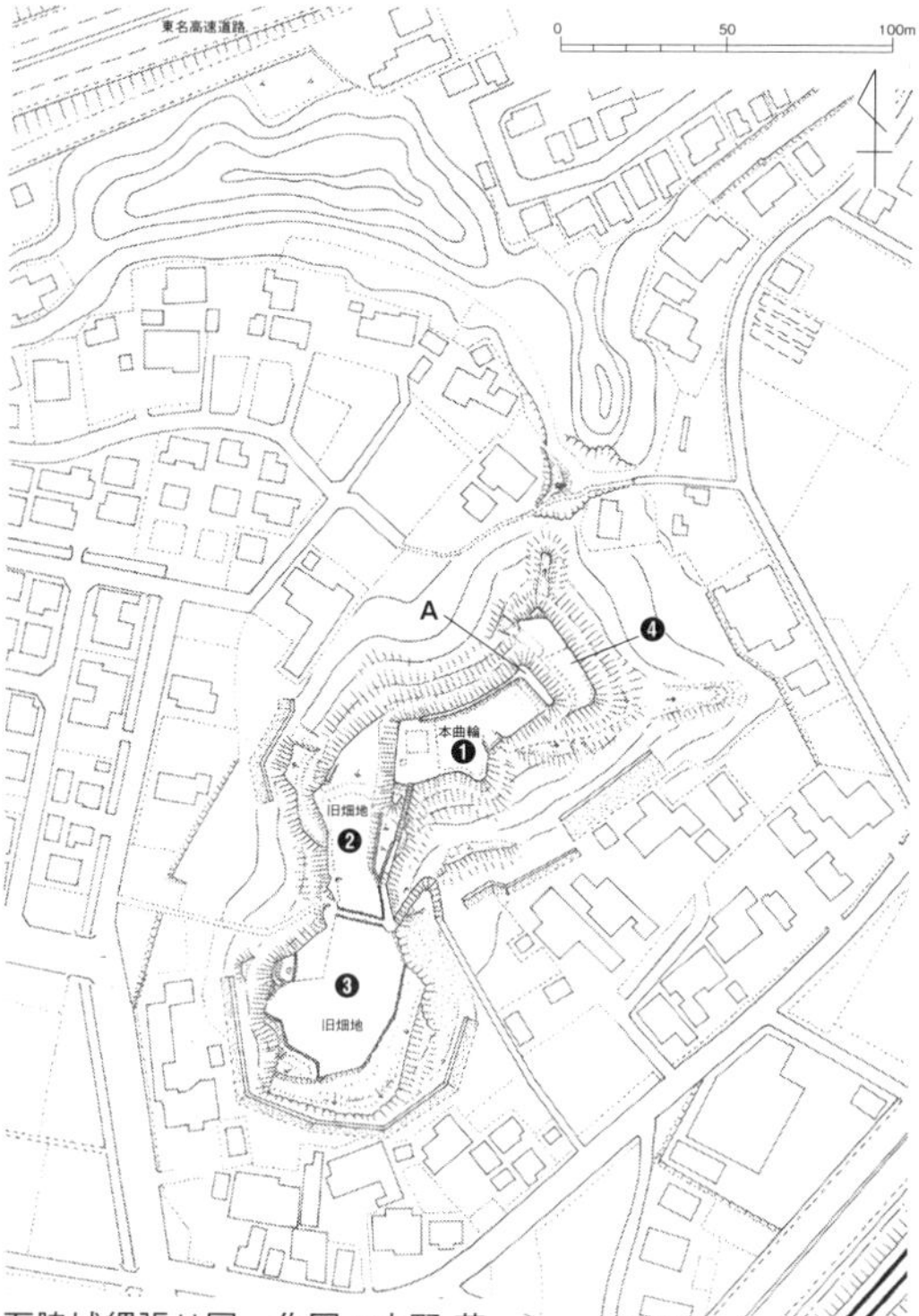

石脇城縄張り図　作図：水野 茂

城址登り口の案内柱。「伊勢新九郎盛時（北条早雲）ゆかりの地」とある

整備により蘇った、広大な本城曲輪と北端の大型土塁

東遠の土豪・鶴見氏の城

32 横《よこ》岡《おか》城《じょう》（志《し》戸《と》呂《ろ》城《じょう》・鶴《つる》見《み》氏《し》城《じょう》）

①所在地：島田市横岡字城之壇
②立　地：標高一二〇m（比高三〇m）の台地
③交　通：大井川西岸の横岡集落から徒歩五〇分

【城館史】『掛川誌稿』は、横岡村の鶴見氏城跡について、「観勝寺ノ東ニ在り、鶴見因幡守《いなばのかみ》榮壽居ル、明応五年九月十日、佐《さ》野《や》郡倉真《くらみ》村松葉ノ城ヲ襲テ、城主河井蔵人成信カ為ニ討ル、鶴見氏世系ヲ詳ニセス、今川家ノ時、大井河ノ東相賀村ニ為旗ヲ張リ、奇兵ヲ長者原ヨリ下シテ、此城ヲ陥タリト云傳フ」とする。ここでは、明応五年（一四九六）十月、鶴見因幡守は松葉《まつば》城の川井蔵人《かわいくらんど》を攻めて討ち取るも、その後、今川氏に攻められ落城したとあるが、史料的には今川氏に従っていたことがわかる（県三―二六〇三）。

掛川市の円通院《えんつういん》住持《じゅうじ》が記した『円通松堂禅師《えんつうしょうどうぜんじ》語録《ごろく》』の明応三年の記事に「平氏早雲（伊勢宗瑞）は、軍兵数千を引率して、当州三郡に乱入」とあり（県三―一九三）、戦いは今川軍の遠江侵攻を看取して混乱した国衆たちの争いが要因という。

【縄張り概要】大井川西岸、横岡集落の「城之檀」地名の台地南端に占地する。東西一〇〇m、南北一三〇mほどの城域❶は、南側の斜面を除き、ほとんど茶畑の開墾により改変されてしまった。ただし、西側と南側の堀は一部埋められてはいるが残存し、曲輪の北側にあった土塁の塁線も、茶園の中に一部高まりがあり、位置関係は推定できる。また、南側の茶園の中に直径二m、内部に石を積んだ井戸が残る。

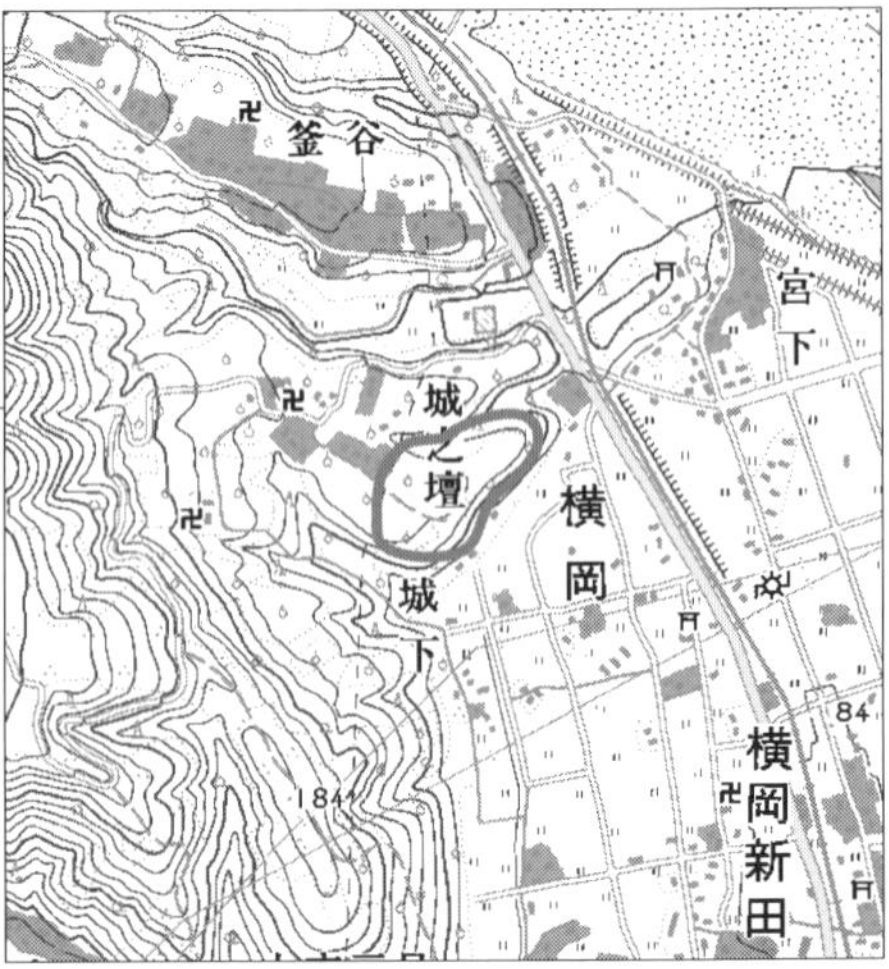

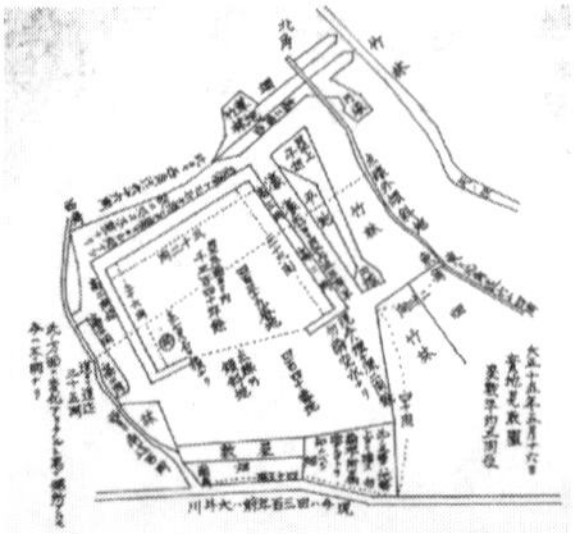

現地の案内板には、大正十五年五月の「実地見取図」が載せられ、空堀と高さ約四mの土塁が囲繞していたことが描かれている

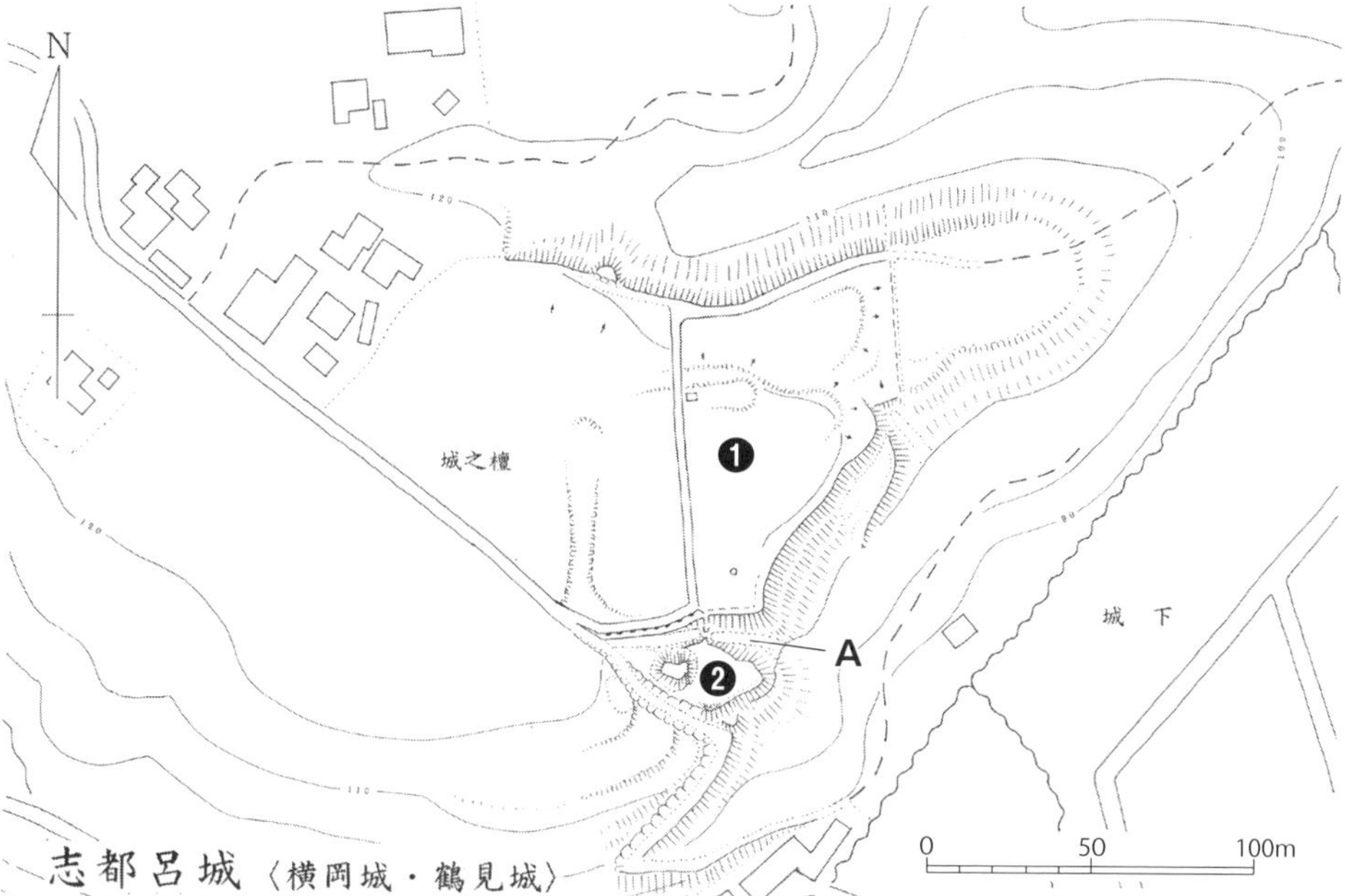

横岡城縄張り図　作図：乗松 稔

その他、南側の堀**A**の外には東西三四m、南北二〇mほどの外曲輪（大手曲輪）❷があり、曲輪の西側が櫓台状に高く、曲輪南側に低い土塁が残る。曲輪東端の尾根には堀切もあり、ここから台地を下った南麓辺りを「城下」といい、根小屋集落が形成されていたと考えられる。〈乗松〉

丘陵上の横岡城には、改変されているが大規模な土塁と堀跡の鞍部が続く

同城南域の大手曲輪を仕切る大堀切跡

開墾された茶畑の中に、石組みの井戸跡が残る

今川氏によって改造されたか

33 松《まつ》葉《ば》城《じょう》

①所在地：掛川市倉真字松葉
②立　地：標高二〇〇m（比高六〇m）の丘陵上
③交　通：掛川バイパス・上西郷ＩＣより北上し、県道八一号を右折し車で三〇分

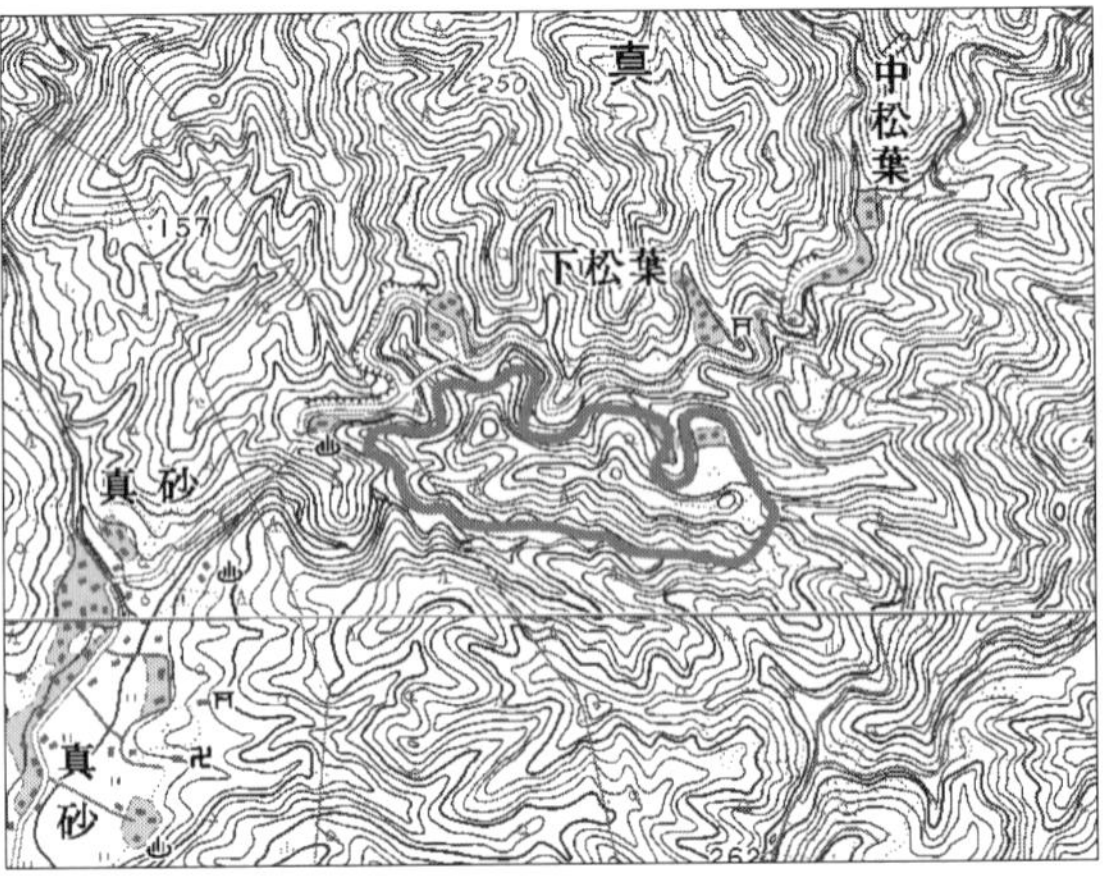

【城館史】 明応二年（一四九三）四月、細川政元は「明応《めいおう》の政変《せいへん》」を起こし、将軍足利義材《よしき》を廃して、義高《よしたか》を新将軍に擁立した。細川氏に呼応した伊勢新九郎盛時（宗瑞・北条早雲）は、前将軍義材を推す足利茶々丸《ちゃちゃまる》の堀越御所《ほりごえごしょ》（伊豆の国市）を急襲するが、取り逃がしてしまう。

翌年八月の宗瑞の遠江三郡乱入は、茶々丸を支援する遠江守護・斯波義寛《よしひろ》配下の原氏らの遠江国衆たちを牽制するためとされる。*1

明応五年に入り、それを好機とみた今川氏親は遠江へ侵攻し、七月に長松寺（掛川市）に禁制を出し、九月には佐野《さや》郡山口郷（掛川市東部）を支配する松葉城主の川井（河合）蔵人成信《しげのぶ》が戦死したと、『円通松堂禅師語録』は記す。

また、他史料に、今川氏の軍事行動にともない「遠州の儀、故なく駿州今川方共望、……被官人不慮の取り合い」とあることから、侵攻・混乱の中での国衆たちの争いを要因とするという。『掛川誌稿』でも、今川氏に与した志戸呂《しとろ》城主・鶴見蔵人成信が攻めたとある（本書「横岡城」の項参照）。

城主川井氏の屋敷地という「廐平」❺

*1　大塚勲「今川氏親の生涯」（『古城』第五七号、静岡古城研究会、二〇一三年）。

【縄張り概要】往時、佐野郡山口郷の松葉集落に本拠を置く川井蔵人成信の松葉城は、島田市横岡の志戸呂城から、大代《おおじろ》・粟《あわ》ヶ《が》岳《たけ》北麓を経て掛川へ至る山間地ルート上に位置する。ちなみに、現在は北域に新東名高速道路の掛川ＰＡがある。

占地する倉真《くらみ》川南岸の丘陵上は、東西五〇〇ｍと広大であるが、極めて痩せ尾根地形のため、小規模な連郭式山城である。痩せ尾根の東端下段❺に、「厩平（うまんだいら）」という川井氏の屋敷地があり、東西七〇ｍの平場には、三～四軒の民家と北背後に土塁が残存する。なお、屋敷地の南背後の長大な痩せ尾根上には、削平した曲輪は存在しない。

上：小規模な本城曲輪❶に建つ城址碑
下：堀切ＢＣＦＤなどの堀幅は８ｍとほぼ同規模である

遠州三郡乱入に伴う中遠城郭分布図

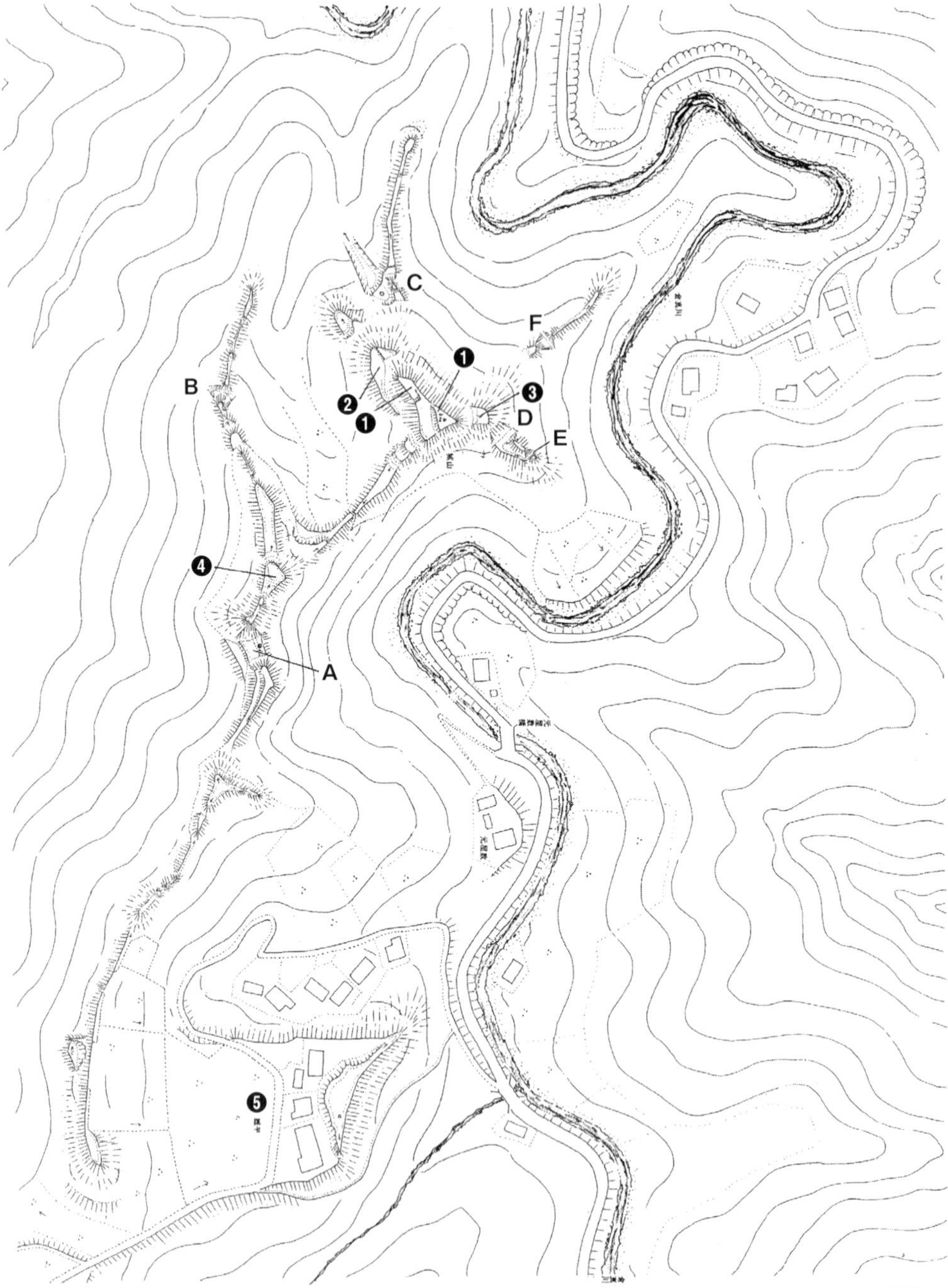

松葉城縄張り図　作図：水野 茂

戦闘的で詰め城的な山城部は、中央の幅二〇m、高さ九mの大堀切Aから西域の二五〇mに曲輪を配し、南・北側の谷部は峻険で、要害地形上に縄張りされている。堀切Aの西側❹から南西へ支尾根が延び、三段の平場の先に幅八m、高さ八mの堀切Bが築かれ、この方面の防御も厳重である。❹から少し西に下がりながら本城曲輪❶とつながり、最高所❶には城址碑が建つ。ここは、三段の削平地と南西下段の腰曲輪❷から二〇mも下ったところに幅八mの二重堀Cと竪堀が認められ、圧巻である。

一方、本城曲輪の北へ延びる支尾根上は、❸の腰曲輪の先に幅一五m、高さ一四mの堀切Dと小規模な堀切Eがあり、麓へ下りる導線となっている。さらに、北西の支尾根にも幅八mの堀切Fが穿たれ、西側に強化された遮断系装置から、掛川方面に対しての防衛意識が高いと考えられる。

詰の城域を区画す巨大な堀切A

前述したように、松葉城は明応期の今川氏の遠江侵攻に際して構築されたとされる。だが、堀切の幅と高さが八～二〇mと、他城に比べて圧倒している構造などは、遍照光寺《へんしょうこうじ》城（藤枝市）、方上《かたのかみ》城（焼津市）、徳願寺山城（静岡市駿河区）などの今川系城郭に多く認められる。よって、その後の文亀元年（一五〇二）から遠江守護斯波氏との戦いが始まる時期に、今川氏によって改造されたと考えられないだろうか。さらなる調査・分析が期待される。〈水野〉

県道81号線沿いにある登り口の案内板を見逃さないように

巨大堀切Aを越えた南尾根上に残る土塁

消滅した貴重な中遠国衆の山城

34 高藤城《たかふじじょう》（殿谷城《とんのやじょう》）

①所在地：掛川市本郷字中殿谷
②立　地：標高一一二m（比高八〇m）の丘陵上・消滅
③交　通：天竜浜名湖鉄道細谷駅東方のゴルフ場内

【城館史】　明応三年（一四九四）八月、数千の今川軍を率いて伊勢宗瑞（北条早雲）が遠江三郡に乱入し、佐野郡原田荘を支配する国衆の原《はら》氏が拠る高藤城（殿谷城）を最初に標的とした。『円通松堂禅師語録』に「平氏早雲者、引率数千、乱入当州三郡、推落高城（高藤城）、殺戮官軍」とあることから、高藤城は落城したと『掛川市史』などもしている。
ところが近年の説[*1]では、特定の城名を指したものでなく、その後も原氏一族は明応六年頃までゲリラ的な抵抗を続けていたという。掛川城北域の原氏に与する倉真《くらみ》城、美人《びじ》ケ谷《がや》城、滝ノ谷《たきのや》城などが制圧され、同十一月には原氏は没落したが、その後の原氏では、今川氏に従属した同六郎頼郷《よりさと》がいるという。

無惨にもゴルフ場開発で消滅した本城曲輪

【縄張り概要】　高藤城は、残念ながらゴルフ場開発で消滅した。その際の発掘調査[*2]で見つかった遺物の年代と、「峻を憑んで高城を築く」と『円通松堂禅師語録』が記す築城年代は符合する。そのときの測量図等から復元縄張り図を見ると、城域は東西約三〇〇mと広く、支尾根が四方に延びる中央に三段からなる本城曲輪❶を置き、土塁が囲繞し、五m四方の

＊1　大塚勲『今川氏と遠江・駿河の中世』（岩田書院、二〇〇八年）。白眉な研究内容で参考になる。

＊2　『遠江殿谷城址調査報告書』（静岡県地方史研究会、一九七七年）、『殿谷城址他遺跡発掘調査報告書』（掛川市教育委員会、一九八五年）。

枡形虎口も検出された。大手となる南下段には、堀切Ａと馬出状の曲輪❺を設けている。東❷・西❸・北❹の曲輪は、自然地形に少し加工した程度であるが、❶と西曲輪❸を区分する堀切Ｂは幅二八ｍ、深さ一三ｍと大規模で、圧巻であっただろう。

同報告書の成果と復元縄張り図を鑑みると、中央に収まる本城曲輪❶は、ほかの曲輪とは比べようもなく完成度が高く技巧的で、土塁などの〝権力の見える化〟と、周辺に一門・被官などを駐屯させる求心的な曲輪配置は、永禄・元亀年間（一五五八〜）にも通じるような構造が類推でき、注目される。原田荘細谷《ほそや》郷の小さな国衆が、これまでのノウハウを持ち合わせていたのか、今後の今川系城郭の指標になるのかもしれない。とにかく、開発による消滅ということは、今後あってはならない。

前述した、原氏に与した倉真城・美人ヶ谷城・滝ノ谷城は、史料的に乏しく、縄張り的にも元亀・天正年間（一五七〇〜）以降、武田・徳川両氏の抗争期のものと考えている。ここでは、簡単に縄張り図を基に紹介しておきたい。

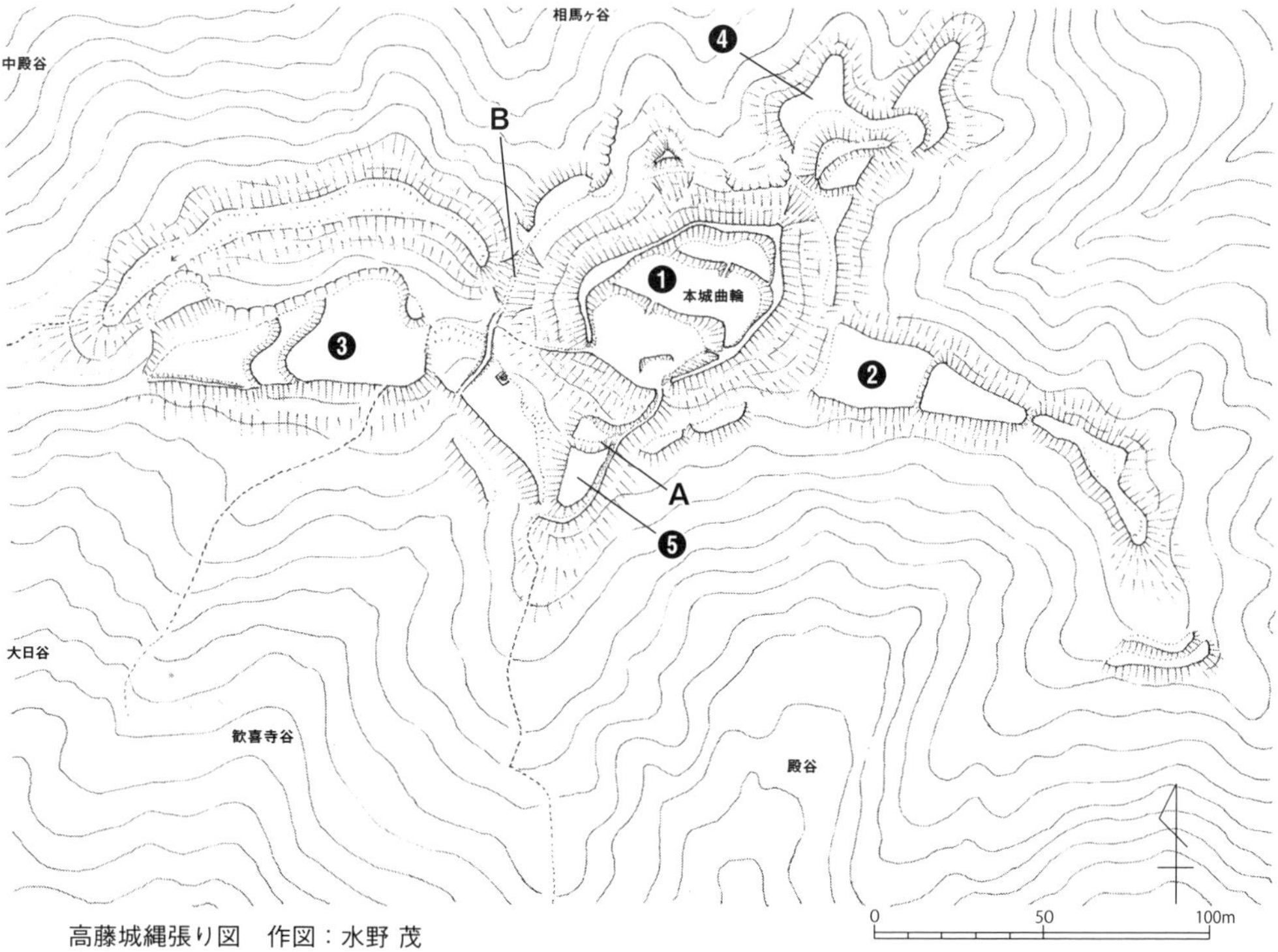

高藤城縄張り図　作図：水野 茂

倉真城《くらみじょう》（所在地：掛川市倉真字山崎）

倉真城主・松浦兵庫助《ひょうごのすけ》は今川氏に従い、明応六年十一月に原氏との戦いで戦死したと伝承されていたが、『掛川市史』では、早雲に攻められ戦死したほうが妥当としている。現在、倉真城跡❶には世楽院《せらくいん》が建ち、周辺の巨大な土塁地形や、南西辺の池と堀地形から、同院は往時のものと位置づけられているが、これは造成時のもので、再検討が必要である。兵庫助は、東に隣接する「孤山《こざん》」（「寺中《じちゅう》」か）の屋敷で自刃したと、墓と城址碑**A**は伝えており、土豪層の城郭としては、**A**の屋敷城か背後の丘陵地**B**を比定地に挙げたい。

美人ヶ谷城《びじがやじょう》（所在地：掛川市上西郷字美人ヶ谷）

『掛川誌稿』に、美人ヶ谷城主は同地の有力者・西郷《さいごう》氏一族の石谷《いしがや》氏が継承したとあるが、根拠に乏しく、縄張り的に単なる土豪層が築けるものではない。城域は南北二〇〇m以上と広く、北端と南端は茶園で消失したが、駐屯地として配置されたと思われる。主要部となる中央山上は削平地❶で、わずかな土塁は認められるが自然地形も多く、完成度は低い。しかし、南限となる幅八mの堀切**A**と少し間隔を置いた幅四m堀切**B**は馬出機能が想定され、❷は主要部に入る横矢を活かした虎口的空

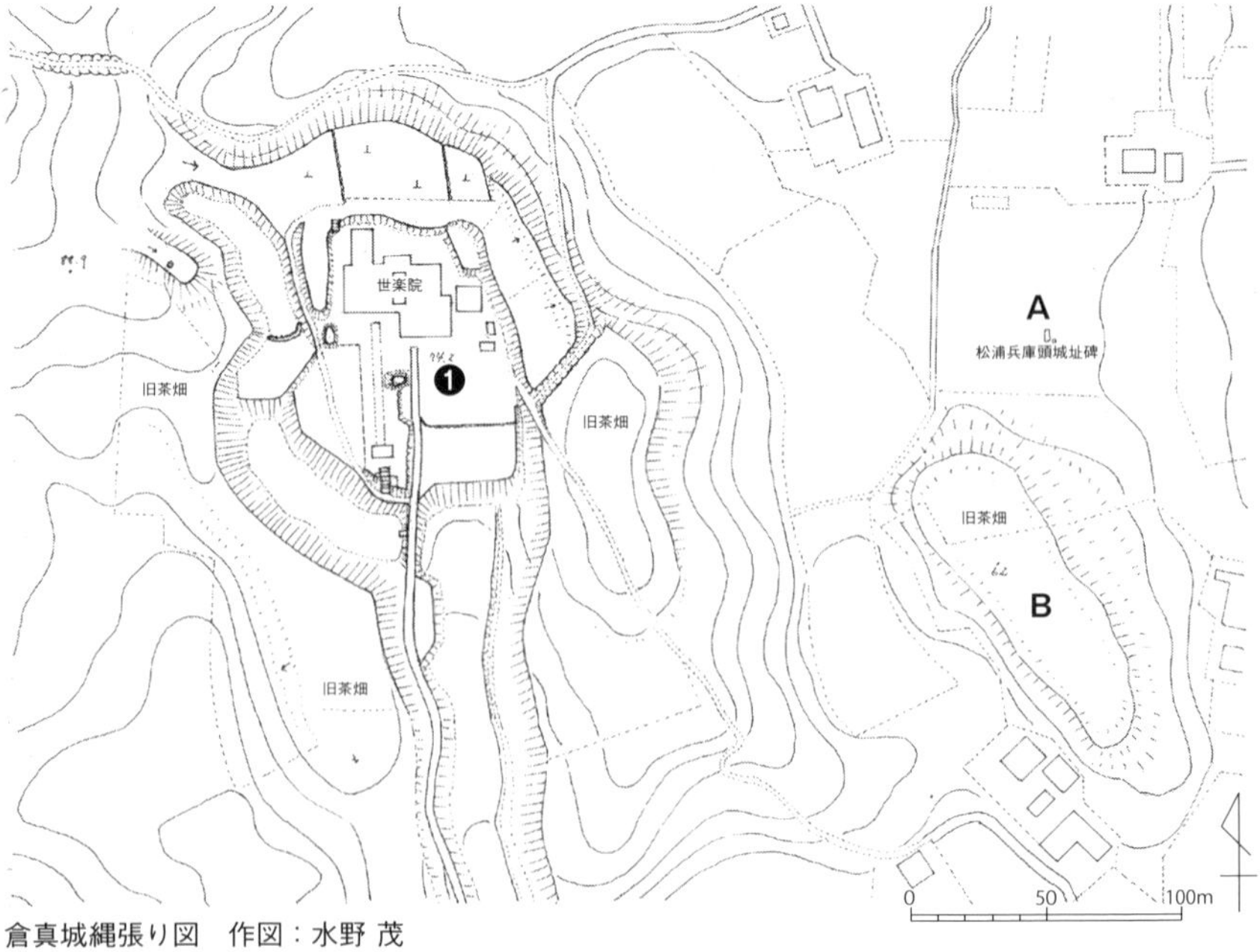

倉真城縄張り図　作図：水野 茂

間は前面を意識した構造で、四・五kmの距離には掛川城があることから、後の大規模勢力の陣城としての機能が垣間見られる。

滝《たき》ノ《の》谷《や》城《じょう》（所在地：掛川市上西郷字滝ノ谷）

美人ヶ谷と隣接する。滝ノ谷城に関わる文献は皆無で、先学では美人ヶ谷城の支城か、同族の戸塚《とつか》氏との関係を指摘しているが、一土豪が造れる規模ではない。

南北軸の丘陵上を活用した単郭式山城《たんかくしきやまじろ》で、掛川城は見通せないが、美人ヶ谷城とはつながる。北側は谷地を活かした幅三〇m以上の堀切**A**が背後防衛を担う。主要部❶へは土塁を付加した枡形虎口**B**から入り、南北七五mと比較的大きい。南五m下段の腰曲輪❷には、虎口**C**と**D**に至る導線と進んだ横矢構造を類推させ、同城の機能・運用は美人ヶ谷城と一貫した戦略を担っていたと考えられる。〈水野〉

[付記]　今川氏親期の遠江三郡乱入に始まり、永正十四年（一五一七）の遠江制圧までに関わる地域には、その他多くの城郭が存在する。これらは、その後の武田・徳川両氏による改造が見られので、またの機会に紹介したい。

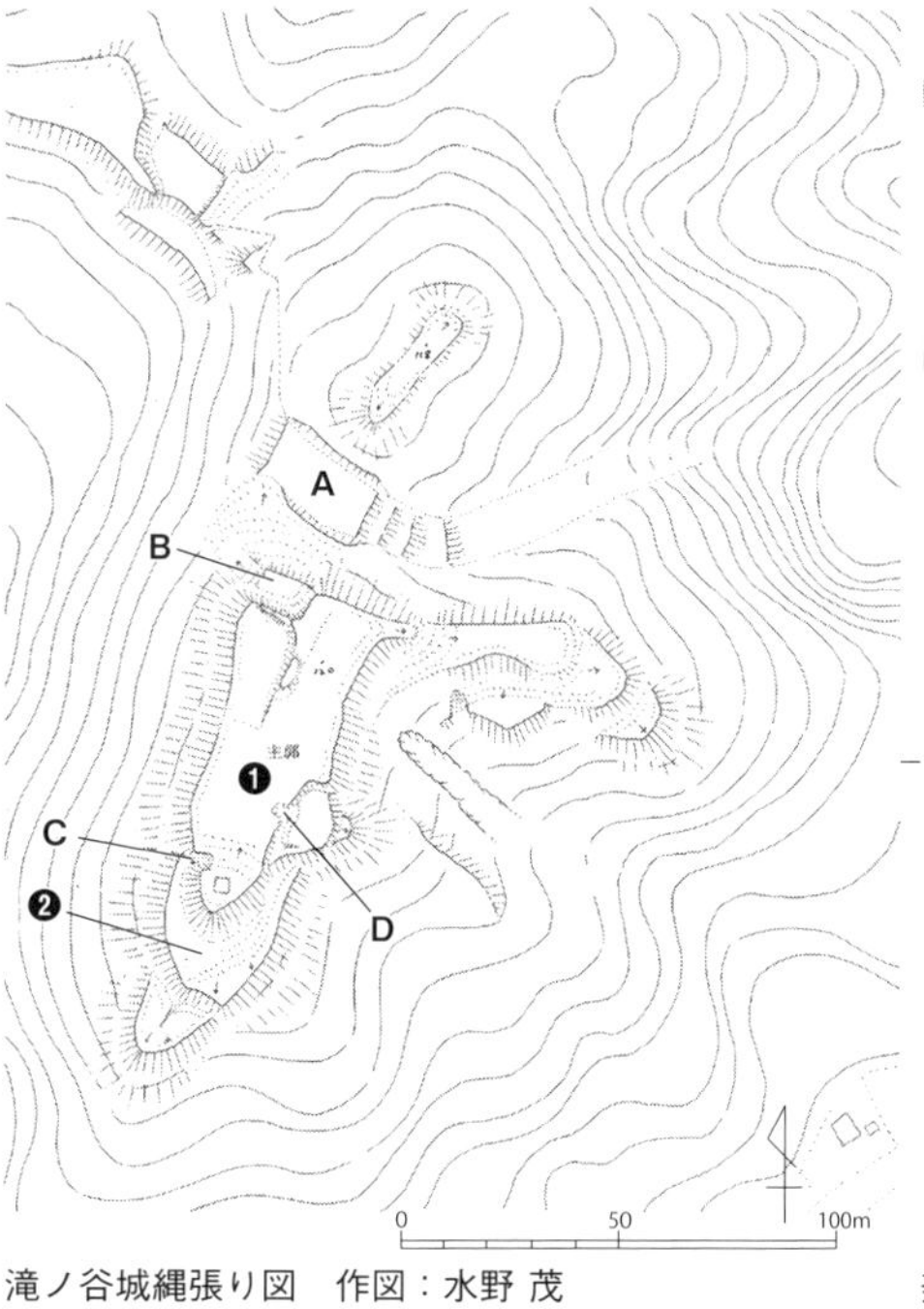

滝ノ谷城縄張り図　作図：水野 茂

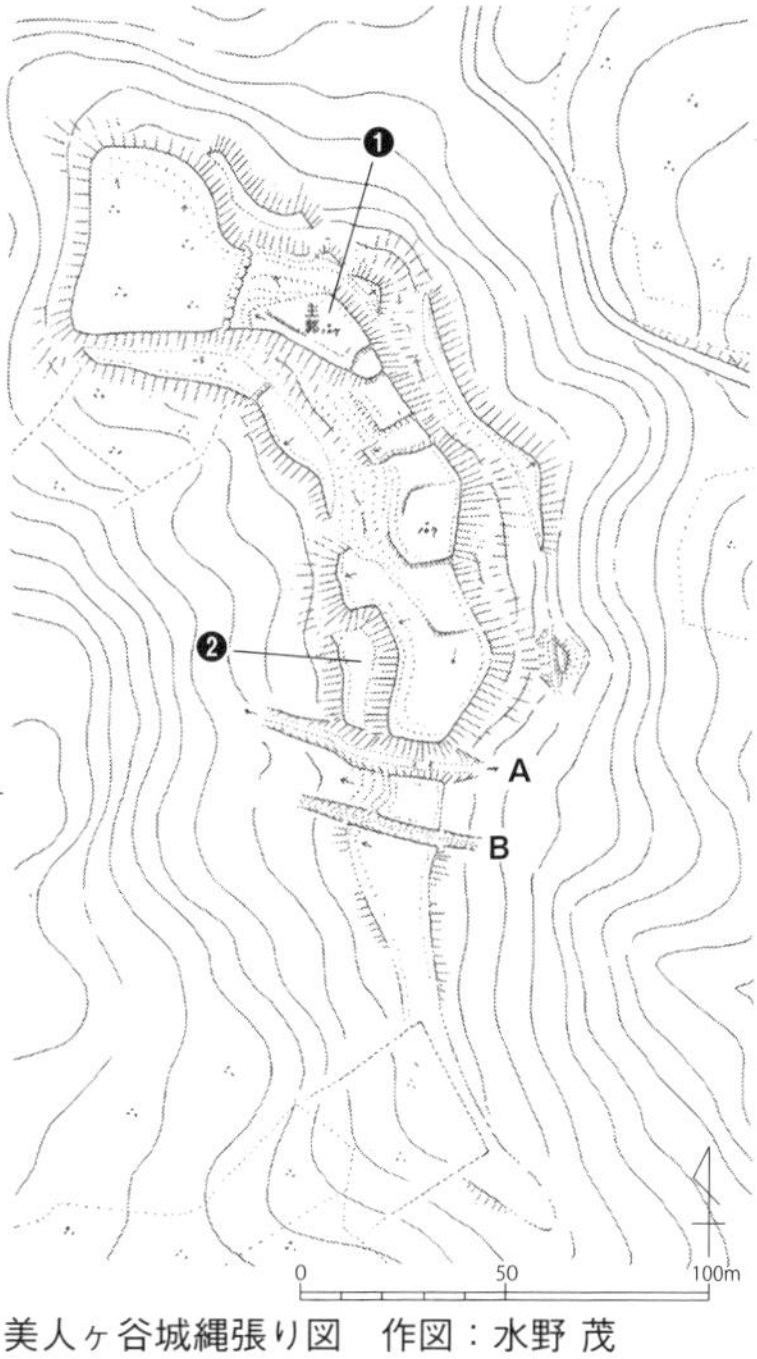

美人ヶ谷城縄張り図　作図：水野 茂

反今川勢の拠点城

35 三《み》岳《たけ》城《じょう》（三《み》嶽《たけ》城《じょう》・井《い》伊《い》城《じょう》）

①所在地：浜松市北区引佐町三岳
②立　地：標高四六六・八m（比高四二九m）の山上
③交　通：三岳神社より徒歩三〇分

山頂部が三つあることから三岳山と云われていた

【城館史】　南北朝期、井伊氏の本拠は史料的に「井伊城」とする記述が多いため、戦国初頭を扱う本項では「三岳城」と称し、区分した。

永正五年（一五〇八）七月、今川氏親が遠江守護に任じられると、同七年春ごろから、前遠江守護・斯波義達が旧領回復のため遠江に入り、引馬城主大河内貞綱や井伊直平らと呼応し、三岳城に立て籠もった。すると、今川軍は刑部城周辺（浜松市北区）に布陣し、対峙《たいじ》する。

このときの様子は伊達忠宗軍忠状（県三―五六三）に詳しく記される。同年十二月、斯波義達の「まきの寺陣所」が今川方の放火で焼失、翌八年には、その他の陣所や番所も次々と放火され焼失した。これに対し、斯波氏と大河内氏・井伊氏の軍勢は、同年二月より刑部周辺に出没、今川方の刑部城や気賀《きが》周辺をたびたび攻撃、戦闘が繰り返された。

永正九年閏四月には、武衛《ぶえい》衆（斯波氏）・井伊衆・引馬衆（大河内氏）が村櫛《むらくし》・新津《しず》城（志津城）を攻め、根小屋を焼き

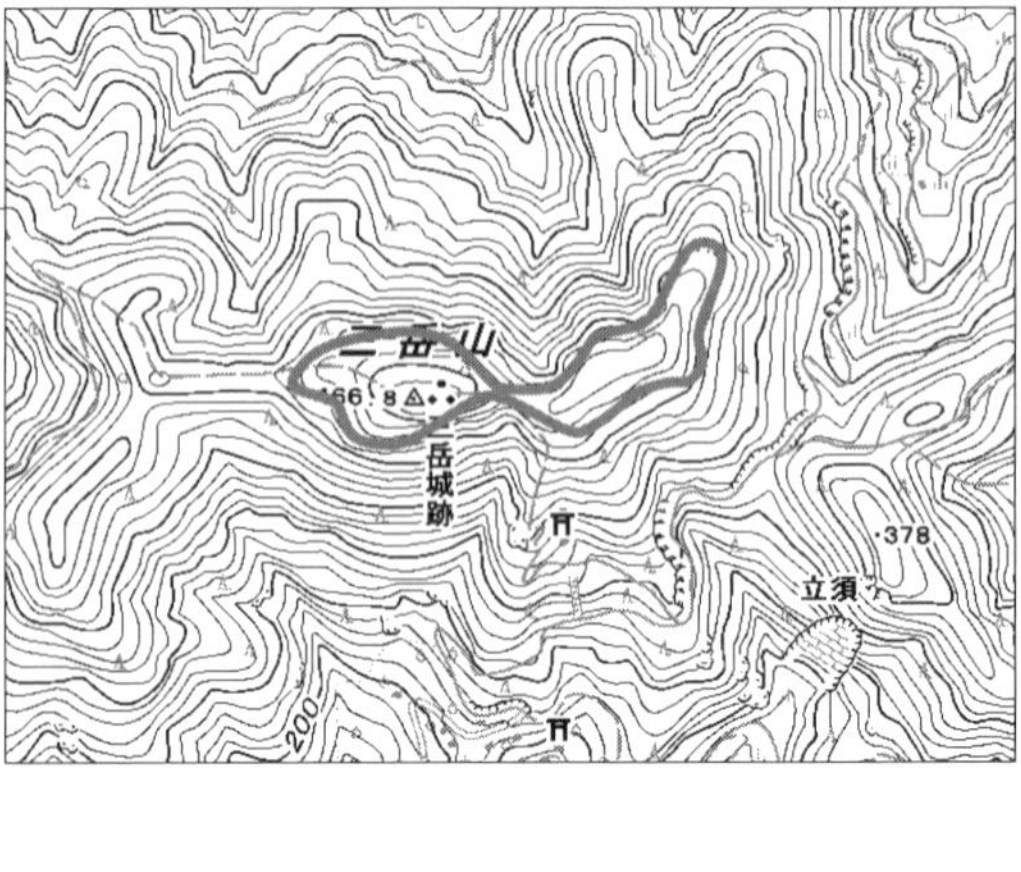

払うと、今川勢は刑部から七〇艘の舟で合力し、追い払った。永正十年三月、氏親は一万の兵を率いて駿府を出陣し、笠天竜川を越えて市野・楞厳寺《りょうごんじ》（浜松市東区）に陣取り、諸軍は大菩薩山に着陣、[*1] 先手の朝比奈泰以《やすもち》は、斯波義達や井伊氏の籠もる三岳城を一日一夜攻め続け落城させると、義達は奥山に逃げ、尾張へ退去していった（『宗長手記』・県三―五八二）。

ところが、同十四年四月になると、大河内氏が引馬城（浜松市中区元城町）を取り返し、斯波義達を招いて籠城したことから、今川氏親は同年六月、引馬城攻めを開始。八月には攻め落とし、大河内氏は自害、義達は降伏したのち出家させられ、尾張に送り返された。これにより、氏親は遠江のすべてを手に入れて支配を始め、氏親は三岳城に作手《つくで》（新城市）の奥平貞昌《おくだいらさだまさ》を入れて城番とし、管理下に置いた。

上：三岳城最高所の本城曲輪に建つ城址碑
下：本城曲輪から南方の浜名湖・遠州灘などを見渡せる絶景ポイント

【縄張り概要】　引佐町井伊谷の北東にそびえる三岳山の山頂が城址である。遺構は山頂部と東側尾根上に残り、山頂部❶が本城曲輪で東西四〇ｍ、南北三〇ｍの不整形な曲輪である。

山頂からは東に富士山や遠州平野、南側に太平洋や浜松の町並み、その西側に浜名湖、さらに渥美半島ま

＊1　今川軍が布陣した浜松市東区の大菩薩山は、本坂道（姫街道）が三方原台地に上がったところに占地し、近くには「城山」地名がある。また、楞厳寺周辺の宅地造成にともなう発掘調査で大規模な空堀が検出し、今川軍の糧道と策源基地となっていたのであろう。
現在の東名高速三方原ＰＡの近くである。

東域の二の曲輪には古式な帯状腰曲輪が見られる

でを望むことができる。本城曲輪の西から北に二段の腰曲輪が取り巻き、東側は東に延びる尾根上を二の曲輪❷として、曲輪の北側から東の先端部を巻き込むように細い腰曲輪が付く。この曲輪の東端から三〇ｍほど下った暗部に幅七ｍの堀切Aを入れ、堀の西側に虎口曲輪❸を設けて登城口とする。ここから南に下ると三岳神社に至り、尾根上を東に一五〇ｍほど行くと堀Bがある。

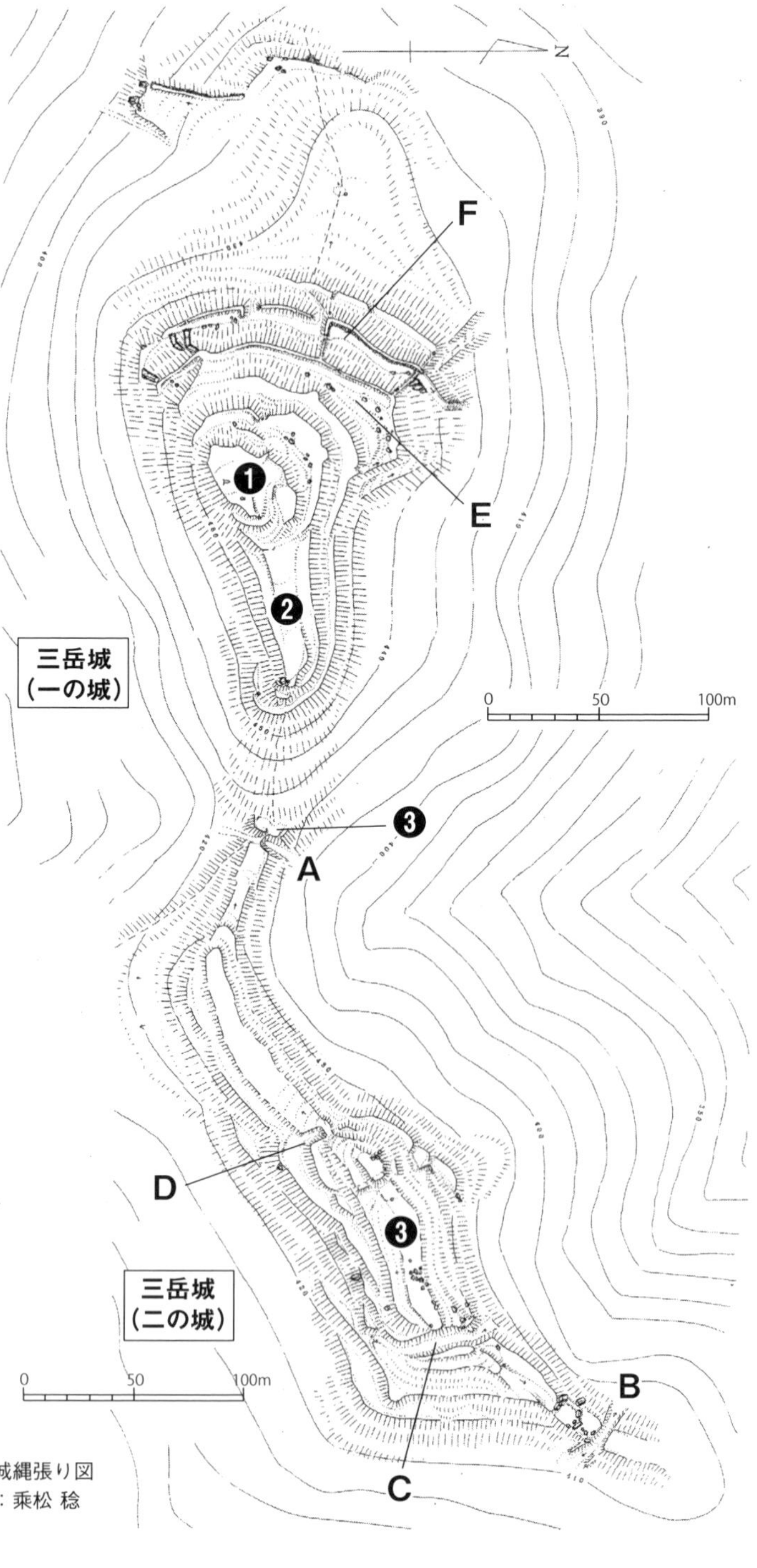

三岳城縄張り図
作図：乗松 稔

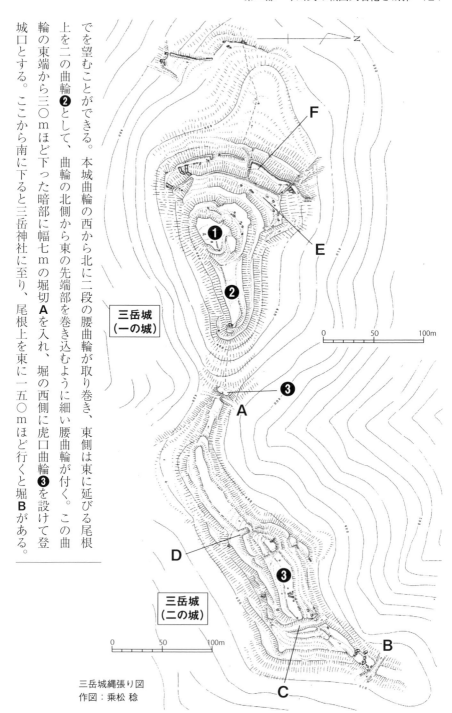

堀**A**から東側が「二の城」といわれ、広い曲輪❸と堀切**C**・**D**が確認できる。以上が、斯波義達（武衛様）の軍勢と井伊衆が立て籠もった範囲と考えられる。

登城路は二ルートあり、西側麓の花平《はなだいら》・兎荷《とっか》から城の西側尾根に登るルート、もう一つは南側の三岳神社から登るルートである。伊達忠宗軍忠状によると、義達の陣所は西側からの登城口、花平の「まきの寺」に築かれたが、今川氏の放った忍びの放火で焼失し、後に花平の別の位置に築くも、再び放火で焼かれた。井伊氏の陣所は南側ルートの麓の「三岳」とあり、井伊神社の辺りであろうか。この陣所も放火により焼失した。三岳城とこれらの陣所の関係は、まさに山城と根小屋の関係と同じである。

そのほかの城郭遺構として、本城曲輪の西側斜面に二段の横堀（上段長さ**E**一二〇m・下段**F**一五〇m）がある。しかし、この横堀は内側に石積みが見られ、上下の横堀の間を縦土塁で結び、切岸も高く、導入系構造の重層化など技巧的な構造であり、後の徳川氏等が改造したと考えられる。

〈乗松〉

上：本城曲輪西山腹には二段の石積みが築かれているが、元亀・天正期の徳川氏による改造の可能性が高い
下：横堀Fは虎口にもなる石積み

周辺眺望がきく本城曲輪は自然地形

井伊氏の詰の城か

36 井伊谷城《いいのやじょう》

①所在地：浜松市北区引佐町井伊谷字城山
②立　地：標高一一四・六ｍ（比高九〇ｍ）の丘陵上
③交　通：井伊谷の市立引佐図書館から登り二〇分

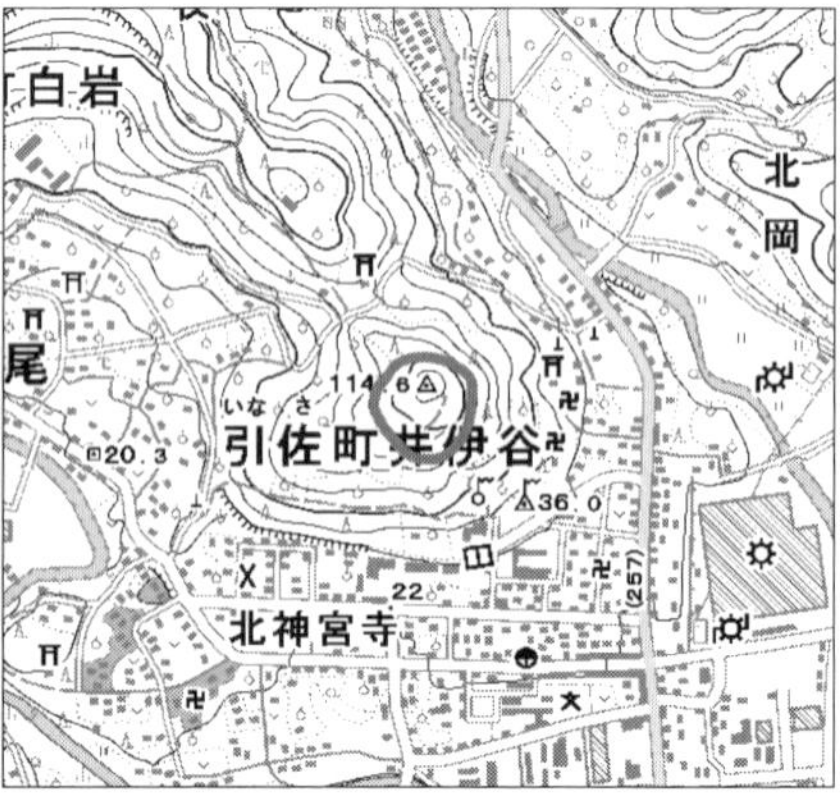

【城館史】　井伊谷城は、国衆の井伊氏の居城であると位置づけられている。南北朝期、井伊行直《ゆきなお》らは後醍醐天皇の皇子・宗良親王を井伊城（三岳城）に奉じて遠江国の南朝勢力を結集し、北朝方の今川範国や足利尊氏勢に反抗したが敗北した。その後、戦国期に入った永正五年（一五〇八）、今川氏親が遠江守護に任じられ、それに不満を持った前の守護・斯波義達が遠江に入り、引馬城（浜松市中区）の大河内貞綱・井伊直平らと呼応し、三岳城に立て籠もった。

今川軍との同七年からの戦いは伊達忠宗軍忠状（県二―五六三）に詳しく、斯波・大河内・井伊連合軍も今川軍を迎え撃ち、善戦したが、永正十年三月、今川軍は総攻撃をかけて落城させ、長い戦いが終わった。斯波義達の陣所は三岳城か、井伊谷近くの寺であったようだ。

その後、井伊直平と一門は今川氏に従属し、三河侵攻に際して先鋒を務めて戦死、あるいは謀反の疑いをかけられ次々と誅殺されるなど、まさに井伊氏存亡の危機に陥った。

戦国期の井伊氏居館は井伊谷にあり、その背後地に構えたのが井伊谷城で、居館と詰の城とのセットの、根小屋式形態に相当することになる。

永禄十一年（一五六八）十二月の徳川家康による遠江侵攻、また、元亀三年（一五七二）十月には武田信玄の別動隊である山県昌景《やまがたまさかげ》が東三河から北遠に侵入し、井伊谷に布陣した。両軍が布陣したのは井伊谷城か三岳城ともいわれ、確たる史料はない。

井伊谷城の登り口と案内板

【縄張り概要】 井伊谷城は、浜松市立引佐図書館背後の「城山」という山上にあり、現在は井伊谷城跡城山公園として整備され、一五分ほどで登ることができる。広さは東西五七m、南北六五mで、北側半分は二～三m高く、「御座丸《ござまる》」❶と呼ばれている。南東面の中央に間口八mの大手門跡**A**と、西辺にも間口八mの搦め手門跡**B**があり、共に両脇には三～一〇mほどの土塁が残る。下段には、わずかながら腰曲輪❷が廻り、その下には遊歩道が整備されている。

『遠江国風土記傳』に「今、城山と云う、昔郡司の住む所にて正倉の虚か」とあり、城山は屋敷地のことであろうか。天保十五年（一八四四）に二宮《にのみや》神社神主中井直恕が著した『礎石伝《そせきでん》』には、

上：「城山」地名の井伊谷城を望む
中：山上の主要曲輪北半の自然の土壇地形は何を意味しているのか
下：大手門跡の両脇には土塁がよく残る

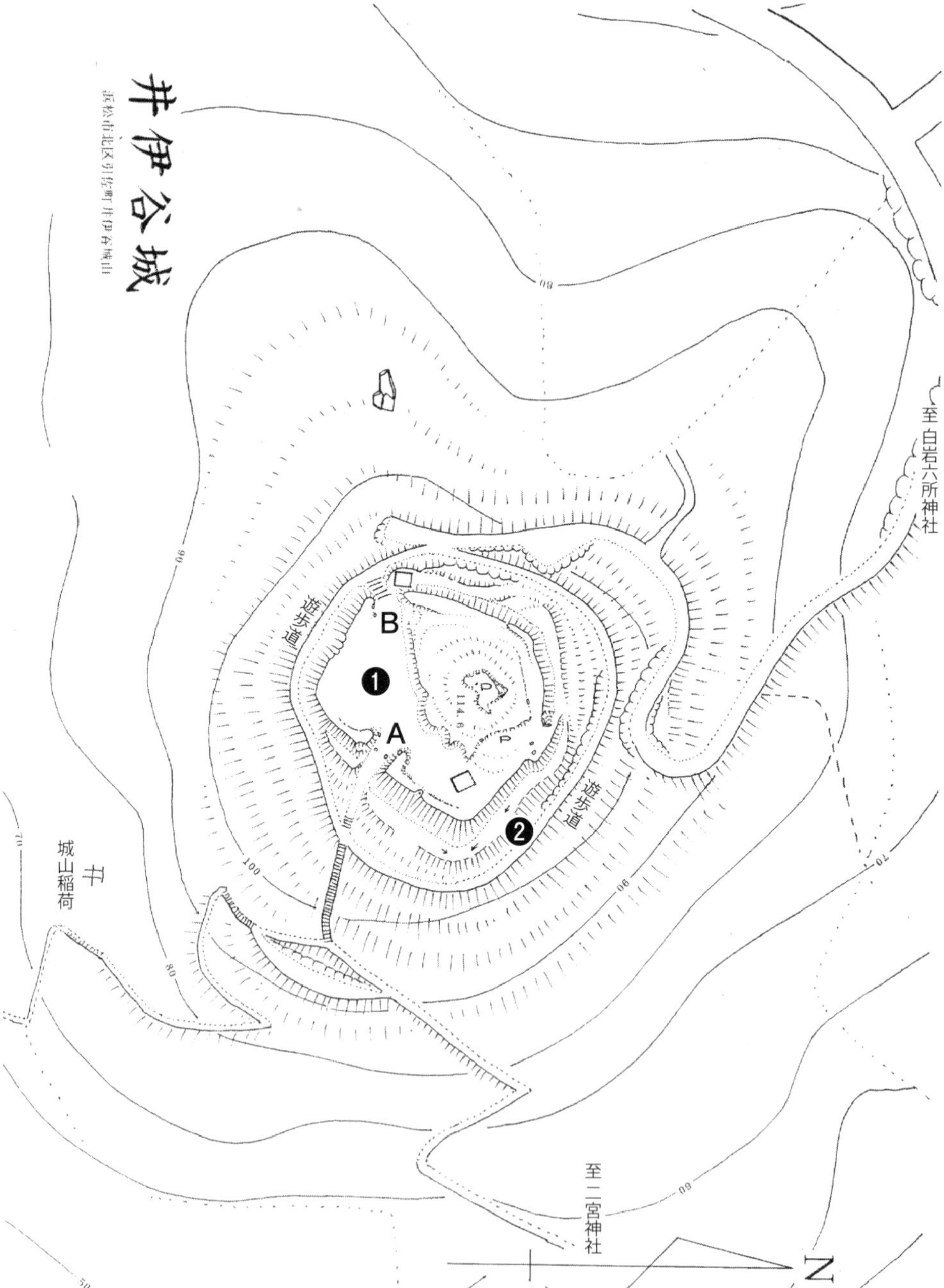

井伊谷城縄張り図　作図：乗松 稔

井伊谷城跡について、居館地には広大な「本丸」・「二の丸」・「三の丸」（井伊谷近藤家陣屋）が描かれ、城山は「御所の丸」とする。居館地跡は住宅地が進み、遺構は確認できない。

井伊谷城の構造は、堀・切岸もなく、高い階層性を意識した方形館的な空間で、背後の自然地形は築山的な庭園を意識していたと思われる。「御所の丸」地名からも、南北朝期の宗良親王か、永正年間の三岳城の戦いに際して、斯波氏らの高い身分層が一時的に駐屯し、館構にしたと考えられる。　〈乗松〉

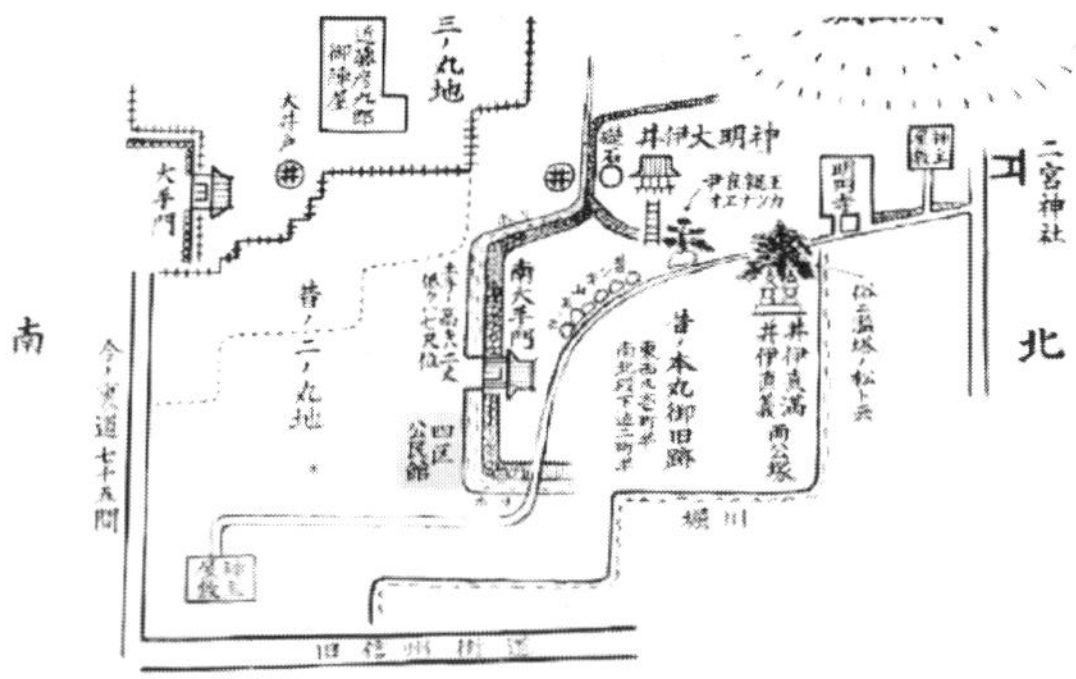

上：中井家が伝える「井伊家旧跡ノ図」に井伊氏館が描かれているが、少し広大で〝井伊氏ひいき〟のようでもある
中：井伊氏館跡地。手前道路が堀跡のようだ
下：本城曲輪にあたる山上に造られた展望台

居館内には、今川氏から謀反の疑いをかけられ誅殺された、井伊直満・直義兄弟を葬る「井殿の塚」がある

斯波氏の最大拠点

37 引馬城《ひくまじょう》（引間城《ひくまじょう》）

①所在地：浜松市中区元城町
②立　地：標高一五m（比高九m）三方原台地先端部
③交　通：遠鉄バス「浜松城公園入口」バス停下車、徒歩五分

【城館史】『宗長手記』によると、浜松荘の領主である吉良氏の代官・巨海《こみ》新左衛門尉が築城したという。この後、代官は大河内氏に替わっている。永正五年（一五〇八）、室町幕府は今川氏親を遠江守護に任命し、これを不満とした、前の遠江守護・斯波氏は遠江奪還に動き、永正七年に三岳城（浜松市北区）を拠点として、井伊氏・大河内氏と共に井伊谷周辺に布陣した。

これに対し、今川軍は同年十一月に遠江に入り、引馬城に入城（県三―五二八・五三〇）。十二月には刑部《おさかべ》城周辺（浜松市北区）に布陣し、斯波義達の「まきの寺御陣所」を手始めに、「花平御陣所」・「するゐ野殿御陣所」・「井伊次郎陣所」等を放火により焼き払った。すると、翌年の二月以降は引間衆（大河内氏）・武衛衆（斯波氏）・井伊衆（井伊氏）がたびたび刑部周辺に出張り、田畑を荒らして戦闘状態になる（県三―五六三）。

永正十年三月、今川氏親が出陣して天竜川を越え、大菩薩《だいぼさつ》山（浜松市東区有玉西町）に着陣、斯波義達と井伊氏の立て籠もる三岳城を、先手の朝比奈泰以《やすもち》が一日一夜攻め続け攻略した。義達は奥山へ敗走した後に尾張へ逃げ帰り、戦いは終結するかに見えた。しかし、永正十二年十月に今川氏親が甲斐武田氏の内紛に介入、甲斐に出兵している隙をつき、大河内貞綱が反乱を起こし、引馬城を奪還した。『宗長手記』には、「大河内、当国牢人等、信濃の国人を催し、武衛をかたらひ申、天竜川前後左右在々所々横領す」（県三―六五五）とある。

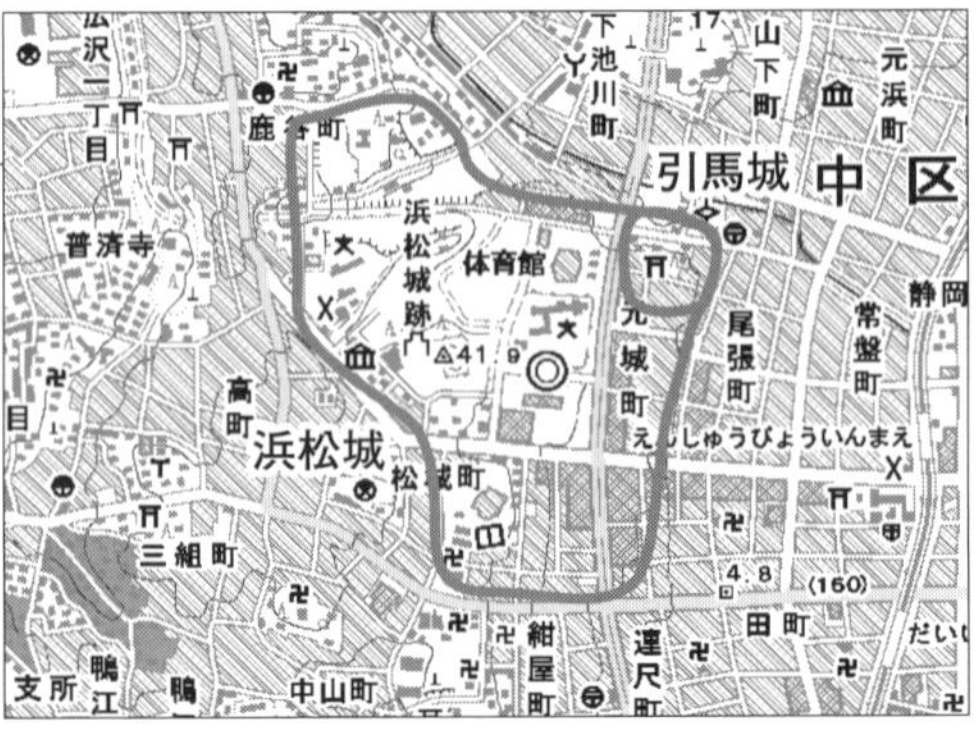

同十三年八月、大河内氏は斯波義達を引馬城に招いて籠城する。この頃は長雨のために天竜川が増水し、今川軍は舟を三〇〇艘ほど並べて舟橋を造り、渡っている。城攻めは長期戦の様相であったが、翌十四年八月、今川氏親は安部山の金堀《かねほり》衆を動員して城に横穴を掘り、井戸の水を枯らして攻め落とした。大河内貞綱親子は自害し、斯波義達は降伏した後、普済寺《ふさいじ》（浜松市中区）で出家、尾張へ送り返された。この後、氏親は吉良氏から浜松荘を没収し、飯尾《いのお》氏を入れて支配する。

【縄張り概要】　浜松市役所の北東三〇〇ｍにある「浜松元城町東照宮」周辺が引馬城といわれている。三方原台地東端部分に位置する丘陵上

上：本城曲輪に建つ浜松東照宮脇にある城址碑
下：国道 152 号線工事に伴う改変された引馬城の西域

（右写真）引馬城二の曲輪より本城曲輪へ通じる市道から、梯郭式の曲輪配置であることがわかる

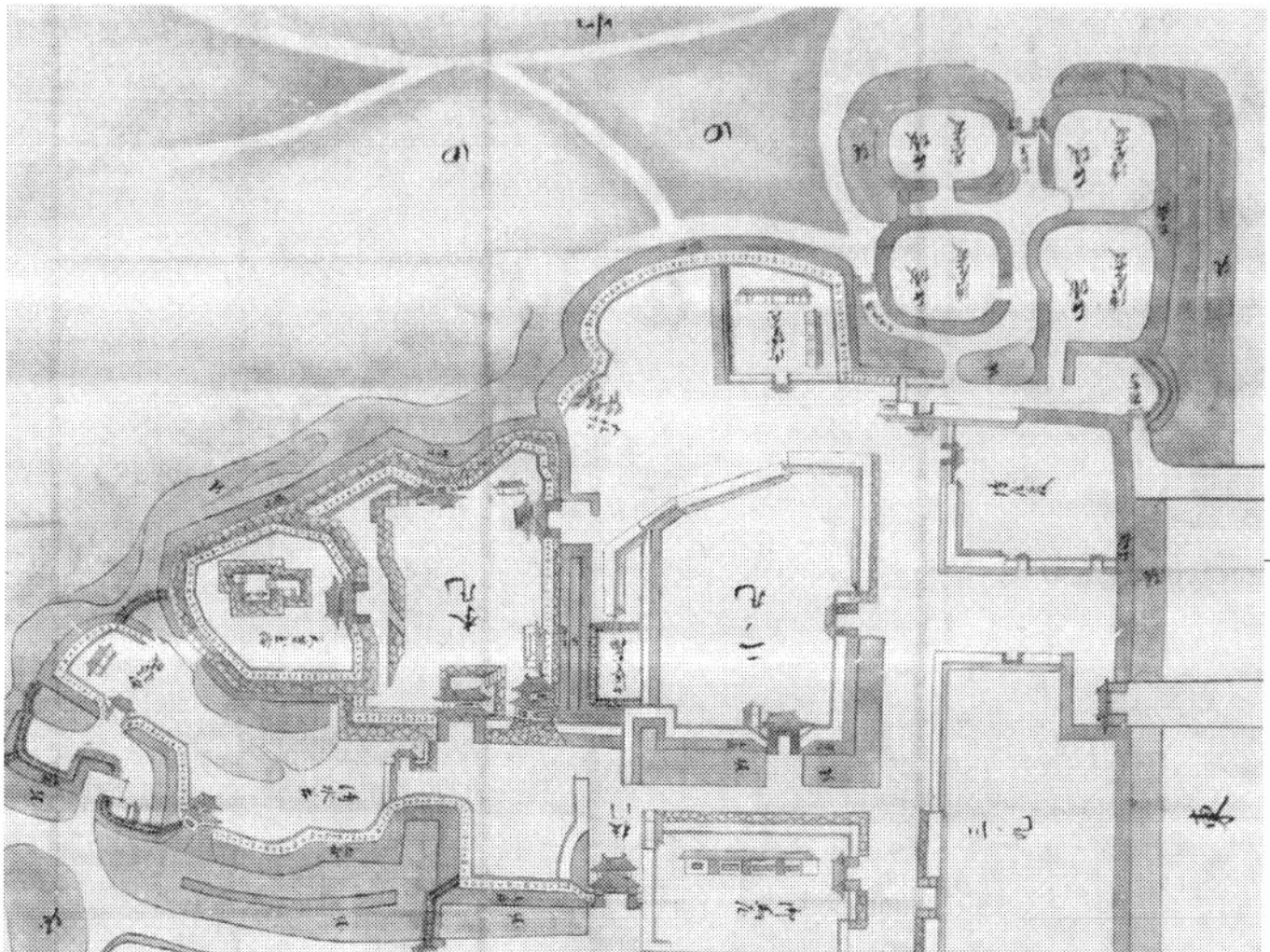

「遠州浜松城絵図」（浜松市博物館蔵）の右上に位置する引馬城

に築かれ、城の北側は谷**A**が東側から西に向かって延び、城の西側で南に向かって回り込む。

江戸期に描かれた「遠州浜松城絵図」などには、城の北部に曲輪が四つ田の字型❶・❷・❸・❹に並び、「古城」と記される。これが「引馬城」の主要部である。

四つの曲輪のうち、左上の曲輪には現在「東照宮」が祀られ、標高は一五mと最も高い。引馬城の本城曲輪❶と考えられ、浜松市による発掘調査では東辺に土塁が確認され、十六世紀中期の陶磁器や、三河系・駿河系

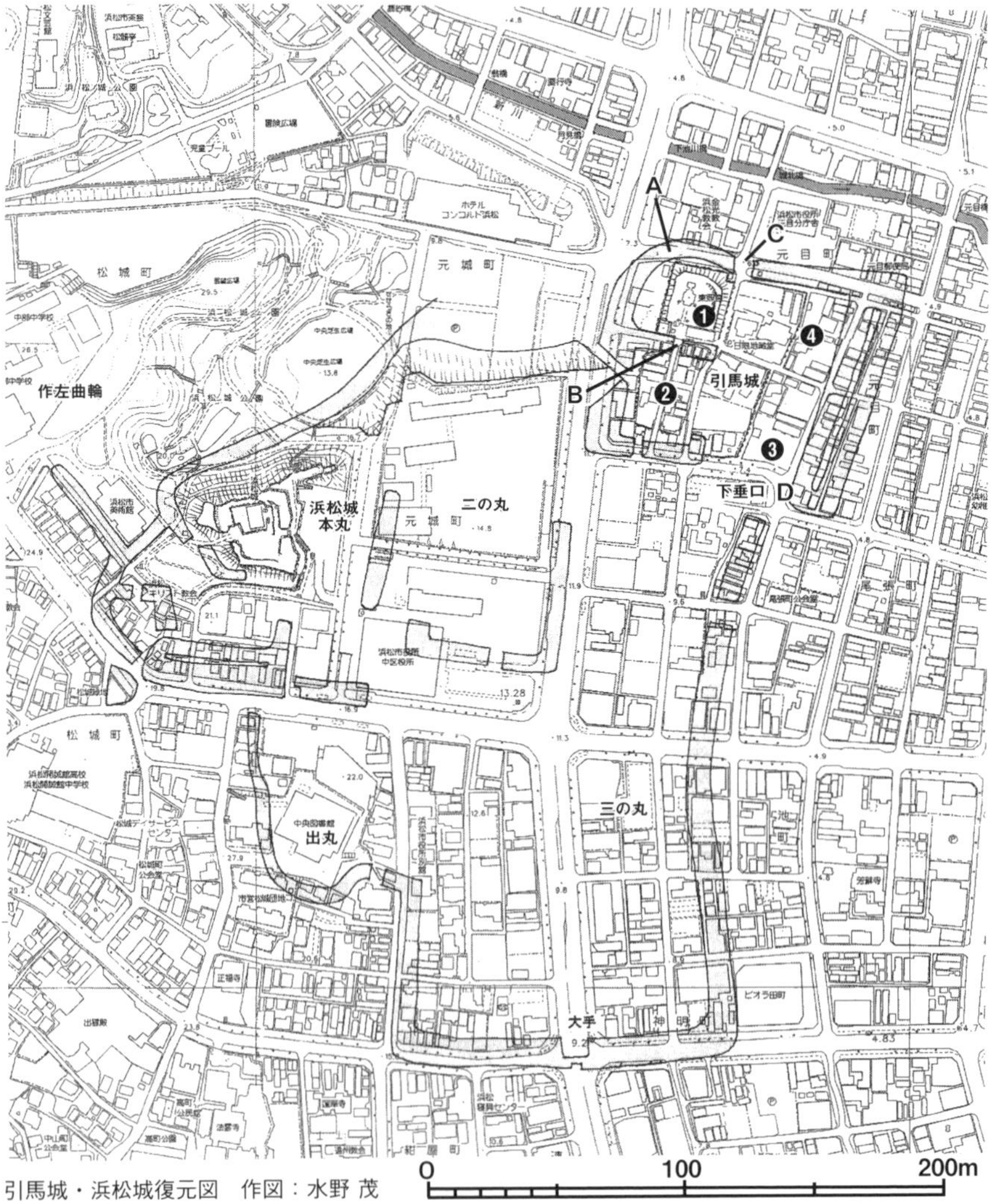

引馬城・浜松城復元図　作図：水野 茂
(『浜松市指定文化財　浜松城跡－考古学的の記録－』浜松市教育委員会、1996 年）等参考

のかわらけが多数出土し、同城が歩んだ歴史と符合し、話題となった。

「遠州浜松城絵図」では、本城曲輪の南辺に虎口**B**があり、その両脇に空堀があって土橋を形成し、二の曲輪❷に通じる。さらに、本城曲輪の東下段には、堀割り状の城道となり、北端には元目《げんもく》口**C**があった。永正期には空堀であった可能性もある。浜松市は城道の折れ構造から、同城の大手口を曲輪❹の南東隅の下垂口《しもだれ》**D**であったと位置づけ、そこからは東方に広がる引馬宿に通じる。なお、徳川家康期や豊臣秀吉《とよとみひでよし》恩顧《おんこ》の堀尾吉晴期にも、正面に天守が位置することから、大手口は同様に下垂口であったという。

縄張りを俯瞰《ふかん》すると、四つ以上の屋敷群の集合体のようである。こうした構造は、西三河の吉良氏系に多く認められ、ときに吉良氏の拠点城である西条《さいじょう》城（西尾城）・東条《とうじょう》城（愛知県西尾市）などと類似することは、吉良氏の影響を受けた、永正の引馬城攻めの様相を類推できる。〈乗松〉

上：本城曲輪に建つ浜松東照宮東辺で検出された土塁跡
下：本城曲輪内の東照宮と秀吉・家康像

引馬城の大手にあたる下垂口の折れ道（枡形）

今川軍の水軍基地か

38 刑《おさ》部《かべ》城《じょう》

①所在地：浜松市北区細江町中川
②立　地：標高二〇m（比高一六m）の舌状台地先端部
③交　通：天竜浜名湖鉄道気賀駅より徒歩二〇分

【城館史】今川氏親による遠江侵攻は、永正五年（一五〇八）に氏親が遠江守護に補任されたのが契機となった。これを不満とした前の遠江守護・斯波義達が遠江奪還に動き、三岳城（浜松市北区）を拠点として、武衛衆（斯波義達）・引間衆（大河内貞綱）・井伊衆（井伊直平か）が集結した。

　これに対し、今川軍は刑部城を拠点とし、永正七年から同九年の間、今川方として参陣した伊達忠宗の軍忠状（県三―五六三）に詳しく、「一、形（刑）部城へ敵度々討詰候事」とあり、今川軍が布陣する刑部城は、たびたび引間衆・武衛衆・井伊衆の攻撃を受けた。さらに永正九年四月に入り、今川軍の堀川《ほりかわ》城（同北区）と新津《しず》城（同西区）も攻められ、攻防戦が繰り広げられる。翌十年三月に今川軍が三岳城に総攻撃を掛けて落城すると、斯波義達は尾張に逃亡したが、四年後には引馬城で再び激突する。

　『宗長手記』（県三―九六九）によれば、宇《う》津《つ》山《やま》城（湖西市）から「東むかひは堀江の城、北は浜名城、刑部の城、いなさ山、細江、舟の往来自由也」と記しているので、刑部城は水軍的な機能を要していたのであろう。

【縄張り概要】都田川に架かる落合橋から南岸丘陵地に占地し、西域が本城曲輪❶、北東域の金山神社が二の曲輪❷である。本城曲輪は東西三五m、南北三五mの菱形《ひしがた》形状の曲輪で、南側に幅四mほどの低土塁Aがある。ただ、この曲輪は畑により改変され、西側には堀切や曲輪があった

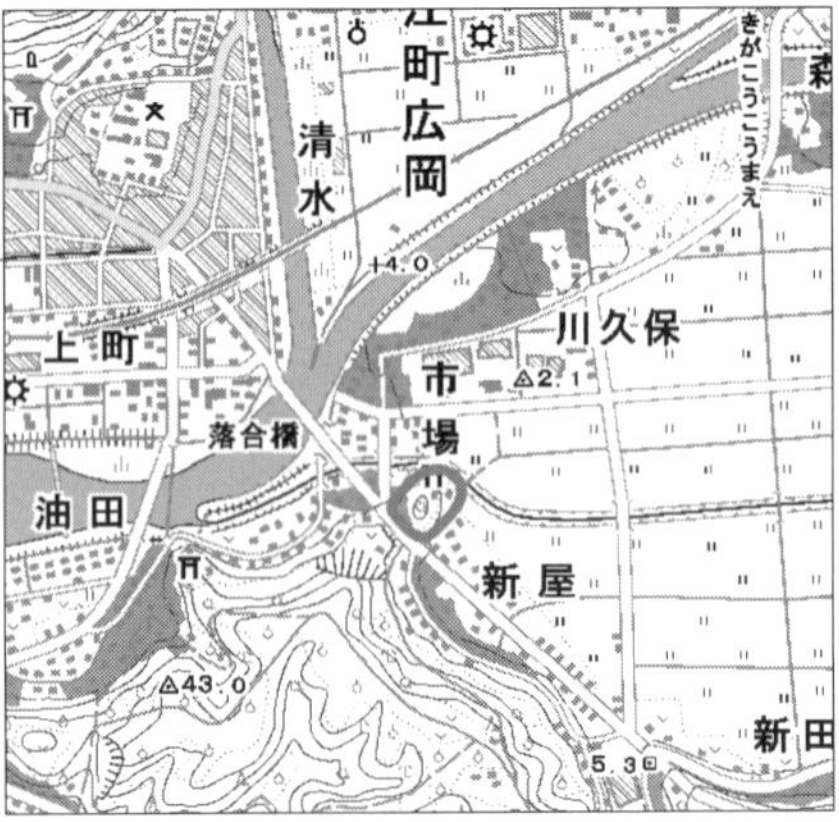

三方原台地の北端が都田川に迫るところに占地する

というが、道路建設等で削られ消失した。曲輪の南東側法面には井戸Bがあり、北東側に一段の腰曲輪Cを付け、その先は堀切となる。この辺りも後世に改変され、よくわからない。二の曲輪は東西二五m、南北一八mほどの広さがあり、現在は神社の社地である。この曲輪先端に沿って、当時は本坂道《ほんざかどう》（姫街道）が通り、その外側を刑部川、北側を都田川《みやこだがわ》が流れ、気賀に渡る渡河地点でもあり、交通の要衝を扼《やく》す城であった。

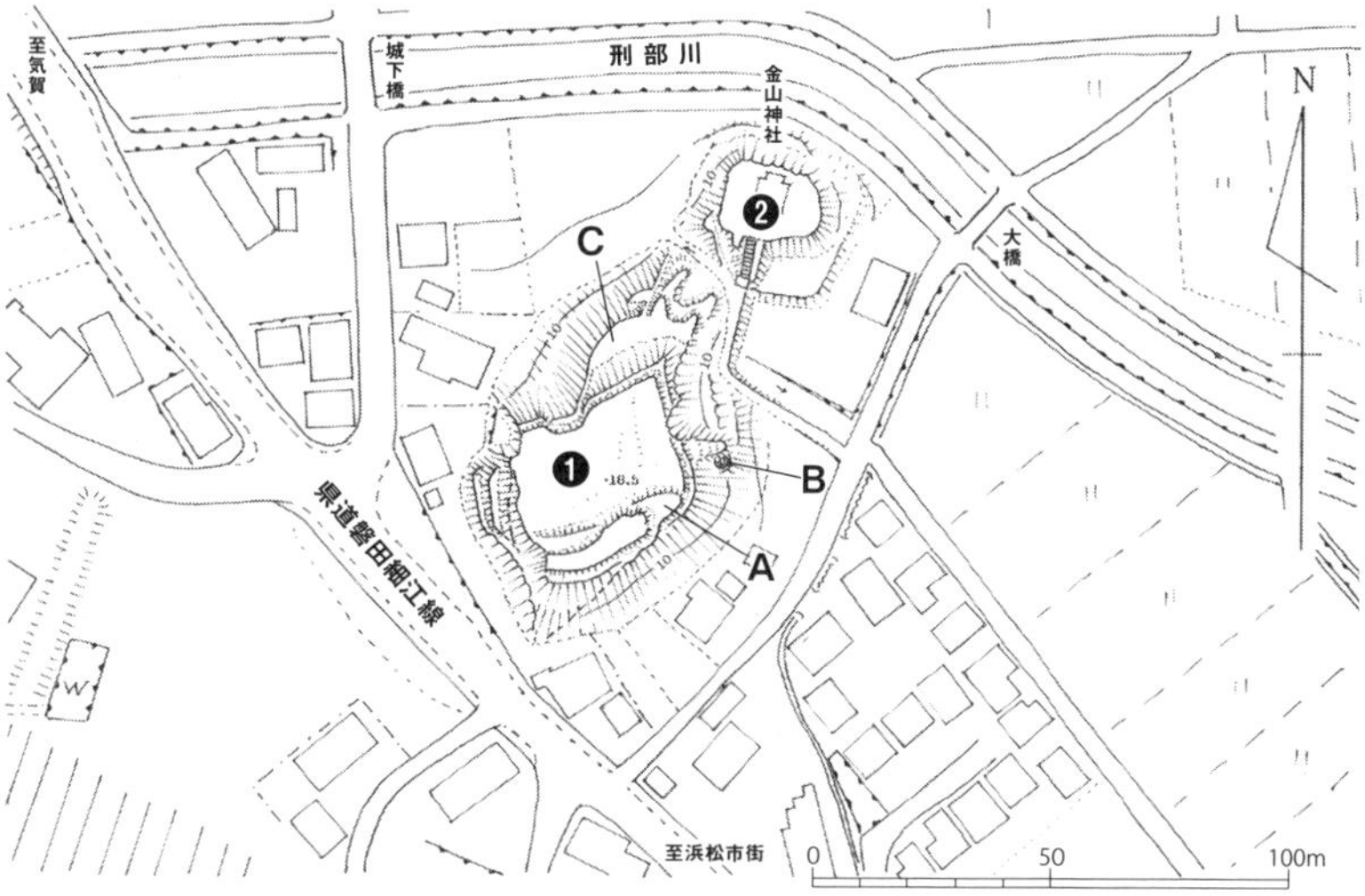

刑部城縄張り図　作図：乗松 稔（高山新司氏原図参照）

堀川城（所在地：浜松市北区気賀字沖通り〈気賀駅の南西域〉）消滅

永正七年（一五一〇）からの三岳城の戦いに際し、刑部城とともに堀川城も武衛衆・引間衆・井伊衆の連合軍から攻撃を受けたことが伊達忠宗軍忠状からわかる。刑部城の支城であり、水軍的な機能もあったと考えられる。

往時は、南対岸の油田《あぶらでん》から派生する微高地とラグーン的に囲まれた水城的な要害地が想定されるが、河川工事にともない、今では同城の正確な所在地も不明である。〈乗松〉

中央部に構えられた堀切跡

城跡碑。都田川河川改修に伴い現地に移設された

水軍にも対応した今川軍の基地

39 志津城《しずじょう》（新津城《しずじょう》）

①所在地：浜松市西区村櫛町
②立　地：浜名湖湖畔の丘陵
③交　通：遠鉄バス「村櫛」バス停より徒歩三〇分、浜名湖国際頭脳センター西側二〇〇m

【城館史】　志津三郎なる者が築城し、藤原（井伊）共保《ともやす》が居住したと伝わるが、はっきりしたことはわからない。ただし、この地域の有力者として大沢《おおさわ》氏がいる。大沢氏は、藤原氏中御門《なかみかど》流の公家で、南北朝期に村櫛《むらくし》荘（浜松市西区）に移住したとされ、永正初期には今川氏に従属していた。よって、大沢氏の城郭と推定されている。

　永正七年（一五一〇）、斯波義達が三岳城を拠点に遠江奪還に動き、武衛衆（斯波氏）・引間衆（大河内氏）・井伊衆（井伊氏）が井伊谷周辺（浜松市北区）に集結。これを今川軍が攻撃し、戦いは三年間に及んだ。同年十一月には、朝比奈泰熙《やすひろ》が大沢氏と小笠原右京進《うきょうのしん》に、今川氏親の遠江出陣を知らせている（県三―五二八）。今川方の伊達忠宗軍忠状には「永正八年十二月一日、村櫛・新津《しず》へ詰候而」、「永正九年壬四月二日、武衛衆・井伊衆・引間衆太勢にて、村櫛・新津城へ取詰候而、新津のね小屋焼払候を、刑部より村櫛へ七十計、舟にて合力仕候」（県三―五六三）とあり、村櫛に今川勢が駐留し、新津城が所在したことを記す。

　天文二年（一五三三）、今川氏輝は大沢氏に対し、遠江国内で当知行している内海における小舟役を免除し、浜名湖の水上権を与えた（県三―一二四一）。

【縄張り概要】　浜名湖の北東部から南西方向に向かって突き出る、庄内半島の最南端が村櫛町に所在する浜名湖頭脳公園の横を通る道沿いに「志津城址」の石碑が建ち、その北側標高三二mの丘陵が城址である。南側から登る道があり、山頂には朽ち果てた神社と、神社裏側に志津城主と

伝わる藤原共資《ともすけ》の石碑が建つ。丘陵は南北一三五m、幅三〇mほどで、当時は今より南に延びていたが、明治期に浜名湖の埋め立て工事のため削りとられた。現在残る丘陵は畑等で開墾され、当時の地形を伝えているかは疑問である。城址の南側と東側が埋立地で、現在、公園や工場、田畑等の敷地になっている。明治二十二年の地図で確認すると湖の中であり、当時、この城は水辺にあって船着き場を備え、浜名湖の水運の監視・検問が目的の城と推定できる。

城址周辺には、「志津」「志津平」「志津山」「志津前」「志津崎」等の小字と、城址を示す「城山」「城山下」の小字が確認できる。ただ、「新津」地名は、村櫛町内と、当時「村櫛荘」に含まれていた。ほかに、浜松市中区にも新津町は存在するが、刑部から軍勢が舟で移動するような所ではなく、問題外である。文献では「しんず」ともいっているが、「しず」に転換した地名と考える。〈乗松〉

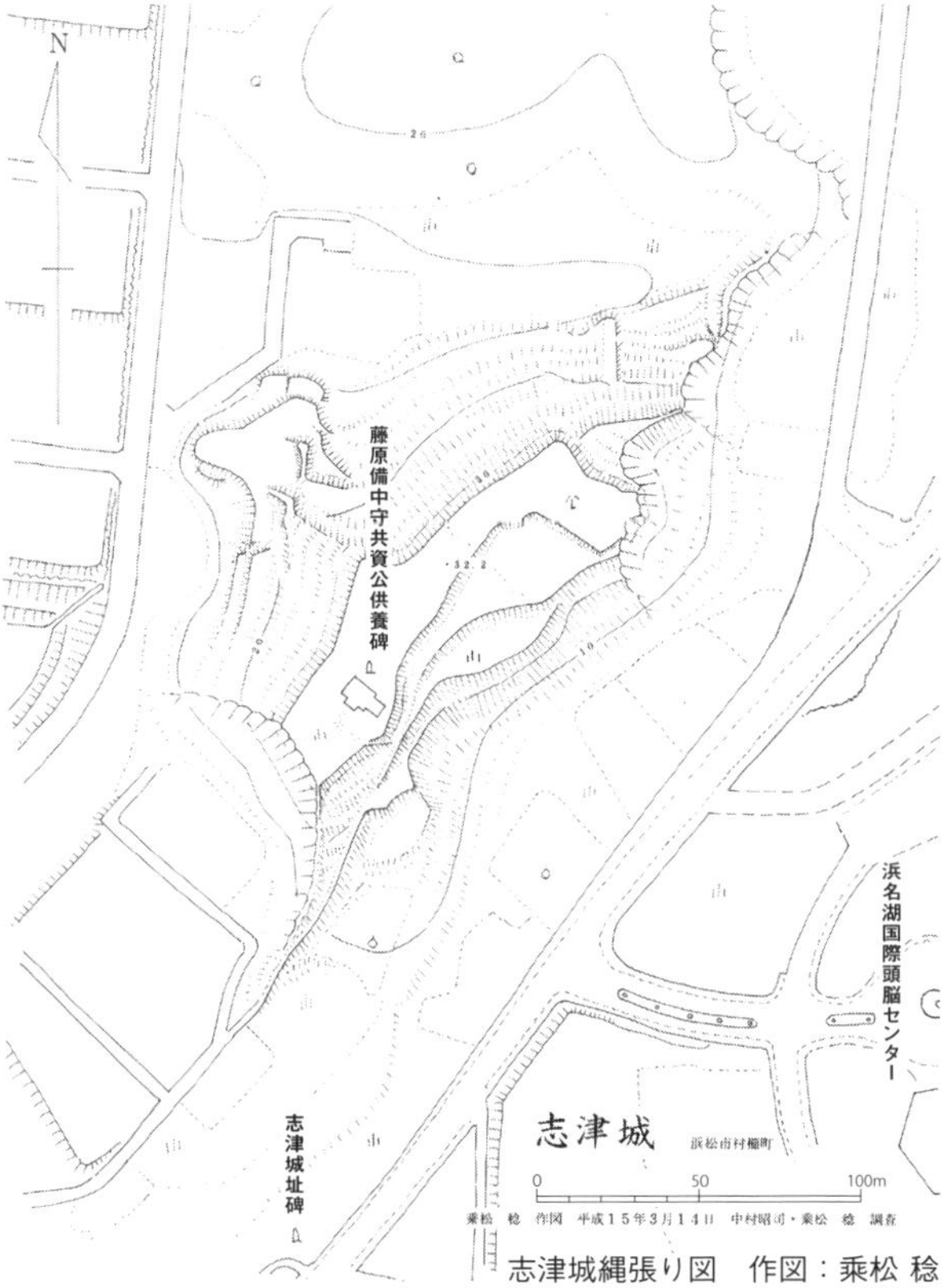

志津城縄張り図　作図：乗松 稔

（右写真）浜名湖頭脳公園近くの城址碑

井伊氏始祖にあたる藤原共保の出生地という

今川氏国境の兵站基地

40 尾《お》奈《な》砦《とりで》

①所在地：浜松市北区三ヶ日町下尾奈
②立　地：標高一三六・四m（比高一三〇m）の山稜
③交　通：猪鼻湖入口に架かる瀬戸橋付近から徒歩三〇分

【城館史】 永正元年（一五〇四）、今川氏親が遠江国の支配を進める中で尾奈《おな》郷の領家《りょうけ》氏が従い（県三―九二八・一二三五）、国境の警固を強める時期に築かれたのだろう。天文十五年（一五四六）より、今川義元は三河への軍事行動を開始し、戸田宣成《とだのぶなり》の今橋《いまばし》城（愛知県豊橋市）、さらに本拠である田原城（愛知県田原市）を攻撃し、戸田氏を滅ぼした。戸田城攻めには、飯尾氏や井伊氏などの遠江西部の国衆らが動員され、西郷谷（豊橋市東部）へ着陣するとともに、兵糧は尾奈砦と日比沢城に届けられ（県三―一八五八）、三河に侵攻する際の兵站基地として機能したと考えられる。

【縄張り概要】 浜名湖北岸の猪鼻《いのはな》湖入口西尾根上の「本城山」に築かれる。西方の三河までわずか五kmの位置にあり、国境の警固を目的とした境目の城である。南に今川氏の三河侵攻の拠点宇津山城（湖西市）、北東には佐久《さく》城（浜松市北区）を望める。

単郭式の縄張りで、約東西六五m、幅三四mの楕円状の曲輪❶が本城曲輪で、周囲に腰曲輪を付け、前面の西尾根には二重の堀**A**・**B**を入れ遮断している。外側の堀**A**（幅八m、深さ三m）は中央に土橋**C**を設け、内側の高切岸の堀**B**に沿って導線（城道）は南に下りながら迂回するように、堀状の坂虎口**D**に入り本城曲輪に至る。導線には絶えず横矢が掛かる凝った導入形態が見どころである。こうした技巧的な構造は、徳川氏による改造が類推され、今川氏が築いた城は、曲輪とその前面の一条の堀切程度だろう。〈乗松〉

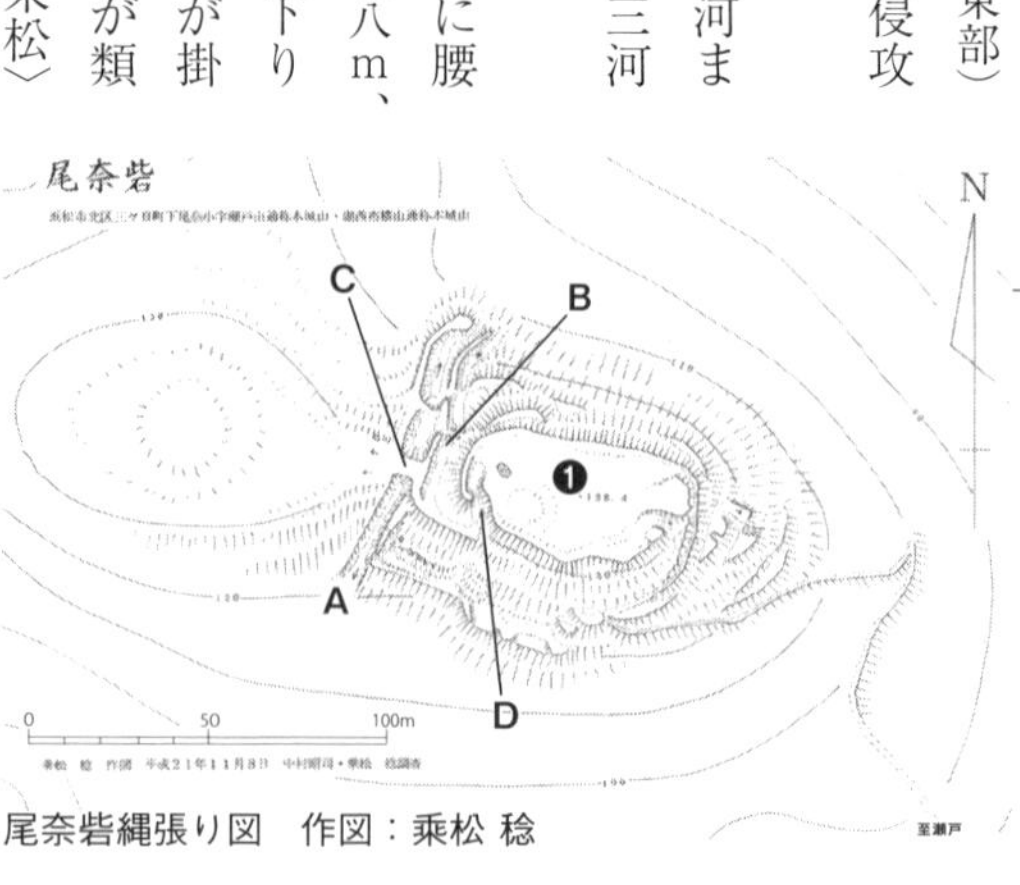

尾奈砦縄張り図　作図：乗松 稔

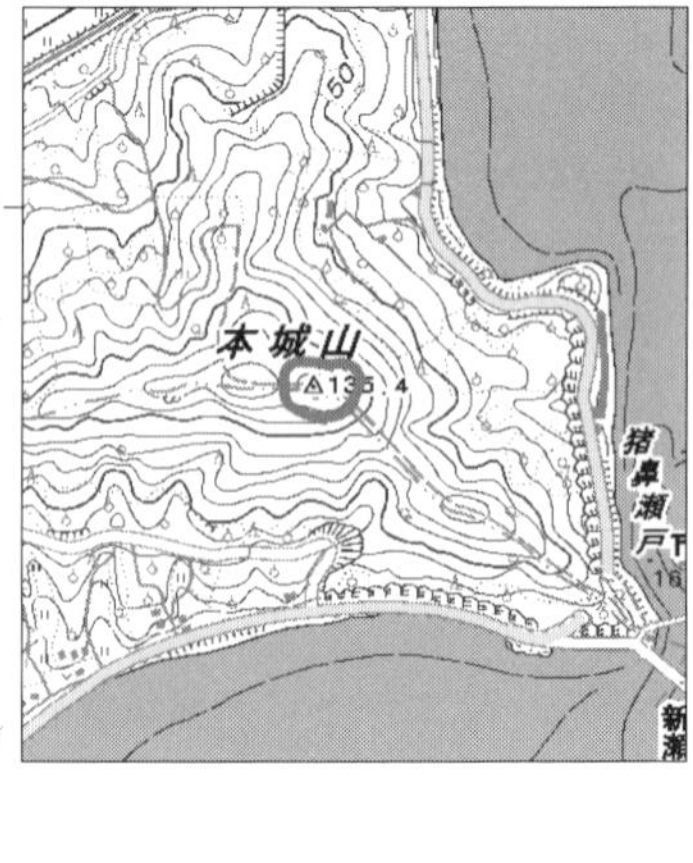

街道を押さえる館城

41 日比沢城《ひびさわじょう》

①所在地：浜松市北区三ケ日町日比沢字城下
②立　地：標高二八m（比高一二m）の丘陵上
③交　通：三ケ日オレンジふれあいバスの日比沢バス停より徒歩五分

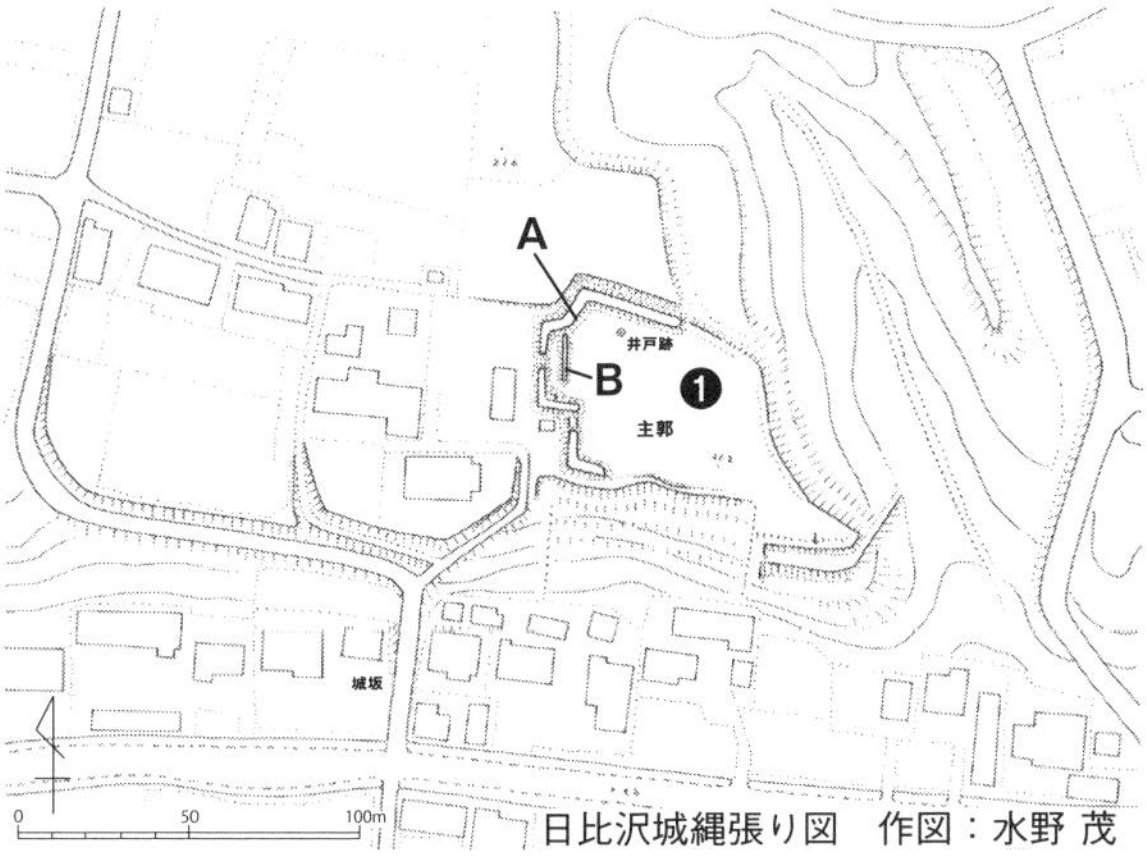

日比沢城縄張り図　作図：水野 茂

【城館史】　今川氏に従い、浜名湖北域（猪鼻湖）を本地とした国衆・浜名《はまな》氏の被官・日々沢後藤氏の城郭である。天文十五年（一五四六）、義元の三河侵攻に際して、尾奈砦と同様に、三河への糧道《りょうどう》である本坂道（姫街道）と兵粮を確保する策源地《さくげんち》となった境目の城であった。永禄十一年（一五六八）、家康の遠江侵攻に際しては一時抵抗したが徳川氏に与《くみ》し、江戸期には紀州《きしゅう》徳川家に仕え、一千石の勘定奉行《かんじょうぶぎょう》まで出世した一門もいたという。

【縄張り概要】　日々沢城は、本坂道（国道362号線）に沿う丘陵上に三つの曲輪を配した大規模なものであった。開発にともなって改変したが、東端の本城曲輪❶は良好に保存され、西を大手とする前面には高さ二～三mの内折れ土塁**A**と一文字土塁**B**等が残存し、見事である。これは、遠江国の徳川系城郭に多く認められる構造だが、今川期の策源基地化も大規模であったと考えられる。〈水野〉

バス右背後に日比沢城が存在

コラム

今川・斯波氏抗争期の城郭

文明五年（一四七三）十一月、今川義忠は将軍足利義政から河勾荘（浜松市）と懸川荘（掛川市）を拝領し、遠江国へ侵攻した。しかし、同八年に横地・勝間田両氏を討ったあと、義忠も不慮の戦死を遂げ、遠江侵攻は頓挫していた。

義忠の跡を継いだ氏親が、父の遺業を継いで再び行動に移したのは明応三年（一四九四）八月で、伊勢新九郎が率いる今川軍は国境の大井川を渡り、掛川市と周辺（中遠地方）に侵攻し、大きな被害を与えている。

このときの対象は、斯波氏に仕える佐野郡国衆の原氏で、同六年には原氏の高藤城を攻め落としたとされる。この乱入期に関連して遺構を残す城郭を文献から見ていくと、横岡《よこおか》城（島田市）・松葉城・高藤城（掛川市・消滅）のみで、このほか口伝として、倉真城・美人ヶ谷城・滝ノ谷城・高《たか》盛山《もりやま》城（掛川市）があるが、この口伝城郭はさらに降る元亀・天正期のものと筆者は考えている。なお、文献と発掘調査、現存遺構すべてで確認できるのは、わずか松葉城のみである。

文亀元年（一五〇一）になると、遠江守護・斯波氏は巻き返しを図るため、信濃（深志《ふかし》）小笠原氏の援軍を要請して二俣城（浜松市天竜区）に在陣し、斯波寛元《ひろもと》は堀江城（浜松市西区）に布陣した。このときの今川軍の軍事拠点は新造した掛川城で、『宗長手記』によれば戦いは今川軍が圧倒する勢いで、社山《やしろやま》城（磐田市）に侵出した小笠原義雄《よしかつ》を攻めて二俣へ退け、斯波軍が拠る堀江城も攻めた。さらに、蔵王《ざおう》城（久野城・袋井市）、天方《あまがた》城（森町）、馬伏塚城（袋井市）などの攻防戦でも今川軍が勝利し、ほぼ遠江全域を制圧している。

この抗争に関連する城郭は、その後の武田・徳川両氏が再利用し、改造されているが、たとえば、社山城は元亀三年の武田軍による二俣城・浜松城攻めの本陣、天正三年（一五七五）の長篠合戦以降の徳川軍の二俣城攻めに際して使用している。

現在の遺構は健全に保存され、とくに横堀・大土塁・枡《ます》形《がた》虎口などが目立つが、古式な堀切・虎口・曲輪配置も認められ、文亀年間の斯波氏と今川氏の争い時の希少な遺構も伝えていると類推される。ここには四十年以上にわたる遠江戦国史が凝縮され、城郭研究にはよい教材となろう。

なお、斯波氏はこれで諦めたわけでなく、永正五年（一五〇八）に今川氏親が遠江守護に任じられると、斯波氏は旧領回復のため遠江に入り、引馬城（浜松市中区）の大河内貞綱、三岳城（浜松市北区）の井伊直平らと呼応し、三岳城に立て籠もった。一方、今川軍も出陣し、天竜川を渡河して本坂道を進み、市野・大菩薩山（浜松市東区）から北上して三岳城南方の都田川を挟んだ刑部城を本陣に、堀川城・志津城を支城として対陣した。

同十年、戦いは今川軍が勝利したものの、二年後にはふたたび引馬城の大河内氏が反乱を起こし、同城を奪還して斯波氏を招き籠城した。同十四年、今川軍は安部山の金堀衆を動員し、凄まじい戦いで落城させたことは『宗長手記』に詳しい。今川義忠・氏親の遠江に対する領土拡大は実に四十五年間におよび、戦国大名として発展するうえでの意義は大きいものになった。

本編では、永正の三岳城・引馬城の戦いで今川軍が布陣したところを取り挙げたが、ほとんどが開発で消滅、刑部城・志津城は大きく改変されてしまい、往時を知ることは不可能である。一方の斯波方として戦った井伊氏の三岳城・井伊谷城はよく保存されている。三岳城は徳川氏による改造が認められるも、その中に古式な腰曲輪と堀切も見られ、永正期の構造も内包《ないほう》している。長期にわたった今川・斯波両氏の抗争期にともなう城郭で、ある程度、現況から評価できるのは松葉城・社山城・三岳城である。これらからは、激しい攻城戦を想定して、強固で技巧的な普請がなされたと読み取れる。

遺構として、弱点地形に設けた切岸と意外な大堀切、小規模な横矢と虎口がある。多くの腰曲輪の構築は、後詰《ごづめ》駐屯地としたのか、規模的には小さいが、武田・徳川両氏が侵攻する永禄十一年（一五六八）以降の緒元《しょげん》的な戦国期城郭にも通じるものがある。現況遺構について、どうしても最終的な支配者に充てることが多く見られるが、今後もさらなる縄張り分析を期待したい。

〈水野〉

今川氏の有力国衆・葛山氏の城

42 葛《かづら》山《やま》城《じょう》

①所在地：裾野市葛山字富士畑
②立　地：標高二七〇m（比高六六m）の丘陵上
③交　通：JR御殿場線岩波駅から徒歩五〇分

【城館史】葛山氏は、平安期以来より駿東郡（中世の駿河郡）一円を支配していた藤原氏北家《ほっけ》に出自を持つ大森《おおもり》氏の一門である。鎌倉期には幕府の御家人、室町期は将軍奉公衆四番方在国衆《よんばんかたざいこくしゅう》（将軍家御家人）であり、将軍との関係を背景に、駿東郡の支配を確立していた。応永二十三年（一四一六）の上杉禅秀《うえすぎぜんしゅう》の乱《らん》、永享十年（一四三八）の永享《えいきょう》の乱《らん》に際しては、駿河守護・今川氏の軍事指揮下での活躍が史料からわかる。

戦国期には氏堯《うじたか》・氏広《うじひろ》・氏元《うじもと》の三代が知られ、氏広は『為広駿州下向記《ためひろすんしゅうげこうき》』（冷泉家時雨叢書八十二巻）に「葛山八郎（氏広）早雲子也」とある。北条早雲（伊勢新九郎）の伊豆侵攻を契機に、北条氏との関わりが深くなっていったという。

だが、天文五年（一五三六）に今川義元が家督を継ぐと、翌年には武田信虎の娘を妻とし、これまでの外交政策を大転換させたことで、河東一乱《かとういちらん》という北条氏との抗争が続いた。その際の長久保《ながくぼ》城の戦いでは、葛山氏は北条方として加わったが、武田信玄の仲介により和睦が成立し、駿東郡の支配は義元に帰することで、再び今川氏に臣従している。

今川義元の死後、葛山氏元は永禄十一年（一五六八）十二月、武田信玄の駿河侵攻に際していち早く従属したまではいいが、駿東郡は優勢な北条氏に占拠され、北条氏家臣の清水新七郎《しみずしんしちろう》（清水康長《やすなが》の子）に与えられている（県三―三七六〇）。その後の武田・北条両の抗争で、氏元は信玄

から謀反の疑いをかけられ、諏訪湖で入水《じゅすい》し、葛山氏は滅亡した。その後、信玄の子信貞《のぶさだ》が葛山氏の名跡《みょうせき》を継ぎ、武田氏に乗っ取られてしまう。

【縄張り概要】 葛山城は、愛鷹《あしたか》山へ入り込む入谷地形の葛山集落北背後に位置する。愛鷹山麓をめぐる根方《ねがた》街道に接して甲斐国郡内地方へ通じ、十里木《じゅうりき》を越えて富士郡にも容易につながる要衝地である。

葛山氏ゆかりの仙年寺《せんねんじ》背後の愛宕山（旧小字名「条山《じょうやま》」）に城が存在し、周辺の「堀田」・「大

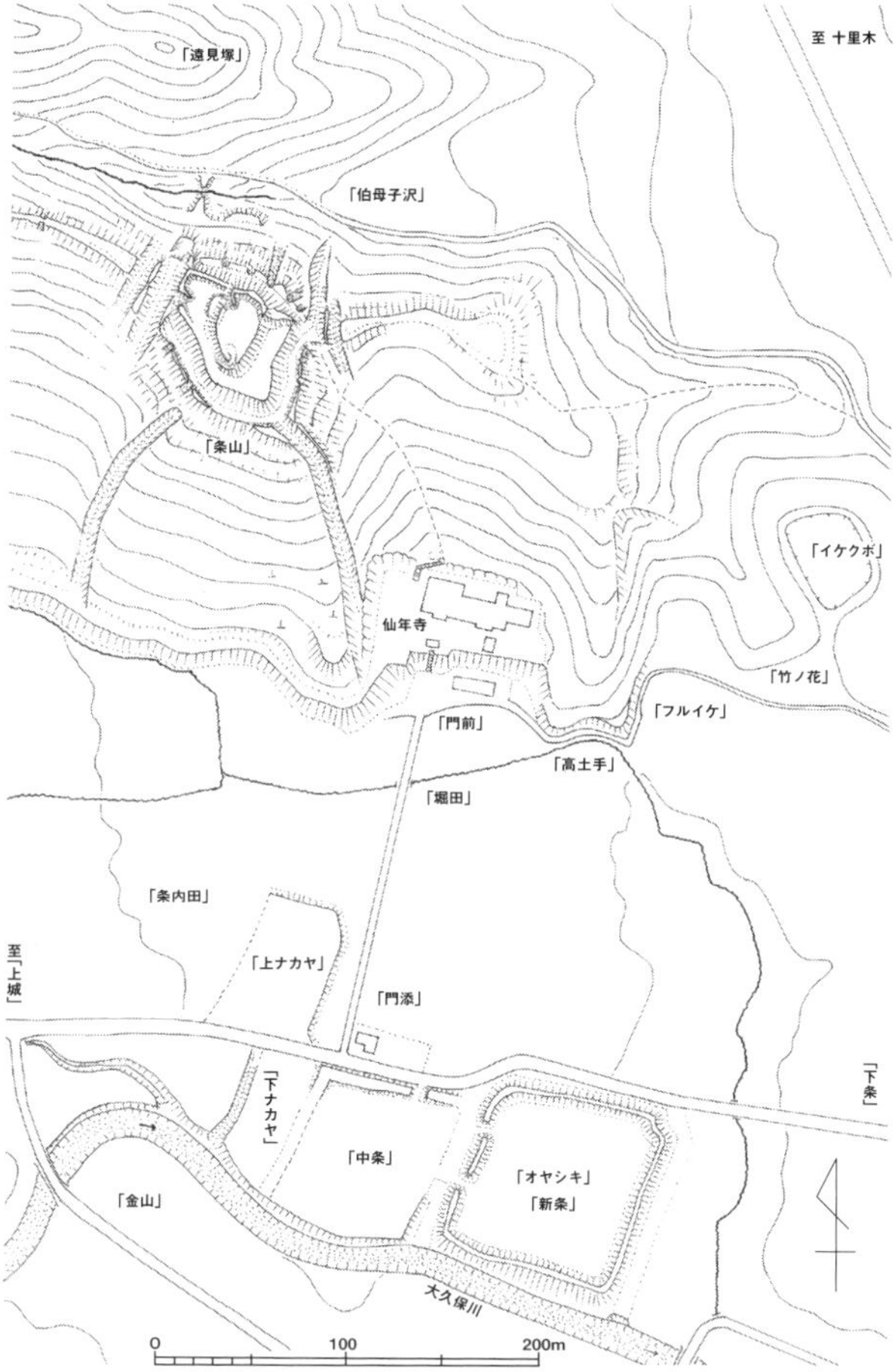

葛山城・葛山氏館縄張り図　作図：水野 茂

葛山氏の菩提寺・仙年寺境内も曲輪の一つか

歴代葛山氏の墓所（仙年寺裏）

門」地名の存在から仙年寺も曲輪として機能したという。ここを曲輪とすると、同寺から直登する道が大手口と考えられるが、城域東端の平場❹を地元では「大手曲輪」と位置付けているものの、主要部東を完全に遮断する二重堀切**A**の存在から、検討を要する。城域は約東西一九〇m、南北二五〇mで、主要部は二重堀切**A**・**B**によって東西を区画する。中心核に収まる本曲輪❶は東西八〇m、南北六〇mを測り、四m下には二の曲輪❷が取り巻くようにコンパクトにまとめてある。❷の下段の導線**C**の堀底道を押さえる横矢《よこや》構造は完璧である。さらに、**C**の南山腹、幅八mの竪堀**D**・**E**に囲まれた緩斜面地❸は、兵員を収容する駐屯曲輪であろう。

葛山城は、武田系城郭であることは疑いの余地もない。それは、有効に横矢《よこや》が掛かる横堀・二

上：本城曲輪①より。東方の箱根山中は北条氏の支配領
中：本城曲輪に入る喰い違い的な虎口と北辺の土塁は顕著
下：城内路として使われた横堀は150mも続き、横矢効果が活かされている。城内は葛山城址保存会の手により整備され、散策しやすい

＊1　静岡県の放射状竪堀群は本城と高天神城（掛川市）の二例だけであり、いうまでもなく武田氏の築城である。

（左写真）東限の二重堀切Aは仙年寺からの虎口にもなっているのであろうか

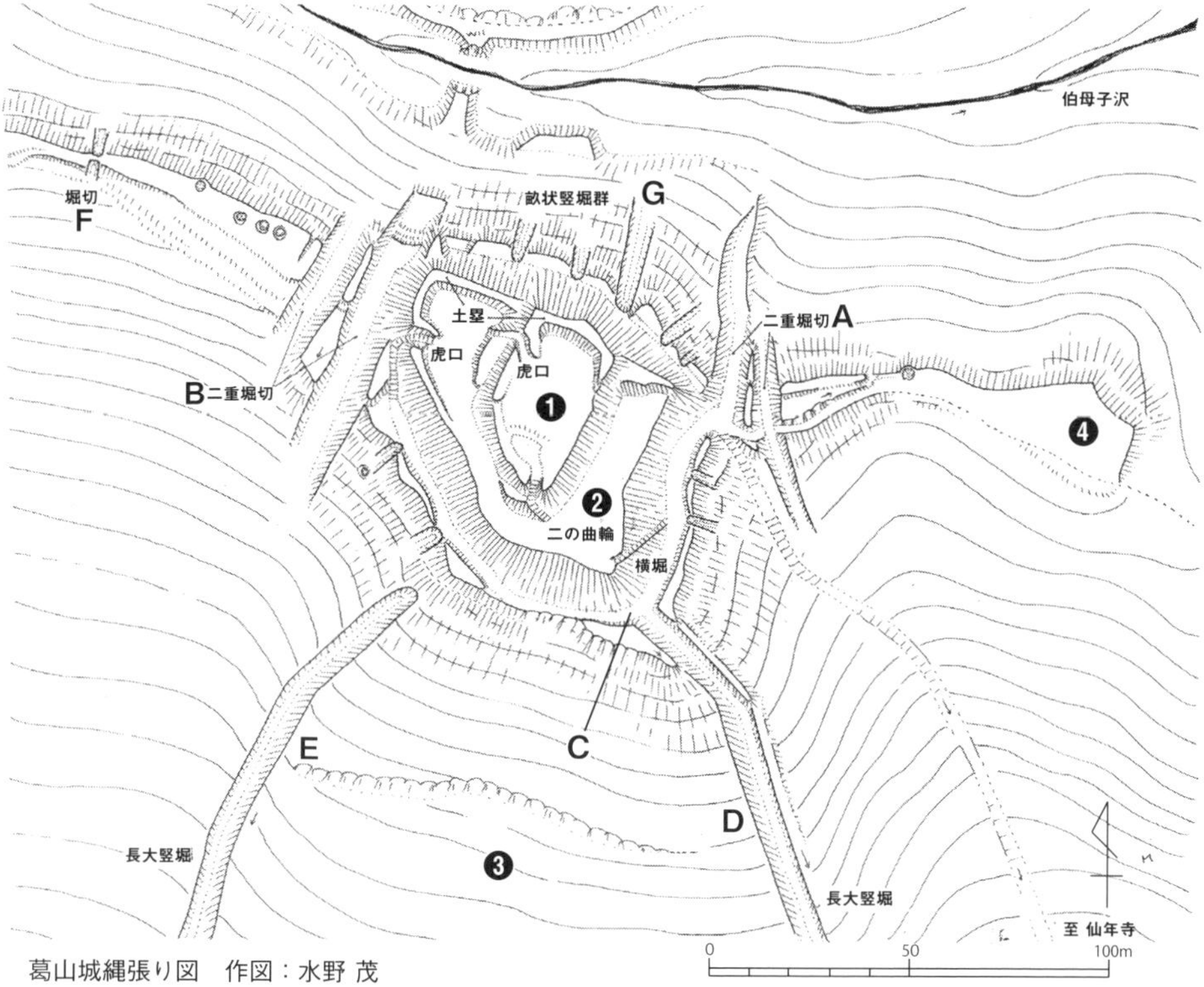

葛山城縄張り図　作図：水野 茂

重堀切・長大竪堀と、主要部背後の放射状《ほうしゃじょう》竪堀群[*1]Gという、今川系（葛山系）にはない堀構造が見られるからである。本城は、根小屋となる葛山氏館と共に、武田系城郭の指標となる城郭の一つである。

　葛山系の城郭がどういうものか不明だが、武田氏が改造したのは主要部周辺だけだと考えられる。二重堀切Bの西側にある幅約二mの古式な堀切Fなどは、葛山氏期のものという見解もある。

〈水野〉

西限となる二重堀切Bは圧巻

葛山氏の領主経営の拠点

43 葛山《かづらやま》氏《し》館《やかた》

①所在地：裾野市葛山字中村
②立　地：標高二〇一m（比高〇m）の河岸微高地
③交　通：葛山城と同じ

往時のように復元された北辺の大土塁

【城館史】　室町・戦国期の葛山氏の動向は、「葛山城」項を参考にされたいが、同氏の本地経営は「中村」にあったことは、発掘調査で確実である。*1

なお、南北朝期には鎌倉公方・足利氏満《うじみつ》より、「大森・葛山関務」として関所を立てることを許されている（県二―九五九）。また、葛山氏関係史料に「堀内山《ほりのうちやま》」が散見し、これは葛山城周辺丘陵地を示していると思われる。永禄十二年（一五六九）の武田氏の駿河侵攻に際して、葛山氏元は武田に従うことにしたため、北条氏は同地を占拠し、家臣の清水新七郎に与えたとき、「葛山堀内分」とある（県三―三七六〇）。ここを「ほりのうち」と称していたことから、在地領主の屋敷空間と城下集落の存在を文書史料からも裏づけられる。

【縄張り概要】　葛山氏館は、大久保《おおくぼ》川に沿う入谷地形の葛山集落中央に位置する。同集落東の入り口は「辻《つじ》」「札場《ふだば》」「陣ヶ堂《じんがとう》」と称し、根方街道に関所が設けられていたのだろう。「辻」西側が「下条《しもんじょう》」で、集落西端を「上城《かみんじょう》」といい、越前一条谷の朝倉氏による城下集落に通じる、下城戸《しもきど》・上城《かみき》

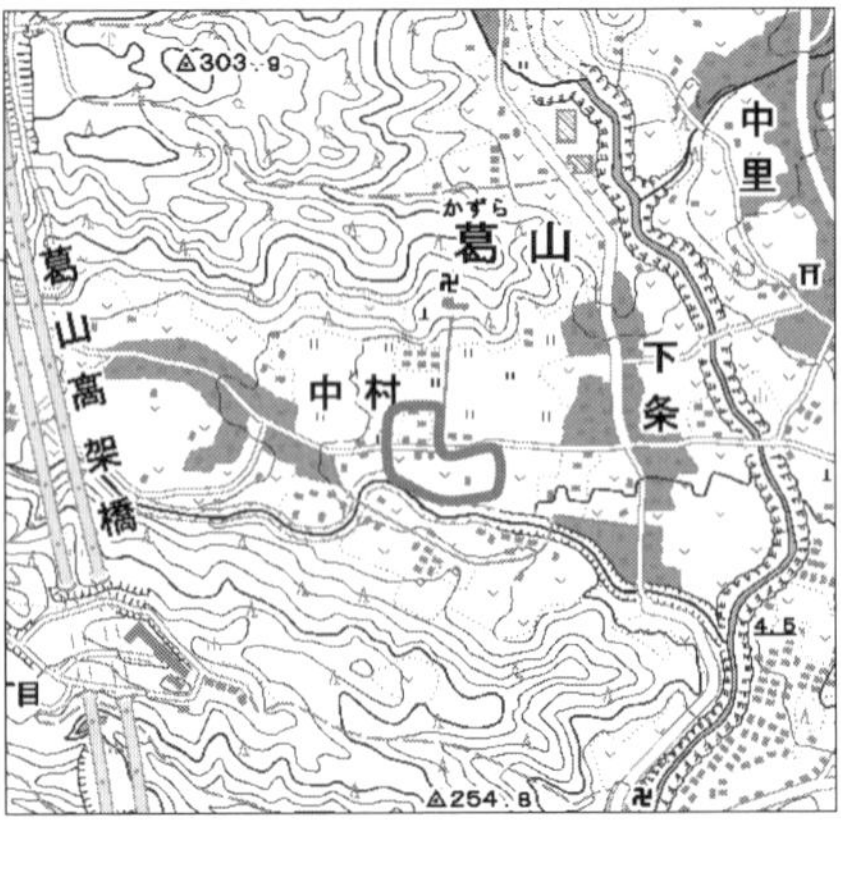

方一町の国衆館址は貴重

戸《ど》の存在を指摘できる。城下集落中央に位置する大久保川北岸の「新条《しんじょう》」（新城）に、葛山氏館❶は存在する。

東西約九七m、南北一〇四mの規模をもつ館地の周囲には、土塁が築かれていた。現在、南側は失われているが、北西隅Aでは基底部一〇m、高さ三・五mを測る大規模なもので、北側は道路建設にともない破壊されたが復元されたものである。西側南Bの幅二mほどの開口部が虎口と見られ、他の二か所は西隣りの半田家が、開業医時代に出入り口として開けたという。

館地を囲んでいた堀は、わずかに南西隅Cに残るが、規模は大きなものであった。同地内では平成元年に発掘調査が実施され、柱穴・地下式《ちかしき》横穴等に、中国銭・刀子《とうし》・砥石《といし》・鉄滓《てっさい》と多くの陶磁器類、かわらけ等が出土した。これらは鎌倉期から室町・戦国期のもので、館が長期にわたって使用され続けたことが確認された。＊1

西隣りの半田氏屋敷❷は、「中条《ちゅうじょう》」（中城）と称され、土塁の一部が残る。また、周辺に「下ナカヤ」地名の荻田氏屋敷❸、「岡村屋敷」❹、仙年寺東には古池氏屋敷があって、葛山四天王の存在を伝えている。

半田氏屋敷が「中条」で、ここからは詰の城の葛山城へと真っすぐつながることから、初期段階の中心的な館地であった。さらに周辺には、四か所以上の屋敷空間が確認され、「新条」は拡充された様相から、家臣を集住させた連郭式、複郭式へと進んだ館構造とも考えられている。〈水野〉

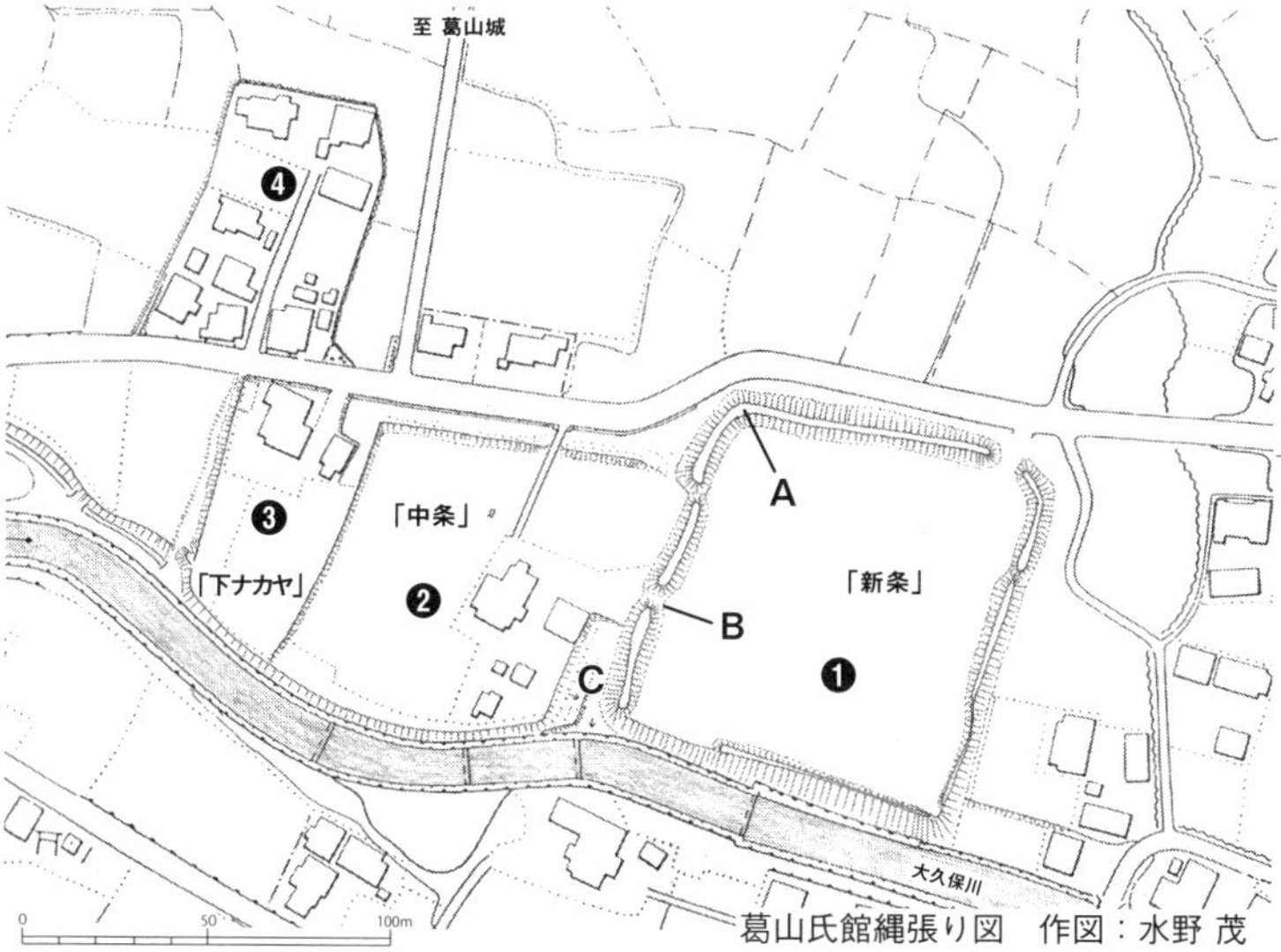

葛山氏館縄張り図　作図：水野 茂

＊1『葛山居館跡遺構確認調査概報』（裾野市教育委員会、一九九三年）

葛山氏初期の山城か

44 葛山《かづらやま》かくれ城《じょう》
（葛山《かづらやま》かくし砦《とりで》・葛山《かづらやま》古城《こじょう》）

①所在地：裾野市葛山字城ノ腰
②立　地：標高四七〇m（比高一三〇m）の丘陵上
③交　通：葛山城と同様に、さらに西へ徒歩三〇分

【城館史】　地元での伝承に「かくれ城」・「かくし城」と称されているだけで、一つとして文献史料はない。昭和十二年に沼舘愛三氏が明らかにしたのが初見である。[*1]

　葛山郷地域では、南北朝期から徳川家康が支配した戦国末期まで、約一〇度にわたる軍事的動向が挙げられる（『裾野市史』等）。縄張り構造から年代を推定すると、永禄十二年（一五六九）からの武田・北条両氏の駿東郡（中世は駿河郡）での抗争期が妥当である。『静岡県の中世城館跡』でも、「葛山城や居館が武田氏の手に移って、北条氏と敵対するようになった時、かくれ城を一時的な避難所（山小屋）としたのであろうか」とする。[*2] また、見崎鬨雄氏は、葛山氏が拠った「葛山古城」とし、在地領主が自ら軍事的に運用した山城と見ている。[*3]

【縄張り概要】　入谷地形の葛山集落には葛山氏の館が存在し、同館から愛鷹山へ向かって二・五km奥まった林道脇の山神社背後に、葛山かくれ城は存在する。しかし、この入谷をさらに進んでも深い山峡地帯に入り込むだけで、他地域とつながる古道もなく、下界を閉ざすだけの地理的環境にあった。

　同城の地名は「城《じょう》ノ腰《こし》」といわれているが、現在の小字名は「根木沢《ねぎさわ》」と「大洞《おおぼら》」である。

山神社背後の比高一三〇mの城域は、東・南・北から複雑で急峻な谷が入り込み、五つ以上の支

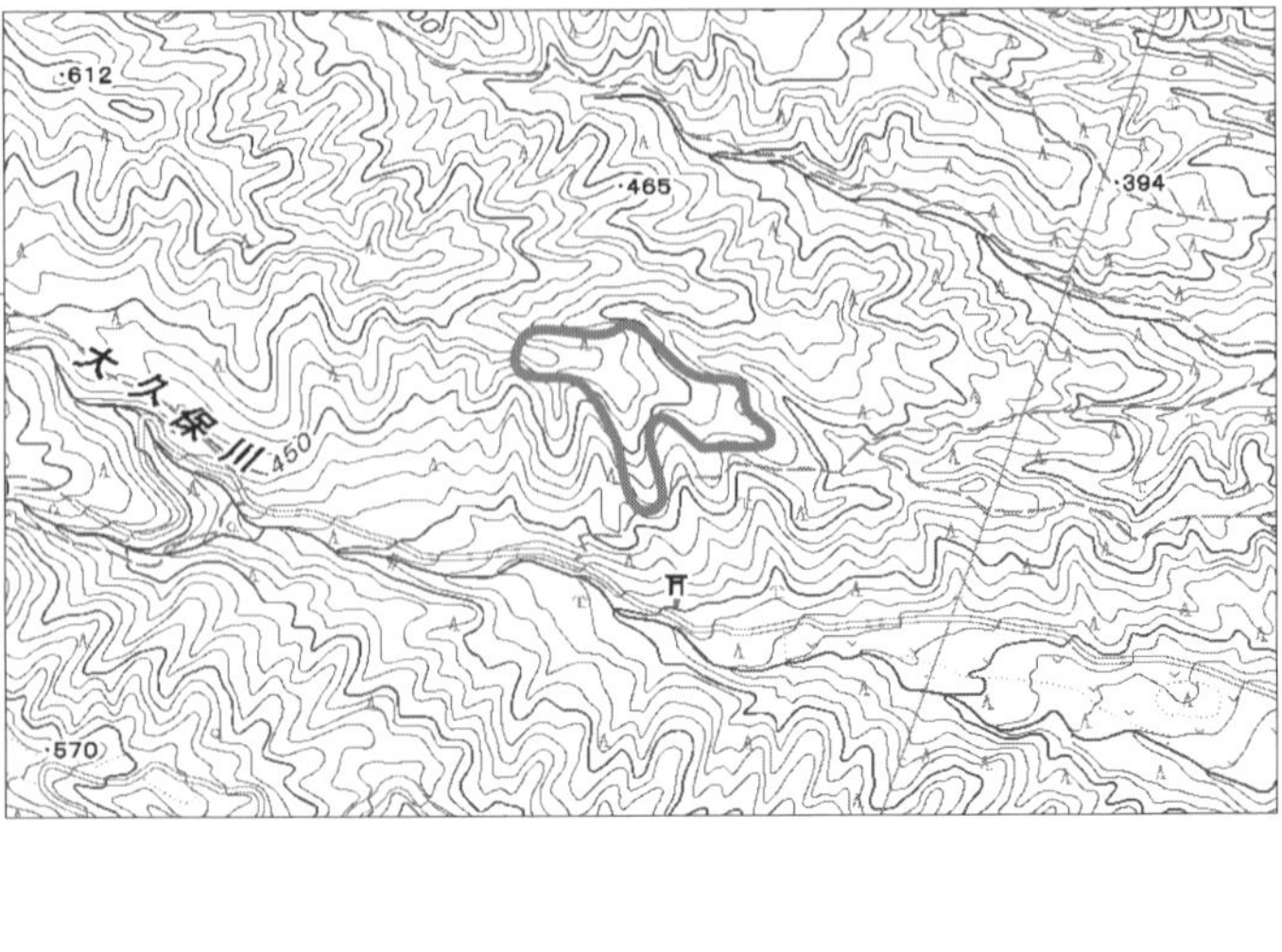

＊1　沼舘愛三「駿東郡地方に於ける城郭の研究」（『静岡県郷土研究』第九輯、一九三七年）。

尾根をつくる要害地形上にある。複雑な地形を利用した遺構は東西四〇〇mにわたり、葛山城よりも広域である。葛山城とは、二・五kmの稜線でつながっていることが踏査で確認された。城域は広大であるとともに、中央の堀切Dを境に築城形態が異なることから、東域の「城ノ腰」地区と、一段高い西域の「大洞」地区の二区に分けて見ていきたい。

まず、一段高い西側の「大洞」地区は、不規則な支尾根が四方に延び、痩せ尾根の自然地形であるが、主要地は❶と推定される。ここから南に下がる支尾根上には、小規模な堀切A・Bが築かれ、主軸尾根の離れた北にも堀切Cが穿たれており、それなりに防衛機能を備えた空間である。

しかし、痩せ尾根上を積極的に曲輪とすることはなく、「コ」の字に囲まれた緩やかな穴蔵《あなくら》状谷地形❷を守る意識が読み取れる。つまり、ここでは天険の要害地形に依存した痩せ尾根を骨格にし、それなりの人員を収容できる穴蔵状谷地形を優先した構造といえる（村人の避難地か）。同地区を区画する堀切も脆弱《ぜいじゃく》で、遠く離れているため積極的な遮断線とはなりえず、軍事的な構造物としては矛盾するところが多い。

一方の「城ノ腰」地区は、城域で最大幅をもつ堀切Dから東に位置し、大洞地区よりも一六m以上低く、まさしく山城の腰部にあたる。高所❸が主要部となり、東へ緩やかに下りながら、❹までの造成地は東西八五m、南北三五mを測り大規模で、明確に曲輪として整えている。同区への大手口は、葛山城からつながる稜線上❺からであり、一騎《いっき》

手前右側の葛山城から愛鷹山2.5㎞も入った山中に築かれている

＊2　戦時に、地下人という一般庶民らが難を逃れる避難所が、「山小屋」とか「村の城」といわれる聖域空間（アジール）であったという。井原今朝雄氏が「山城と山小屋の階級的性格」として新たな視点を提示したことから、研究者たちが批判し「山小屋論争」に発展した。簡単に梗概すれば、村人たちしか入れない避難所に、大名権力が軍事的に地下人を動員したか否かであった。井原氏は、戦国末には聖地であったところも軍事転用されていったとする。氏の「付論『山小屋論争』について」（『中世のいくさ・祭り・外国との交わり』校倉書房、一九九〇年）を参考にされたい。

＊3　貝崎賢雄「葛山城構築年代の推移」（『古城』第四五号、一九九九年）。

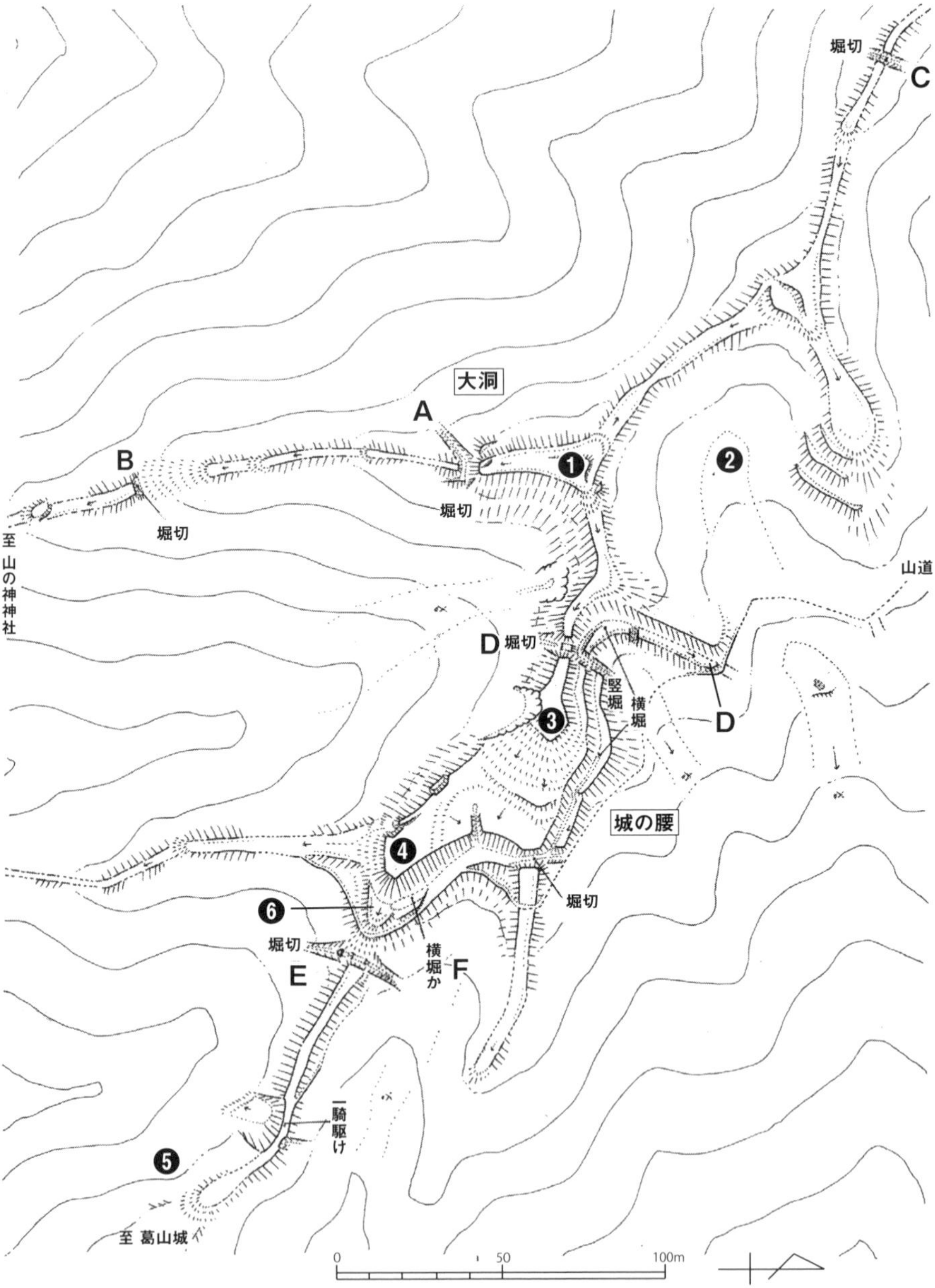

葛山かくれ城縄張り図　作図：水野 茂

駆《が》けと幅六ｍの堀切E、高さ六ｍの腰曲輪❻と高切岸から推定することができる。大洞地区と異なる遺構として、主要部❸・❹の下段を東Fから北Dまでを取り巻くように一九〇ｍにわたる横堀がある。横堀からの切岸は三～六ｍと大規模ではないが、同城の前面に対して強化した遮断系構造と、重層的な連絡道の導線が把握できる。この地区での縄張り構造は、葛山城にも通じるようなところもあり、領主権力による改修もなされたと推定される。

かくれ城を全体的に見れば、未整形で避難所的な大洞地区が上位を占拠していることから、村人たちが維持・管理する、まさに隠れ拠る避難地であったところを優先する。下段の城ノ腰地区は、葛山氏の改修により永禄十二年あたりから軍事的に対応したのであろうか。

同城南麓は「山《さん》居《きょ》」と称し、南北朝期頃、葛山氏の氏寺である仙年寺や元屋敷・集落があったとする伝承も残り、古く根小屋集落の存在も示唆している。

〈水野〉

上：曲輪❸北中腹の横堀状遺構
下：曲輪❹東側の横堀

富士山の火山灰で埋まっているが、堀切Dあたりの遺構

良好に残る葛山氏家臣の屋敷

45 柏木氏屋敷《かしわぎしやしき》

①所在地：裾野市茶畑字境川
②立　地：一一・四m（比高〇m）の河岸微高地
③交　通：JR御殿場線裾野駅東から徒歩三〇分

【城館史】柏木氏は、佐野《さの》郷（裾野市茶畑周辺）一帯を支配した土豪で、茶畑集落に鎮座する佐野浅間社《さのせんげんしゃ》の神職も務めていた。天文二十年（一五五一）に葛山氏元から佐野浅間社の懸銭《かけせん》を寄進され（県三―二〇九三）、翌二十一年には検地の実施にともなう浅間五社領を安堵されている（県三―二二五〇）。

このことから、柏木氏は少なくとも十六世紀前半からは、葛山氏の配下となっていたと考えられている。

上：境川を活用した土豪らしい環境（中央の木立）
下：用水も兼ねる西面の堀と土塁

【縄張り概要】箱根山西麓を流れる境川（大場《だいば》川）が茶畑地区に形成した沖積平野の一角に位置している。一辺が九〇mの典型的な方形屋敷《ほうけいやしき》空間に、周囲は幅五～一〇mの水濠が廻る。内部には幅三～八m、高さ一～一・五mの土塁が残存

し、現在の出入口は西側に設けているが、往時の虎口は南側にあったという。

なお、静岡県内で戦国期の土豪層の屋敷がこれだけ健全に保存されているのは他に例がなく、よい教材となろう。

〈望月〉

現在の出入り口と土塁脇の城址碑

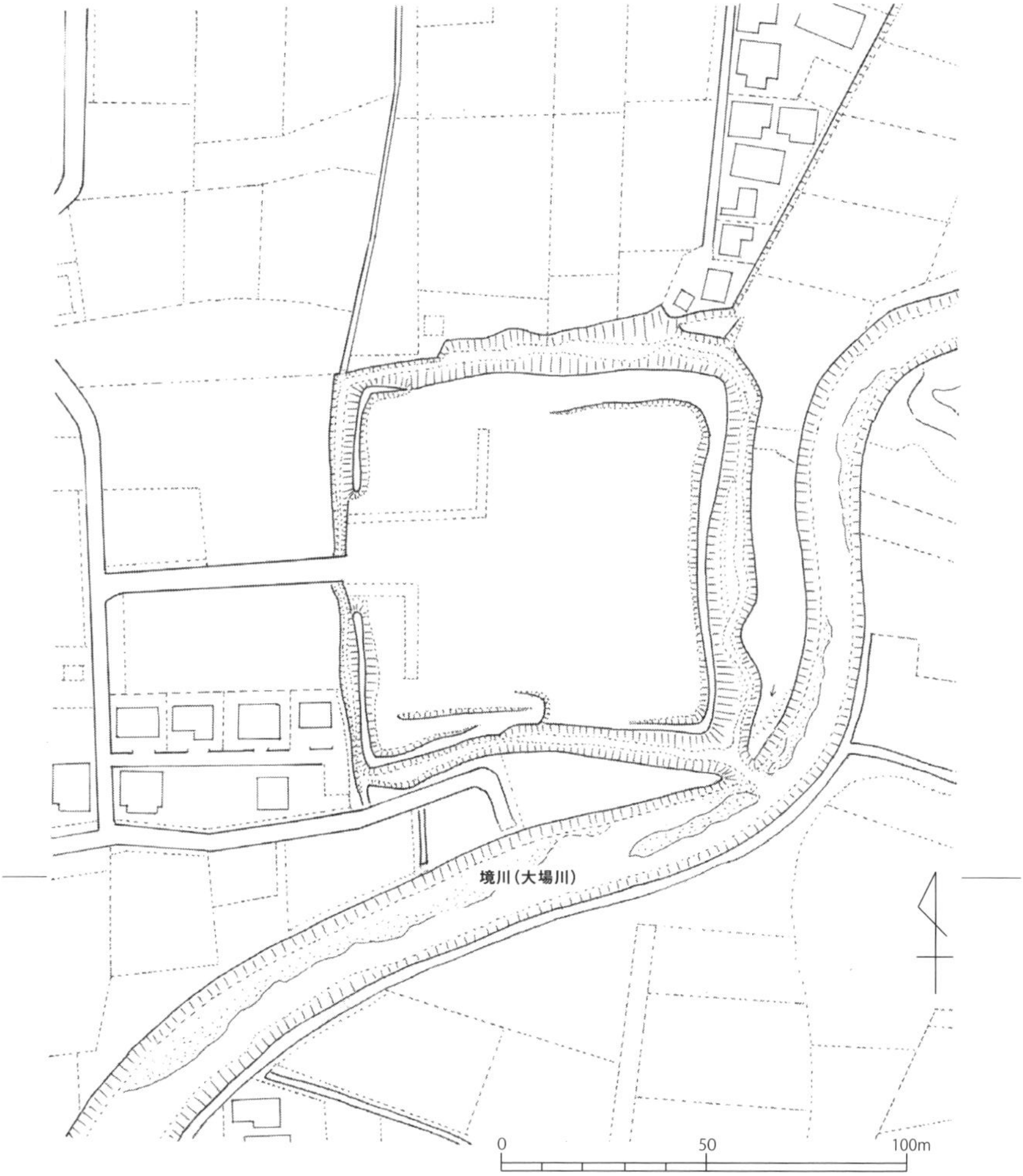

柏木氏屋敷縄張り図　作図：水野 茂（『裾野市史』第一巻、資料編考古の「柏木屋敷」参考）

今川氏直轄地の山城

46 大平古城《おおひらこじょう》

①所在地：沼津市大平字吉田・函南町日守字下谷
②立　地：比高一四四・九m（比高一三五m）の尾根上
③交　通：車で狩野川中流域の大平集落を目指し円教寺の背後

【城館史】大平古城に直接触れた史料はないが、大平郷は今川氏の守護領（直轄地）であった。永禄八年（一五六五）七月、大平《おおひら》・日守《ひもり》両郷には朝比奈親徳と福嶋伊賀守両氏の代官分と今川氏直臣《じきしん》分があり、郷民の年貢徴収に関わる同直臣の「加用（荷用）・小番衆中」が存在し、軍事的な装置、すなわち城郭の存在も示唆されている（県三―三二八一）。

永禄十二年五月、掛川城を開城した今川氏真《うじざね》は北条氏の庇護《ひご》のもと大平に入った。翌元亀元年には、駿東郡へ侵攻した武田信玄が興国寺《こうこくじ》城や韮山《にらやま》城などを連日攻め立てた。このとき、氏真に従った三浦元政《もとまさ》らが「大平に籠城を遂げ」ており（県四―三八一）、『沼津市史』では大平新城としているが、今川氏の縄張り構造の類似点*1から考えて同古城を指摘しておきたい。

なお、麓部に築いた大平新城は、天正九年（一五八一）十月、北条方の最前線にある戸倉城の笠原政尭《かさはらまさたか》が突然、武田方に内応してしまったことで（県四―一四四九）、北条方が大平周辺まで前線を後退させたときに、一族の北条氏光《うじみつ》を同城に配したときに改造されたものであろう。

東の函南町日守から見る古城

【縄張り概要】大平新城から標高三五三・四mの大平山に向か

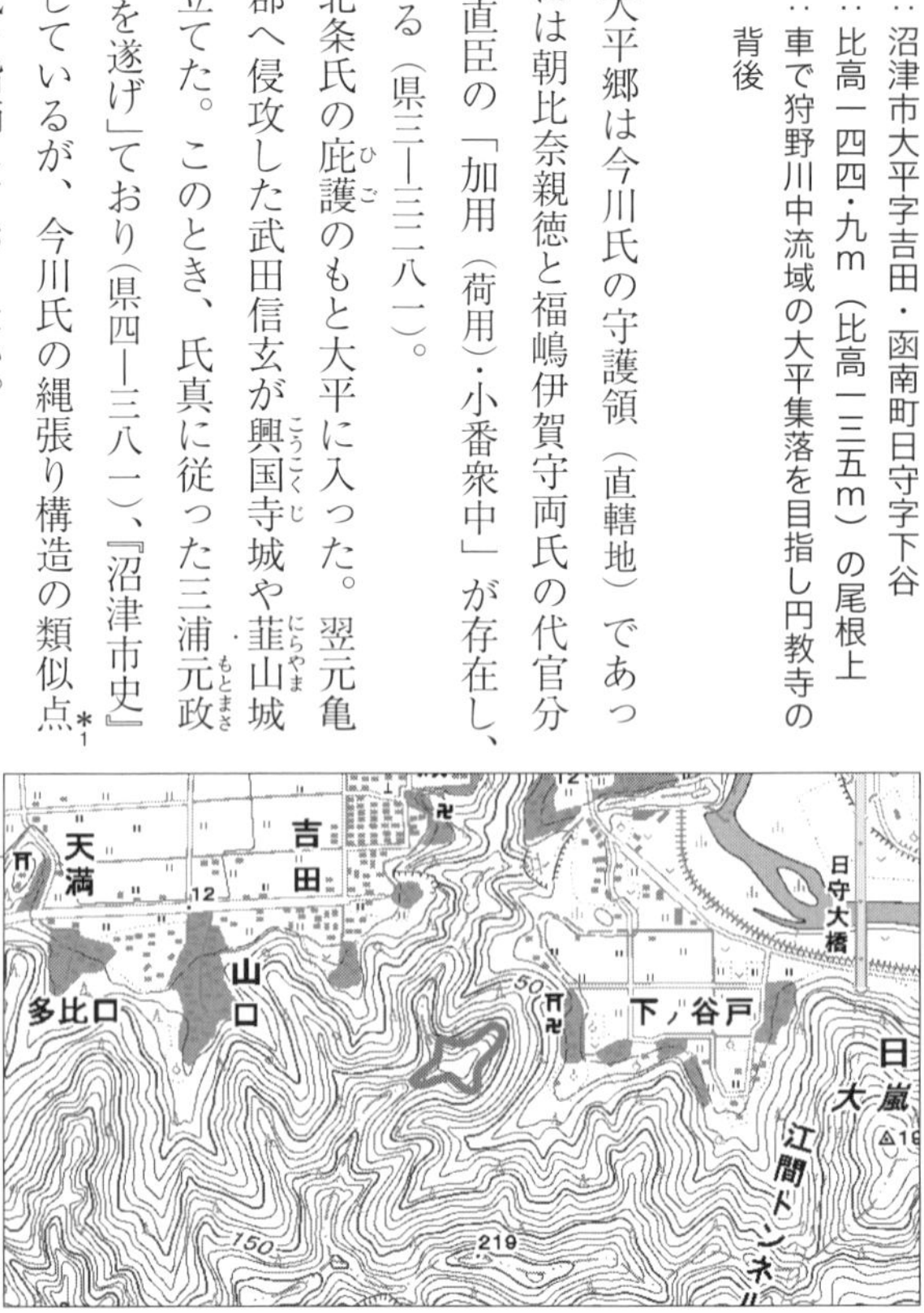

＊1　同古城は小規模ではあるが、技巧的な本曲輪への導線と土塁・枡形虎口のあり方は、戦国大名の権力を背景として築かれたと考えられる。縄張りは、駿府の賎機山城と酷似することからも、今川氏との関わりが強く示唆されよう。「賎機山城」の項を参考にされたい。なお、北条氏改修説もある。

う中腹ピーク上に位置し、平成十年に発見された。沼津市大平と函南町日守の境界線上に位置するが、主要部は日守側にあり、地元では「城山《じょうやま》」と称している。日守側からは独立峰のように見える城域は、東西一二〇mとコンパクトにまとめた連郭式縄張りである。

最高所の本城曲輪❶は、北辺に高さ一mの土塁と土壇《どだん》（高台）❷を伴い、規模は東西二七m、南北二〇mを測る。本城曲輪東の二mほど低い二の曲輪❸は、東西四〇m、南北一六mで、南辺に土塁を活かした虎口と、その下段の基部に石積みを配した六m四方の枡形虎口が認められる。腰曲輪❹❺からの大手となる連絡路は横矢が可能で、これらは発達した重層的な導入系構造を見せている。この虎口形態から北条氏改修説もある。

三の曲輪❻は、東西二〇m、南北一〇mの規模で、大平新城方面を意識した高さ約〇・三mの土塁を築き、防御を固めている。また、三の丸西には三六mの距離をおいて幅三mと幅四mの二つの堀切が設けられ、同新城の遺構と類似する。〈水野〉

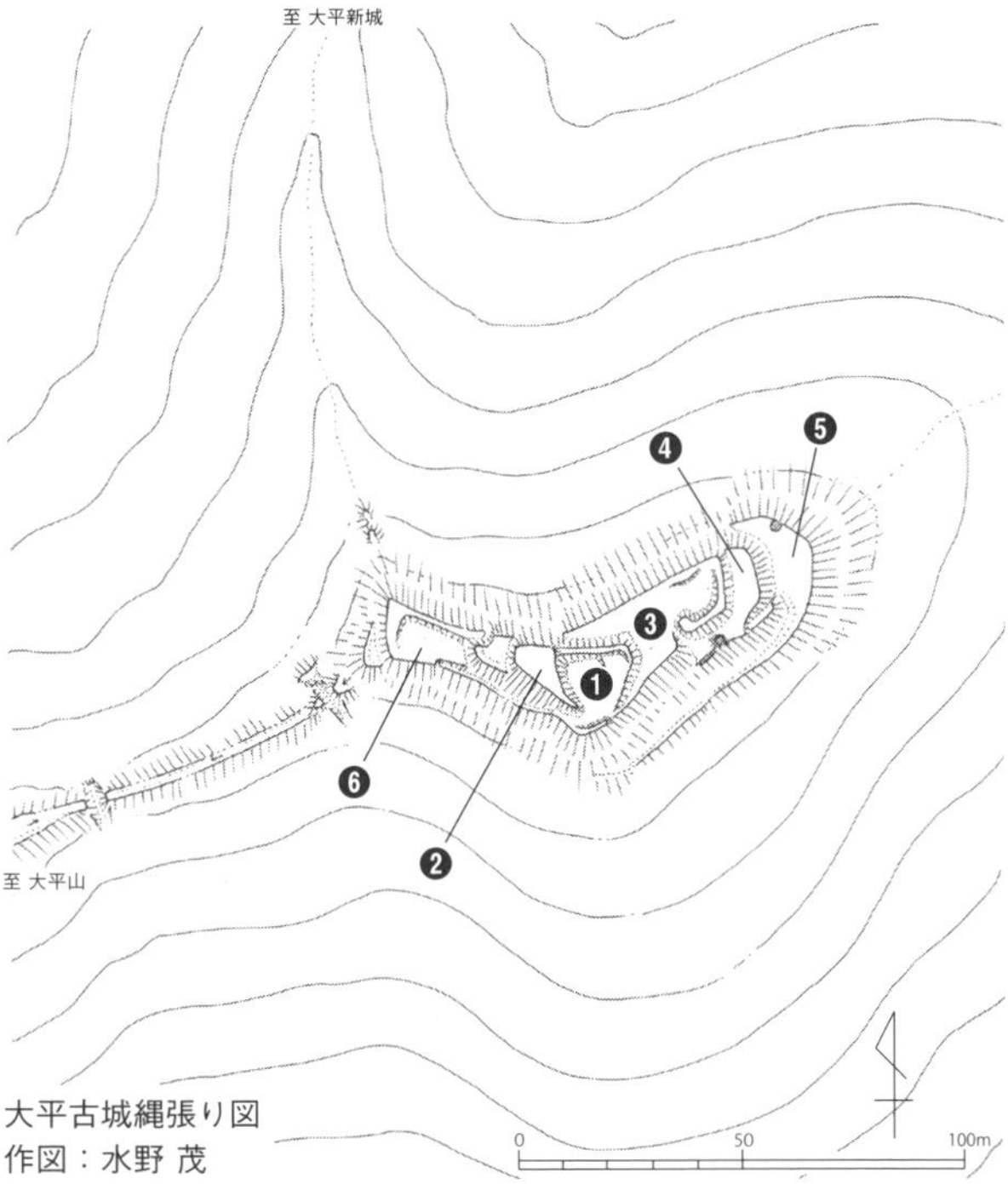

大平古城縄張り図
作図：水野 茂

二の曲輪へ導入する枡形虎口

本城曲輪と西上段の土壇

今川氏直轄地の土豪の屋敷

47 星谷氏屋敷《ほしやしやしき》

①所在地：沼津市大平字小山
②立　地：標高一〇・六m比高（二m）の山麓微高地
③交　通：車で狩野川中流域の大平集落を目指し、ここの北西山麓

【城館史】　大平郷は今川氏の守護領であった。星谷氏は北条氏の影響も受けながら大平郷を知行した土豪層の一員で、近隣には片岡氏・土屋《つちや》氏らがいた。天文二十一年（一五五二）、今川義元から「大平八社神田」一五貫文を給与され、朝比奈親徳の同心として参陣を命じられている（県三―一一二九）。なお、徳川家康の側室お万《まん》の方《かた》は、若きころ星谷縫右衛《ぬいえ》門《もん》に養育され、同屋敷に住んでいたと伝わる（『大平年代記』）。

【縄張り概要】　徳倉山から東尾根に延びる、龍《りゅう》頭《とう》山《ざん》の東麓に位置している。古来、狩野川の大水で被害を受けたことが『大平年代記』に見え、水害に強い山麓微高地に屋敷を構えている。現在の屋敷地❶は、採石と住宅化の改変が進み、明らかにできないが、北辺には大規模な土塁**A**と、南辺にも土塁**B**の基部が認められる。背後の龍頭山には山城遺構は見られない。〈水野〉

星谷氏屋敷縄張り図　作図：水野 茂

母屋背後に土塁が見られるが、採石で改変された

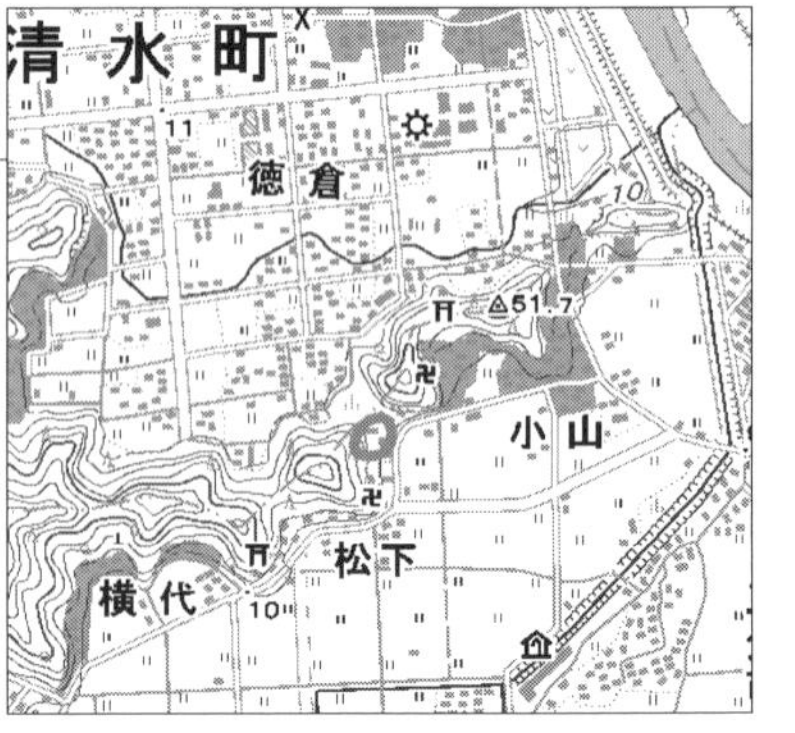

貴重な土豪屋敷の実例

48 片岡氏屋敷《かたおかしやしき》

①所在地：沼津市大平字吉田
②立　地：標高一一m（比高二m）の谷戸地
③交　通：大平集落南東の山麓

【城館史】　片岡氏は上野国から移住したと伝わる。また、北川殿の菩提寺・桃源《とうげん》院《いん》を建立している（『大平年代記』）。天文二十一年（一五五二）、今川義元から大平郷八社神田領が給与され、朝比奈親徳の同心として同郷の星谷氏と参陣するよう命じられている（県三―二一三〇）。後に、北条氏にも仕えている。

片岡氏屋敷縄張り図　作図：水野 茂

【縄張り概要】　大平新城の奥まった谷戸《やと》地形に構えた同屋敷地❶は、西半の平坦域と東半の丘陵域に分かれた縄張りである。平坦域には現在も末裔が居住しているため、改変が著しいが、丘陵域は北辺に土塁と堀跡Aが良好に残り、南辺にも小尾根が延びて、屋敷空間を明確に伝えている。当該地方で土豪屋敷のあり方を把握できることは貴重である。末裔が現在も居住しているため、見学は不可。〈水野〉

屋敷地背後に構えられた空堀と土塁（右側）

城の拡張を行ったのは誰か

49 徳《とくの》一《いっ》色《しき》城《じょう》（田《た》中《なか》城《じょう》）

①所在地：藤枝市田中
②立　地：標高一五ｍ（比高五ｍ）の微高地
③交　通：ＪＲ東海道本線西焼津駅より徒歩二〇分

【城館史】　現在の田中城は、同心円状の円郭式縄張りを持つ城郭史上希有《けう》な存在として広く知られているが、これは今川氏滅亡後に武田氏・徳川氏らにより逐次大改造されたものである。今川初期に一色左衛門尉信茂《さえもんのじょうのぶしげ》が築いた「徳一色城」が前身といわれ、この人物は史料もなく不明だが、足利氏一族の系譜を示唆し、益津郡司を務めていた一色氏屋敷から発展したと、『藤枝市史』では位置づけている。

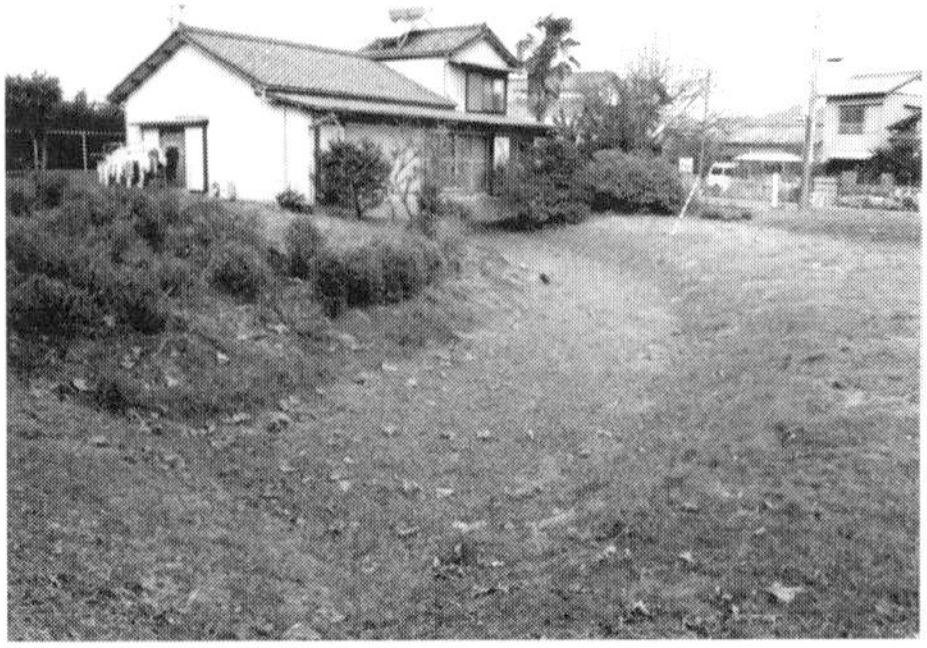
唯一残存していた二の曲輪南にあたる新宿二の門前の貴重な三日月堀跡（平成７年撮影）

武田信玄が駿河に侵攻した永禄十一年（一五六八）頃には、今川氏真家臣の長谷川《はせがわ》能長《よしなが》・正長《まさなが》が守備していた（『駿河記』・『駿河志料』など）。永禄十三年正月、武田信玄は花沢城《はなざわ》（焼津市）を攻略し、徳一色城を接収して田中城と改名する。このとき信玄は、「徳一色落居元来堅固之地利ニ候之間、不及普請、本城三枝土佐守（虎吉）、二三之曲輪朝比奈駿河守（信置）、同名筑前守（輝勝）在城」させたと興味深い記述がある（県四―一七三）。ここから、今川期にはすでに、田中城には本城曲輪・二の曲輪・三の曲輪が存在しており、武田氏による改修はなかったともされる。しかし、馬場信春《ばばのぶはる》に命じて馬出しが構築されて

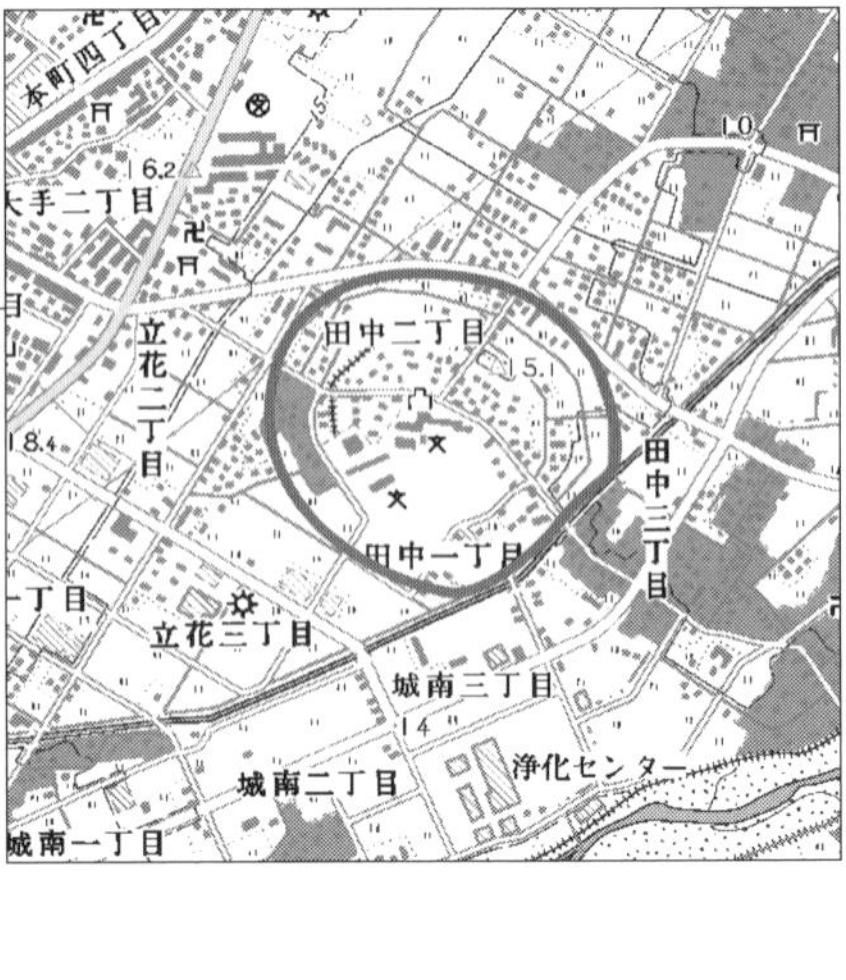

おり、信玄が二か月近くここに逗留したり、天正三年（一五七五）五月の長篠の合戦以降の、長期にわたる徳川氏との抗争期に曲輪の改造と拡張もあったと思える『甲陽軍鑑』の内容を留意すれば、検討すべき課題もある。

【縄張り概要】　志太平野の微高地上の一角に築城された今川期の徳一色城は、自然地形の要害となる湿地帯が周辺に広がり、六間《ろっけん》川や瀬戸川の河川をも防御線としていたことから、「堅固之地利」と記されたと考えられる。

徳一色城から田中城への縄張り変遷について、先の史料と発掘調査の成

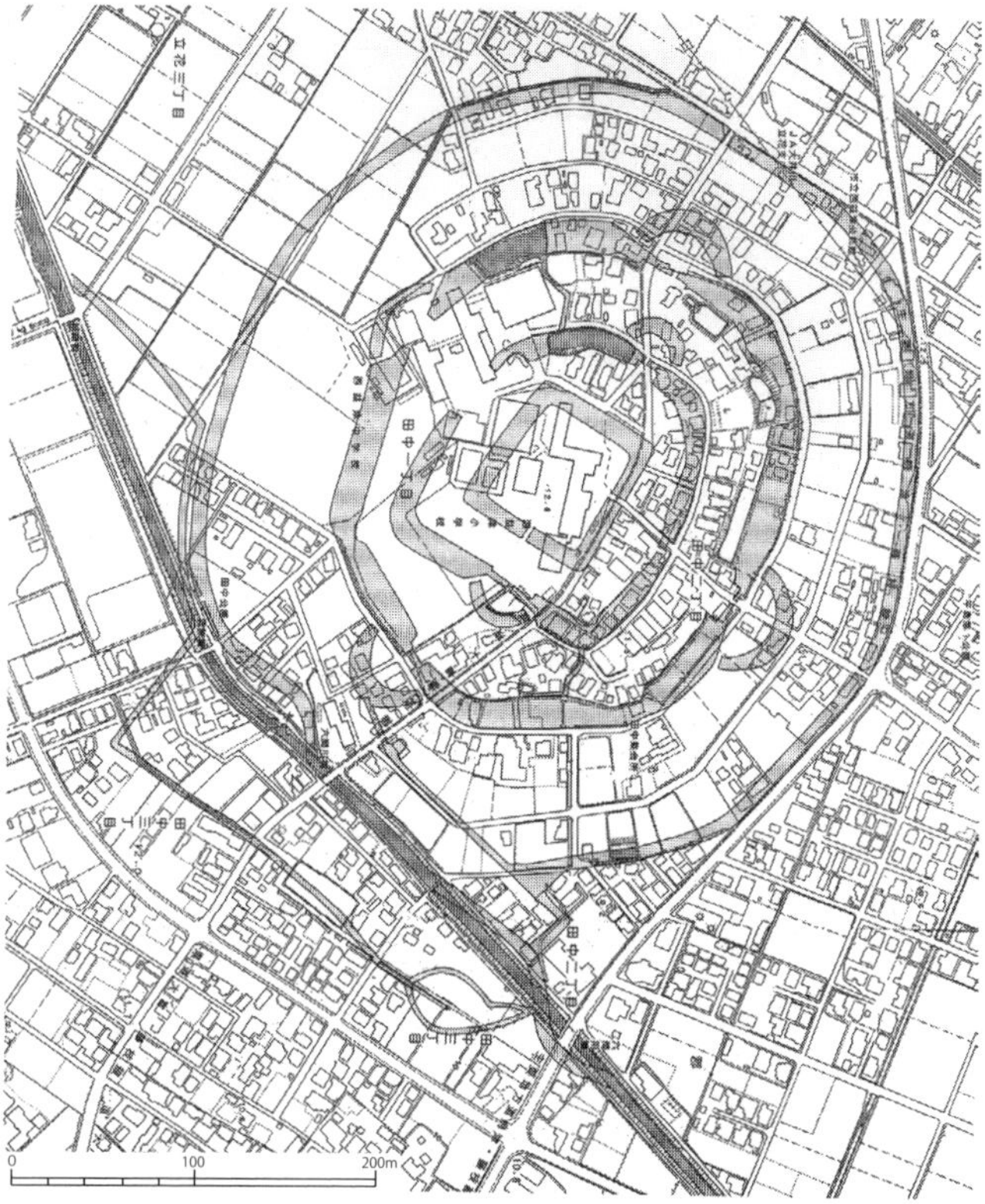

徳一色城縄張り図　作図：水野 茂

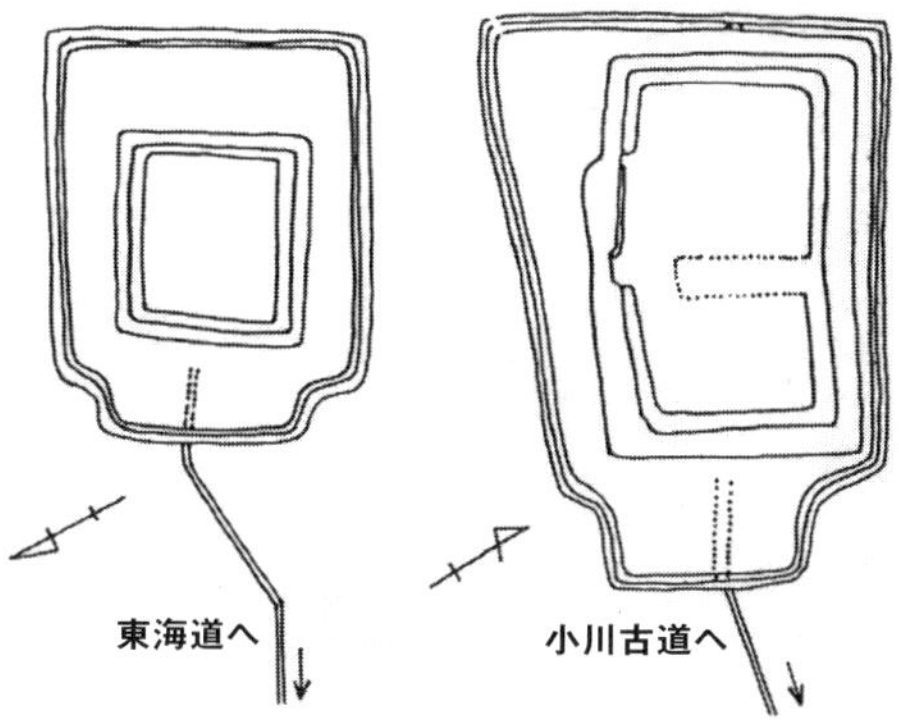

徳一色城（左）と小川城（右）の遺構比較（『藤枝市史』通史編上より転載）

（右写真）西益津小学校正門の東辺と北辺が長谷川期の本城曲輪

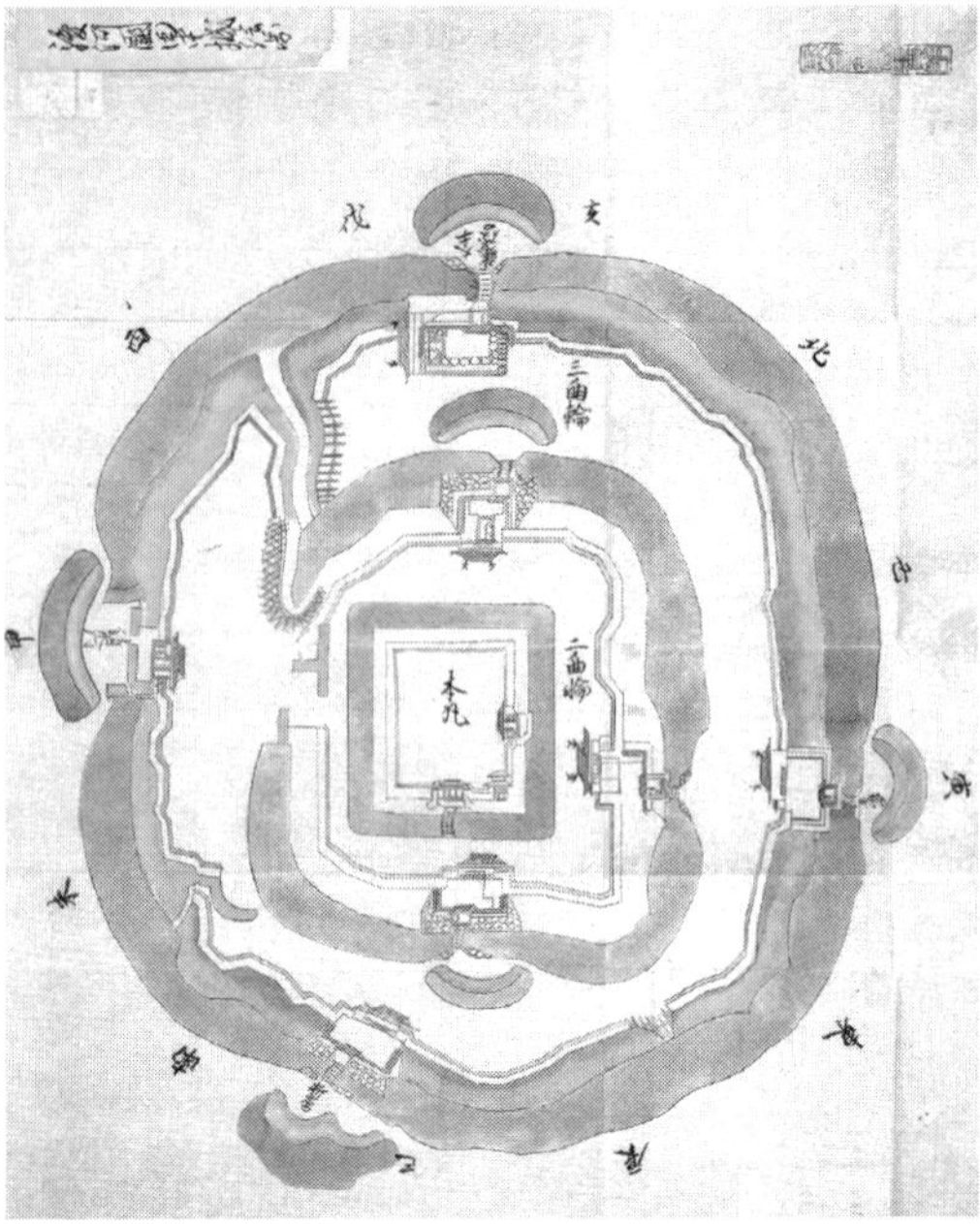

「駿河国田中城絵図」　国立国会図書館蔵

西益津小学校開校当時の本城曲輪と二の曲輪　写真提供：藤枝市郷土博物館・文学館

果を踏まえての『藤枝市史』を引用すれば、「徳一色城の本丸は一色氏の居館であった方形館《ほうけいやかた》が基になっており、これに改修を施して土塁を拡大し、併せて二の曲輪を設けて城の拡張を行ったのが小川《こがわ》城を本拠とする長谷川氏であった。長谷川氏はさらに三の曲輪を築いて同心円状に拡大した」とある。また、類似した「徳一色城と小川城の遺構比較図」で示すも、三の丸は図式化されておらず、長谷川氏期に三の曲輪まで拡張されたのか疑問である。たとえば、武田氏系の丸馬出は本城曲輪にはなく、城域の外郭線に設けることが多い。さらに、広くもない三の曲輪内に無理に設けたことを鑑みて、二の曲輪の馬出までが信玄期のもので、三の曲輪の拡張は勝頼期に完成したと考えられないだろうか。

〈水野〉

現存する二の曲輪堀と模擬的に設けた大手二の門橋

山西の有徳人・長谷川氏の屋敷

50 小川城《こがわじょう》（法永長者屋敷《ほうえいちょうじゃやしき》）

①所在地：焼津市小川五丁目
②立　地：標高五m（比高〇m）の平地
③交　通：しずてつジャストライン・小川のバス停から徒歩一〇分

【城館跡】今川義忠死後の家督争いに際し、子の龍王丸（後の氏親）は母に伴われ、山西の小川（西駿河）の法永長者のもとに身を寄せた。そこは、『今川記』に「山西の有徳人《うとくにん》（富豪者）」といわしめた長谷川次郎左衛門尉正宣《じろうざえもんのじょうまさのぶ》の屋敷で、沿岸航路の小川湊を管轄下に置き栄えていたという。永禄十一年（一五六八）十二月、武田信玄の駿河侵攻に際しては、庶系の正長が一族とともに徳一色城（田中城・藤枝市）に一族とともに立て籠もっている。

【縄張り概要】小川城周辺は、早くから耕地・宅地化が進み遺構が消滅したが、昭和五十四年より継続的に発掘調査が実施され、全貌が明らかになった。屋敷地は、北東—南西八〇m、北西—南東一五〇mの規模に、幅約一五mの堀が囲繞し、堀底には畝状《うねじょう》仕切りをもつ珍しいものであった。これは、北条流の畝堀ではなく、周辺の低湿地であることから普請時の湧水対策で、堀幅など不規則なことからも理解できる。

虎口は南側に確認され、内部は約三つの区画に分れている。主殿辺りからは、一五世紀後半から一六世紀前半の国産品はもとより、大陸から輸入された青磁の壺・香炉《こうろ》・盤《ばん》など、高価な贅沢品が多く見つかったという。〈水野〉

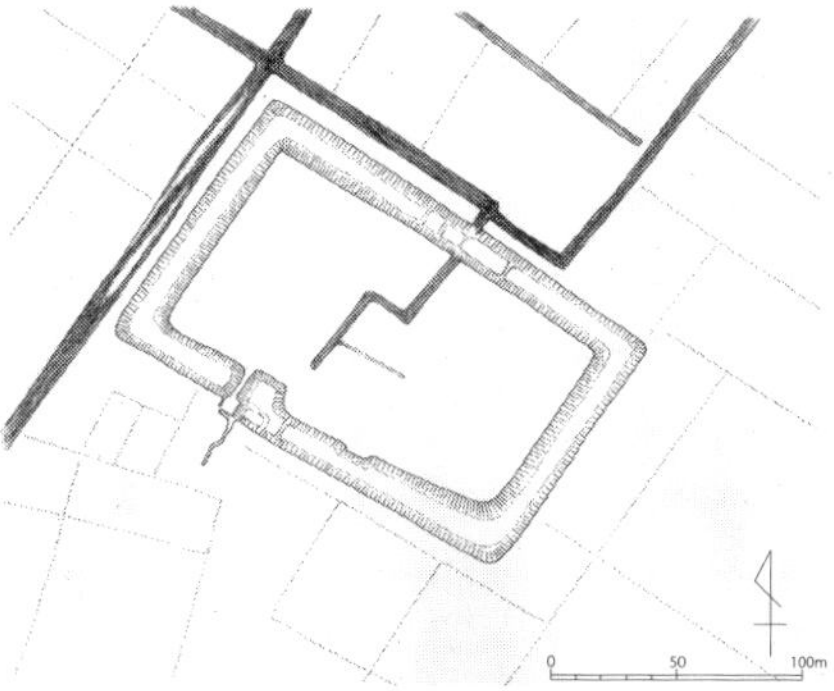

小川城縄張り図　作図：水野 茂（『焼津市史』通史編上巻の転載図参考）

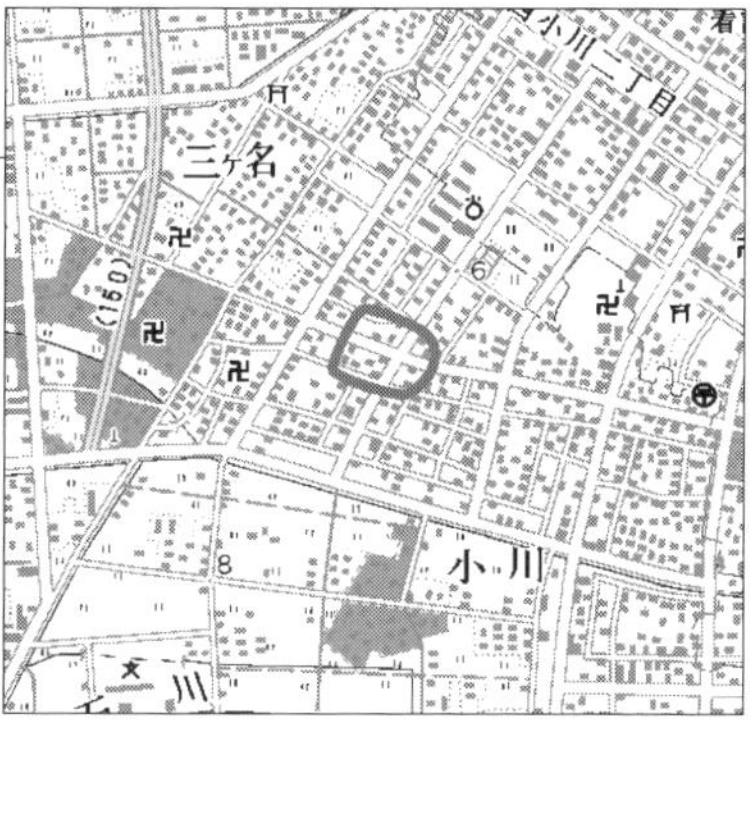

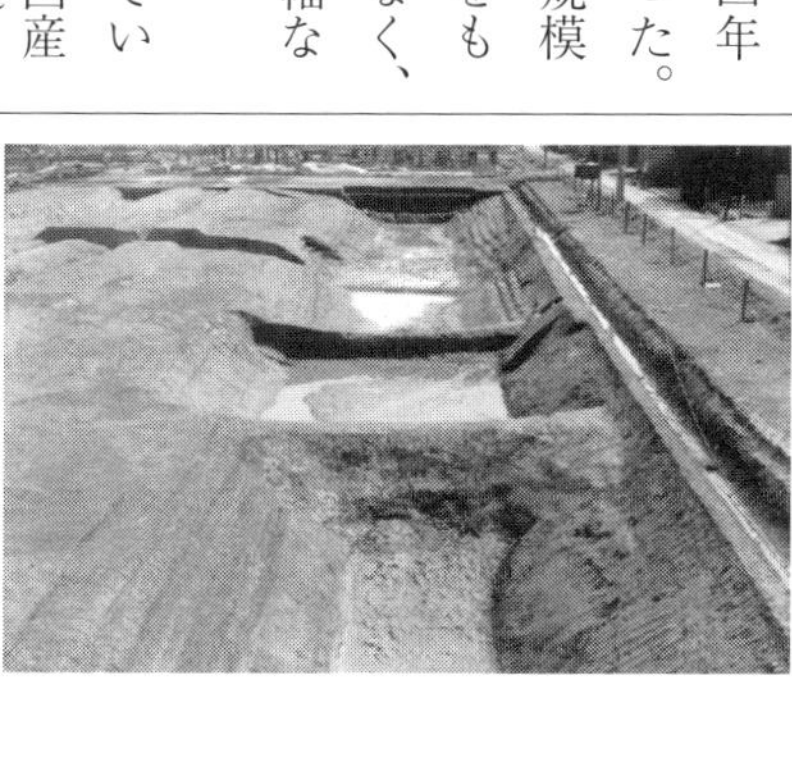
発掘調査で発見された畝堀（障子堀）状の東面の堀跡（当地の案内板より）

今川氏重臣・岡部氏の拠点

51 朝日山城《あさひやまじょう》（岡部城《おかべじょう》）

①所在地：藤枝市仮宿字堤ノ坪
②立　地：標高一一〇m（比高八五m）の丘陵上
③交　通：朝比奈川西岸の仮宿集落より徒歩三〇分

【城館史】　朝日山城が存在する藤枝市仮宿《かりやど》（借宿）は岡部郷に含まれ（北の宇津谷峠から内谷・桂島・三輪・仮宿）、戦国期まで同郷岡部宿の中心だったとされる。[*1] 建長元年（一二四九）の「尊経閣古文書纂所収宝菩提院文書」（県一―九七四）に、「岡部権守自領地岡部・宇津《うつの》谷《や》両郷」とあり、入江氏系岡部氏が広域に領したと伝えている。同氏が拠点としたのが朝日山城で、東麓の静岡大学農学部東側には「御屋敷《おやしき》」地名を残す岡部氏屋敷があり、背後地には岡部氏ゆかりの万福寺《まんぷく》（廃寺）と一族の石塔が散見する（『駿河記』）。享禄年間（一五二八〜）に再興された岡部氏の菩提寺は、朝比奈川東岸の中腹に建立された万松院《ばんしょう》である。

『駿国雑志』の朝日山城項には、「是岡部家代々の居城也。今川家の浅井山城守某爰に住す」とある。浅井《あざい》氏は武田期に実在した人物だが（県四―一七七）、実際に在城したのか不明で、現状の縄張り遺構からも実態のわからない山城である。

わずかな削平地と土塁が残る本城曲輪内は社殿のほか畑地の開墾が著しい

【縄張り概要】　朝日山城は、朝比奈川西岸の潮山から北へ延びる丘陵先端部に位置し、同川は北から東へ蛇行す

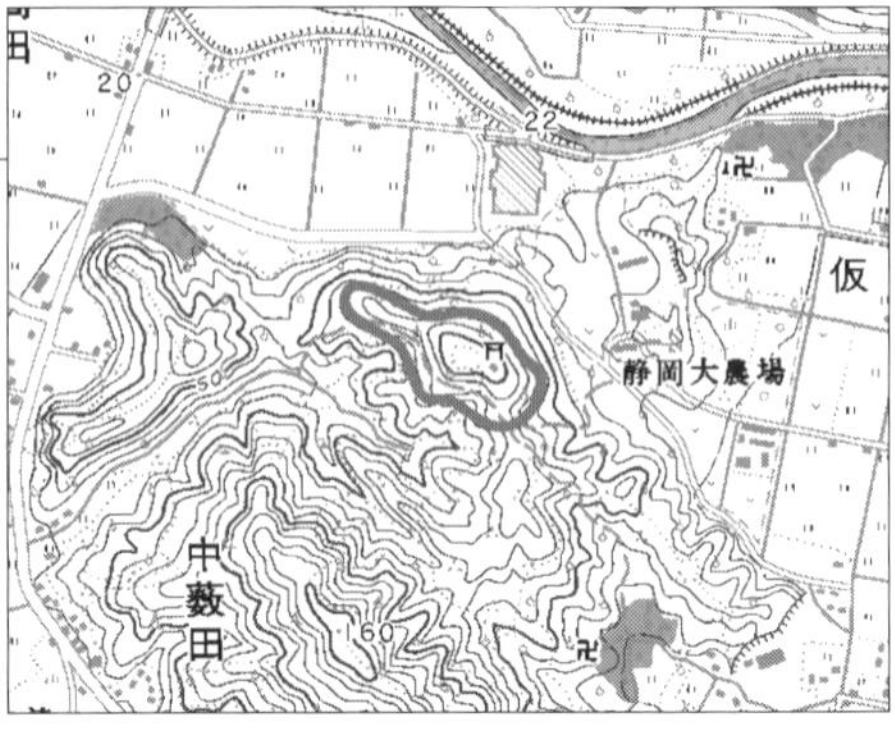

る氾濫原《はんらんげん》が広がる要害地である。地元で牛伏山《うしぶせ》といわれる標高一一〇mの山上へは、東麓の駐車場から谷部**A**脇に散策路があり、登城できる。この谷部が空堀とする考えもあるが、尾根上を遮断しておらず、自然地形だろう。山上の主要部は、東西三〇m、南北九五mを測る単郭式で、南半❶には朝日稲荷神社が祀られている。境内周辺は改変を受け、遺構は見当たらないが、唯一、北半❷の削平と西辺に土塁**B**と切岸が遺構として認められる。周囲の山腹、支尾根は畑地の開墾が広がり、遺構は確認できない。

現況遺構から判断すると、岡部氏の拠点城が存在していたのか不明だが、あくまでも、抗争期に一時的に使用された、臨時性の高いものと考えられよう。〈水野〉

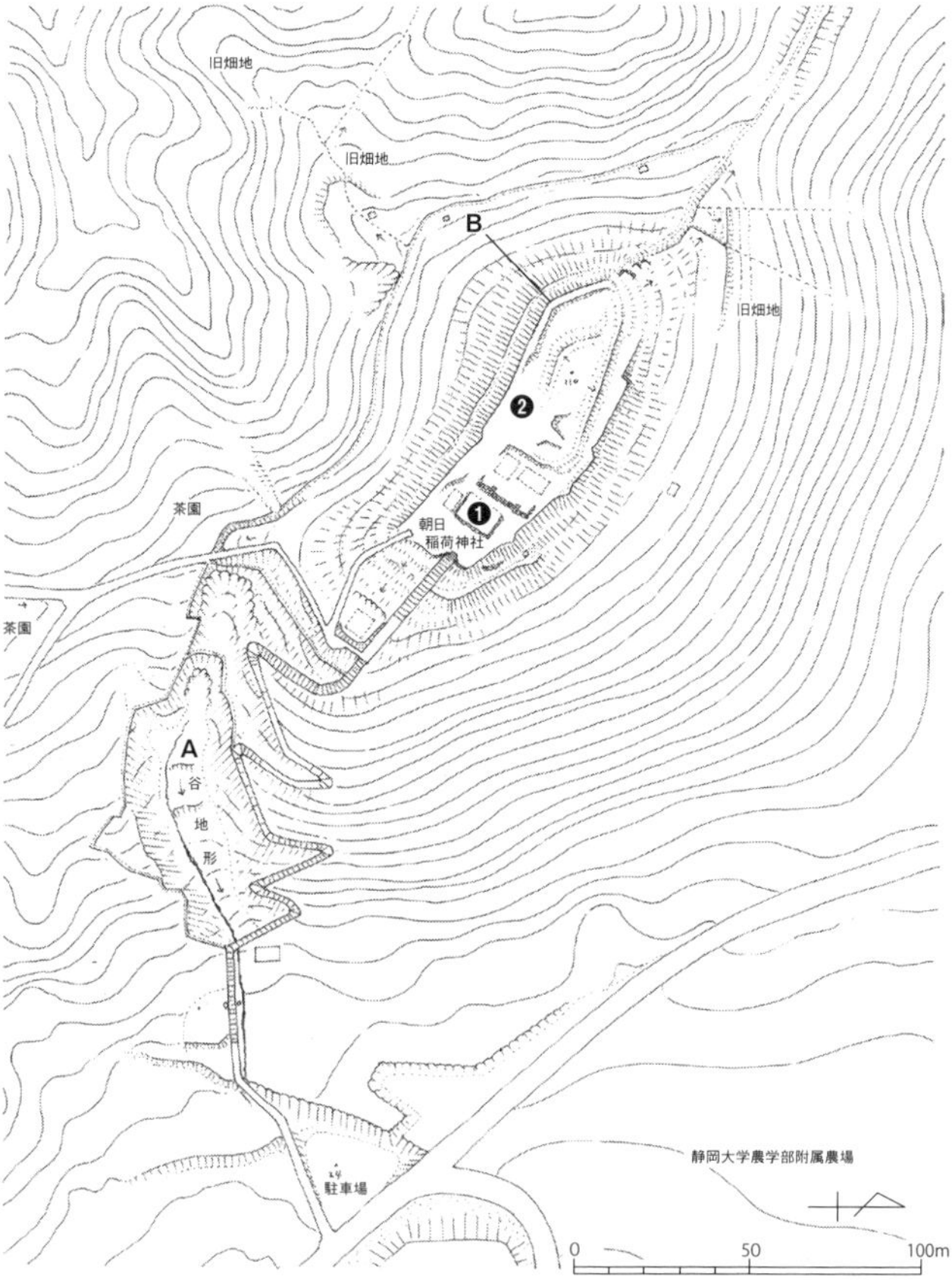

朝日山城縄張り図　作図：水野 茂

（右写真）水田となった岡部氏屋敷には、「おしゃもっつぁん」という地神がかって三か所あったという。現在は、この南東隅の一か所だけになった

＊1　『静岡県の地名』（平凡社、二〇〇〇年）。

朝日山城登り口の案内板と右側は新東名高速の藤枝岡部ＩＣへつながる連絡道

武田系の縄張りを見せる土豪の城

52　石《いし》上《がみ》城《じょう》

①所在地：島田市川根町笹間上字石上・城山
②立　地：標高三四〇ｍ（比高七〇ｍ）の山上
③交　通：大井川支流・笹間川上流域の石上集落から登り二〇分

【城館史】『駿河記』には、笹間の城山について「石上斗角之助《とかくのすけ》某《なにがし》が據る所也……後に遠江二俣城の守衛なり、彼の地にて戦死と云う」、さらに「石上氏始め今川家の臣にて、永禄の末武田に属せしものならんか」とも伝えている。この地の土豪・石上氏は最終的に武田氏に従い、現在の武田系縄張りは、天正九年（一五八一）六月の穴山梅雪《ばいせつ》の書状写（県四―一四〇二）[*1]からも理解できる。なお、一説に南北朝期に徳山城の支城であったとするが、裏づけはない。

【縄張り概要】　集落背後の山峰から南へ下る枝尾根先端に占地し、三方を浸食された天然の要害地である。先端には、石上氏屋敷跡という三角形状の平坦部があり、小規模ながら城主屋敷と詰城が一体化した、根小屋空間を形成している。さらに、当該地からは笹間《ささま》峠の山越え道など、多方面に通じる志太山間奥地を軍事的に統制可能な要衝であったことが俯瞰できる。

遺構は、山陵先端の屋敷地❶から南北約三五〇ｍに配置され、同屋敷からは一騎駆け状の大手道が緩やかに上り、主要部南限となる竪堀**Ａ**、西側には横堀**Ｂ**と竪堀**Ｃ**に連続する。本城曲輪❷へは、この横堀から坂虎口を導入し横矢も、有効的である。本城曲輪内の土塁と高切岸による腰曲輪❸をよく残し、搦手側の一騎駆けには二条の堀切**Ｄ**・**Ｅ**を穿つ。小規模な山城とはいえ、遺構の多様性と技巧的に発達した構造が随所に見られ、とくに横堀**Ａ**と竪堀が連続するＬ字状堀は武田系に多く、文献が伝えるように、武田氏の支配下で機能・運用されたことは確実である。〈水野〉

＊1　この判物は、高天神落城後に駿遠の軍事司令官である穴山梅雪が、徳川家康の西駿河侵攻に備えて、主要街道を押さえる城郭の改造を急ぐことを勝頼に申請した内容である。

（左写真）笹間川西岸の石上集落背後に石上城は築かれ、藁科川上流域につながる笹間峠を扼する要衝に存在する

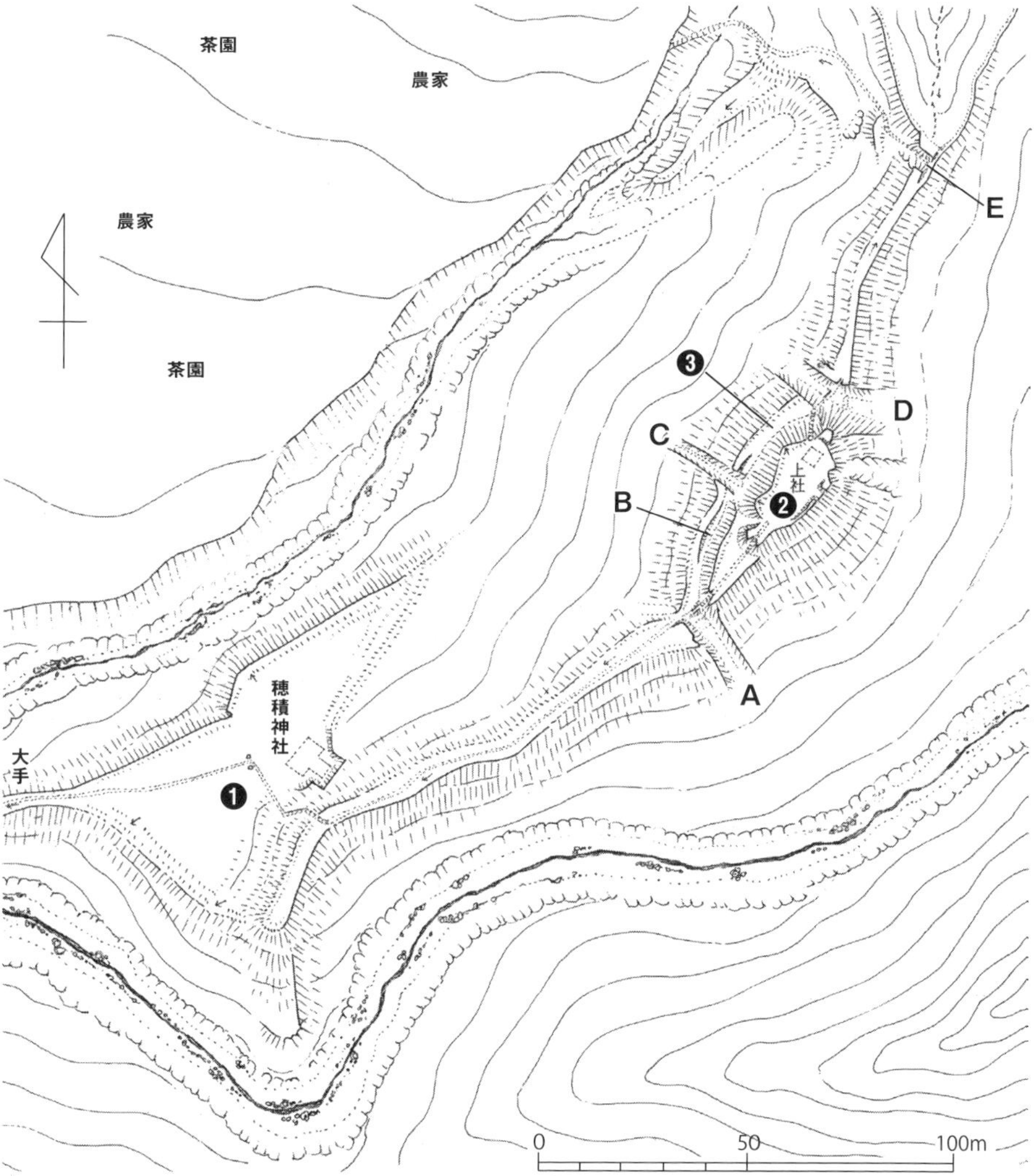

石上城縄張り図　作図：水野 茂

小規模な本城曲輪だが、効果的な横矢と虎口、折れ線の土塁など、高度な普請が垣間見られる。正面は穂積《ほづみ》神社上社（龍爪神社）

遠江の今川氏最大拠点

53 掛《かけ》川《がわ》城《じょう》

①所在地：掛川市掛川
②立　地：標高五六ｍ（比高三八ｍ）の丘陵
③交　通：ＪＲ東海道本線掛川駅より北へ徒歩一五分

【城館史】遠江国は、南北朝期に今川氏初代範国や子の範氏、遠江今川氏の了俊らが守護職に任じられていたが、応永十二年（一四〇五）に至り、今川氏に代わって幕府三管領の一つ斯波氏が世襲するようになる。

応仁元年（一四六七）に応仁の乱が京都で勃発すると、今川義忠は東軍の細川勝元に従い、斯波義廉《よしかど》は山名宗全《やまなそうぜん》率いる西軍に属して戦った。文明期（一四六九〜）に入ると、両氏は国許に戻り、地方で火の手が上る。

文明五年十一月、義忠は将軍足利義政から遠江国懸川荘（掛川市）と河勾荘（浜松市）を拝領したことを契機に、遠江へ侵攻した。翌六年八月、斯波氏守護代の狩野宮内少輔が守備する見付城（磐田市）を攻め、自害させた。さらに、引馬城（浜松市中区）に在番する三河吉良氏の代官・巨海新左衛門尉を討伐してしまい、斯波氏に通じていた国衆の横地・勝間田両氏が挙兵する。同七年に義忠は両氏と交戦し、優位に進んだが、塩買坂（菊川市）で襲撃を受け、戦死してしまった。

今川氏の遠江計画回復は頓挫するが、義忠の遺志を継いだ氏親が遠江侵攻を再開し、明応三年（一四九三）八月、叔父の伊勢宗瑞が遠州三郡（中遠地方）に乱入した。*1 これ以降、斯波氏とは堀江城（浜松市西区）、蔵王《ざおう》城（久野城・袋井市）、社山城（磐田市）で優位に戦いを進め、同氏に与する井伊氏の三岳城（浜松市北区）、大河内氏の引馬城における熾烈な戦いでは、掛川城主の朝比奈泰熙《やすひろ》・泰能《やすよし》の目覚ましい働きにより勝利した。氏親の代になり、遠江全土を制圧した永正十四

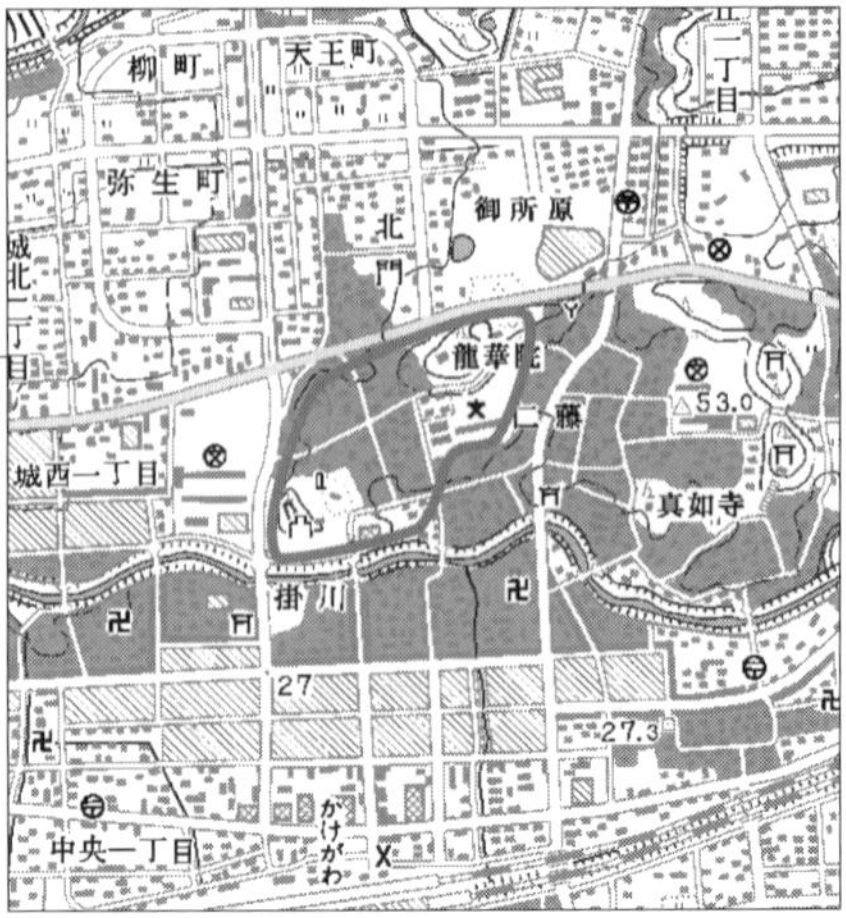

復元整備された掛川城天守を南東側から見る

年（一五一七）八月まで、実に二十三年間の長きにわたる戦いであった。

【縄張り概要】 東海道と信濃に至る塩の道の主要街道が交わり、軍事的な要衝の地に占地する。今川氏の掛川築城期は明確ではないが、氏親が朝比奈泰凞に命じて、現在の本丸北東にあたる龍《りゅう》華《げ》院《いん》が建つ天王山❶に築いたとされ、ここを「掛川古城」と称している。氏親晩年にあたる『宗長手記』大永二年（一五二二）の項に、「懸川泰能亭に逗留《とうりゅう》。此のころ普請最中。外城のめぐり六・七百間、堀をさえへ、土居を筑あげ、凡本城とおなじ。此地岩土と云物にて、只鉄をつきあげたりとも云べし、本と外との間、堀あり。峻々としてのぞくもいとあやうし」とある。このとき築かれた大規模な堀は、古城から現在の本丸❷・天守曲輪❸まで入る規模と推定され、断続的に拡張されていったことが読み取れる。平成元年、史跡公園化にともなう本丸跡の発掘調査で、今川期の墓地を埋め立てて曲輪の大規模造成がなされたことが裏付けられた。遠江の藩屏として築かれた今川氏の牙城だったが、その後の徳川家康、豊臣秀吉恩顧の山内一豊などの時期織豊《しょくほう》系から近世城郭へと大変貌したため、今川期の構造は不明である。〈水野〉

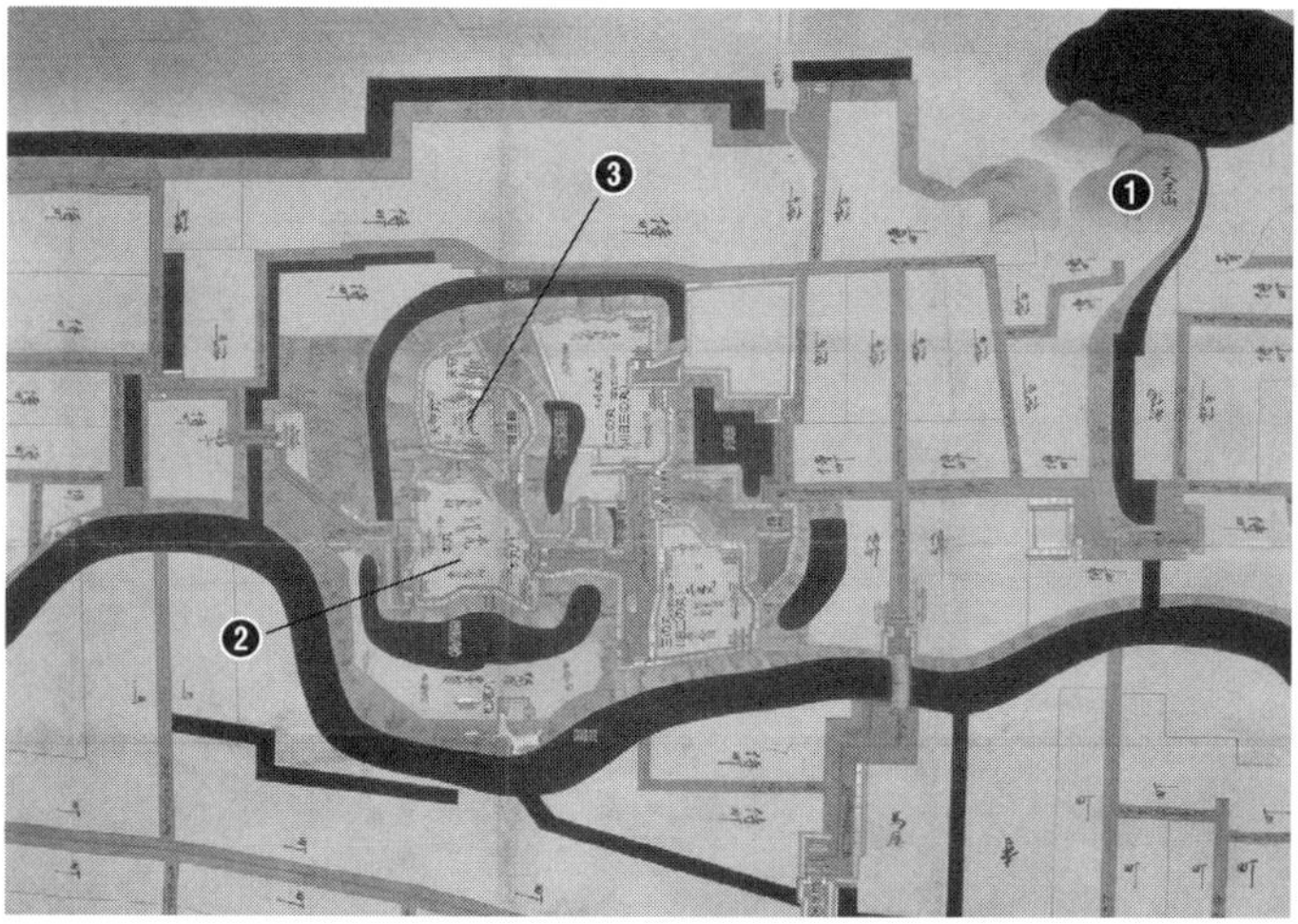

正保城絵図「遠州掛川城」に加筆　国立公文書館蔵

＊1　本書「高藤城」の項参照。

掛川古城の大規模な堀跡

本丸の発掘調査で検出された今川期の石塔群

早くから今川に従った久野氏の拠点

54 久野城《くのじょう》（蔵王城《ざおうじょう》）

①所在地：袋井市村松字鷲津
②立　地：標高三四ｍ（比高二〇ｍ）の丘陵
③交　通：袋井バイパス「久津部」交差点から北へ車で一〇分

【城館史】　久野氏は、鎌倉後期には史料に登場する（『袋井市史』）。建武二年（一三三五）、遠江守護職として三河国から今川範国が入部するに及んで、早くから今川氏に従属していた。観応《かんのう》の擾乱《じょうらん》（一三五一年）に際しても、今川氏とともに足利尊氏方として参戦している。

久野城の創築期について、今川義忠の遠江侵攻が盛んになる明応年間（一四九二〜。明応三年か）、「久野家系図」に久野宗隆《むねたか》の築城と記され、発掘調査からも立証されている。義忠の子・氏親の遠江侵攻に対して、斯波氏は信濃府中の小笠原氏に援軍を要請し、蔵王城（久野城）での合戦が知られる（県三―五一〇）。往時は「蔵王城」と呼称していたのだろう。

永禄三年（一五六〇）五月、今川義元が尾張桶狭間で戦死し衰退すると、今川氏真は武田信玄の駿河侵攻により駿府を逐われ、掛川城に立て籠もった。徳川家康は信玄と呼応して遠江国へ侵入し、掛川城を攻める際に、最前線となる久野城を調略に向かった。同城では今川方と徳川方に分かれて対立し、結局、惣領の宗能《むねよし》が子千菊丸を人質に差し出し、家康に従ったとい

周囲を低湿地に囲まれた久野城を南東側から見る

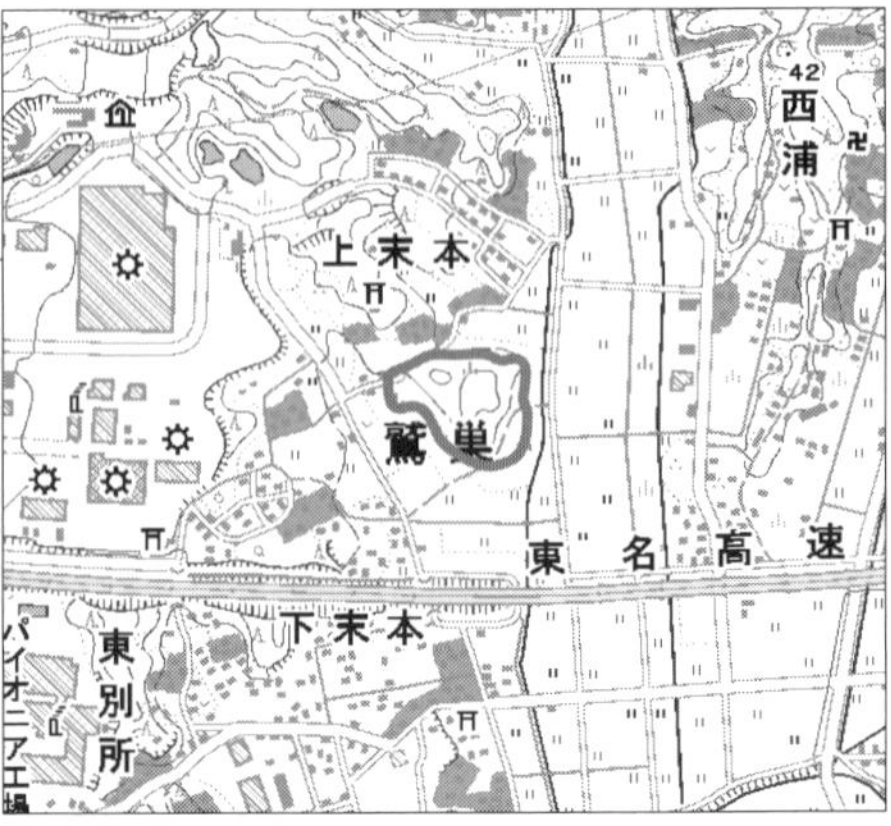

大手口となる東側の入口

う。元亀三年（一五七二）以降、武田信玄・勝頼父子が浜松城侵攻に際して久野城を攻めているが、持ちこたえている。

徳川領となった久野城は、天正十八年（一五九〇）に秀吉の命で家康が関東へ国替えになると、久野氏に代わって秀吉家臣の松下之綱《まつしたゆきつな》が入部し、大改造がなされ、天守も築造されたという（『久野城址』）。慶長五年（一六〇〇）、再び久野宗能が隠居城として入り、孫の代になると宗成が継承したが、元和五年（一六一九）、紀州藩主となった徳川頼宣《よりのぶ》の家老として伊勢田丸《たまる》城へ移ると、家康の孫にあたる北条氏重《うじしげ》（保科正直《ほしなまさなお》の四男）が入城したが、寛永十七年（一六四〇）に下総関宿《しもうさせきやど》（千葉県野田市）へ移封となり、廃城となった。

【縄張り概要】 可睡斎山系から南に延びる丘陵先端部に位置する。東・西・南は泥田《どろた》の低湿地が広がり、一km南には東海道が通る、要衝要害の平山城である。現在の城域は、東西二七〇m、南北二四〇mを測り、曲輪を上・中・下の三段に配置している。中央最高所の本丸❶と南の枝尾根に二の丸❷、「高見」❸という主要曲輪を上段に置き、中段は三の丸❹、北下段❺、東の丸❻が配置され、北側背後の落差約一二mの大規模な横堀Aは、織豊系に酷似する遺構である。下段は、複雑な導線を造る大手❼と、南の丸❽、主税屋敷❾、西の丸❿という屋敷群を造成した曲輪が取り囲み、さらに北堀から東堀・南堀・西堀と大

＊1　『遠江久野城！―歴代城主が残したもの―』（袋井市立浅羽郷土資料館特別展副読本、二〇〇八年）。

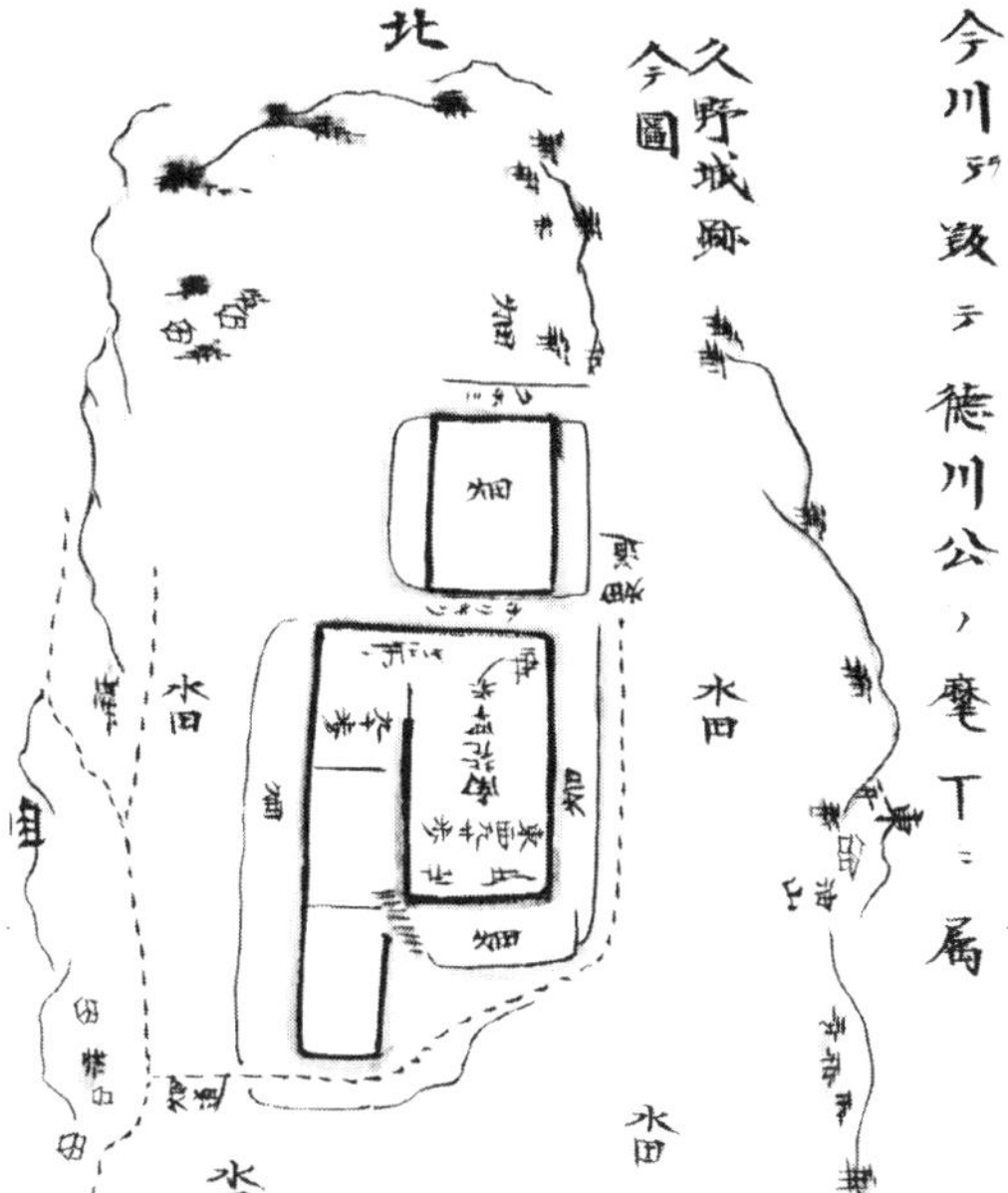

『遠江国風土記伝』挿図の「久野城跡 今図」

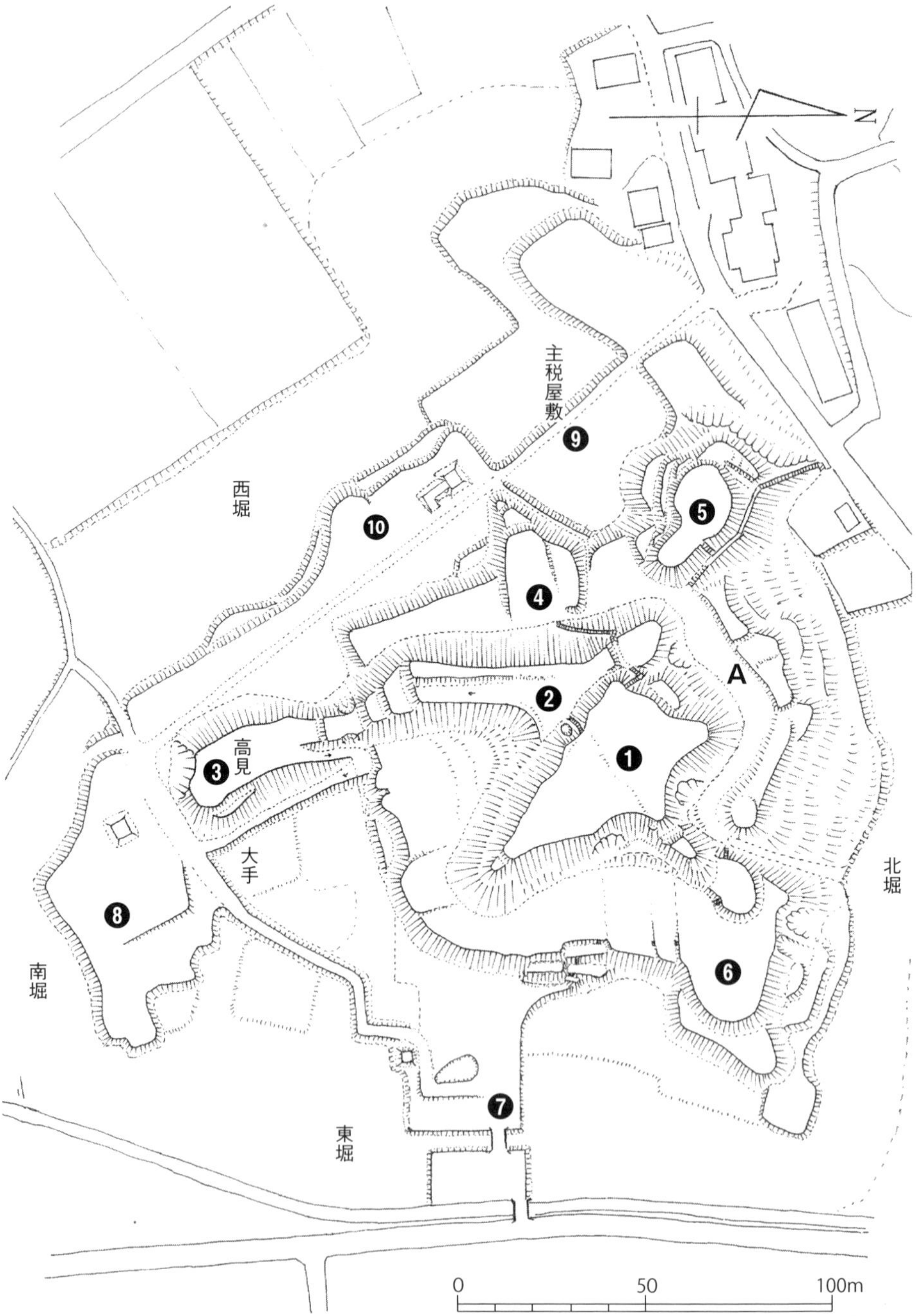

久野城縄張り図　作図：乗松 稔

規模な水堀が囲繞していたことが、発掘調査で確認された。昭和四十五年撮影の写真から、弱点となる北に続く丘陵に、折を入れた堀切があったことがわかる（現在は道路）。

城址公園化事業にともなう発掘調査が、平成元年より多期にわたり実施された。初期の久野宗隆時代の遺物が出土しており、戦国期の遺構は北の丸周辺に見られるという。大がかりな改造は、やはり豊臣期に松下氏が行い、石垣は確認できなかったが、天守構造があったと考えられる鯱《しゃち》瓦《がわら》などが検出し、大型建造物・大手門の存在が指摘されている。しかし、現在の遺構は最後の北条氏重期に、幕府の修築禁止条項や一国一城令による厳しい統制により、本丸の天守様式・櫓・虎口が徹底的に解体され、大手・南の丸の堀を埋め立てて御殿を新築するなど、大改修されたものという。[*1]

上：本丸北直下の大規模な横堀遺構は圧巻
下：「高見」と称する主要曲輪、背後が本丸

城址公園になった久野城は、室町期から約一五〇年間にわたる歴史を伝える文化遺産で、保存と整備は地元の久野城址保存会の手でなされている。〈水野〉

史跡公園化にともない、駐車場・トイレ・案内板・散策橋などが整備され、安全に見学できる

発掘調査で確認された「西堀」

遠江国守護所の城

55 見付端城《みつけはじょう》

①所在地：磐田市見付字古城
②立　地：標高二〇m（比高六m）の河岸丘陵上
③交　通：磐田バイパスの見付IC南六〇〇地点

【城館史】旧東海道が通る見付城周辺には、平安期に遠江国府が置かれ、鎌倉期には守護所として、遠江の首都的な空間であった。南北朝期には今川範国・範氏、遠江今川氏の了俊・仲秋らが守護となり、室町期に入ると幕府の要職にいた斯波氏が任じられた。応仁・文明の乱（一四六七〜）を契機に、遠江回復を狙う駿河守護・今川義忠との間で抗争となり、義忠は文明六年（一四七四）、遠江守護代の狩野宮内少輔が守備する国府城（見付城）を攻めた。

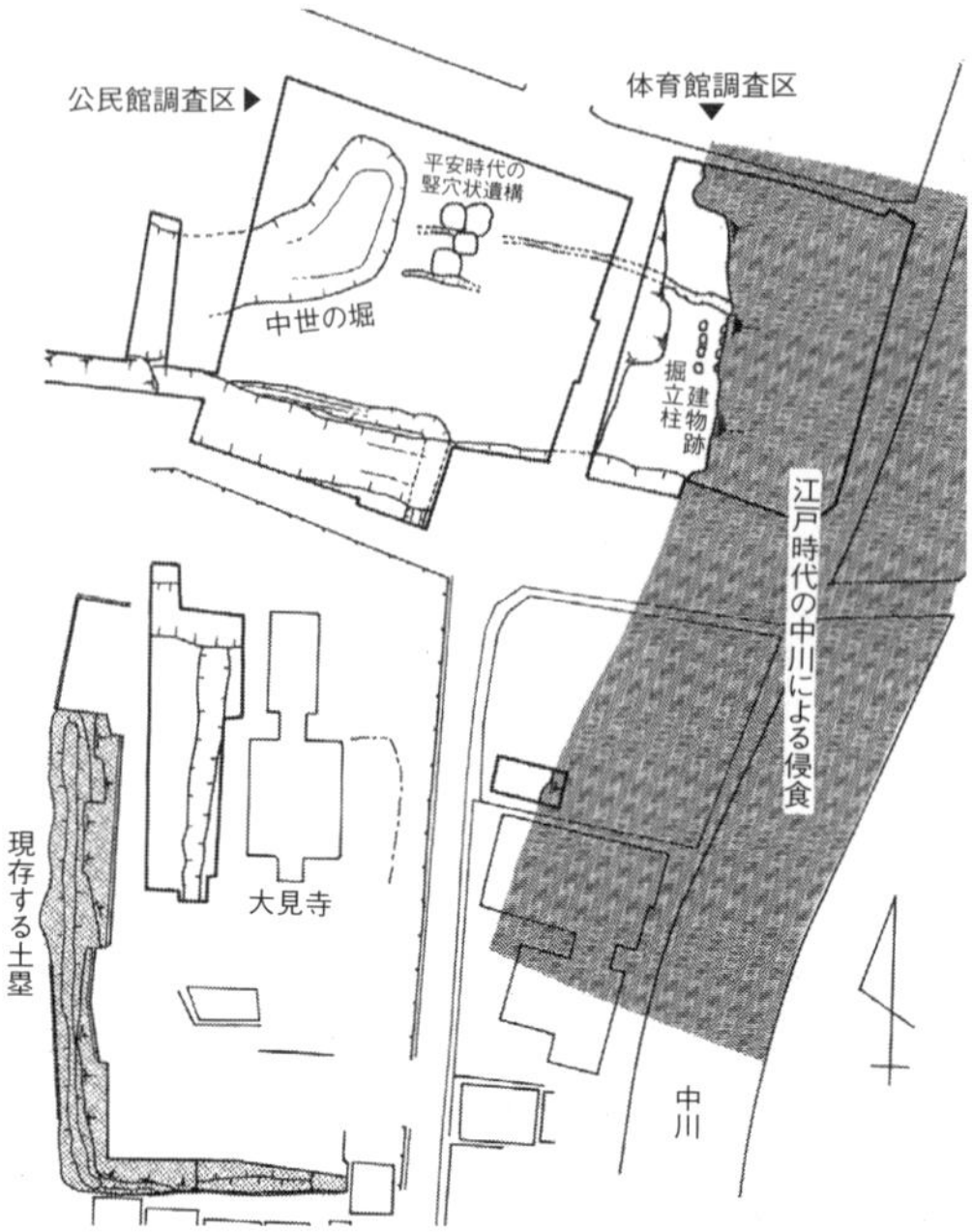

遺構の分布と周辺の状況　『磐田市史』史料編Ⅰより転載

天文六年（一五三七）には、今川義元の家督相続にともなう花蔵の乱後に起きた河東一乱に際して、見付城主の遠江今川氏一門・堀越用山（貞基か）が反義元派として叛乱を起こすと、義元は犬居《いぬい》城の天野虎景に攻撃を命じた。史料に

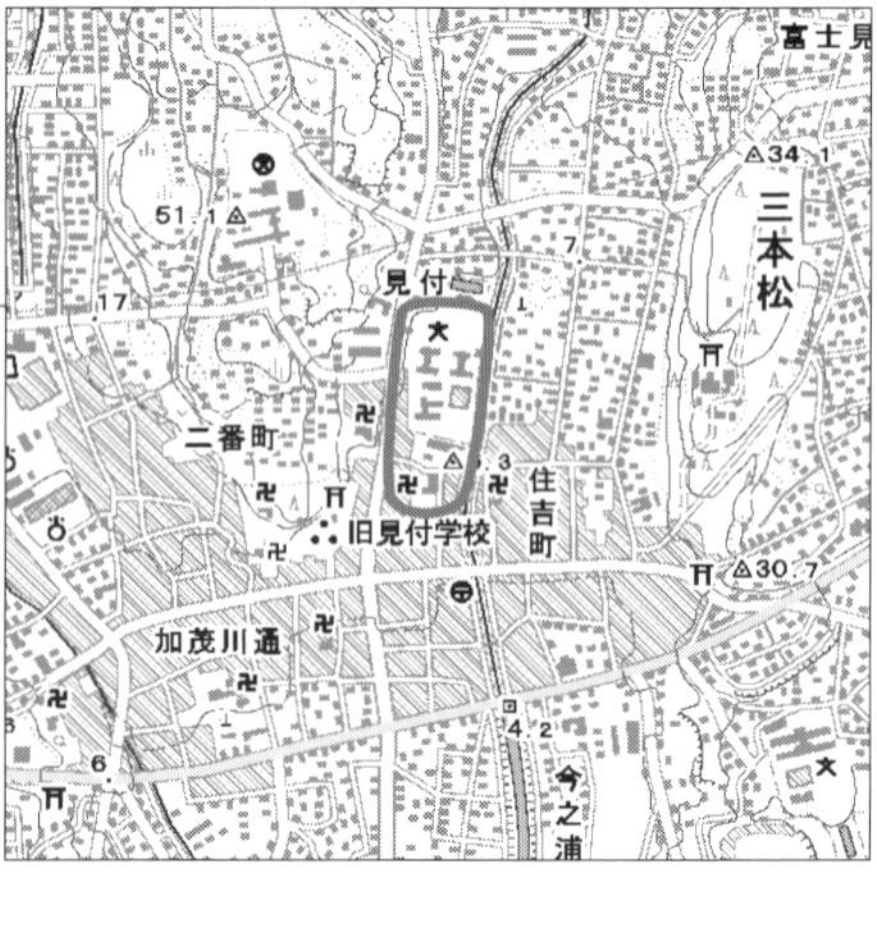

「見付端城乗崩」とあり、このころ二の曲輪などが拡張され、見付城は強固に改造されたことがうかがえる。

【縄張り概要】 磐田市の発掘調査成果[*1]によると、上段に位置する磐田北小学校敷地に国衙《こくが》が置かれていたといい、ここが本城にあたる。南下段の公民館建設では、前面防備の幅八m、深さ三mの堀が二条検出され、出土遺物も大半は十六世紀代であった。さらに、南側に建つ大見寺《だいけんじ》が所蔵する、江戸中期の「見付城大見寺絵図」に往時の主要部と端城の様相を伝え、端城曲輪であろう大見寺境内の西・南辺には高さ二～三mの土塁が残存する。

堀越城《ほりこしじょう》（所在地：袋井市堀越字城山）消滅

東名高速袋井インターから東へ六〇〇m地点に、遠江今川氏の祖である貞世（後の了俊）葬地の海蔵寺《かいぞうじ》が建つ。了俊は、南北朝期に幕府の侍所・引付頭人《ひきつけとうにん》や九州探題《きゅうしゅうたんだい》に任じられ、二十五年間にわたり九州を治めた。しかし、将軍足利義満との折合いが悪く、探題を罷免《ひめん》されて多くの領国も失い、最後は本領の「堀越」に戻り、文化人として晩年を過ごした。『遠江国風土記伝』に、了俊の弟仲秋の屋敷跡である「郭中」に海蔵寺を建てたとあり、周囲は深泥《しんでい》で要害地であったという。同寺西側の地名は「城山」で、昭和初期まであった比高一五m以上の丘陵写真が『袋井市史』に掲載され、城郭備えの屋敷空間であったことがわかる。〈水野〉

海蔵寺境内の最上段に祀られている了俊の供養塔

（右写真）大見寺境内の西辺に残る土塁跡

*1 『磐田市史』（史料編1 考古・古代・中世、一九九二年）に詳しい。

了俊の菩提を祀る海蔵寺

遠江を制する牙城

56 高天神城《たかてんじんじょう》

①所在地：掛川市上土方嶺向字鶴翁山
②立　地：標高一三二ｍ（比高八六ｍ）の丘陵上
③交　通：東名高速道路菊川ＩＣから車で南下し二〇分

【城館史】『高天神記』に、応永二十三年（一四一六）、遠江今川氏の了俊によって築城されたとあるが、論拠に乏しい。史料的には、今川氏親の命で重臣の福島助春《すけはる》が在城したことが知られ（大福寺文書）、明応年間（一四九二〜）の今川氏の遠江経略に際して、掛川城とともに構築されたのであろう。今川義元期になると、馬伏塚城主（袋井市）であった小笠原長高《ながたか》の子・春茂《はるしげ》（氏興《うじおき》）が高天神城に入り、永禄七年（一五六四）頃、春茂の子・氏助《うじすけ》（信興《のぶおき》・長忠《ながただ》とも）が家督を継いで城主となった。しかし永禄十二年、今川氏が衰退すると、長忠は徳川家康の配下となり、徳川方の支城となった。

その後の高天神城では、武田・徳川両氏による熾烈な争奪戦が二度にわたりおこなわれたことは周知のことで、現在の構造は、天正九年（一五八一）三月の織田・徳川連合軍による総攻撃にともなう時期の武田系の縄張りであろう。

【縄張り概要】遠江国でも中遠地方にあたる旧大東町（城飼郡）に位置し、浜街道（国道１５０号線）から東海道の掛川を結ぶ、「高天神を制する者は遠江を制す」といわしめた要衝・要害地に存在する。城域は、小笠山から南東に張り出した鶴翁《かくおう》山一帯の東西・南北四〇〇ｍ以上と広大で、周囲は浸食谷による急峻なガレ場が多く、地形的要害性は格別である。「Ｈ」字形に曲輪配置した縄張りには、主要部が東峰と西峰に分かれる「一城別郭《いちじょうべっかく》」構造である。中央の井戸曲輪（かな井戸）により結ばれ、東峰が本城曲輪❶で、東に併設する元高天神社と御前曲輪❷を入れると南北一〇〇ｍ

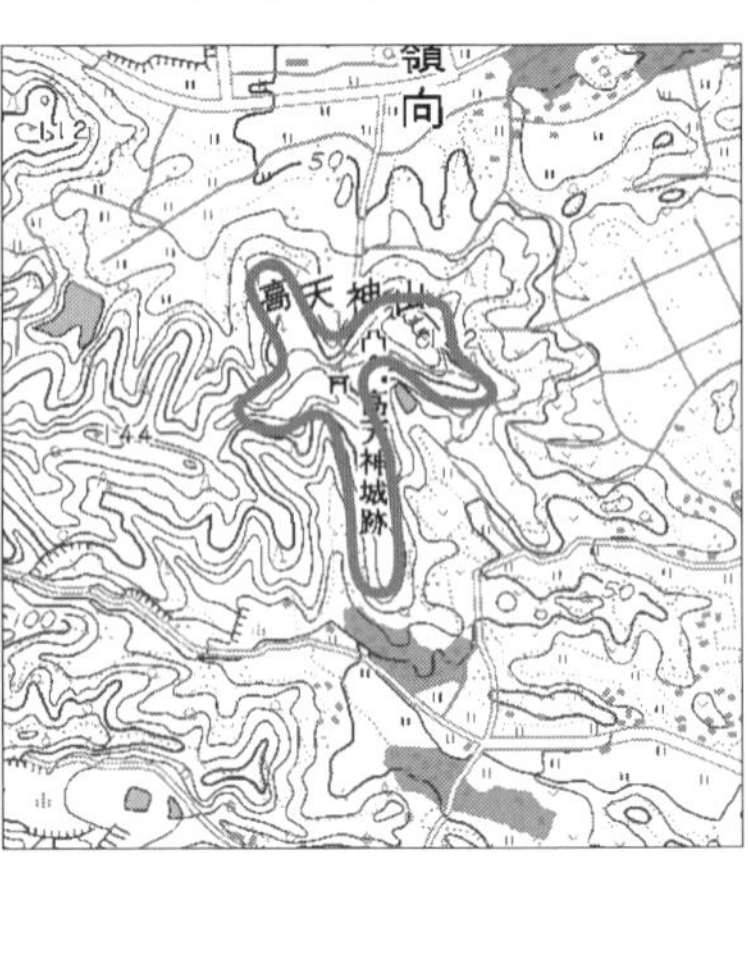

高天神城を東から望むため東峰が正面となり、西峰は見えない

高天神城縄張り図　作図：水野 茂

を測り、低土塁と虎口も残存する。南に三の曲輪❸と、大手に向って数段の曲輪が築かれ、反対の搦手口に対しては、単純な階段状に配する曲輪構造である。これは古式な様相を示すもので、今川期に遡るのかもしれない。

一方、西峰には高天神社が建つ西の丸（丹波曲輪・西曲輪）❹を最高所として、北に二の曲輪、堂《ど》の尾《お》曲輪・井楼《せいろう》曲輪が幅約八ｍの各堀切で区画され、連なる。この細長い曲輪群西側は、一〇ｍの落差をもつ大規模な横堀Ａが一〇〇ｍにわたり穿《うが》たれ、同城で最大の弱点地形を補う構造は圧巻である。

西峰の構造は、おそらく籠城した武田兵らが絶望的な状況で守備したのであろうか。〈水野〉

広い本城曲輪。手前は虎口の土塁

最大の見どころは、西峰の「堂の尾」直下の巨大横堀

舟運を活かした海城か

57 馬伏塚城《まむしづかじょう》

①所在地：袋井市岡山字今城
②立　地：標高五m（比高四m）の舌状丘陵地
③交　通：JR東海道本線袋井駅からバス（秋葉バスサービス）で芝バス停を下車し徒歩で一〇分

【城館史】　文亀元年（一五〇一）、今川氏親の遠江侵攻に対抗した遠江守護・斯波氏は、信濃府中小笠原氏の合力を得て馬伏塚城も攻めたが、今川氏重臣の福嶋助春・本間宗季《ほんまむねすえ》らが駆けつけ撃退している。

城主は遠江小笠原氏で、『寛政重修諸家譜《かんせいちょうしゅうしょかふ》』によると三河国幡豆《はず》郡（愛知県幡豆町の寺部城）の出自で、小笠原長高のとき氏親に仕え、その子春義《はるよし》は高天神城主も兼ね、氏興（氏清）・氏助と継承するなど、今川氏の有力家臣であった（『浅羽町史』）。しかし、永禄十一年（一五六八）十二月、今川氏の衰退にともない、遠江に徳川家康が侵攻するに及んで徳川氏に従った。天正二年（一五七四）六月になると、氏助が守備する高天神城が武田勝頼に攻められ開城し、武田氏に従属する。するとすかさず、家康は奪還拠点として馬伏塚城を大改造し、家臣の大須賀康高《おおすがやすたか》を入れた。

【縄張り概要】　小笠山から南西に延びた丘陵先端に占地し、浅野文庫蔵『諸国古城之図』の絵図などから推定すると、南北約一二〇〇mと広大である。周囲は「深田」・「宮田池」などの潟湖（入海）が取り囲む難攻不落な要害地で、東方へは岡崎城・横須賀城、そして遠州灘にも出られる水路でつながっていた。宅地化が進み変貌しているが、城跡は最終段階である家康期のもので、曲輪配置は南・中央・北三区域に峻別できる。

南区域の諏訪神社が建つ「城山」に本城曲輪❶を置き、折れの大土塁Aと、「羽城」（端城か）

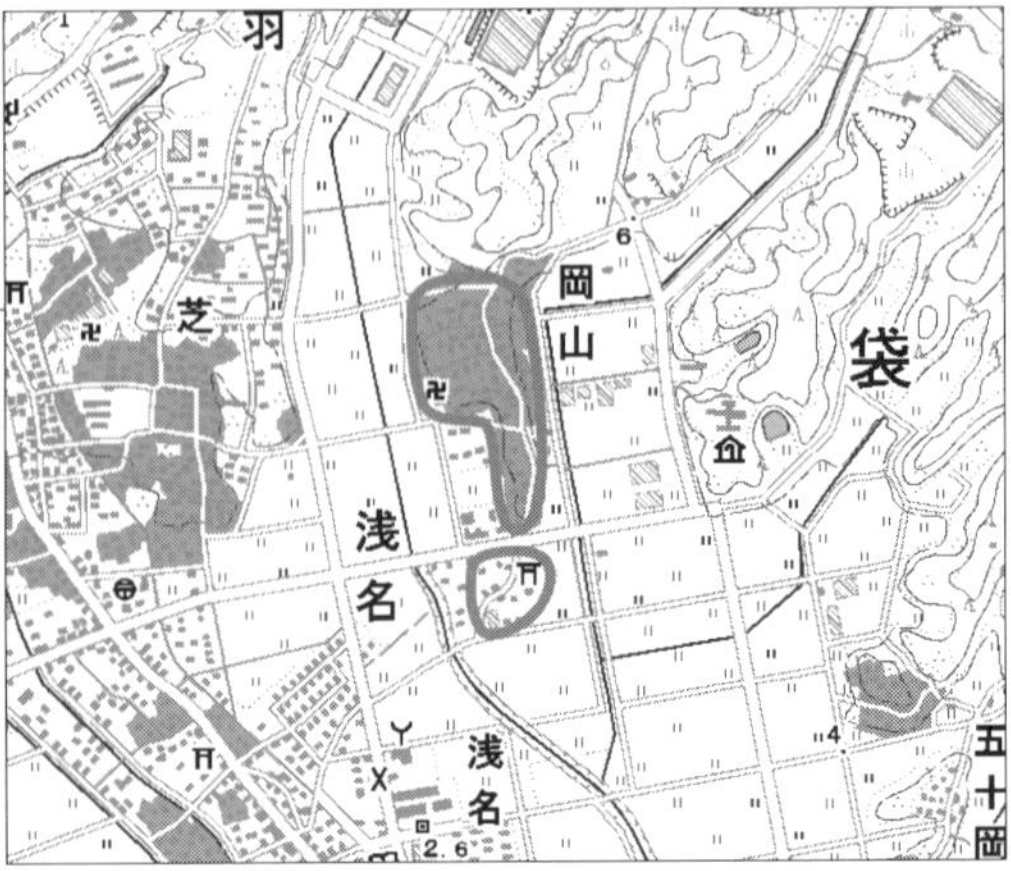

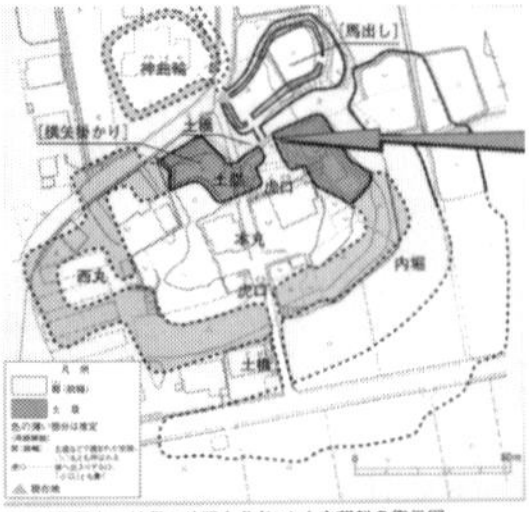

案内板にある発掘成果に伴う徳川期の「本丸」（城曲輪）復元図

❷という外曲輪を東から南側に築き、北側に「城ノ腰」という馬出し❸が配され、土橋と虎口も確認されている。中央の「今城」区域には、二段曲輪❹の上段にも大土塁Bと、今は道路となっているが大規模な堀切Cがあった。

北区域の「伝居屋敷」❺は開発が著しいが、広大な曲輪で兵員の駐屯地と考えられ、小笠原氏ゆかりの了教寺《りょうきょうじ》が建つ。ここには土塁は認められないが、北西麓に一部横堀が穿たれていたことで、全域直下の横堀と、外側には深田を利用した大堀で厳重に防備していたようだ。さらに、一五〇m北へ行った「大アキ」に曲輪❻と堀が認められ、絵図にある東対岸に行く「シノカヤ村エノ道」は、さらに岡崎城へも通じていた。物見台❻は糧道を押さえる物見台としていたのであろうか。

小笠原期の縄張りはよくわからないが、南区域❶ではかつて寺院跡が見つかり、曲輪ではなかった。本城は中央の❹に設け、❺の広大な空間には家臣屋敷の存在が想定される。〈水野〉

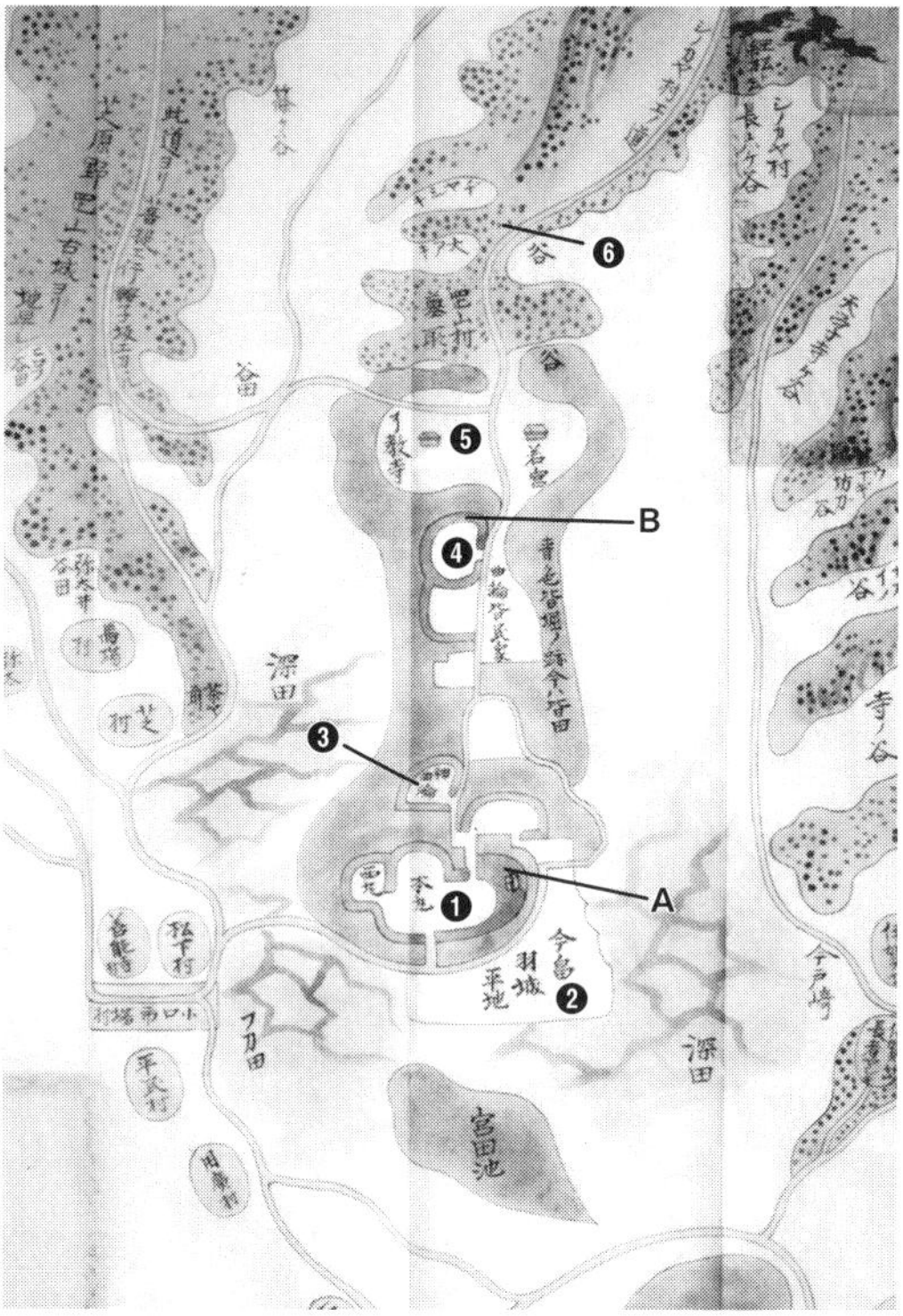

『諸国古城之図』　江戸期のもので、南区域に「本丸」と「羽城」、北大手には馬出状曲輪を重ねて構えている　筆者加筆　広島市立中央図書館蔵

「本丸」区域と周辺は、往時の深田のようで興味深い

了教寺境内に祀られている二代目・小笠原氏清の墓

常に要となった前線基地

58 社《やしろ》山《やま》城《じょう》

①所在地：磐田市社山字洞ノ谷奥
②立　地：標高一二七ｍ（比高九〇ｍ）の丘陵上
③交　通：東名高速道路菊川ＩＣから南へ車で二〇分

【城館史】　文書史料から社山城の存在がわかるのは、遠江国の覇権をめぐって今川氏と斯波氏との間で抗争となった文亀元年（一五〇一）頃からである。『宗長手記』には「社山に左衛門佐殿在城、配《はい》流《る》をもって、二俣の城へ退け」とあり（県三―三〇三）、左衛門佐こと斯波義雄《よしかつ》が在城したが、掛川城主の朝比奈泰熈に攻められ二俣城へ退却し、その後は今川氏が支配したことが知られる。

今川氏滅亡後の元亀三年（一五七二）十月、『三河物語』に「信玄ハ見付之台より、合代嶋《ごうだいじま》へ押上て陣取、其より二俣之城を責ける」とあり、武田信玄は徳川家康領である遠江侵攻にあたって、要害で広大な駐屯地となる合代島と社山城も一体的に運用していた。信玄は三方ケ原で家康を撃破したものの、四か月後に病没してしまい、それを好機と見た家康は二俣城奪還を目指す。『三河物語』に「二俣之城に向って、取手を御取被成ける。一ツ屋城山（社山）、一ツ合大嶋（合代嶋）、一ツ道々。国中之押と被成ける」とあり、家康も同様に陣城としたことがうかがえる。

【縄張り概要】　天竜川東側の磐田原台地に位置し、東海道筋の見付から北上して北遠の二俣、東へは森町の一宮・飯田へつなぐ要となり、天竜川の過渡《かと》地点も押さえている。

合代島段丘の南部に占地し、天竜川沿いの神増《かんぞう》集落からは比高九〇ｍ以上もある、独立する丘稜上に「Ｌ」字状に縄張りされている。城域は東西二三〇ｍ、南北二五〇ｍと広大で、大手口には合代島の谷部から入る枡形虎口**Ａ**を構え、城域中央の幅一〇ｍの堀切**Ｂ**と一体化する。連絡道

はいったん二の曲輪❷に入り、反転して架け橋・土塁中央から本城曲輪❶へ至る導入路形態は技巧的で、徳川氏の最末期のものと考えられる。しかし、本城の縄張りは、前述の抗争期から見ても五期、八〇年以上にわたる運用が考えられる。対陣相手などにより縄張りが変更され、複雑な年代観を残す遺構は興味深く、戦国期の縄張り研究のよい教材となり、保存状態も良好である。

（右写真）城域中央の大堀切Bと枡形虎口遺構

初期段階の斯波氏・今川氏期の遺構は、その後に改修され、判別が難しい。武田系構造では、八幡神社が建つ❷を本城曲輪としている。北・西下段には二重の横堀**C**・**D**と**E**・**F**が構えられ、**C**には下からくる虎口と横堀状堀底道に横矢が有効に掛かる導線手法は、徳川氏系には見られない。西側に対する支尾根には合計六条の堀が穿たれ、浜松城に対応していた。

徳川系構造は前述したが、その他に本城曲輪北側下段のライン的な腰曲輪❸と、城域北端先の横堀**G**のように、西端を土塁状に塞いだ形態は徳川系に多く、これら北に向けた防衛意識は二俣城の奪回にともなう改修と考えられる。中央の堀切**B**を挟んで東・西域の構造がまったく様相を異としていることからも、熾烈な争奪戦が展開したことが読みとれる。〈水野〉

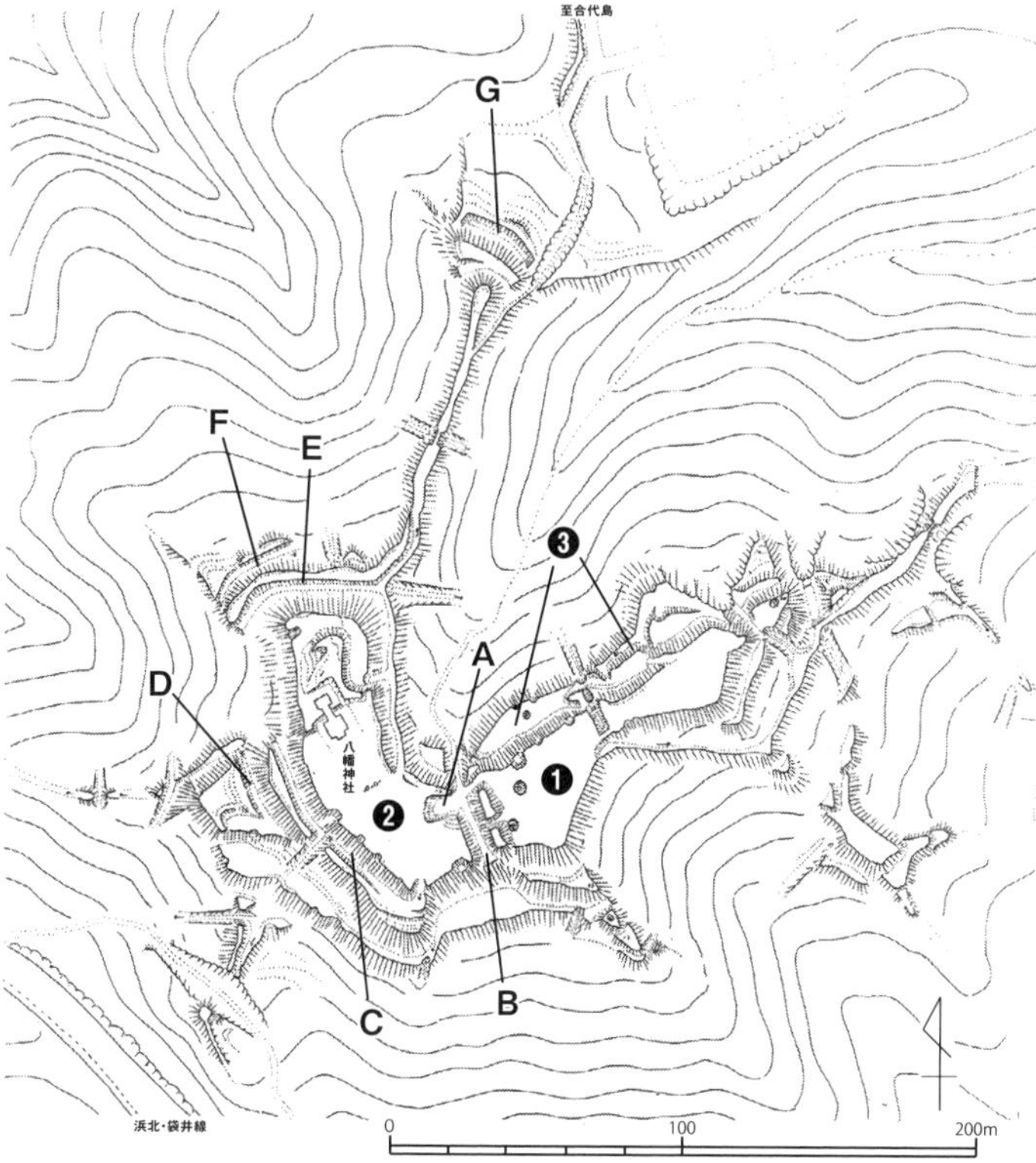

社山城縄張り図　作図：水野 茂

今川氏初代の重臣・松井氏の城

59 堤《つつみ》城《じょう》

①所在地：菊川市下平川
②立　地：標高三六・四m（比高三〇m）の丘陵上
③交　通：東名高速道路菊川ＩＣより車で南へ一五分

【城館史】 堤城の構築は、永正十年（一五一三）八月、今川氏親から松井山城守《まついやましろのかみ》に下《しも》平川《ひらかわ》の地が与えられた時であろうか（県三―五九二）。松井氏は山城国を出自とする御家人で、建武五年（一三三八）、今川氏初代の範国から駿河国葉梨庄を安堵され、葉梨郷に館を構え居住していたが、ここに移って堤城を守ったと伝わる。『小笠郡誌』は、「堤の城墟、平川村城山古へ之を堤の城と云う。伝へ云ふ今川氏親の臣松井左衛門尉信薫《のぶしげ》此城を守れり」と記す。この頃の今川氏は、前遠江守護の斯波氏や井伊氏らと三岳城をめぐって戦闘中であったが、南隣りの峯田郷《みねたごう》が、敵対していた井伊氏の一門・井伊直勝の所領（県三―二七七）であったことから、監視のために置かれたのだろうか。ところが翌永正十一年、氏親より二俣城に移ることを命じられ、堤城を去った。ただし、松井氏が二俣城主となった後も、下平川の一部は所領に含まれている（『蠹簡集残編《とかんしゅうざんぺん》』三）。この後の歴史は不明である。

【縄張り概要】 堤城の西側を「城山」、東側の丘陵山部を「千畳敷《せんじょうしき》」といい、この丘陵を含めた範囲が城域である。「城山」は、西側直下を牛渕川が流れる要害地で、川を外堀として利用した。丘陵山上を本城曲輪❶（旧主要部）とし、東西四七m、南北二五mの広さで、曲輪内に排水施設、八幡大神と津島神社を祀った祠がある。本城曲輪は東側で徐々に狭くなり、先端部には四〜五条の堀**A**が畑の畝《うね》のように掘られた痕跡が見られ、城は破城された可能性がある。反対側の本城曲輪西側一〇m下に二の曲輪❷と段曲輪があり、ここには天満大自在天神が祀られ、西側縁に土塁

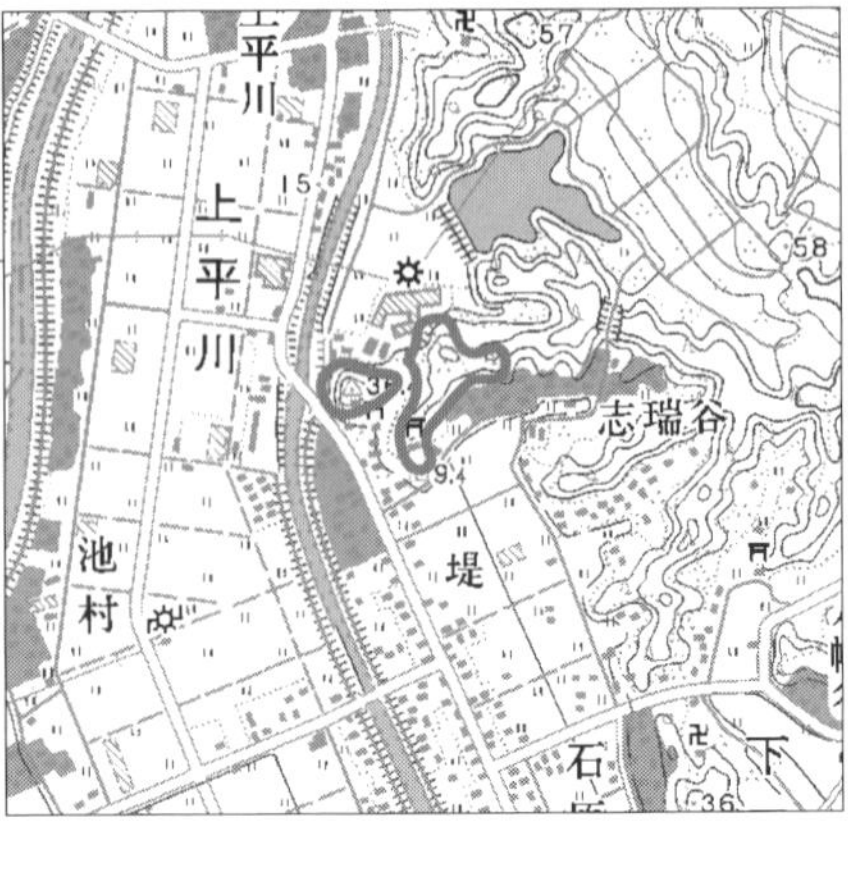

南方から見る堤城全景

Bが残る。大手と思われる参道脇に、城主であった松井信薫夫妻の供養塔が祀られている。本城曲輪東の下部には、幅約八ｍの堀切Cを入れ分断し、先の尾根は土取りで削られたが、南麓の住宅地が「構」地名で、堀・土塁で囲まれた曲輪❸が想定され、松井氏の屋敷があったと考えられている。

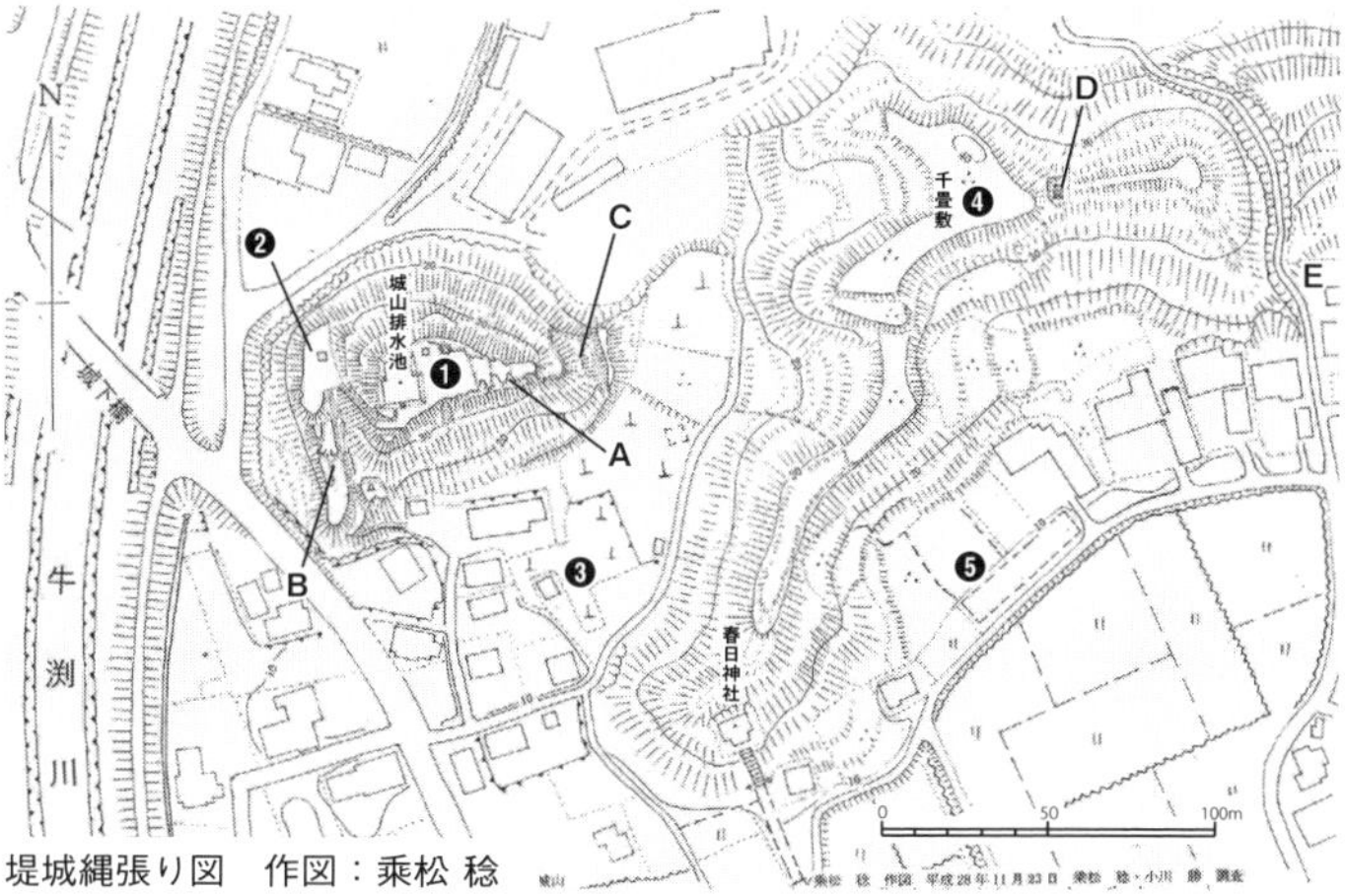

堤城縄張り図　作図：乗松 稔

「千畳敷」を本城曲輪❹（新たな主要部）とし、東側尾根続き二か所に堀切を入れ、東方からの侵入に備えているように見える。また、「千畳敷」南西側の尾根先端部には春日神社が鎮座《ちんざ》し、その東麓の地名を「大手屋敷」❺という。昭和初期の土地改良の際に、屋敷前から多くの陶器片が発見され、深い堀の遺構も確認されたという（『日本城郭大系』9）。「千畳敷」一帯は後世に茶畑開墾されたが、今は生産放棄の状態で、詳細な調査は不可能である。「千畳敷」東側直下の鞍部Dは農作業用の施設で、東端の堀Eは「相良街道」の脇往還にともなう切通しである。

松井氏は永正十年に下平川に入り、最初は「大手屋敷」の地に屋敷を造り居住し、周囲の「構」・「角助屋敷」・「寺屋敷」などの地名から、国衆的な権力的空間を要していたが、「千畳敷」への拡張普請が完成間近に二俣城へ移ったのであろうか。〈乗松〉

西の「城山」中腹に建つ松井信薫夫妻の立派な供養塔

平成初期までは大きな「千畳敷」が考察できたが、現在は荒れていて入れない

今川氏一門・新野氏の城

60 舟《ふな》ヶ《が》谷《や》の城山《じょうやま》（新野城《にいのじょう》）

①所在地：御前崎市新野篠ヶ谷字舟ヶ谷
②立　地：標高七六・二m（比高五一m）の丘陵上
③交　通：東名高速道路菊川ICより南に向かい車で三〇分

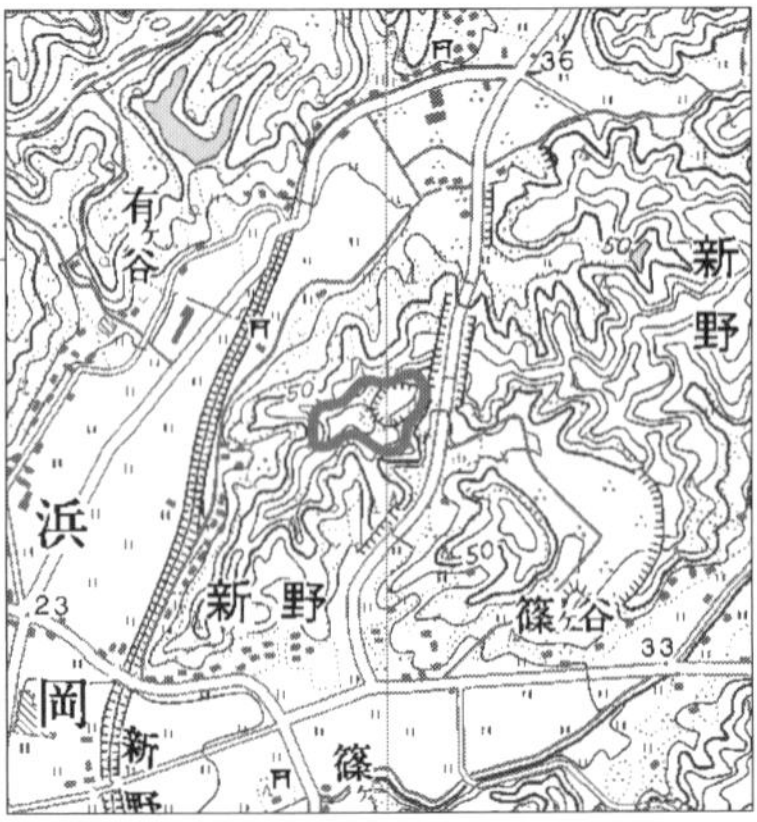

【城館史】新野郷には鎌倉御家人の新野氏（新野太郎系）がいたが、南北朝期に今川範国が遠江守護となった時期には、今川系新野氏が新野郷を支配したと考えられる。史料によると、永享五年（一四三三）の今川範忠の跡目争い、将軍足利義教暗殺事件の嘉吉《かきつ》の乱《らん》（一四四一）、さらに応仁・文明の乱（一四六七～）に際し、今川氏一族衆として活躍している（『浜岡町史』）。

永禄三年（一五六〇）五月、今川義元が尾張桶狭間で敗死すると、三河に続いて遠江でも国衆らが今川氏から離反する「遠州忩劇《そうげき》」という動揺が起こった。たとえば、井伊谷（浜松市北区）の井伊直親《なおちか》、引馬（同中区）の飯尾連龍《つらたつ》が徳川家康に通じている。永禄七年九月には、今川氏真の命で新野左馬助親矩《ちかのり》が飯尾連龍の引馬城を攻めたが、近くの天間橋で戦死している。

【縄張り概要】舟ヶ谷の城山は、牧之原台地の「新野原」を越える塩の道（秋葉街道）から、南西の旧浜岡町新野へ延びる支枝丘陵上に位置する。支尾根上では、「篠ヶ谷《しのがや》砦」と「八幡平《はちまんたいら》の城」から同城山へとつながり、さらに西域には「天ヶ谷《あまがや》の城平」・「釜原《かまはら》城」と、新野郷には城郭が密集するが、なぜか史資料、口伝は伝えられていない。

城域は新野川東岸にあり、規模は南北五五〇m以上で、最も重要な本城曲輪❶だけが昭和五十年代に採土され、破壊された。周辺には「トンノヤ」地名が三か所あり、今川系新野氏の根小屋

新野郷中央に築かれた舟ヶ谷城山（新野城）

地名と思われるが、南麓を「トンノビラ＝殿の平」と称し、屋号を「トンノヤ」・「オモテ」・「クラヤシキ」とする家もあり、ここからが大手口の導線と考えられる。採土された本城曲輪へは痩せ尾根上を二五〇ｍ以上、さらに本城から東・北域を入れると一四か所以上の堀切が穿たれ、幅は二ｍから最大で一五ｍを測り、築城時期の遅速《ちんそく》が認められる。高さ一〇ｍ以上の切岸と横堀も残存する。

　周辺の城砦群はすべて大規模であり、重層的な構造を鑑みると、長期にわたった高天神城攻防戦にともなう武田氏の大改造であることを示している。つまり、高天神城を支援し、徳川軍を迎え撃つ策源《さくげん》基地になっていた可能性が高い。

　ここでは、重要な本城曲輪は消滅したが、南北長軸の尾根上には多種多様な堀切遺構が見られ、想像以上に山城の醍醐味が味わえる。周辺の城砦群もお勧めである。〈水野〉

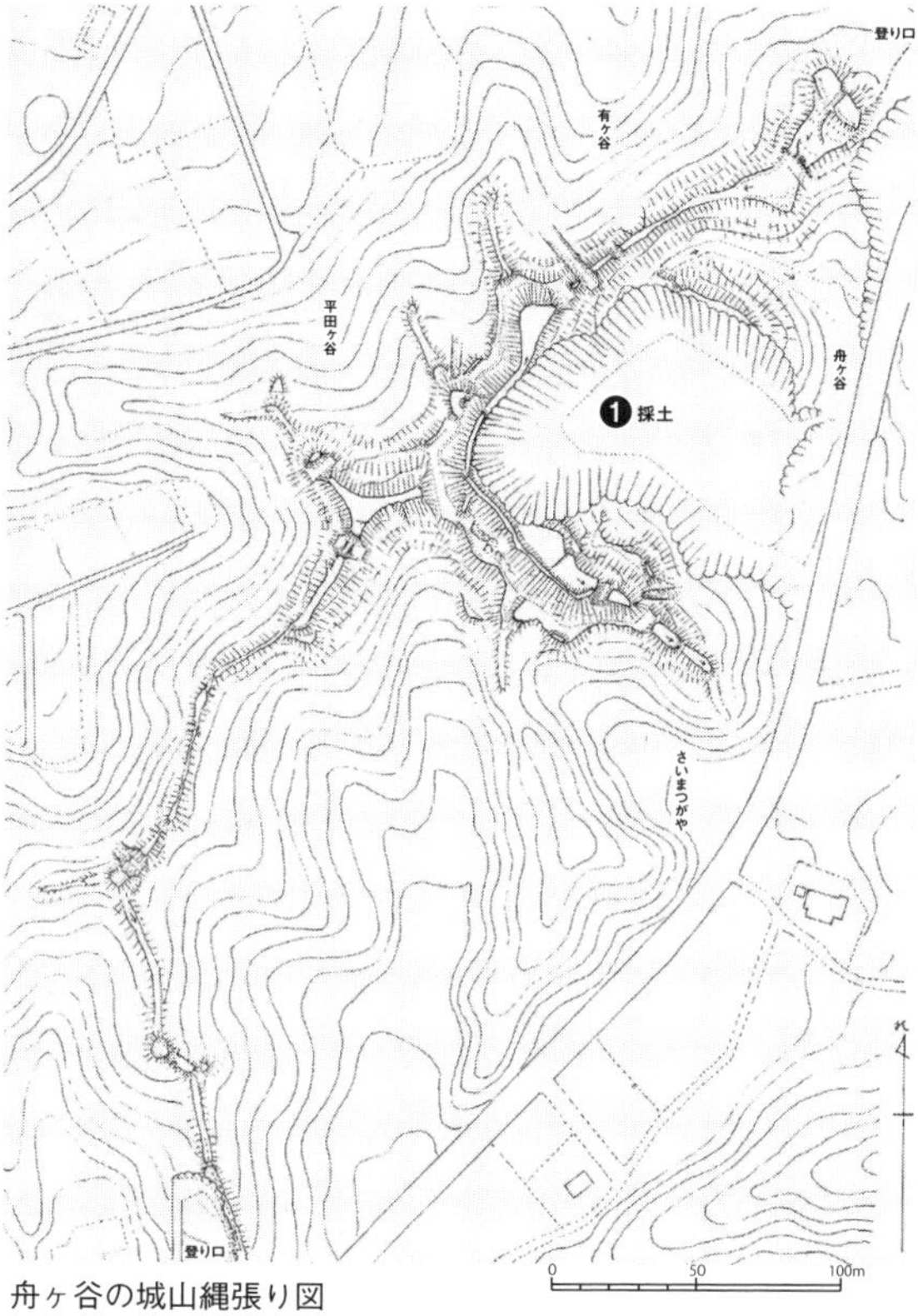

舟ヶ谷の城山縄張り図
作図：水野 茂

本城曲輪南側の幅一五ｍの堀切

舟ヶ谷城山西対岸に建つ、新野左馬助公を祀る左馬武神社

中遠国衆の城を家康が活用

61 天方本城《あまがたほんじょう》（天方古城《あまがたこじょう》）

①所在地：周智郡森町大鳥居
②立　地：標高一六一m（比高一〇〇m）の尾根山上
③交　通：秋葉バスサービス元開橋バス停下車徒歩二〇分

【城館史】　天方城は従来、向天方の「城《じょう》ケ《が》平《たいら》」にある城跡を指していたが、近年、大鳥居の「本庄山《ほんじょうさん》」（当城）、城下の谷本神社《たにもとじんじゃ》裏山（城藪《しろやぶ》）、大鳥居・問詰・葛布の境界線（小海戸砦）等、周辺三か所に城跡が確認され、城名の見直しが行われた。その結果、従来の天方城は「天方新城」、大鳥居の城跡が「天方本城」、城下の城山が「白山《はくさん》城」と命名された。

当城の山を「本庄山」と伝え、地元では城跡という認識はなかったようで、近年、「城《じょう》ノ腰《こし》」部分を描いた「遠州天方古城絵図」（前田育徳会尊経閣文庫所蔵）が確認され、城郭形態と地域環境等から、三城のうち、最初に築かれた城と推定された。したがって、天方氏歴代の本城で、応永年間（一三九四〜一四二七）に山内対馬守道美《どうび》により築城されたと伝わる天方城は、当城のことである。

永正七年（一五一〇）の本間宗季軍忠状写（県三―五一〇）は、天方城（天方本城）が確認できる初見史料である。この時期、今川氏親はたびたび遠江に侵攻し、これに対して文亀元年（一五〇一）、遠江守護・斯波義寛《よしひろ》は信濃府中の小笠原氏に援軍を要請した（県三―一九七〜二九九）。この要請に小笠原貞朝《さだとも》が応えて二俣（浜松市天竜区）に在陣し、加勢を受けた斯波軍は

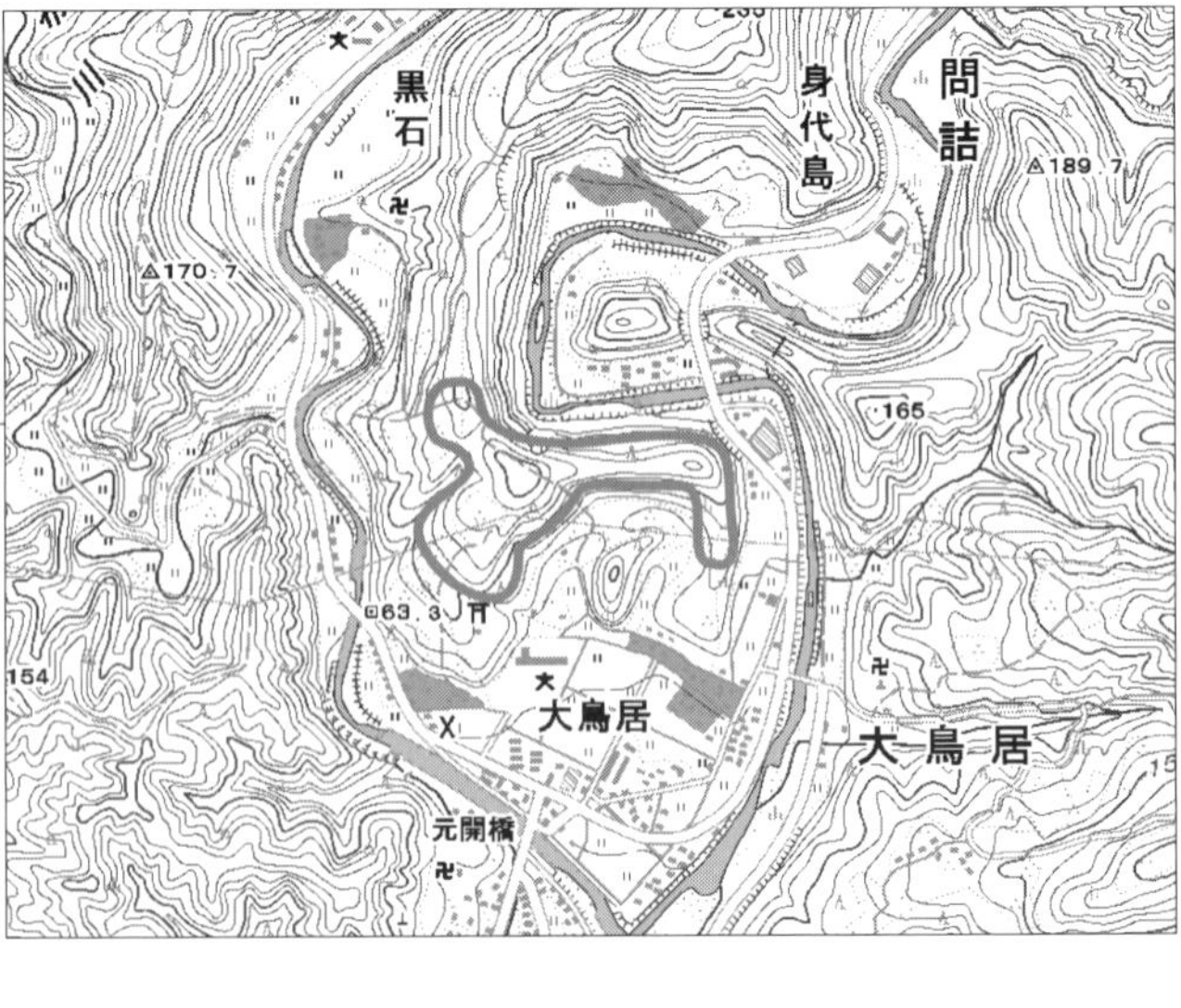

（左写真）天方氏菩提寺の蔵雲院には、三代の墓石が建つ

今川方の蔵王城（久野城。袋井市）・馬伏塚城（袋井市）等を次々と攻撃した。この戦いで天方城が落城した様子はないが、今川軍の反撃により、福嶋助春に属した本間宗季が手柄をたてている（県三―五一〇）。

その後、永禄十二年（一五六九）に侵攻した徳川軍は六か月にわたり攻め立て、氏真は城を開城して駿東郡大平（沼津市）に去ると、徳川軍は六月に天方城を攻撃、城主の天方通興《みちおき》は降伏し、徳川家康に従うことになる。天正二年（一五七四）四月の犬居城攻めでは三方ヶ原に続けて敗北するが、そのとき本城を陣城として使用している。

南から見る天方本城の全景

【縄張り概要】　天方本城は、太田《おおた》川支流の三倉《みくら》川と吉《よし》川の合流地点、大鳥居《おおとりい》集落北側の「本庄山（本城山）」に築かれた、連郭式の山城である。

山頂部が本城曲輪で、北側の小規模な高所❶（東西二〇m、幅一〇m～三m）を中心に、西側から南側一・五m下に幅約六mの腰曲輪が取り巻き、南西側に向かって一〇mほど延びる。その先に楕円形の櫓台❷（高さ一・五m、南北一〇m・東西一四m）があり、ここから南方向の眺望は良く、大鳥居・城下の集落や、太田川に沿って侵攻してくる敵の監視ができる。櫓台には西側から南側に腰曲輪が取り巻き、さらに東に約三七m延びる。南側山腹に竪堀Aがあり、本城曲輪北側より西に延びる尾根には、堀切B・堀切Cが確認できる。

本城曲輪の南西側に下った茶畑を「馬場平」❸と称す。茶畑は二段から成り、上段は東西八〇m、南北九〇mほど、下

最高所の小規模な本城曲輪

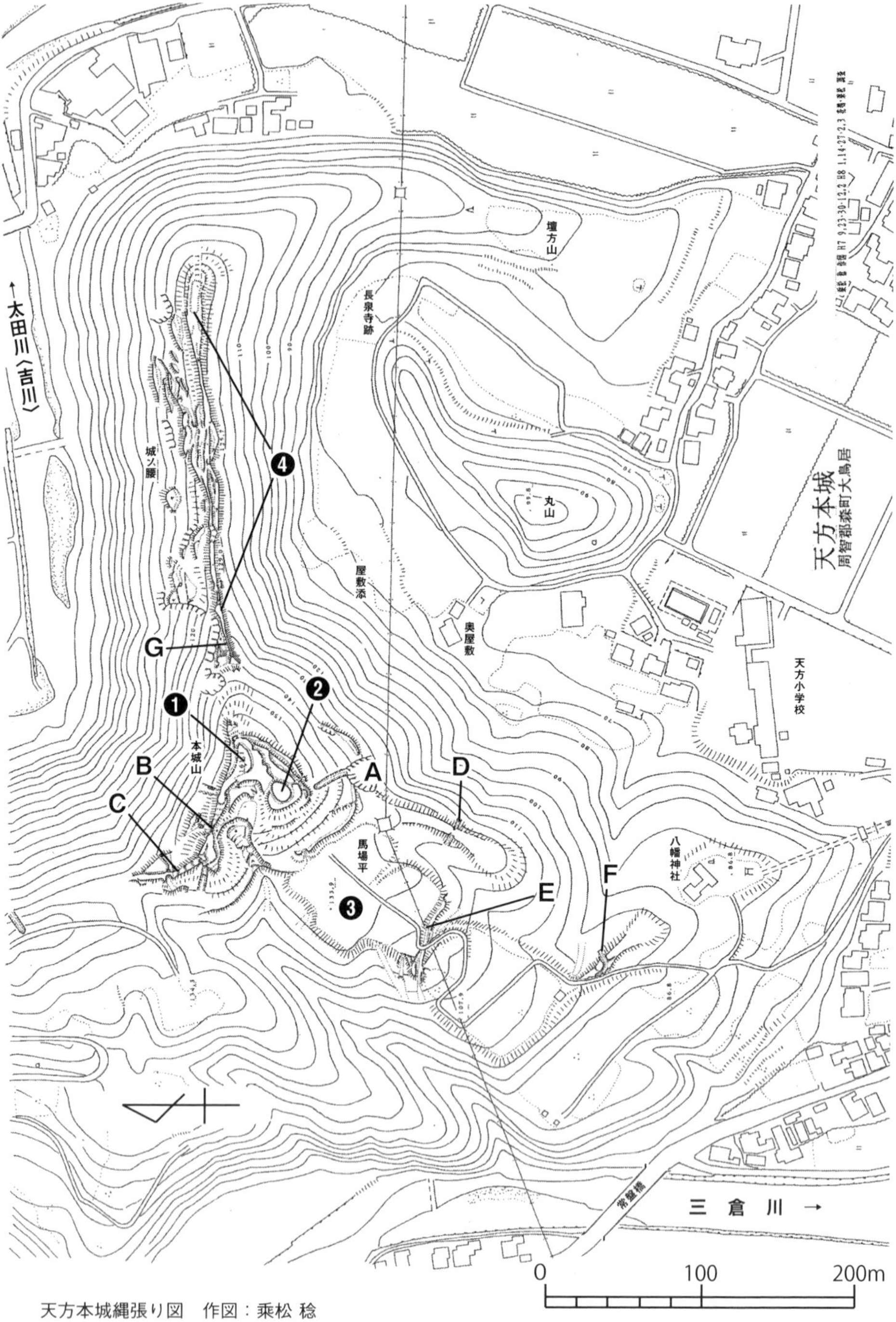

天方本城縄張り図　作図：乗松 稔

段は東西約六〇m、南北六〇mの広さがある。旧状はよくわからないが、上段東辺から南に延びる尾根に堀切**D**、上段と下段の間に堀**E**が確認され、さらに下段南端から南東側の八幡神社に向かって延びる尾根に堀切**F**があり、この範囲までが城域と考えられる。

城域の構造はけして技巧的で堅城《けんじょう》的なものでなく、とくに階層性の高いはずの本城曲輪周辺は、腰曲輪だけで固める古式な縄張りである。なお、南西中腹の「馬場平」は簡素な堀切だけであるが広大で、多くの兵員も駐屯収容できる空間は、弱小勢力の城郭を家康が活用したという、前述した年代観と符合する。

痩せ尾根上の「城ノ越」に築く横堀状遺構

一方、本城曲輪❶から東に向かって延びる尾根を「城ノ腰」❹という。尾根の付け根北側に、尾根と平行に幅六mほどの横堀状**G**を掘り、尾根の幅員を狭めている。ここから東側は幅一～四mの痩せ尾根が二〇〇mも続き、途中二か所に幅の狭い堀切、北側斜面に腰曲輪・横堀と思われる地形が確認できる。

その先の尾根は幅一〇mほどに広がり、六〇mほど延びると、方向を南に変え下っていく。この尾根は同城の大手にあたり、登城路と思われる。下がり切った麓部には、「長泉寺《ちょうせんじ》跡」・「屋敷添」・「奥屋敷」の古地名を伝え、天方氏の居住空間と城下集落の存在を内包している。

〈乗松〉

「馬場平」から八幡神社に下る細尾根上の堀切

今川氏の境目の城

62 三《み》倉《くら》城《じょう》

①所在地：周智郡森町三倉
②立　地：標高m一八〇（比高六〇m）の尾根上先端
③交　通：秋葉バスサービス三倉バス停下車徒歩一〇分

【城館史】 南北朝期に遠江守護・今川範国が「三倉山」に陣取ったことが『難太《なんたい》平記《へいき》』に記され、ここであれば初見となる。享禄年間（一五二八～）に犬居（浜松市天竜区）の天野氏が今川氏から離反したときに、今川氏は天野領隣接地に中《なか》尾生《びう》城・光明《こうみょう》城（浜松市天竜区）などを築き、天野氏を牽制する。この両城と犬居城に向かう街道沿いの要衝地に位置することは、史料では確認できないが、今川氏が同城を築いた可能性はある。

天文二十一年（一五五二）、森町三倉の大久保村に八幡社が再建され、棟札に地頭「三倉藤原八郎五郎俊宗」とあり、三倉氏の存在が確認できる。三倉氏はもと矢部氏といわれ、駿河の矢部氏が今川氏親の被官となって文亀・永正年間（一五〇一～一五一七）の遠江侵攻に参軍し、各地で戦ったあと、三倉に土着して「三倉」の在名を名乗り、三倉城の城代を担ったという（『森町史』）。

そして、三倉氏は天正二年（一五七四）頃には徳川家康に従い、同四月に家康は犬居の天野氏を攻めたが、撤退する際に反撃にあい、這々《ほうほう》の体《てい》で三倉まで退却したことが『三河物語』に詳しい。天正四年、徳川氏は天野氏の樽山《たるやま》城（浜松市天竜区）を攻略すると、三倉氏は同城の番手に付いている。

【縄張り概要】 三倉川と支流中村川の合流地点南側にある三倉郵便局の裏山が城跡で、北側の中村川が蛇行して、その浸食で山は急傾斜を成し、いくつもの山峡が迫る要害地形であった。ここは森（森

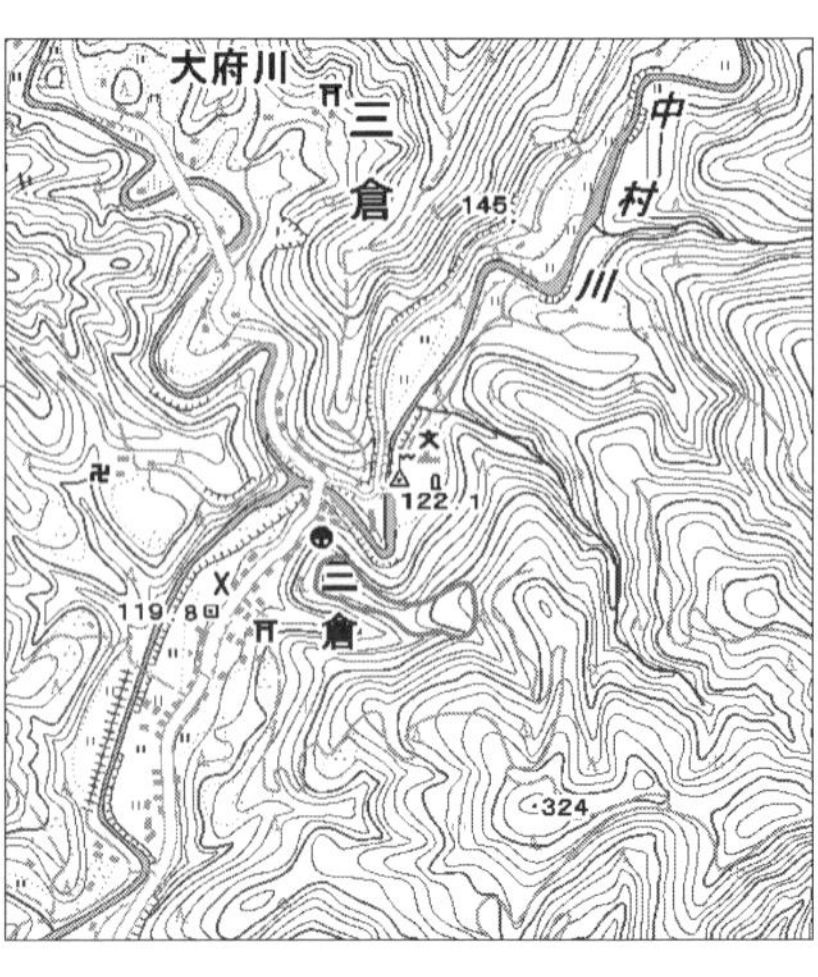

三倉川と中村川合流点から見る急峻な三倉城

町）と犬居を結ぶ秋葉《あきは》街道（信州街道）と、大井川筋の家山《いえやま》（島田市）に抜ける街道の要衝である。

標高一八〇mの山頂❶を本城曲輪（長さ二六m、幅一〇m）とし、西側二m下に腰曲輪（南北一三m、幅六m）、さらに約五m下に腰曲輪❷（二の曲輪か、長さ三五m、幅一〇m）を構える。本城曲輪の東側尾根筋には幅七mの堀切A、その約一五m先に両側を竪堀とする幅七mの堀切Bを入れて、曲輪❸（長さ一五m、幅一二m）を構える。この曲輪は馬出し曲輪と考えられるが、現在、山道によって二つに分断され変形している。

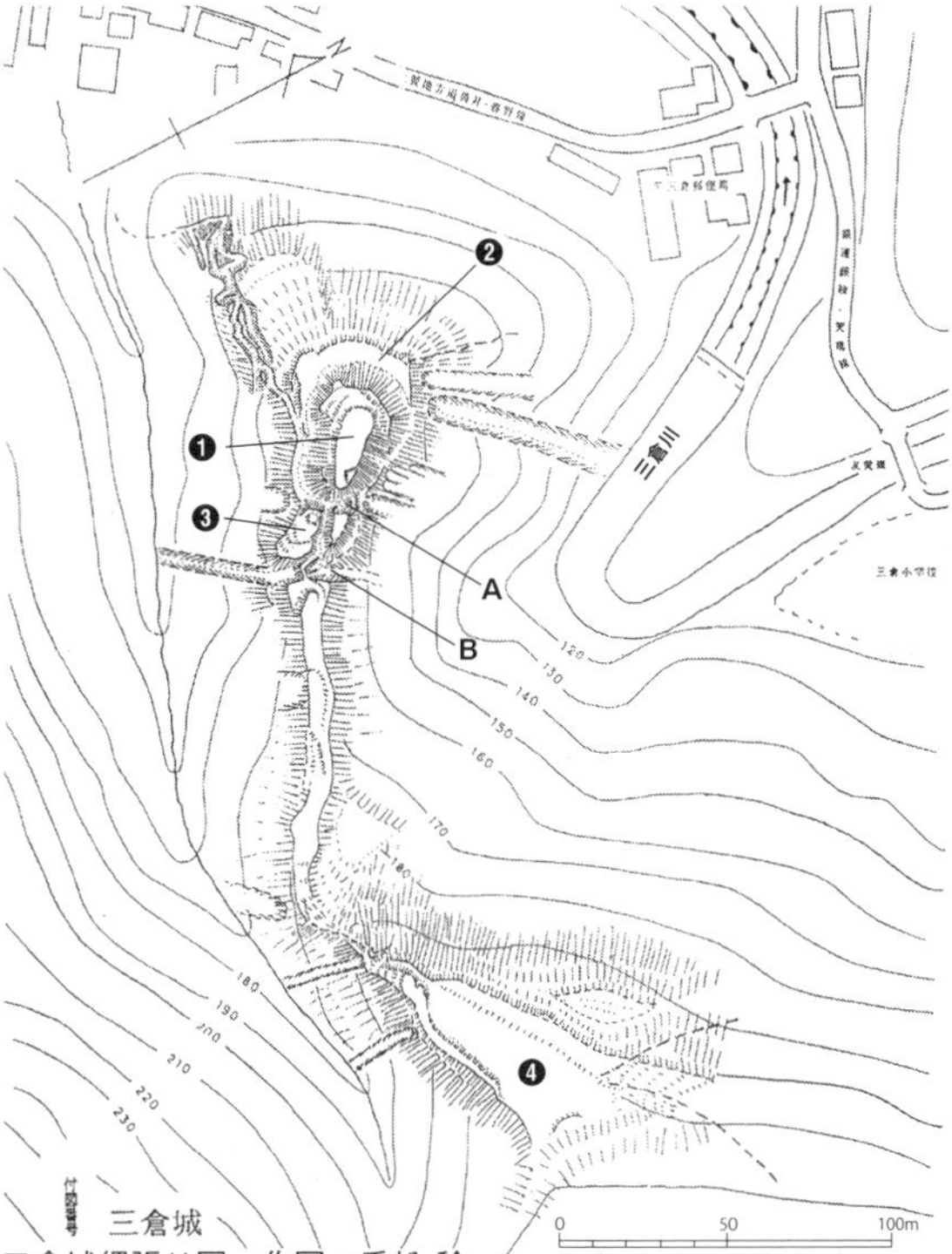

三倉城縄張り図　作図：乗松 稔

ここから先は、幅七mほどの細尾根が南東方向に約一〇〇m延び、斜面を八m登ったところに広い平坦部がある。この曲輪❹は、北東方向に六五m、幅は最も広いところで三〇mあり、南面に幅四m長さ四六mに及ぶ土塁が認められる。

こうした広い駐屯地を設けた二郭構造は、当地の抗争の歴史から見て、徳川期に拡張された蓋然性《がいぜん》が高い。〈乗松〉

本城曲輪と馬出し曲輪の間の堀切

馬出曲輪東に架かる土橋は横矢が有効に掛かるよう湾曲をしている

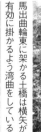

今川氏に仕えた山内氏の城

63 飯田城《いいだじょう》

①所在地：周智郡森町飯田字峯山
②立　地：標高六四m（比高三四m）の丘陵上
③交　通：東名高速道路袋井ＩＣから太田川沿いに北上し車で二〇分

【城館史】飯田城主・山内《やまうち》氏は、広島県東部の備後国を本拠としていた。弘安四年（一二八一）に飯田荘上郷内の亀久保・西俣（三倉川流域）あたりを父から譲り受け、南北朝末期の山内通弘《みちひろ》・通秀《みちひで》の代に大鳥居に進出し、天方本城を築いた。

応永七年（一四〇〇）ごろの山内道美《どうび》は、さらに南下して飯田郷へ入る。『掛川誌稿』に「山内対馬法名道美、初め天方城に居る、後、飯田に城を築いて移り住し、天方は其の弟山城守に守らしむ。故に天方氏と称す」とあり、現在の崇信寺《すうしんじ》あたりに飯田古城を築いたという。翌応永八年、道美は古城に山内氏の菩提寺として崇信寺を創建したことが「崇信寺縁記」等に記され、古城のあった環境も伝えている。なお、崇信寺南の飯田城（飯田新城）の築城時期は明確でなく、天文十四年（一五四五）ごろの通泰期といわれる（『森町史』）。

山内氏は今川氏の被官で、桶狭間での義元の敗死を契機に、遠江の国衆の多くが徳川家康に降るなか、山内通泰は今川氏から離れることはなかったため、永禄十二年

丘陵の張り出した城域を堅固な谷堀（手前）で固めている

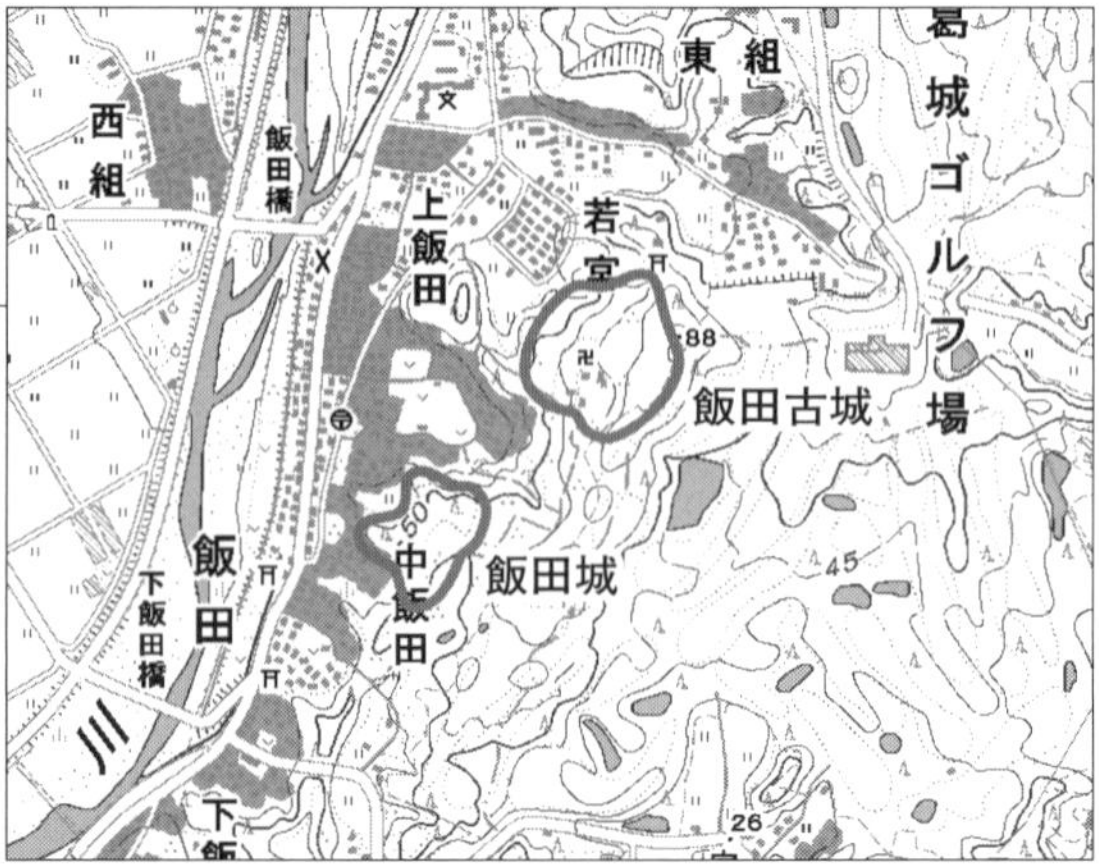

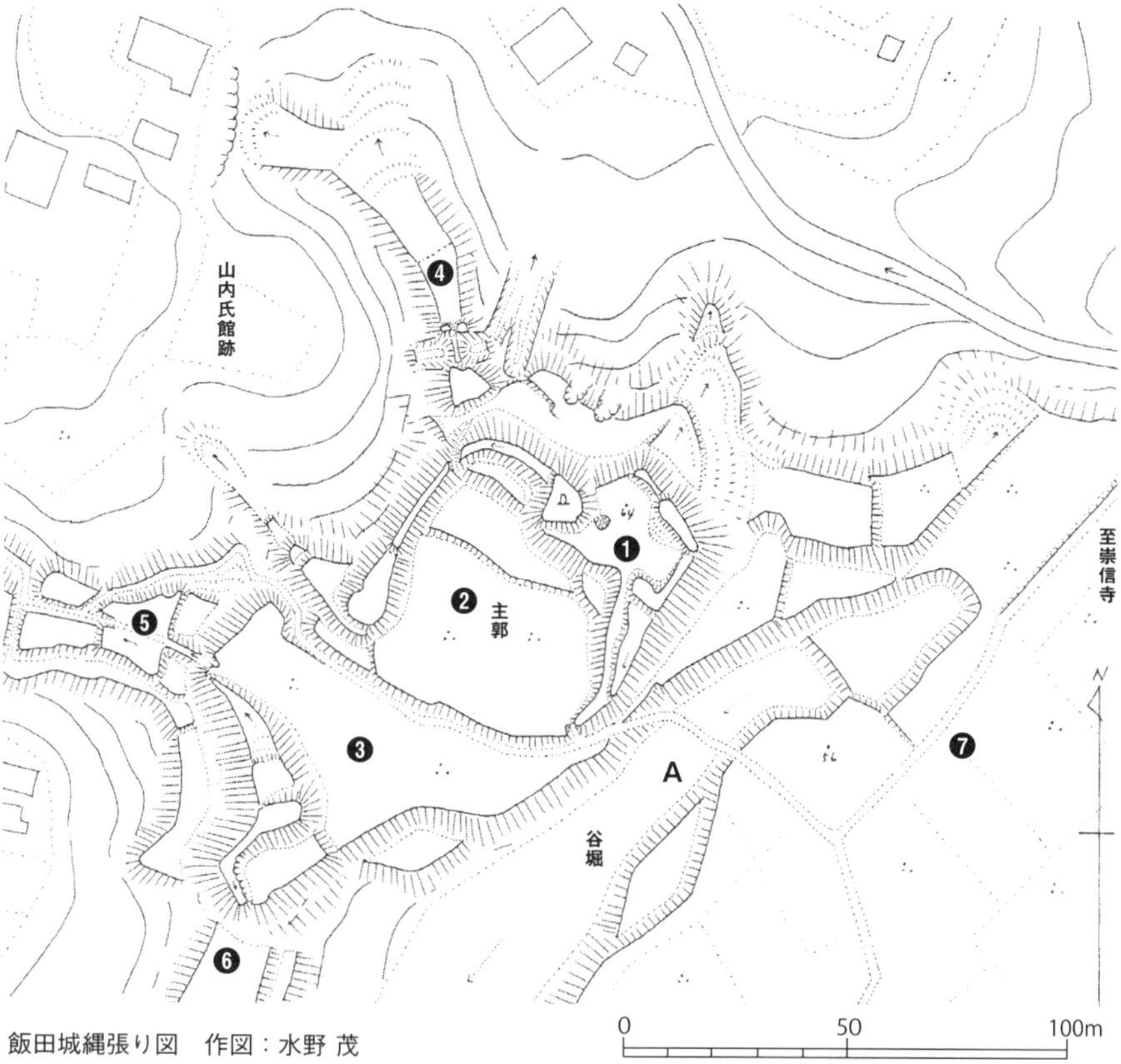

飯田城縄張り図　作図：水野 茂

（一五六九）六月に攻められ落城し、山内氏は滅亡した。

『武徳編年集成』等に、榊原康政《やすまさ》、大須賀康高らが攻め立て、「飯田城ヲ攻ラレ城陥リ、城主山内大和守ヲ初メ悉《ことごと》ク斬獲《きりとり》ス」とある。近くに戦死者を祀る「千人塚」があり、悲惨な戦いを今に伝えている。

　元亀三年（一五七二）からは、武田信玄の遠江侵攻にともない、徳川・武田両軍の陣城として活用されたことは、『三河物語』

物見曲輪に置かれた城址碑

高土塁が囲繞する本城曲輪。近年、城域は史跡整備され見学しやすくなった

等の記述から見て、蓋然性は高い。

【縄張り概要】　太田川中流域東岸の丘陵上に位置し、ここには飯田古城（崇信寺境内）と新城（飯田本城）が存在している。古城は後世の開墾で改変され、わずかな土塁が残るのみである。新城は、古城の二五〇m南の自然の谷地形Aを東限とした西端域に縄張りされ、東西一〇〇m、南北一五〇m規模の丘城である。城内は、三段の大小平場❶・❷・❸で構成され、土塁の設け方や、中央に配置されていることからみると、❷が本城曲輪であろう。❶は物見曲輪、❸は二の曲輪となる。支尾根は西側に❹と❺、南側に❻が延びており、❹は二重堀切により遮断され、❺には幅一二mの堀切を構えるが、坂土橋《さかどばし》状虎口により二の曲輪❸に入ることから、ここが大手口であろう。

南北一五〇mの曲輪内を概観すると、❶と❷は大規模な土塁で厳重に守られているのに、大手口から入る❸は土塁で囲むことなく、また、自然谷地形Aから広大な丘陵上❼と崇信寺へは容易に移動でき、防御的に低位である。同城はけして大規模ではないが、飯田古城周辺を駐屯地として取り込むと、大量の兵員収容を可能にした陣城となる。今川氏滅亡後の遠江における武田・徳川両氏の抗争は激しさを増し、太田川を挟んだ東岸には徳川軍が布陣し、対武田戦線の要として飯田城を改造したと考えられる（『古城』第六十号・同第六十一号）。

飯田古城《いいだこじょう》（所在地：森町中飯田・崇信寺）

太田川東岸の河岸段丘上にある飯田城の北域に、山内氏の菩提寺・崇信寺周辺が飯田古城である。応永八年（一四〇一）正月、山内道美が古城地を寄進して崇信寺を創建した史料に、「北、丑《うし》寅《とら》の方は谷堺なり、谷頭の峰筋に堀切あり、東は雨落切り宇苅え堺なり、西は谷を堺なり、未《ひつじ》申《さる》薬師堂山（飯田山）の堺に堀切あり、南は地頭方の山堀切あり、……」と記す（『森町史』通史

主要部の西尾根を遮断する二重堀

広大な飯田古城に位置する崇信寺周辺は、茶畑開墾による改変が著しい

編 上巻）。北と東は急峻な頂と谷、西も谷地形を活かした様子がうかがわれ、広い寺域全体を城郭としていたという。ここから古城域を推定すると、東西一七〇m、南北四〇〇m以上にもなり、北限となる峰筋に幅三mの古式な二重堀**A**は確認できたが、西の薬師堂山と南の地頭方の堀切は開墾が進み、不明であった。同史料では記されていなかった、東支尾根上に幅約七mの土橋を付けた堀切**B**が見つかり、**A**よりも大きなもので、成立期の遅速《ちそく》を感じさせる。なお、**C**は村普請で築かれた、大規模な古道の切通しである。

堀切よりも明確な遺構が、崇信寺南西から西にかけて高いところでは三mもある土塁**D**である。この土塁の構築と所在する空間❶を鑑みると、本来は東西八〇m、南北一二〇mほどの屋敷城が内包される。城郭であった崇信寺と広大な周辺地は、武田・徳川両軍が布陣・駐屯したりする軍事行動にはもってこいの条件で、**B**の堀切はその抗争期のものではなかろうか。〈水野〉

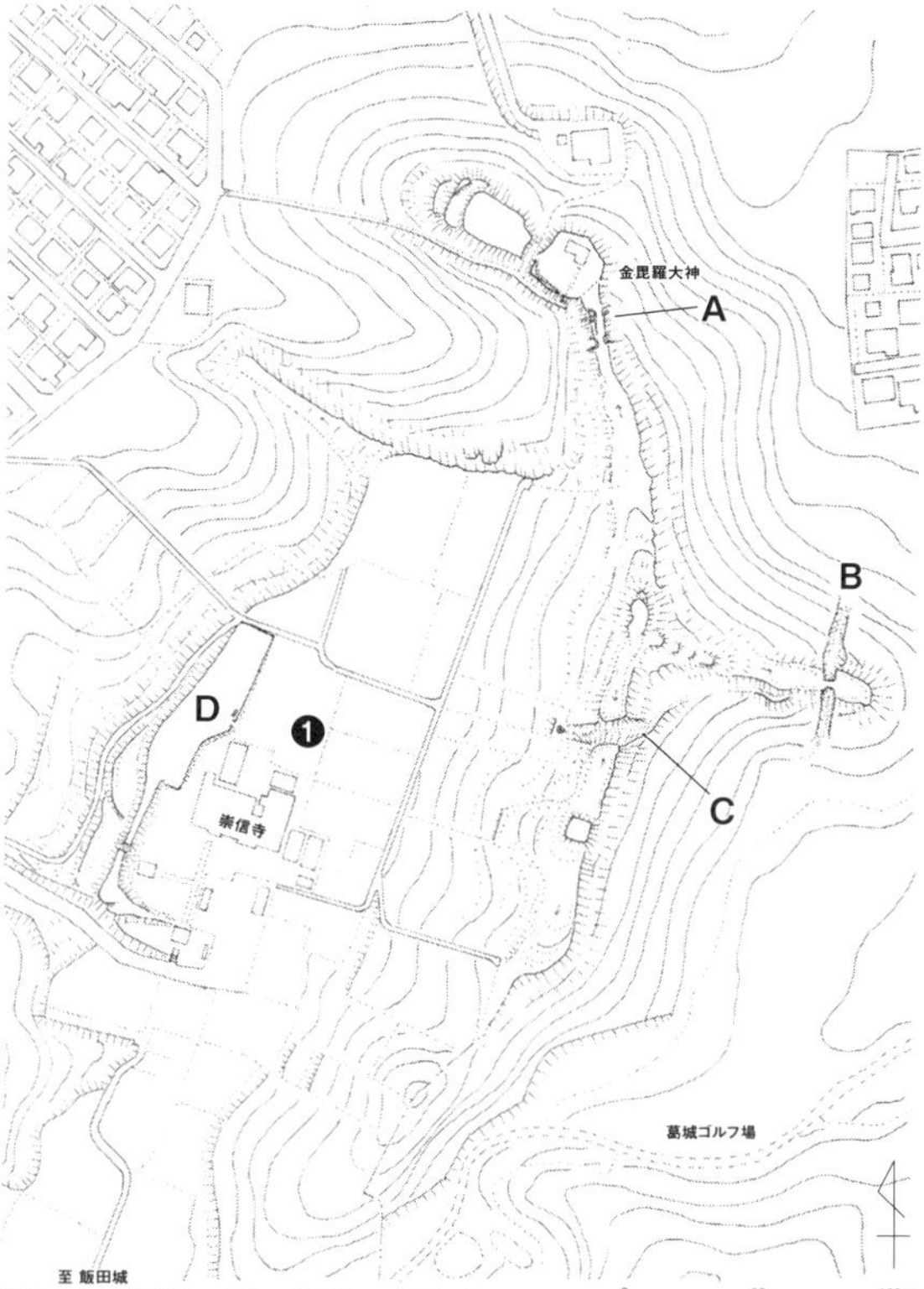

飯田古城縄張り図　作図：水野 茂

崇信寺境内に祀られている山内道美ら三代の墓地

崇信寺西辺に残る大規模な土塁跡

一宮荘代官・武藤氏の館

64 武藤氏屋敷《むとうしやしき》（草ケ谷館《くさがややかた》）

①所在地：周智郡森町草ケ谷字中小路・陣屋敷
②立　地：標高五〇m（比高一四m）の舌状丘陵
③交　通：天竜浜名湖鉄道・森町病院前駅より北へ徒歩一〇分

【城館史】　室町期、遠江国一宮《いちのみや》荘の代官職は、斯波氏の守護代甲斐氏の代官・大谷豊前《おおたにぶぜん》入道玄本《どうげんぽん》であったが、永享四年（一四三二）十二月、幕府は少弐《しょうに》氏一族の武藤用定《もちさだ》に与えた（県二―一七八三）。『森町史』では、「武藤氏は一宮荘の代官となって以来、領域統治の中心地として草ケ谷の地を選び、草ケ谷城を築き、その麓に館を構えた」とある。また、後の武藤氏定は天文十四年（一五四五）、もとの居館址に香勝寺《こうしょうじ》を建立し、南方二〇〇mの現在の地に居館を移したと推定している。同寺の背後には武藤氏一族の墓石群が建つ。

武藤氏定《うじさだ》は今川氏に従っていたが、永禄十一年（一五六八）、武田信玄の駿河侵攻に際して武田方に与したため、森地域は徳川家康に攻められた。武田氏を頼り、いったん甲斐へ逃れていたが、元亀三年（一五七二）の信玄の西上に従った氏定は、このころ新たに軍事拠点として、小国神社近くに一宮城（真田山城）を築いたとされる（『森町史』）。江戸期は幕府領であったため、同屋敷は陣屋に用いられ、地名の「陣屋敷」もそれに由来するのであろう。

【縄張り概要】　武藤氏屋敷は、一宮荘円田郷草ケ谷の香勝寺から南に延びる舌状丘陵先端部に位置している。現在の屋敷地には鈴木家が居住し、母屋北側に高さ二・二mの土塁**A**が東西に三〇m残存しているが、外側を削って道路を建設したという。往時の土塁は西へ延び、南限は同家屋敷地よりも南側にあったというが、規模は不明である。土塁の残存部と南東隅正門**B**の位置関係からも、鈴木家は旧武藤氏屋敷の北東域に、縮小する形で構えられていたことがわかる。

武藤氏屋敷の北辺に残る土塁跡

屋敷地下段の東・西・南には集落が広がり、直下には街道が通る。そして、高地の屋敷地に氏寺・先祖墓と草ケ谷城があるという空間構成のあり方は、やはり一宮荘代官職としての権力を反映したものと考えられる。なお、詰の城であった草ケ谷城は、茶畑開墾などで消滅した。

一宮城《いちのみやじょう》（真田山城、所在地：森町一宮字宮代）

今川氏が衰退すると、早くから武田氏に与した武藤氏であったが、激しい徳川軍の侵攻にともない、本地の草ケ谷から遠江一宮の小国神社近くの山上へ新たに一宮城を築いた。築城に際して、横堀**A**と有効に掛かる横矢、枡形状虎口**B**・**C**などの技巧的な構造は、武田系の極意を伝えるもので、普請には武田氏が直接関与したと考えられる。〈水野〉

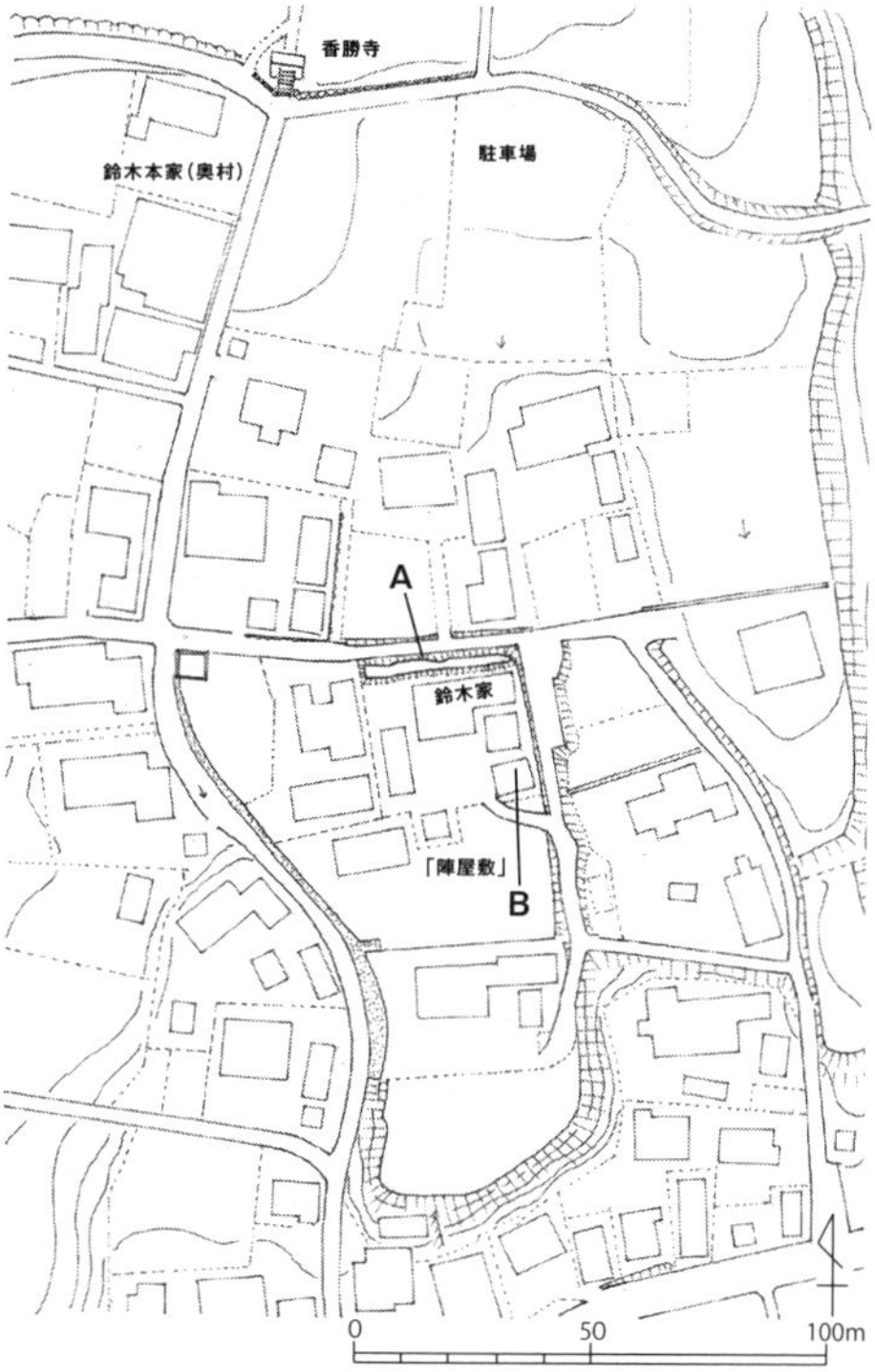

武藤氏屋敷縄張り図　作図：水野 茂

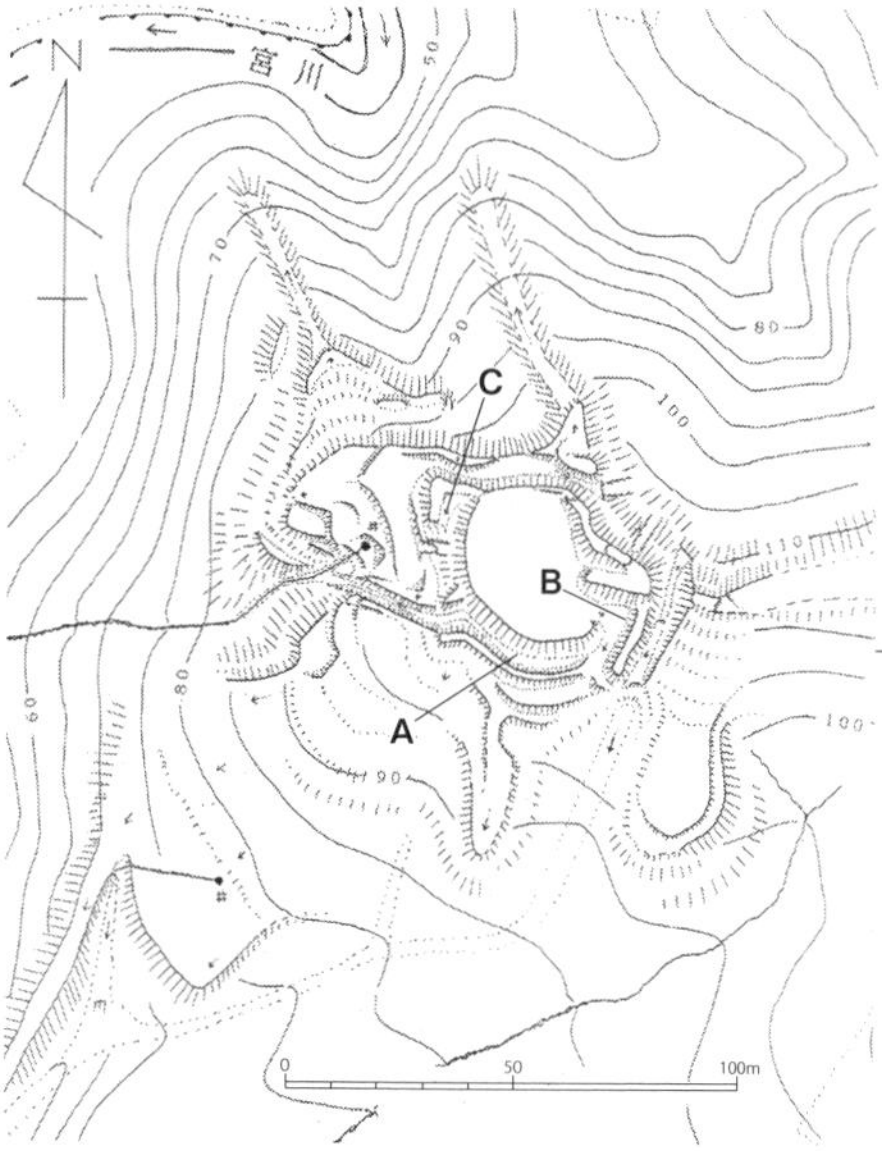

一宮城縄張り図　作図：乗松 稔

宮川東岸の山上はコンパクトながら武田系の極意が導入されている

北遠の今川氏拠点城

65 笹《ささ》岡《おか》城《じょう》（笹岡《ささおか》古城《こじょう》・二俣《ふたまた》古城《こじょう》）

①所在地：浜松市天竜区二俣町二俣字笹岡
②立　地：尾根先端部
③交　通：遠鉄バス総合事務所バス停下車
徒歩五分、浜松市天竜区役所

【城館史】　笹岡城の記録はないが、江戸末期の地誌『遠江国風土記伝』の「笹岡古城」に「築く所の時代は詳ならず」と記し、図は「二俣古城図」としている。

天竜市役所の建設にともない、昭和四十三年に発掘調査が行われた。多くの陶磁器類や古銭、井戸址や柱穴、土塁等を検出し、平安末期から戦国期にかけての遺跡と判断された。遺物の中に布目瓦《ぬのめがわら》が見つかり、平安末期に瓦葺の建物がある寺院が開かれ、南北朝期より城郭として使われたと考えられる。

「二俣城」の初見として、建武五年（一三三八）正月の遠江国御家人・内田致景《むねかげ》軍忠状が知られる（県二―一九四）。戦国期の文亀元年（一五〇一）、今川氏親の侵攻を受けた遠江守護・斯波義寛は、信濃府中の小笠原氏に援軍を要請し、要請に応えた小笠原貞朝が二俣に着陣した（県三―二〇〇～二〇二）。この頃、二俣城と社山城（磐田市）は斯波氏の拠点となり、遠江各地で今川勢と戦ったが、斯波義雄《よしかつ》は社山城の敗戦で捕まり、二俣城に送られた（県三―二〇三）。永正三年（一五〇六）、今川氏親の命を受けた瀬名一秀が二俣城を攻略すると、その後は朝比奈時茂《ときしげ》や二俣氏、松井貞宗《さだむね》らが在城した。永正三年～八年頃の瀬名一秀書状（県三―六七八）に「二俣城お取立候」とあり、斯波氏に代わって今川氏が北遠の拠点としたことが妥当とされている。

その後の永禄三年（一五六〇）五月、松井貞宗は尾張・桶狭間で今川義元と共に織田信長に討

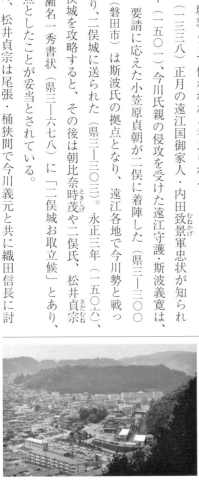

たれると、遠江では反今川勢力が蜂起し、松井氏も加担し今川氏から離反した（県三—三四二三）。同十一年十二月、徳川家康が遠江に侵攻すると、二俣城は徳川氏の持ち城となった。

【縄張り概要】　笹岡城は二俣町の北部、現在の天竜区役所の位置に所在した。丘陵先端の舌状部に築かれ、南側前面を二俣川が蛇行し、東側を北遠はもちろん、信濃や奥三河に通じる街道が通り、交通の要衝地に位置している。

『遠江国風土記伝』の「二俣古城図（笹岡城）」は、江戸後期の姿を伝え、本城曲輪（古城）を中心に南側に二の曲輪（俗称・家老屋敷）、北側に本城山を描いている。本城山の山頂には平坦部（曲輪）があり、尾根の付け根に堀切が描かれている。

天竜区役所と消防署の周辺が本城曲輪（広さ・東西七〇m、南北四〇m）の跡であり、天竜市役所の建設前は西側から南側に高さ二・五mほどの土塁が巡り、南側土塁の東端開口部が虎口と推定された。土塁で囲まれた居館であったと考えられる。現在、本城曲輪は消滅し、本城曲輪の南側にあった二の曲輪の南半分ほどが残る。本城山は居館の詰め城で、平坦な未成型曲輪であったが、最近、大きな電波塔が造られ、一部が破壊された。〈乗松〉

（右写真）笹岡城は、旧天竜市役所の建設にともない消滅した

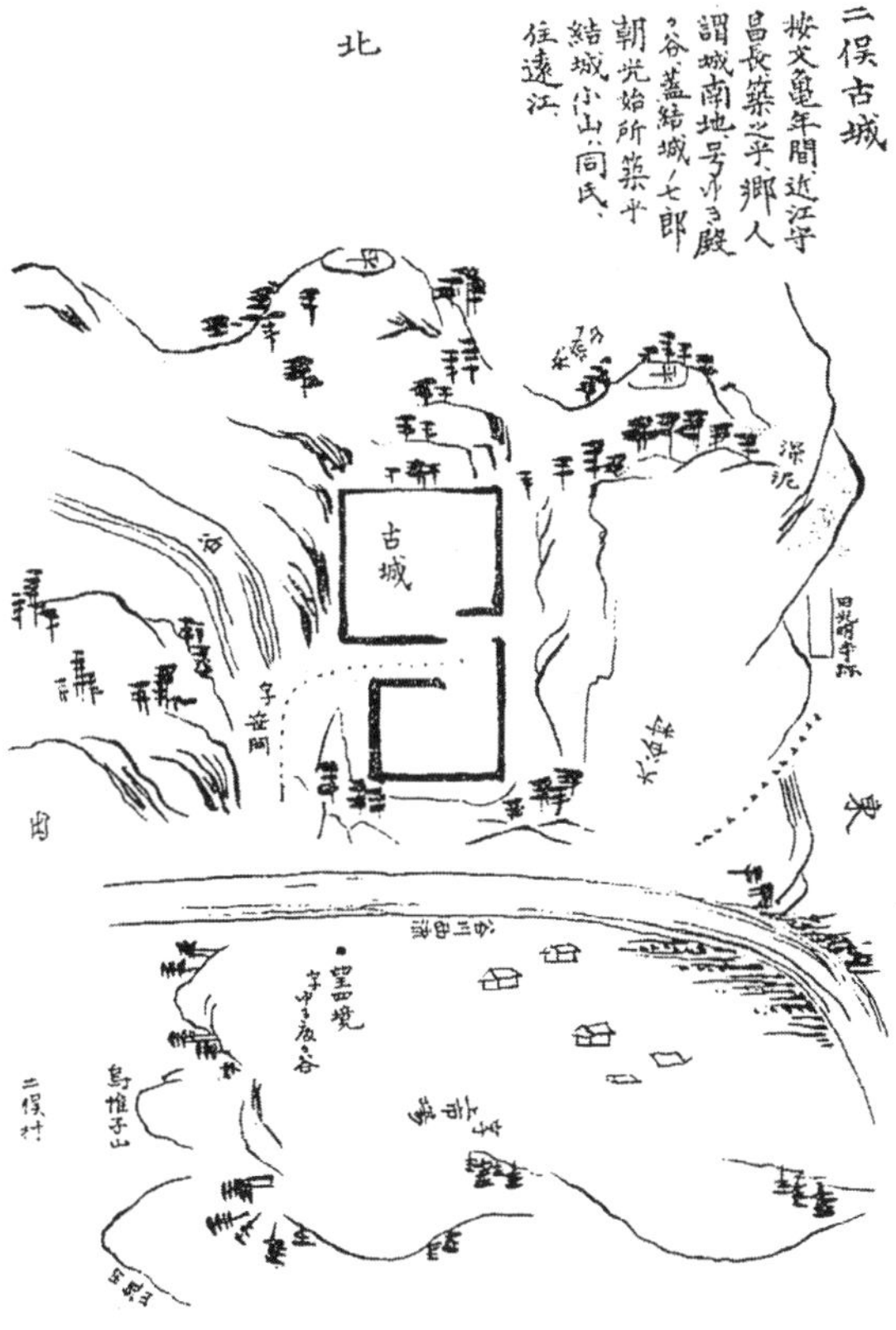

『遠江国風土記伝』「二俣古城図（笹岡城）」

今川氏が築いた北遠支配の城

66 光明城《こうみょうじょう》

①所在地：浜松市天竜区山東字光明山
②立　地：光明山山頂南方の尾根上
③交　通：車で国道一五二号線・大川から林道で一時間一〇分

【城館史】　築城時期は明確ではないが、江戸末期の地誌『遠江国風土記伝』に、「享禄年間（一五二八～一五三二）朝比奈下野守時茂城を築き、次に朝比奈又太郎住す」とある。

　永正十四年（一五一七）、今川氏親は斯波義達を尾張に逐い遠江を手中に収めると、検地を行い、地域支配を進めていく中で、北遠の国衆である天野・奥山氏の支配領域に対しても介入し、天野氏の所領だった雲名《うんな》・横川《よこかわ》（浜松市天龍区）が今川直轄領にされた。大永六年（一五二六）に氏親が亡くなり、当主が氏輝に替わると、今川氏に不満を持った天野氏は離反、享禄二年（一五二九）に二俣昌長が守備する中尾生《なかびう》城（浜松市天竜区）を攻撃した。中尾生城は、天野氏の所領であった西手《にして》（浜松市天竜区。天竜川西岸）の大嶺《おおみね》に、北遠支配の拠点として今川氏が築いた城であった。

　光明城は、今川氏が直轄領とした雲名・横川の中間に位置し、二俣と犬居を結ぶ街道上に築かれた関所的な城である。今川氏輝の命で朝比奈時茂が築城したことは間違いない。朝比奈又太郎が城番《じょうばん》をした後、今川氏の利用は確認できないが、天正初期（一五七三～一五七五）には武田軍の番手城として使われ、天正三年（一五七五）の落城後は徳川軍が使用している。

【縄張り概要】　光明山（標高五三九・七ｍ）山頂より南西方向に延びる尾根上（標高四八九ｍ）に築かれ、光明寺跡❶を本城曲輪とする。光明寺跡にはもともと密教系の山岳寺院があり、江戸時

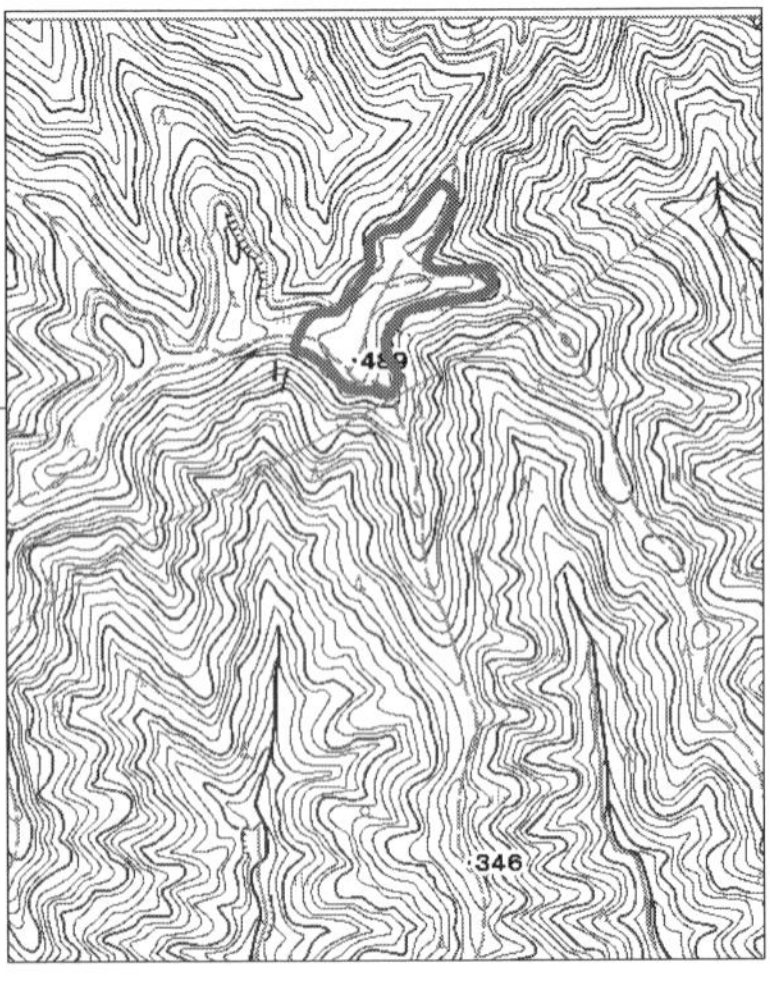

石垣で造成された光明寺跡下段を通る秋葉街道

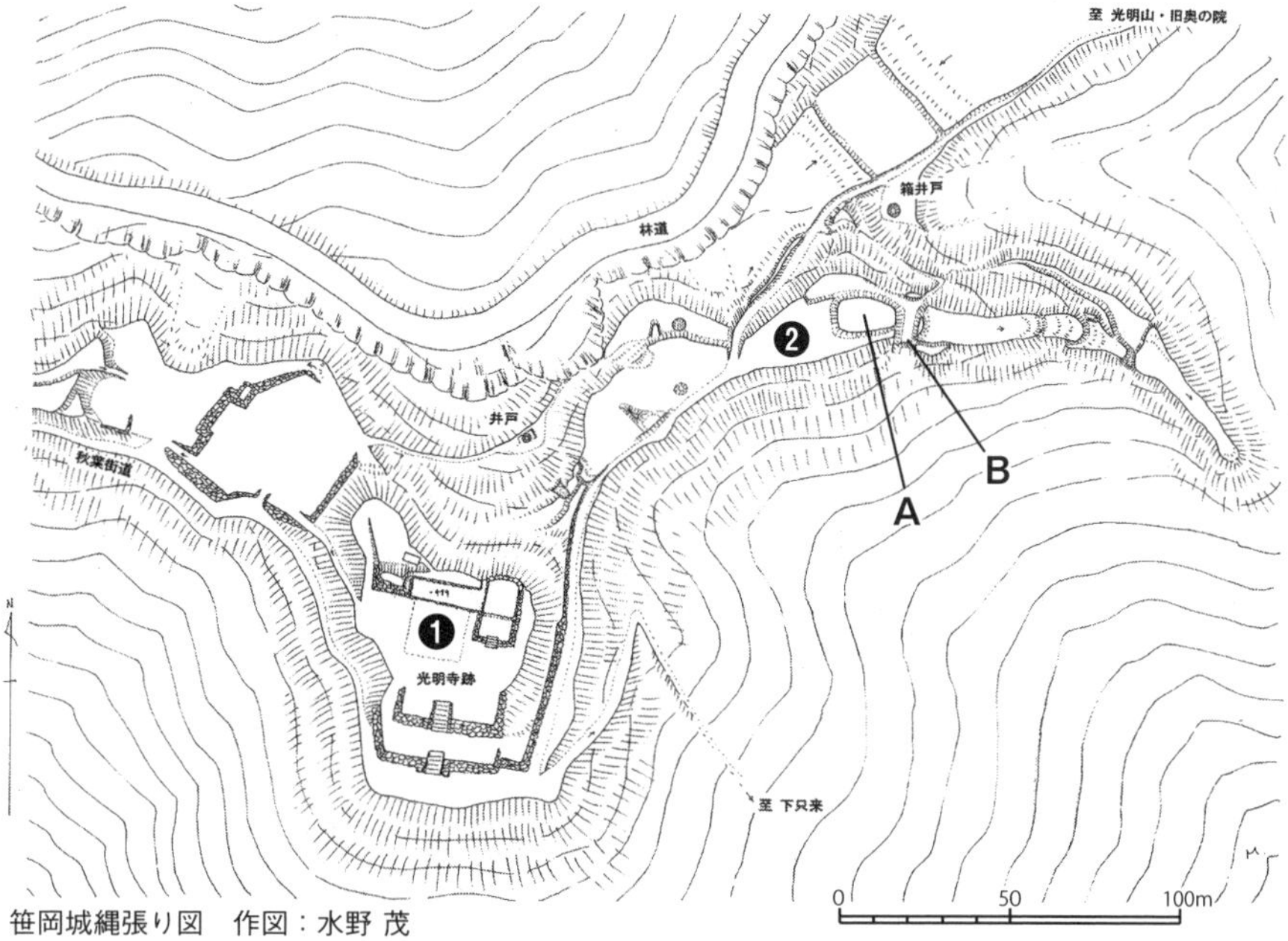

笹岡城縄張り図　作図：水野 茂

代に石垣を築き、伽藍を構えた寺院が造られた。ここからの眺望はすばらしく、遠州灘を一望し、二俣城や社山城が確認できる。

北東に延びる尾根上の平場❷が二の曲輪で、東側に楕円《だえん》状の櫓台**A**（東西二〇m、幅一〇m、高さ二m）があり、その先に堀切**B**（幅一〇m、深さ三m）がある。二俣と犬居を結ぶ秋葉街道は、犬居方面から登ってくると二の曲輪北面中央付近に取り付き、城内を通って本城曲輪南側を回り、西側尾根に抜けていく。

この辺りが今川氏の築城した範囲と推定され、本城曲輪西側の平場や、二の曲輪より北東に延びる尾根上の平場は、武田軍や徳川軍の使用時、または江戸時代の神社の社地として利用されたときの跡と思われる。〈乗松〉

最上部の光明寺本堂跡は広く、三六〇度の展望は絶景

二の曲輪東側の堀切

北遠の国衆・天野氏の牙城か

67 犬《いぬ》居《い》城《じょう》

①所在地：浜松市天竜区春野町堀之内字犬居
②立　地：標高二六五m（比高二五〇m）の丘陵上
③交　通：国道三六二号線沿いの春野ふれあい公園駐車場から徒歩五〇分

【城館史】天野氏は、伊豆国田方郡天野郷（伊豆の国市）を本地とする有力武士で、承久《じょうきゅう》の乱《らん》（一二二一年）の功績により、北遠の長講堂《ちょうこうどう》領山香《やまか》荘（浜松市天竜区）の地頭《じとう》として犬居に入部した。南北朝期には北朝方の遠江守護・今川氏に従い、各地での働きが知られているが、室町期に遠江守護が斯波氏に代わると、具体的な動向がわからなくなる。表舞台に登場するのは、今川氏親の遠江侵攻に際して、前遠江守護の斯波氏と三岳城・刑部城（浜松市北区）などで戦ったときに、天野景泰《かげやす》が氏親から褒賞されている。「犬居三ヶ村」とある犬居・大嶺・平山を本地とし、「東手《ひがして》」という大井川域の川根郷、さらに「西手《にして》」とする天竜川域の瀬尻《せじり》まで広大な地域を知行した。

ところが、氏親亡き後、氏輝の交代に際し、北遠の国衆奥山氏らとともに離反し、今川軍が犬居領に構えていた中尾生城（浜松市天竜区）を攻撃している。短命だった氏輝の後、義元の家督争いにともなう天文五年（一五三六）の花蔵の乱で、反義元派であった遠江今川氏の見付端城（磐田市）に拠る堀越貞基を討ち取り戦功を挙げた。それは、惣領系の景泰でなく、庶子系の与四郎（某）と孫四郎景義、甥の小四郎虎景等であった。与四郎には「犬居三ヶ村」のほか、景泰の知行分も兵粮として与えていることは、実質、惣領が入れ替わることになり、天野一門の対立が起こることになる。その後の義元の三河侵攻には同一門衆も従軍するが、与四郎と虎景が死去しことで、家督は再び景泰が取り戻したものの、家中は景泰・元景《もとかげ》父子の系統と虎景・

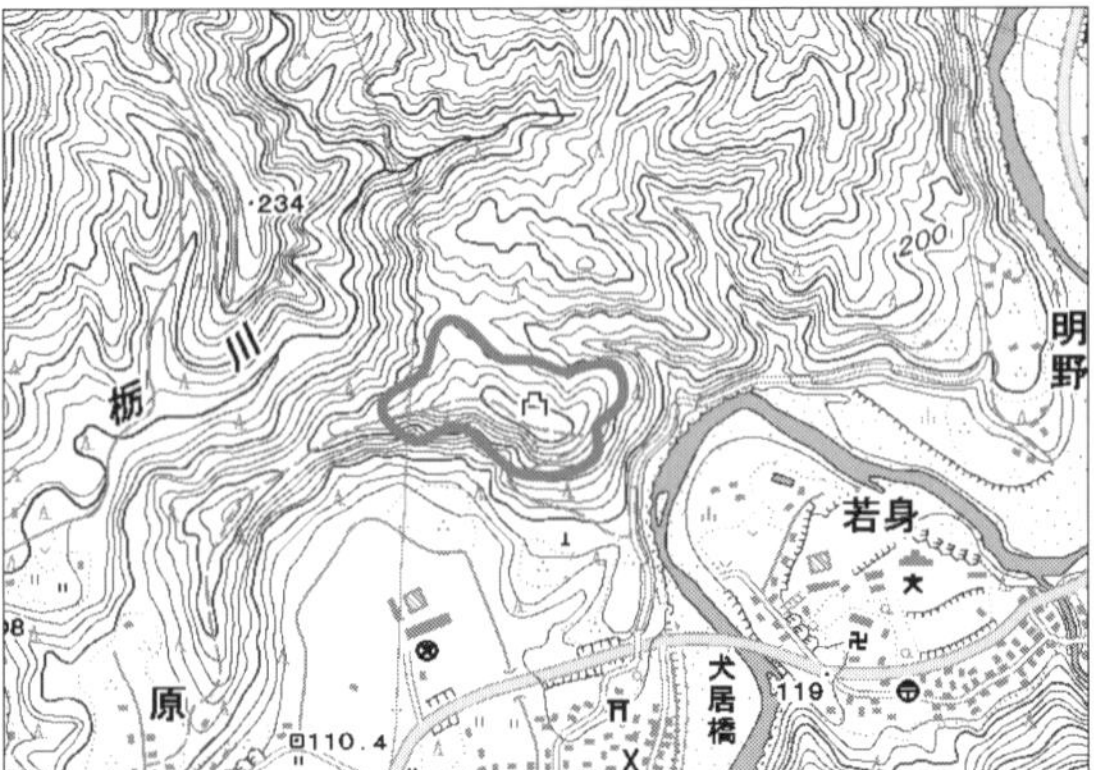

藤秀《ふじひで》の系統が対立する内乱状態にあったという。しかし、桶狭間の戦いで義元が敗死すると、遠江の国衆らが今川氏から離反する「遠州忩劇」が勃発し、景泰・元景の惣領系が滅亡するに及んで、虎景の子・宮内藤秀が継ぎ、今川氏滅亡後は徳川家康、次いで武田信玄に従うことになる。＊1

【縄張り概要】　犬居城は、天竜川支流の気田川が犬居集落で大きく蛇行する北西岸の、通称「鐘《かね》打山《うちやま》」に築かれた。対岸の若身《わかみ》集落とは森町からの山塊から下ってきた秋葉街道（信州街道）を扼す要衝・要害地に占地する。現在は、国道362号線で犬居城域と城下集落域は分断されたが、国道南域には「市場」・「的場」地名が残る。北域の、天正二年（一五七四）四月に徳川軍が犬居城攻めたときの首を祀った「百首塚」がある台地を「熱田平《あつたたいら》」という。この城の大手にあたる。広い空間から家臣の屋敷地で、大きな谷堀を挟んだ西側の「平城」という平坦部が天野氏館地であると推定されている。

上：気田川を自然の局谷として立つ犬居城と熱田平（左）
下：犬居城山上から徳川軍が布陣した堀之内の城山方面を望む

熱田平からは、峻険な山腹を登り詰めたためたところが大手の導線にあたり、前面には横堀Ａを伴った馬出し❶が圧倒するように構えられる。反対の北側の小規模な堀切と土塁による簡素な曲輪❻は、兵を隠し、敵を挟撃しようとするものと思われる。横矢が有効に掛けられる馬出しを廻り

＊1　天野氏に関わる動向は、『静岡県史』（通史編２ 中世、一九九七年）、『春野町史』（通史編 上巻、一九九七年）、鈴木将典『国衆の戦国史 遠江の百年戦争と「地域領主」の攻防』（洋泉社、二〇一七年）などに詳しいが、一門の系譜について相違するところが多い。

大手前面に立ちはだかる横堀と馬出の切岸

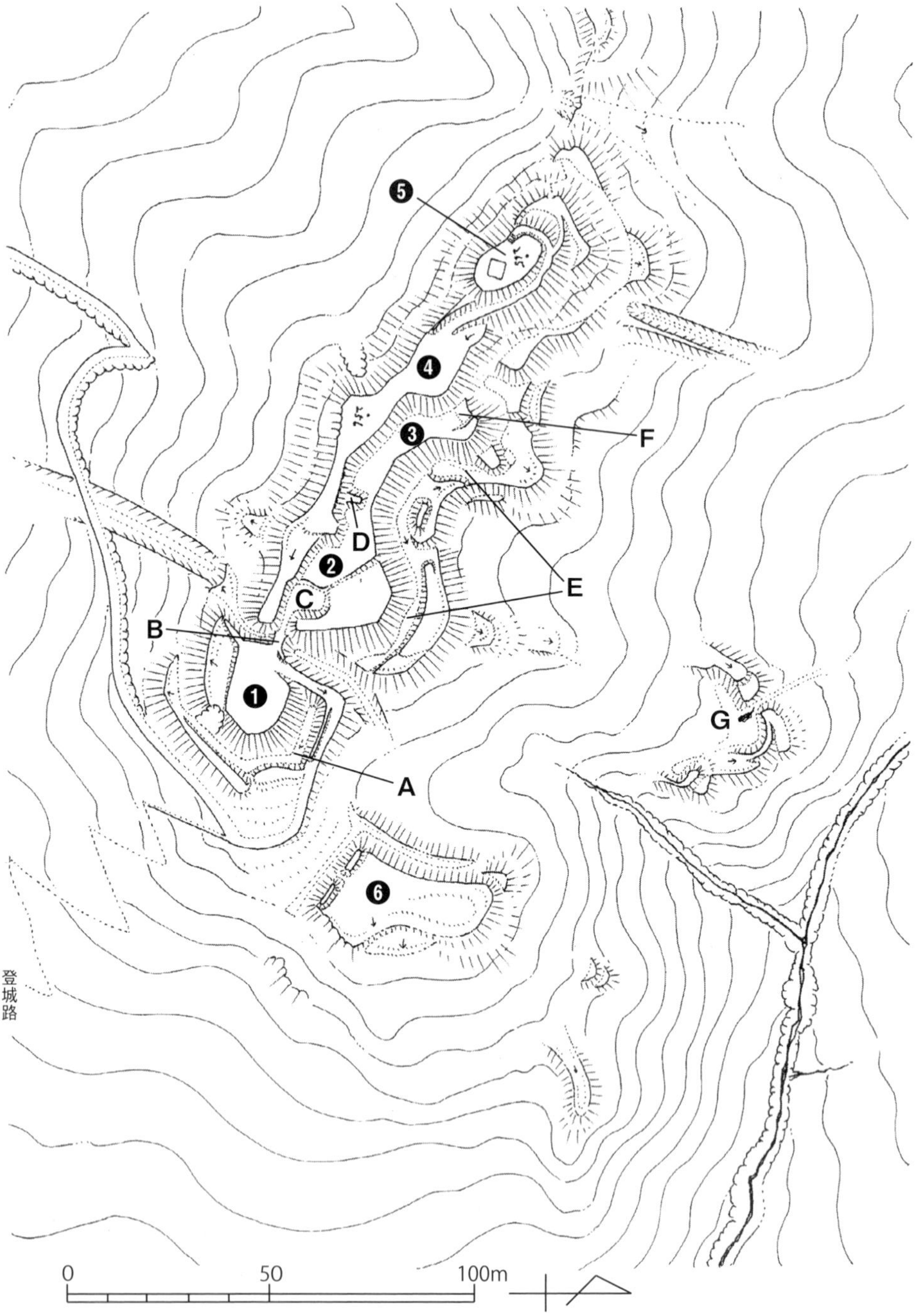

犬居城縄張り図　作図：水野 茂

込んで入ると、馬出し❶＋土橋B＋枡形虎口Cが歴然と構えられる。これは武田系の手法で、県内の現地調査から、天正三年の長篠の戦い以降の縄張りであることが類推される。主要部は東西の細尾根上に小規模に配置され、南辺❹に大土塁的に掘り残している。枡形虎口から二の曲輪❷に入ると、西側に仕切り土塁Dがあることから、❸が本城曲輪と考えられる。さらに、二の曲輪・本城曲輪北側の山腹六m下には横堀Eが長大に穿たれ、❶が最も防御性が高く、西端に虎口Fを設けている。横堀Eから約八〇m下ると、水場Gがある。

大土塁的な❹から西域は、小規模な腰曲輪と竪堀が認められ、本城曲輪よりも高く、鐘打山の曲輪❺は物見台で、周辺地域と曲輪全体も見渡せるが、古式な縄張りである。これより西域は自然の鞍部で、遺構はない。

犬居城の縄張りは、大手に対してとくに横堀と高切岸の馬出しによる〝見える化構造〟が顕著で、重層的で巧みな導入系構造は高根城《たかね》（浜松市天竜区）、高天神城・堂《どう》の尾《お》（掛川市）などと酷似し、武田氏による大改造の表れである。全体的な規模はそれほど大きくなく、西域の物見台周辺は古式な縄張りなので、武田氏は天野氏期の山城を活用し、大手となる秋葉街道に向けた前線面に対して、かなり力点を置いて改造したことが理解できる。こうした構造から、天正二年四月以降、武田氏の直接管轄下に置かれ、番手城《ばんてじろ》であった可能性が高い。

〈水野〉

主要部につながる土橋と馬出し曲輪

二の曲輪に入る枡形虎口と背後の大土塁

最も高い鐘打山は物見台として機能し、現在は展望台が建つ

ここが天野氏の本拠か

68 篠ヶ嶺城《ささがみねじょう》

①所在地：浜松市天竜区春野町豊岡字篠嶺
②立　地：標高二七〇m（比高八〇m）の丘陵上
③交　通：気田川上流域の国道三六二号線の金川集落から徒歩で四〇分

【城館史】　城が存在する山香荘《やまか》気多郷《けた》（現在の気田地域）は天野氏の本領で、「犬居三ヶ村」や「犬居山中」とも称す。犬居には気田・熊切《くまきり》が含まれ、南北朝期以来からの大峰・平山も併せて三か村を指していたという（『春野町史』）。南北朝期の史料に「気多城」が現われるが、所在地は不明である。戦国期の篠ヶ嶺城は、天野氏系の城郭であることは間違いないが、『掛川誌稿』に在城者を記すも、誤伝が多い。

天野氏一門の和田《わだ》家文書の「天野系図」に、「天野安芸守（物領系の景泰）・遠江笹峯居城」とあり、次に「同 宮内右衛門・同住所、武田信玄公之時、遠州之侍大将弐百石」とあるのは、元庶流系で信玄に仕えた藤秀《ふじひで》のことである。両派が対立関係にあったときもあるが、同城は天野氏の重要拠点であったことも類推できる。

ちなみに、和田家は藤秀の次男とあり、同小右衛門は篠ヶ嶺城南方の仇山《あだやま》砦を守備したと記すが、末尾には天正二年（一五七四）四月、徳川軍の犬居城攻めに際して和田氏が篠ヶ嶺城から出陣し、徳川軍が鉄砲を撃ちかけ敗走させたことを伝えている。『三河物語』にも「天野宮内右衛門、けたの郷より出て」とあり、和田家文書の記述を補完《ほかん》している。[*1]

【縄張り概要】　気田川が大きく蛇行する半島状の丘陵上に位置する。国道362号線沿いの金川集落背後地に「端城《はじょう》」「矢倉《やぐら》屋敷」「捕手《とりで》屋敷」地名があり、根小屋の存在を伝えている。「端城」から北へ一km以上の、痩せ尾根が続く城道をたどると、南北一八〇mを測る、中規模な連郭式山

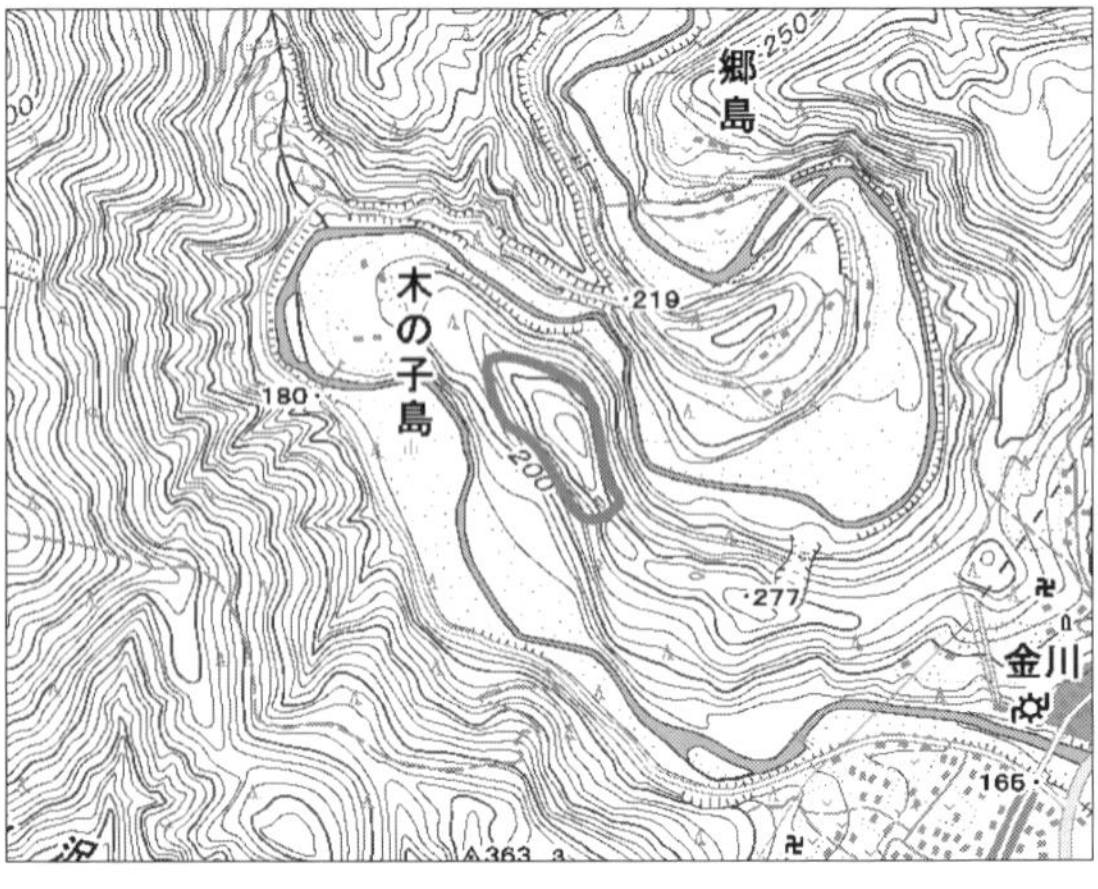

＊1　『春野町史』（資料編1 原始・古代・中世、一九九四年）、『春野町史』（通史編上巻、一九九七年）が詳述している。ところで、「犬居三ヶ村」の集落には、城と思えないような実に小規模で粗雑な山小屋的空間が多く確認されている。それは、両派に分立した一門の対立と、徳川・武田両氏の遠江侵攻が要因したのであろう。

城にたどり着く。中央の東西二五m、南北四〇mの本城曲輪❶には、南端の物見台曲輪❷が付属し、さらに下部には幅七mの堀切Aがあり、背後の警戒は厳重である。本城曲輪の北西辺は、単純で古式な虎口から下の東西六〇mの二の曲輪❸に通じ、落差が六m以上の高切岸である。二の曲輪前面には、西山腹に落とす幅一〇mの片堀Bに架けられた土橋と枡形状の虎口Cが設けられ、下段の曲輪❹から二の曲輪を見上げると、ここも六〜八mの高切岸で圧倒される。曲輪❹は主要部前面に配置され、北の堀切Dは小規模であるが、未成型ながら馬出を試行したもので、犬居城と類似する。

古式な遺構も認められ、元亀三年（一五七二）十月の武田軍の遠江侵攻を契機に、犬居から気田に拠点が移されたのであろう。敵を迎撃するための、前面の二段からなる高切岸《たかきりぎし》の〝見える化構造〟が効果的な縄張りは圧巻で、武田氏の影響を受けて改造されたことは間違いない。〈水野〉

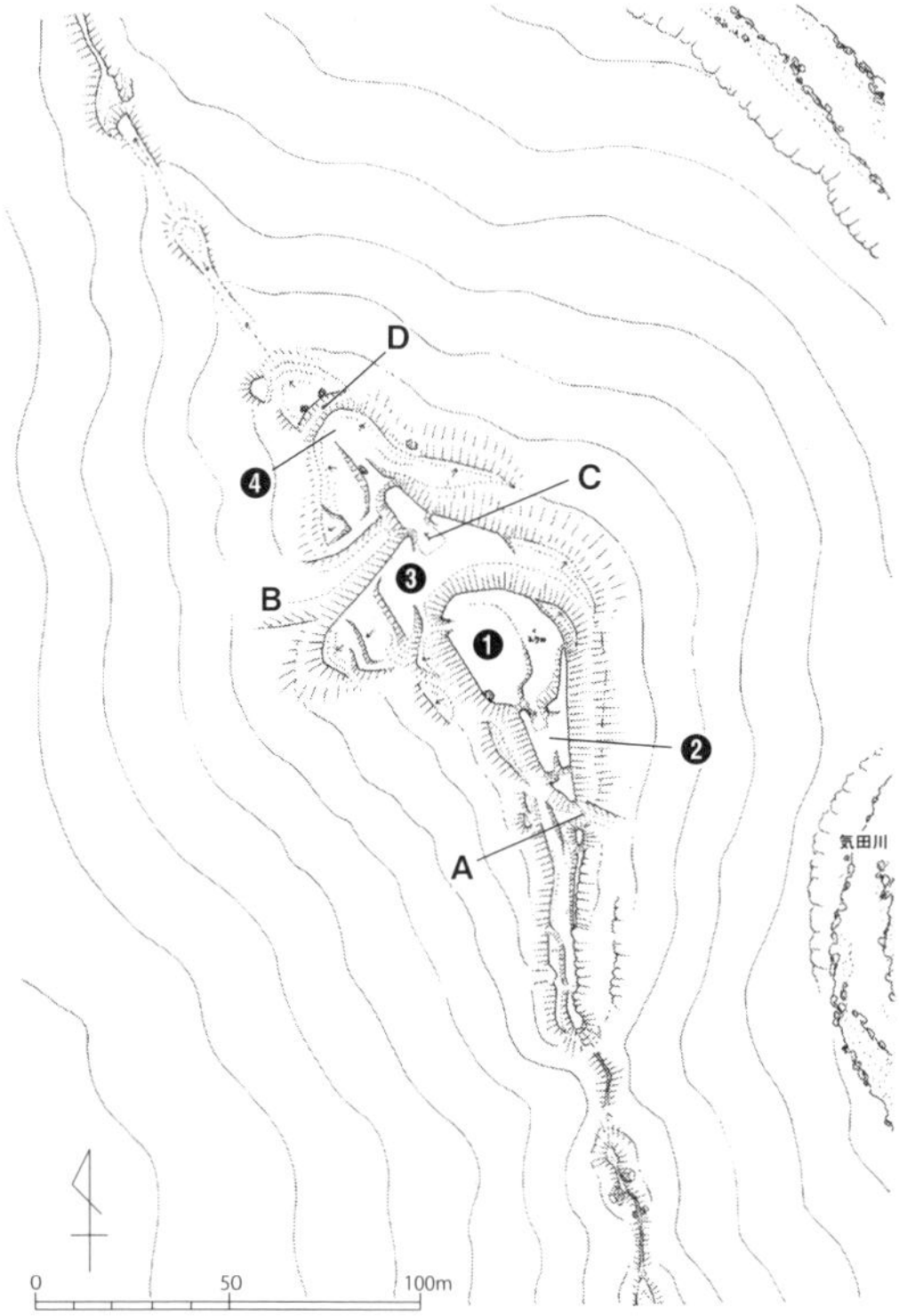

篠ヶ嶺城縄張り図　作図：水野 茂

気田川に迫り出した篠ヶ嶺城は左側奥域で、手前が「端城」といわれている

本城曲輪の物見台に建つ城址碑

天野氏の庶子系の城か

69 平《ひら》尾《お》の城山《じょうやま》（平《ひら》尾《お》の本城《ほんじょう》・平《ひら》尾《お》城《じょう》）

①所在地：浜松市天竜区春野町堀之内字平尾
②立　地：標高二五四ｍ（比高六〇ｍ）の河岸段丘後方山上
③交　通：国道三六二号線の若身橋交差点より徒歩三〇分

【城館史】　平尾集落に、「平尾の裏山を本城と云い、犬居城の支城として若身の城山と矢文で連絡しあった」という伝承があり、新たに確認された城である。伝承以外の記録はないが、平尾には江戸中期まで大庄屋を務めた村松源《むらまつげん》右《え》衛門《もん》の屋敷があり、堀内村（堀之内）の本村であった所で、戦国期にも天野氏の本地・犬居郷の中心地の一つであったのだろう。江戸中期以降、本村が犬居城の麓《ふもと》の市場に移り、平尾は衰退してしまったと考えられる。

城山の南側の台地上で、戦国期のかわらけ等が採取されている。村松氏は天正十七年（一五八九）銘の領家六所神社棟札等に名前が確認され、天正の初め頃には天野氏から離反し、のち徳川氏に地域支配を命じられたと考えられる。

【縄張り概要】　平尾は犬居城の東一㎞、気田川対岸の村に位置する。南側は不動《ふどう》川、東側には金平沢が入り込み、西側は気田川に浸食され切り立った地形で、村の三方は自然の要害で守られている。台地北側のみが山続きで弱点となり、裏山に城を築いて備えている。

単郭式の城で、山頂を本城曲輪❶とし、北面三〇ｍ、東辺一二ｍの三角形の曲輪で、北方からの敵に対し、曲輪の北面と東面に高さ一・五ｍほどの土塁を築き、曲輪北直下の尾根に幅六ｍの堀切**Ａ**を入れ遮断している。南東側に虎口があり、土橋状の坂虎口で曲輪❷に降りる。大手口と

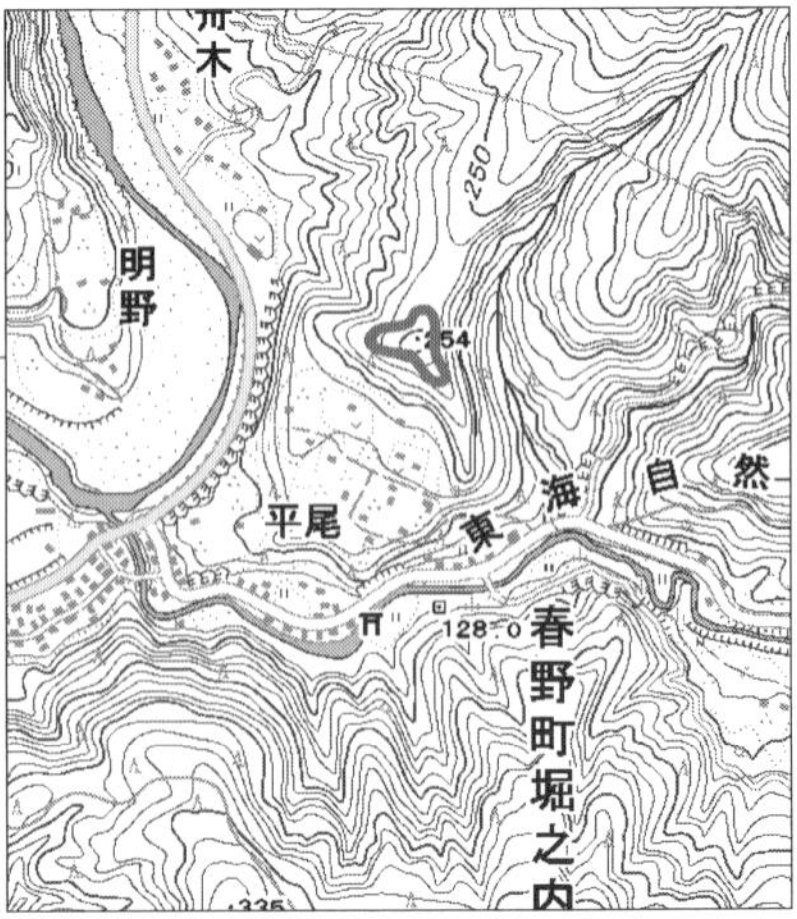

河岸段丘上の平尾集落背後に占地する城山

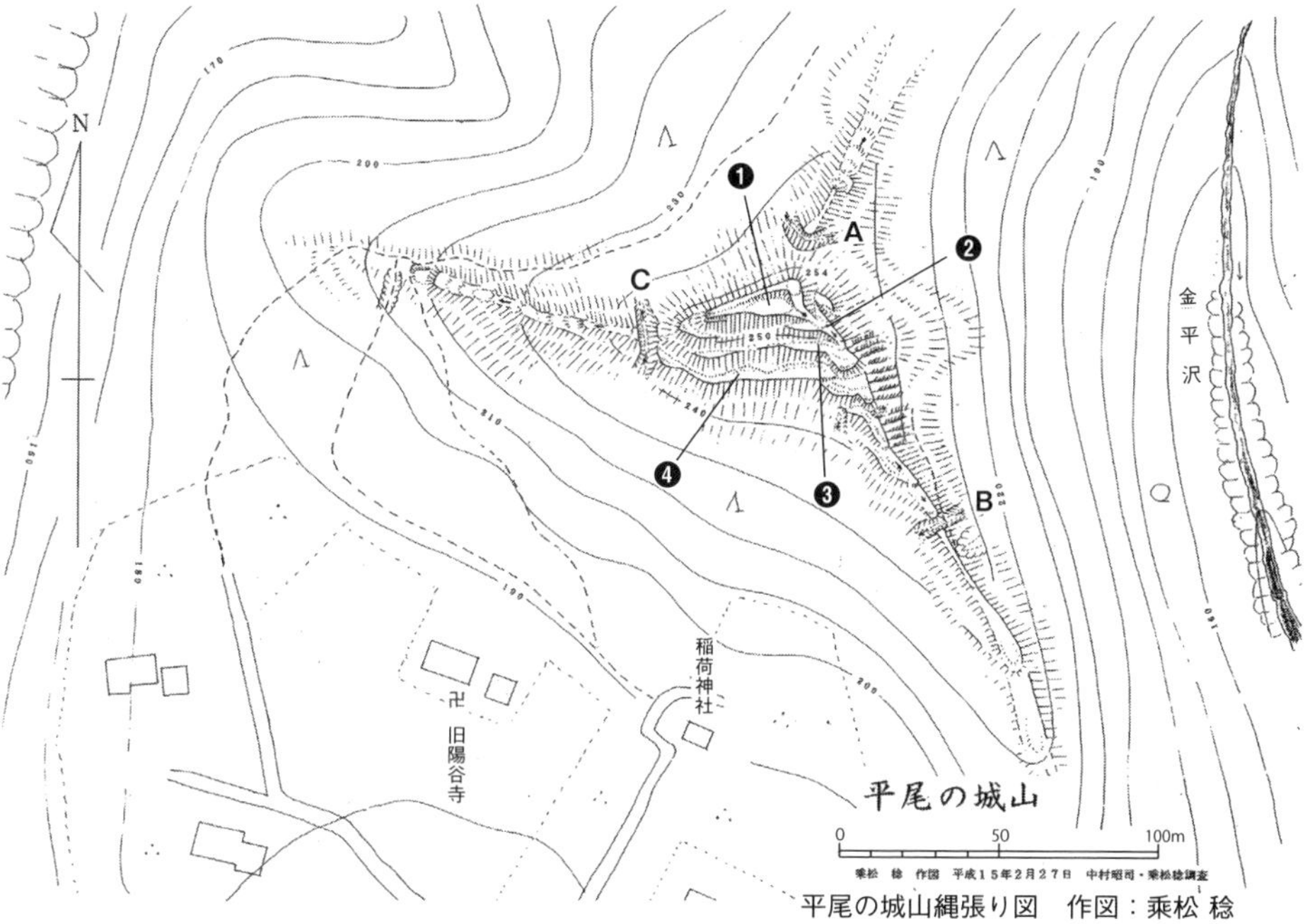

平尾の城山縄張り図　作図：乗松 稔

考えられ、この先は細尾根を階段状に削り、三段の小曲輪を造っている。その先四〇mに幅四mの堀切**B**を入れている。東側斜面は、金平沢の浸食で削られた急傾斜地である。曲輪西側が搦め手で前面に小曲輪を付け、その先に幅六mの堀切**C**を入れ遮断している。

堀の外側から尾根は西に向かって下り、この尾根を気田・熊切や和泉平《いずみだいら》方面に行く古道が横切る。南面は切岸とし、急斜面を造り二段の腰曲輪を付ける。上段の曲輪❸は大手側の曲輪から西に向かって延び、途中で消滅するが、下段の曲輪❹は大手口の上から三段目の曲輪と搦め手口をつないでいる。

平尾は各方面からの街道の交差点であり、天野氏の庶子系人物の屋敷が推定される。〈乗松〉

本城曲輪の削平地と土塁

幅六mの堀切C

曲輪を階段状に連ねた天野一門の城

70 萩《はぎ》野《の》城《じょう》

①所在地：浜松市天竜区春野町筏戸大上《いかんどおおかみ》
②立　地：牧野集落から筏戸集落（筏戸大上）方向に延びる尾根上
③交　通：筏戸集落東側、県道二六三号線が熊切川に掛かる「新筏戸橋」を渡った付近から登り徒歩三〇分程

【城館史】『遠江国風土記伝』に「古老曰ふ、天野美濃の住居にして天正二年敗る」と記すのみで、築城時期等は不明である。城主「天野美濃守」は、石打松下《いしうちまつした》にある西宮社（蛭子《ひるこ》神明《しんめい》神社）の天正三年（一五七五）九月の棟札《むなふだ》にも「時地頭天野美濃守」と記され、その存在が知れる。天文十一年（一五四二）の棟札には、美濃守でなく「時地頭天野安芸守・代官四郎次郎」とあり、この人物は今川義元に仕えた天野氏惣領系の「景泰」のことである。永禄六年（一五六三）の「遠州忩劇」に加担し、後に没落している。[*1]

『遠江国風土記伝』に、当城が「天正二年敗る」という落城伝承が載る。この頃は美濃守の支配地で、長篠合戦後の天正四年、再び家康の犬居攻めが始まり、七月には当城の東方五km地点にある樽山城が落城していることから、同時期に攻撃を受け落城した可能性が考えられる。

【縄張り概要】萩野城は、牧野から北西の田黒《たぐろ》・筏戸《いかんど》集落に向かって延びる尾根上にあり、北側を熊切川、南側は大ボラ沢の支流が流れ、二つの川が両側から最も接近した位置に築いている。この尾根上に筏戸と牧野を結ぶ道が通り、関所的な城である。

城域は、尾根上の前後に二条の堀切**A**・**B**を入れ、南東側が最も高く、細尾根を階段状に削平して曲輪を造っているため、小規模な曲輪が一〇ほど連なる。長さ約二〇m、幅九mの曲輪❶は

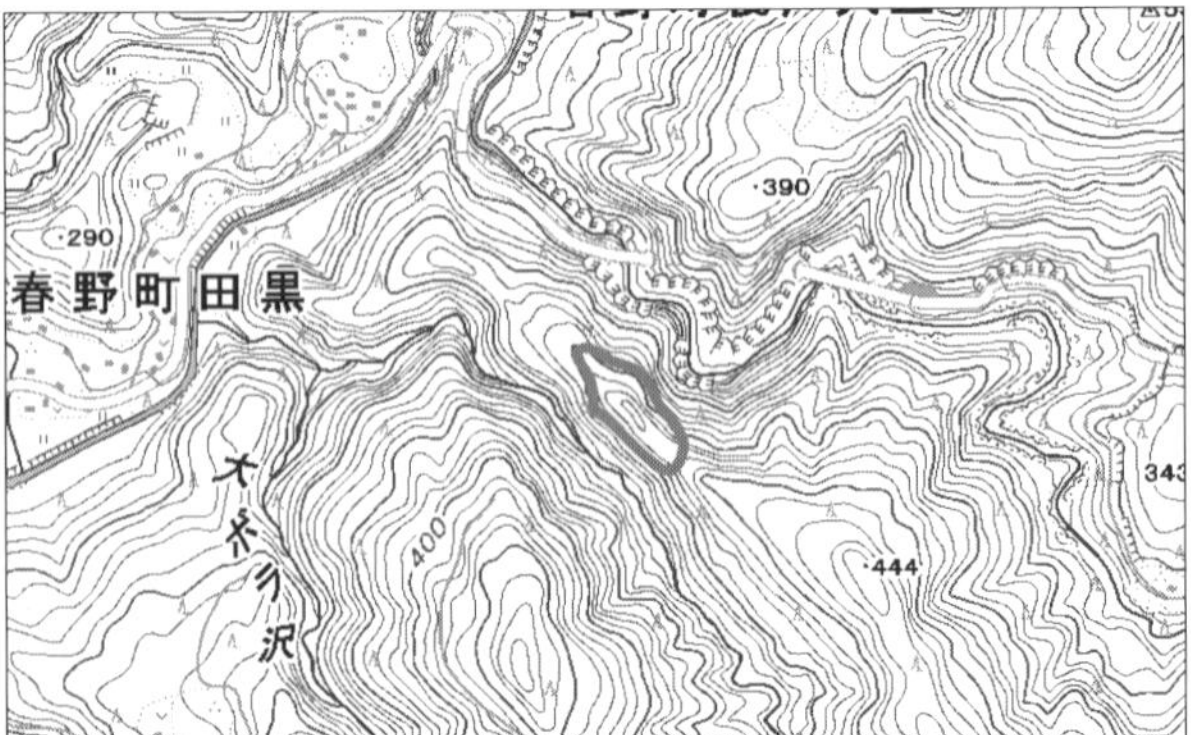

＊1　『春野町史』（資料編1 原始・古代・中世、一九九四年）、『春野町史』（通史編上巻、一九九七年）、鈴木将典編『遠江天野氏・奥山氏』（岩田書院、二〇一二年）などに詳しい。

（左写真）城内の北限となる大手の土橋が良好に残る

真ん中に位置し、曲輪南側の物見台と思われる小段からほぼ城域を見渡すことが可能で、あまり広くないが、本城曲輪と考えられる。本城曲輪南に長さ三〇m、幅七mの二の曲輪❷があり、城内の最高所にあたり、城の後方搦め手側を守る要で、南端に幅六mの堀切**A**がある。

一方、本城曲輪の北側下に向かって三段の腰曲輪がある。その先が当城で最も広い長さ三〇m、幅一〇～二三m曲輪の二段からなる三の曲輪❸である。その先に幅八mの堀切**B**を入れ外部と遮断、土橋で城内に入れる大手とし、正面に低土塁と虎口が認められる。

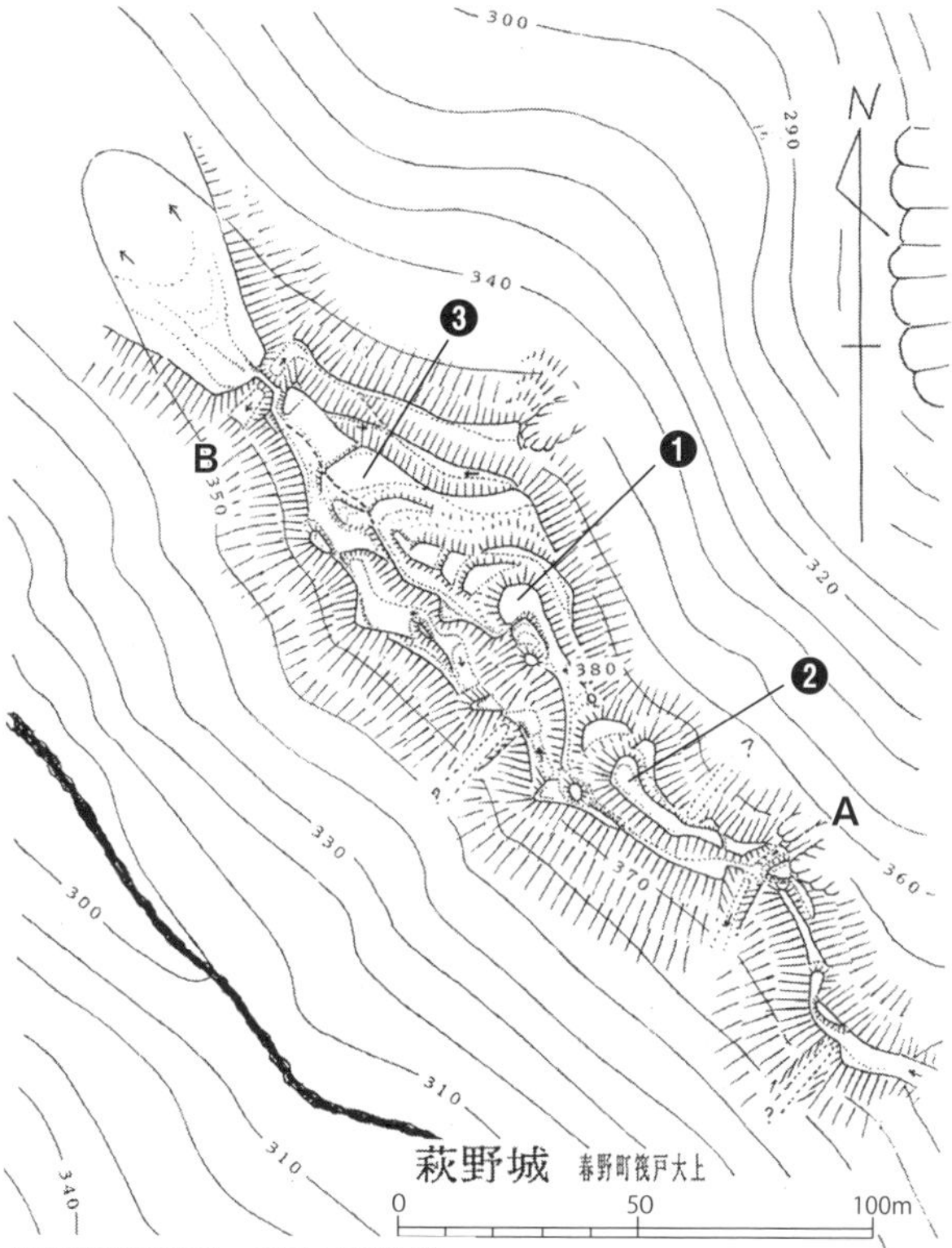

萩野城縄張り図　作図：乗松 稔

小さな曲輪を階段状に連ねた古式なもので、曲輪間の階層性が感じられないが、本城曲輪南山腹の横堀状遺構、三の曲輪前面の高切岸を設けることは、天正二年頃からの徳川軍の侵入時にともなう改修が想定されるも、天野氏の築城の特徴であろうか。〈乗松〉

大手の土橋と堀切を下から見る

北遠の国衆・天野氏の支城

71 樽《たる》山《やま》城《じょう》

①所在地：浜松市天竜区春野町田河内
②立　地：比高六二九ｍ（比高九〇ｍ）の敷原沢に囲まれた尾根先端部上
③交　通：田河内より林道田河内川上線を一・五㎞、城址入口に看板有

【城館史】　樽山城は天野氏の支城とされる。天正二年（一五七四）四月、徳川家康が犬居の天野氏を攻撃し、大雨と食料不足で撤退する際、森町の田能《たのう》・大久保付近で樽山城から出てきた城兵の攻撃を受けた（『三河物語』）。天正四年（一五七六）春、家康は再び天野氏を攻め、天野（花島《はなしま》）助兵衛の守る樽山城を七月に攻略、天野藤秀《ふじひで》を犬居山中より追い払うことに成功している。この後の家康は、当城を駿河の武田軍に対する境目《さかいめ》の城として、大久保七郎右衛門を主将とし、安部・三倉・天方氏等を在番させた。

【縄張り概要】　東から西に向かって延びる尾根先端部を熊切《くまきり》川の支流敷原沢に囲まれた要害・通称「城山」に築かれた城である。犬居と駿河方面を結ぶ街道が城の東側を通り、この道を監視、扼することができる。

細尾根に築かれているため、どの曲輪も小規模で、東方が尾根続きであることから、東側を前面に三つの曲輪を階段状に並べている。最高所の曲輪❶が本城曲輪といわれるが、曲輪は狭く、物見台であろう。西側に幅六ｍの堀切Ａを入れる。二段目の曲輪❷は、南北九ｍの角形の曲輪で南東側に高さ〇・五ｍの土壇を築き、北西側に曲輪❻に行く開口部がある。三段目の曲輪❸は三ｍほど低く、北面と南面に土塁を付ける。虎口曲輪と考えられ、城道は土塁外側を南に向かって延び、途中で消滅している。

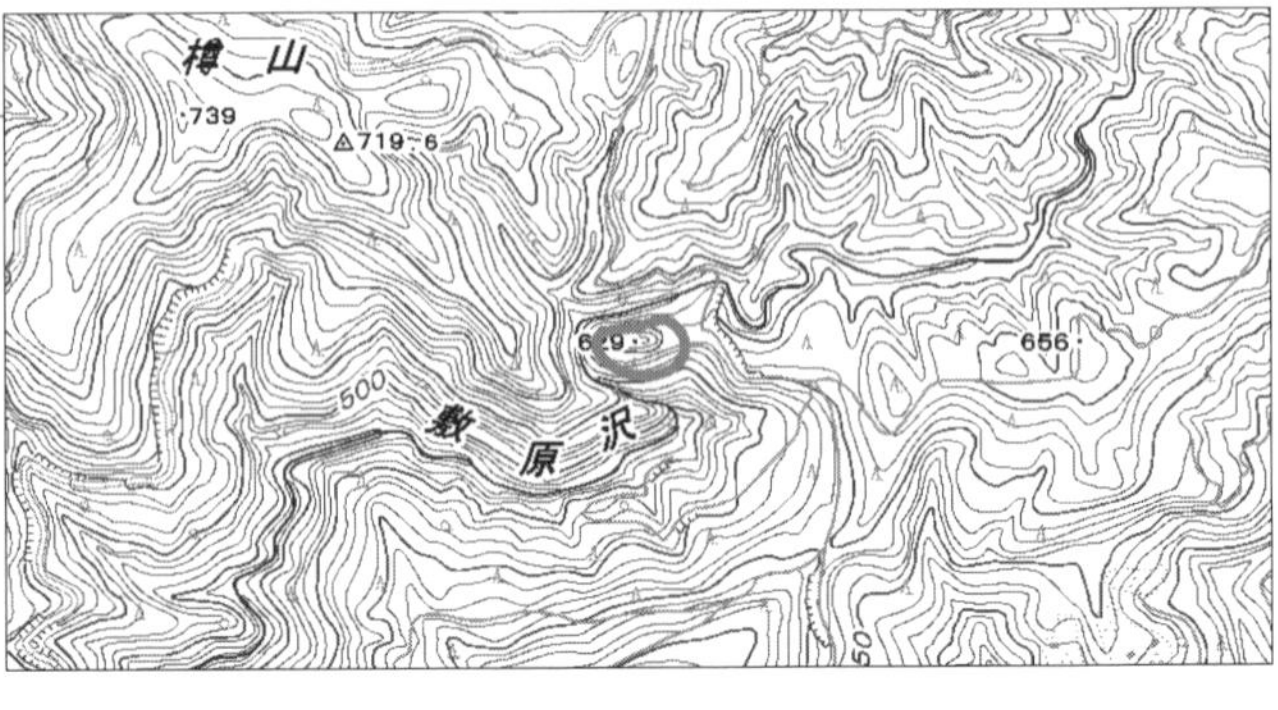

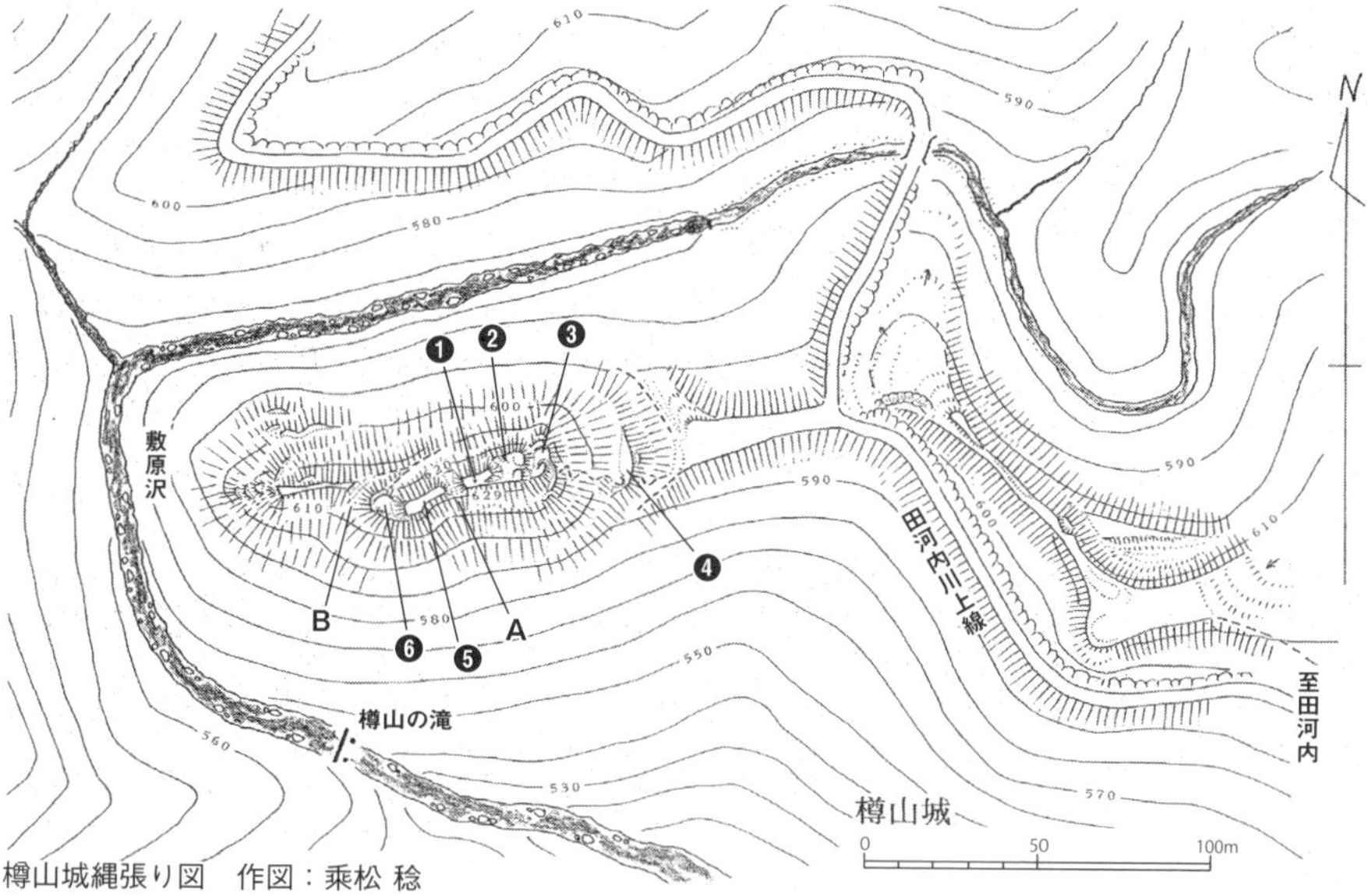

樽山城縄張り図　作図：乗松 稔

東側は急斜面で、二〇mほど下ったところに腰曲輪❹を構え、尾根筋からの攻撃に備えている。堀切Aの西側に曲輪❺（東西一五m、幅三〜六m）があり、曲輪❶より一mほど低い。ただ、当城の最も広い曲輪で、本城曲輪と考えられる。

南側に低土塁が残り、西側三m下に腰曲輪❻を備える。両曲輪を結ぶ土塁があり、坂虎口と思われる。西側に幅八mの堀切Bを入れ遮断し、その先の尾根は西に向かって延び、敷原沢に落ちている。当城は徳川軍が奪取後、五年間ほど使われており、曲輪❷・❸の土塁等は徳川氏の改修と考えられる。〈乗松〉

主要部西端を区画する堀切B

最上部東下段の曲輪❷とその下も同様に重ね枡形であったのか

国境に配した今川軍の陣城

72 中尾生城《なかびうじょう》（中日向城《なかびうじょう》）

①所在地：浜松市天竜区竜山町大嶺
②立　地：標高四七九m（比高三〇〇m）の山上
③交　通：秋葉ダム南の西川バス停より県道白倉西川線を西進、徒歩一時間

【城館史】築城時期は明確ではないが、南北朝期に築かれた天野氏の出城的《でじろ》存在であったとする考え方もある（『静岡県の中世城館跡』）。これは、所在する大嶺《おおみね》が、犬居・平山（ともに天竜区）とともに「犬居三ヶ村」とされる天野氏の支配領域であったからと思われる。

享禄二年（一五二九）五月、二俣近江守が瀬尻《せじり》（天竜区）の善左衛門尉《ぜんざえもんのじょう》に与えた書状によると、城名は不記載であるが、二俣近江守が守備する「当城」に敵の攻撃があり、城に駆けつけ奮戦した善左衛門尉に対し、戦功を賞している（『遠江国風土記伝』）。この数年後、二俣近江守は中尾生城の城主を辞退し、天文四年（一五三五）十月、今川氏輝は匂坂長能《さぎさかながよし》を城主に命じている（「今川一族匂坂家譜」）。匂坂長能には、二俣近江守のときと同様に西手《にして》（天竜区。天竜川西岸）が与えられ、現地支配を命じた。これにより、先の書状にある「当城」は、中尾生城であることが判明する。

そして、このとき中尾生城に攻め込んできたのは、支配地を召し上げられ、そこに城まで築かれた天野氏であろう。この当時、今川氏は天野氏や奥山氏の支配領域に介入、天野氏の支配領域と接する雲名《うんな》・横川《よこかわ》（いずれも天竜区）を直轄領に組み込みこんだ。大永六年（一五二六）六月、今川氏親が亡くなり当主が氏輝に替わると、同年十二月、寿桂尼は遠江国美園万石《みそのまんごく》（東区）の六《ろく》

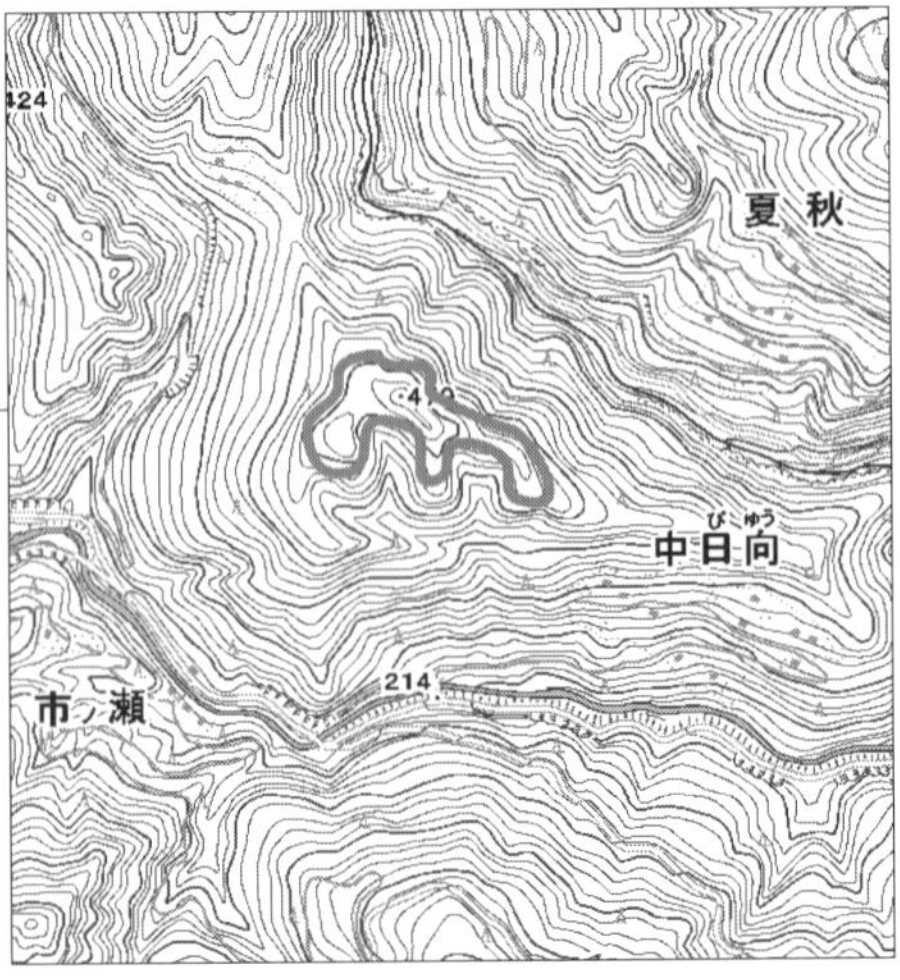

北東の「大嶺」からの全景

郎左衛門《ろうざえもん》屋敷《やしき》を砦とすることを認め（県二―九五六）、天野氏の反乱に備えたといわれ、天野氏の離反はこの頃であろう。享禄年間（一五二八～三二）には、犬居（天竜区）と二俣（天竜区）を結ぶ街道に光明城《こうみょう》（天竜区）が築かれたと伝わり（『遠江国風土記伝』）、中尾生城も、今川氏によって光明城と同じ頃に築城されたと推定される。この後の天文六年（一五三七）四月、天野氏は今川氏に反抗した堀越氏の立て籠もる見付城（磐田市）攻めに加わり攻略。翌年、今川義元は天野氏の戦功を賞し、以前敵対した罪を許して帰参させた。

この後、約三〇年間は中尾生城が使われた記録は見られないが、永禄十年（一五六七）正月、今川氏真は奥山定友《さだとも》・同友久《ともひさ》の両名に中尾生城の砦《とりで》普請《ぶしん》を命じている（県三―三三七六）。この普請は天方三河守や天野藤秀などの国衆に相談のうえ、周辺の村人を人足《にんそく》として城の修復が施された。これにつき、「遠州忩劇」で奥山郷（天竜区）の奥山氏惣領・吉兼《よしかね》が今川氏から離反し、奥山定友・同友久の両名は今川氏に残り「直参《じきさん》」に登用される。しかし、父右衛門尉の遺領大井や瀬尻（ともに天竜区）はすでに横領《おうりょう》されていたため、替地《かえち》を与えられた。その後、中尾生城は奥山吉兼に対する城として普請が行われたと考えられている。ただし、今川氏真は奥山氏だけではなく、背後で糸を引く武田氏や徳川氏を強く警戒してのものである。

天竜川の秋葉ダムから中尾生城（中央奥）を望む

【縄張り概要】　白倉山《しらくら》（標高一〇二七ｍ）から派生し南東

中尾生集落を西へ回り込むと林道に林道があり、近くまで山林耕作道が付けられている

小規模な本城曲輪に建つ城山稲荷社

方向に延びる尾根先端部、白倉川と子芋《こいも》川の合流点西側の山頂（標高四七九ｍ）に位置する。山頂より東方には秋葉山（標高八八五ｍ）、南側にはカシ山（標高五六三・六ｍ）、西方には向山（標高七七一・三ｍ）、北側にはハサカ山（標高七七四・六ｍ）等の六～八〇〇ｍ級の山々が連なり、眺望が悪い。わずかに北西側の白倉の谷筋と北側の子芋川の谷、東側は谷間の先に戸倉の集落が望める程度である。

東方六㎞に位置する秋葉山は古くから信仰の対象で、その東側が天野氏本拠地の犬居郷（天竜区）である。秋葉山は、南北に秋葉（信州）街道が通り、東西からも道が集まる交通の要衝地であり、三河から秋葉山に行く街道は城址近くを通過し、城の東方二㎞で天竜川を渡る。その要衝を扼す位置に築かれた山城である。

東西軸の尾根上の西側山頂に築かれる。山頂は東西八〇ｍほどの細尾根で、西端部の最高所を本城曲輪❶とし、現在は城山稲荷の社が建つ。広さは東西二三ｍ、南北一五ｍほどの三角形状をした小規模な曲輪だが、東尾根続きに面した部分に低土塁を築き、その南端を開口して坂虎口Ａとし、前面に東西一〇ｍ、南北八ｍの馬出機能を持つ小曲輪を備える。その先は幅四～五ｍの細尾根で、東に三〇ｍほど行くと二の曲輪❷である。本城曲輪より六ｍほど低く、広さは南北二〇ｍ、幅一〇ｍほどで、西側北辺に虎口Ｂが構えられていたと思われる。二の曲輪からは、東方下にある大手曲輪❸や南に延びる尾根の監視が可能で、北側山腹の大手道に横矢を掛けることがで

本城曲輪に入る虎口Ａ

215　中尾生城（中日向城）

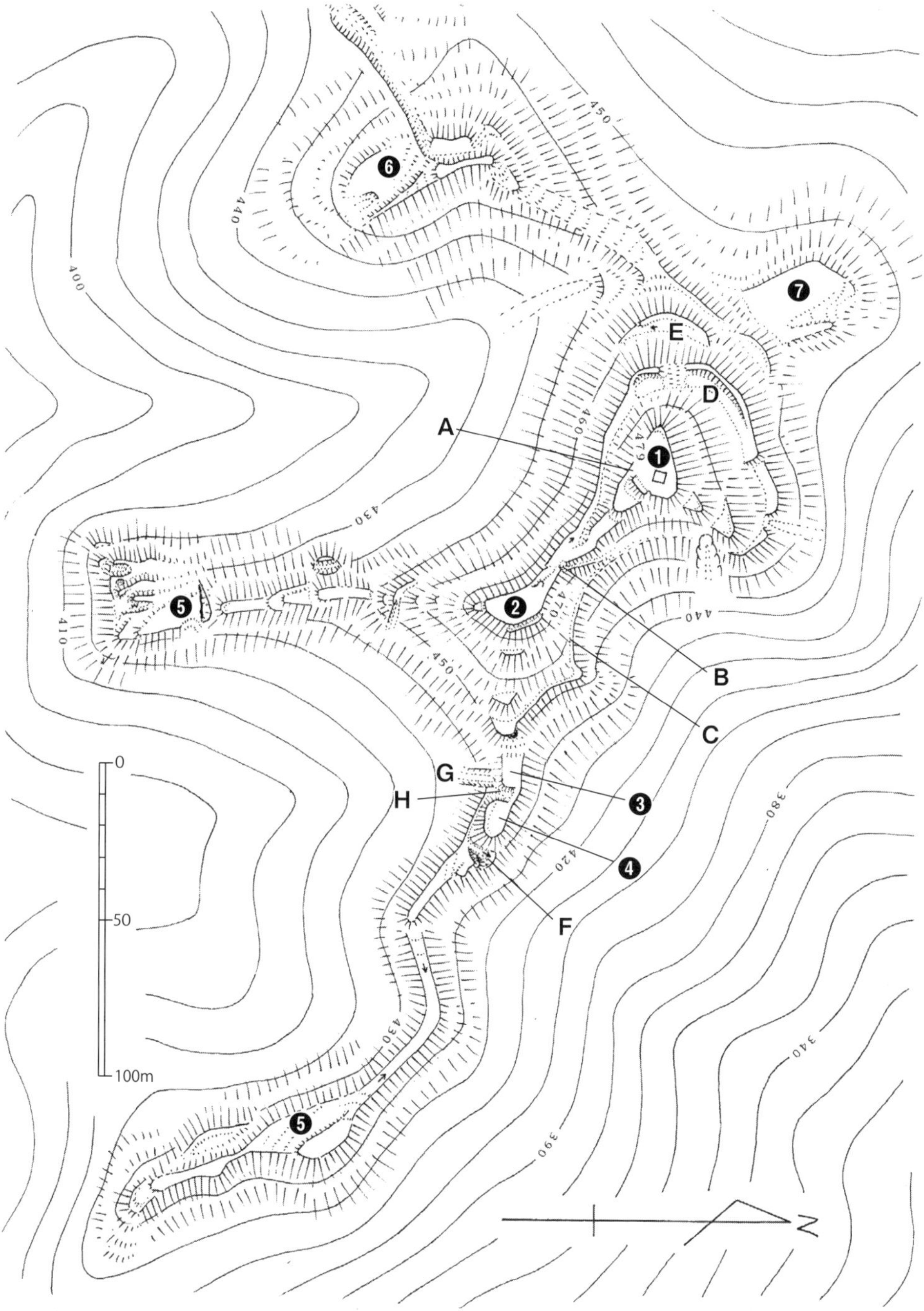

中尾生城縄張り図　作図：乗松 稔

きる。今川氏の城は、この城と同様に本城曲輪と二の曲輪の間に堀切を入れず、尾根を下った鞍部等に一条の堀切を入れる古式な構えが多い。

二の曲輪の虎口**B**を出て北側山腹を下方に降りる道があり、これが大手道**C**である。一方、反対側の本城曲輪の南側山腹を通って西方に延びる道があり、六〇mほど行くと横堀**D**に至る。ここは北方に連なる尾根と、南西方向にあるピークに向かって延びる尾根の分岐点に当たり、両方向の尾根に対しての横堀**D**は大規模で、城内最大の見どころである。堀は幅六m、外側に高さ一～一・五mの外土塁を付け、北から東へ回り込むように約六〇m延び、途中で消滅する。その先は細い腰曲輪となり延びている。

大手曲輪と手前右に虎口を構える

当城は、主要曲輪が狭く、多くの城兵を収容できず、場合によっては堀の中に兵を入れ、曲輪として使用した可能性もある。西側尾根の鞍部には、横堀の前にもう一条の堀**E**を構え、横堀の高切岸とともに防御を厳重にした〝見える化構造〟は圧巻である。

大手曲輪❸は、東方尾根の重要な拠点であり、二の曲輪❷より斜面を二〇mほど下ったところに位置する。曲輪は広さ東西二八m、幅は八mほどで、東辺に堀切**F**を造る。堀幅は約九m、曲輪から堀底まで五mあり、堀の南端を掘り残し土橋とする。東方尾根上を通り、たどり着いた城道はこの土橋を渡り、曲輪の南側面を西に向かって進むと、前方に直進を阻む竪堀**G**がある。城道は堀の手前で右に曲がり、竪堀状の坂虎口**H**を入ると、そこは馬出曲輪❹である。この曲輪の

馬出状曲輪の前面に穿つ堀切

西側上段に二段の腰曲輪があり、城道は下段の曲輪を経由して西進すると、二の曲輪西側Bに至る。この他、二の曲輪より南に延びる尾根❺と本城曲輪の南西側ピーク❻、横堀の北側にある平場❼等は曲輪的空間に使用されたのであろう。

永禄十年、今川氏真の命で奥山氏が普請したことは史料からも確かで、現在、遺構の基本的縄張りは今川系である。ただ、今川系城郭には馬出や横堀遺構は認められないことから、後に武田・徳川両氏の北遠抗争のなかで、武田氏の手で改修された可能性が高い。

なお、当城に現在残る遺構はおおむね良好な状態であった。しかし近年、林道が造られ、南尾根や南西尾根の一部が破壊されてしまったことは、惜しまれる。〈乗松〉

上：平成５年撮影時の横堀遺構
中：雑草が覆いしげる現在の横堀遺構であるが、今川系城郭には存在しない
下：横堀の外土塁は高さ１・５ｍ、幅１ｍ以上と大きく、外土塁上を歩き城内への導線とする武田系山城として、高根城（浜松市天竜区）、一宮城（森町）、高天神城（掛川市）、八幡平の城（御前崎市）などと酷似する

北遠の国衆・奥山氏の城

73 小川城《こがわじょう》（取手山《とりでやま》）

①所在地：浜松市天竜区佐久間町大井
②立　地：標高四八八ｍ（比高四五〇ｍ）の尾根上
③交　通：仙戸集落より徒歩四〇分

本城曲輪西を遮断する大堀切は見ごたえがある

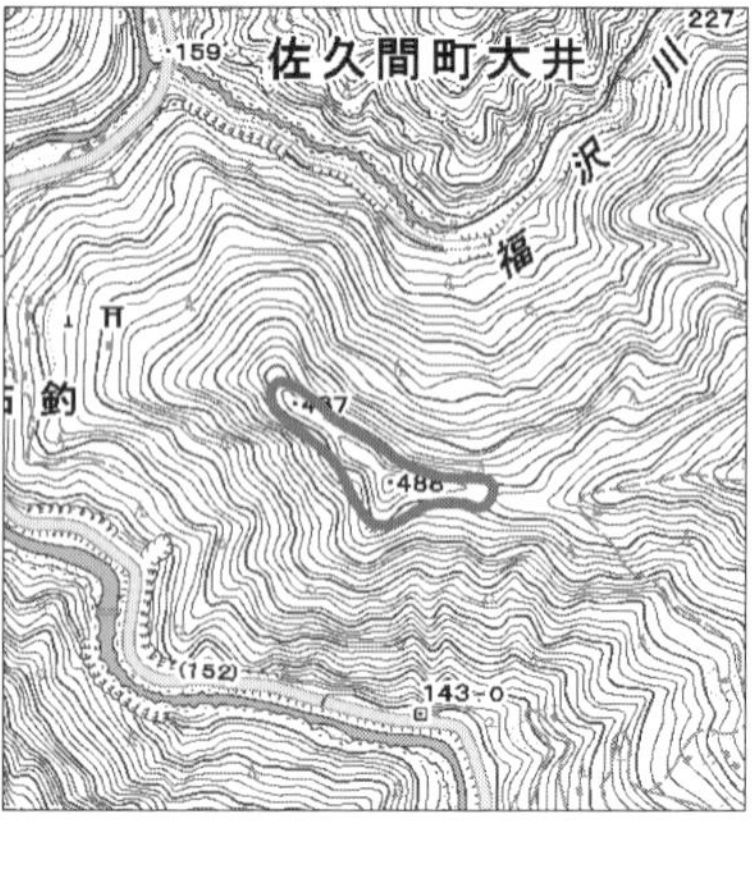

仙戸集落背後の小川城は「取手山」の呼称がある

【城館史】　いつ築城されたかは明確ではないが、『遠江国風土記伝』には「奥山兵部《ひょうぶの》丞《じょう》定友が築き、子の奥山左近将監《さこんしょうげん》友久が居住、小川城は仙戸《せんど》山にあり、大洞城・小川城は兄美濃守定茂が之を潰す」と記されている。ただ、奥山兵部丞と左近将監が親子というのは誤りで、兄弟である。

父は右衛門尉といい、大井村と瀬尻（いずれも天竜区）を所領としていた（越後奥山文書）。天文二十三年（一五五四）の大井《おおい》郷一宮子安大明神《こやすだいみょうじん》（鮎釣子安《あゆつりこやす》神社）の棟札に「地頭奥山（右）衛門尉」とあり、同神社に伝わる神社明細書に「奥山右衛門尉なるもの小川に築城」とあって（『奥山氏資料集』4）、右衛門尉の築城と推定できる。

永禄六年（一五六三）に始まった「遠州忩劇」では、奥山氏の惣領・大膳亮《だいぜんのすけ》が今川氏から離反、大井村の小川城を攻め、奥山右衛門尉の所領・大井と瀬尻を横領した。この戦いで右衛門尉は討ち死にしたのか、永禄十年正月、今川氏真は奥山兵部丞と左近将監に中尾生城の普請を命じ（奥山文書）、父右衛門尉の所領を安堵した（県三―三三七六）。

【縄張り概要】　仙戸《せんど》集落（天竜区）の裏山にあり、西に向かって延びる尾根先端部の山頂「取手山《とりで》」に築かれた、小規模な山城である。城の東側峠を信州街道の脇往還が通り、この道を監視・掌握できる。また、西に向かって尾根を下ると、鮎釣子安神社に至る。

東西軸の尾根上を城域として、山頂に本城曲輪❶（南北一八m、東西三〇m）を構える。曲輪の西側に長さ七mほどの土塁を付け、土塁北側を開けて虎口とする。この虎口形態は中尾生城の本城曲輪虎口と同じである。本城曲輪から二m下に二の曲輪❷（長さ二四m、幅八m）、さらに斜面を二五mほど下った位置に三の曲輪❸（東西三五m、幅四～一三m）を一直線に並べ、両側の尾根に堀切を入れ城域としている。

本城曲輪西側の堀切**A**は、岩盤部を掘り割った堀で幅九m、深さ四mほどもあり、最大の見どころである。三の曲輪東側の堀切**B**も岩盤を掘り下げたもので、城内側は高さ四mほどの岩であるが、堀の対岸斜面は緩い。城から北側方向の眺望はすばらしく、水窪《みさくぼ》方面からの敵の動きは手に取るように見え、国境の監視には最適である。

なお、今川氏滅亡後は武田・徳川両軍により再利用されたことは、**C**の横堀遺構からわかる。〈乗松〉

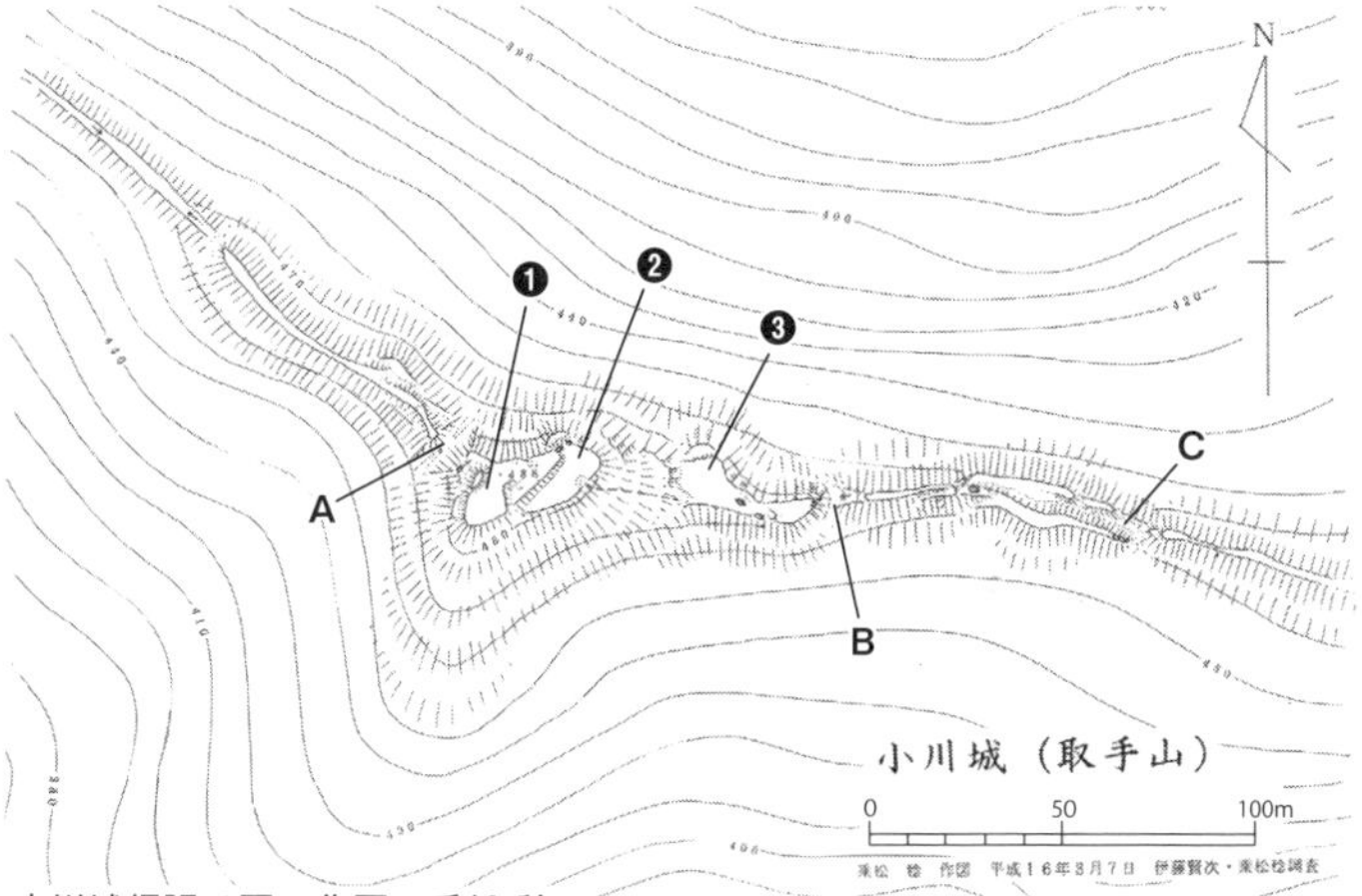

小川城縄張り図　作図：乗松 稔

小規模な本城曲輪の北辺に土塁と虎口が構えられている

奥山氏惣領家の拠点

74 高根城《たかねじょう》（久頭郷城《くずごうじょう》）

①所在地：浜松市天竜区水窪町地頭方字久頭郷
②立　地：標高四二〇ｍ（比高一五〇ｍ）の山上
③交　通：ＪＲ飯田線向市場駅より徒歩一時間

復元展示した本城曲輪からは、眼下に水窪郷を俯瞰できる

【城館史】　高根城がある奥山郷は、鎌倉期に御家人・天野氏が新補地頭《しんぽじとう》として入った山香荘の最北端地にあたる。奥山氏の祖となる金吾定則《きんごさだのり》は同郷に住みつき、室町期には独立性を高めて支配を確立し、高根城を本拠としていたが、天野氏の同心とされていた。戦国期、今川氏に仕えていた両氏であったが、時々離反する事件を起こしている。

永禄三年（一五六〇）五月、今川義元は尾張の桶狭間で織田信長に討たれてしまい、跡を継いだ氏真は三河を支えることができず、松平元康（家康）に奪われてしまった。三河での劣勢が遠江にも波及し、見付城（磐田市）の堀越氏、引馬城（浜松市中区）の飯尾氏らと共に天野・奥山氏ら国衆による「遠州忩劇」という反乱が起きてしまう。

永禄十年頃、高根城にいた惣領の奥山吉兼は武田氏と内通して離反したが、一門の兵部丞定友・左近将監友久兄弟はそのまま今川氏に残った。さらに、天野・奥山両氏は徳川氏にも通じ、三つ股をかけて生き残りを探ったが、結局、武田氏に従った。長篠合戦後の天正三年（一五七五）八月、武田勝頼は遠江へ出陣にあたって、「奥山」（高根城）に信州伊那谷《いなだに》の松島氏《まつしま》・

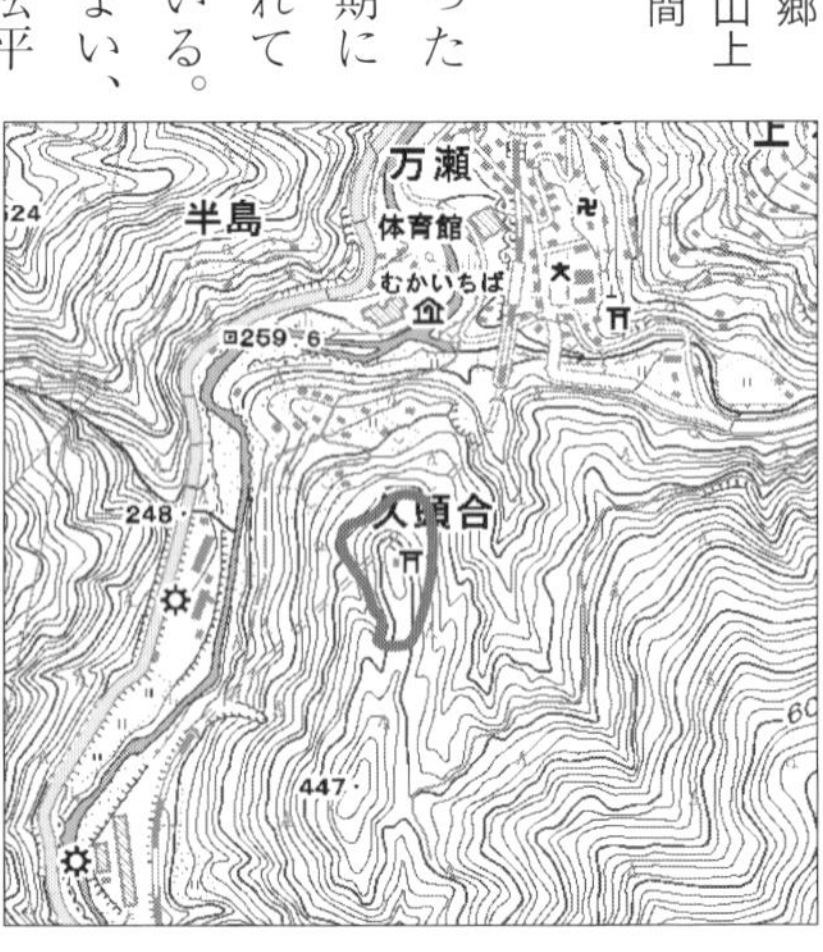

水窪川から見上げる高根城全景

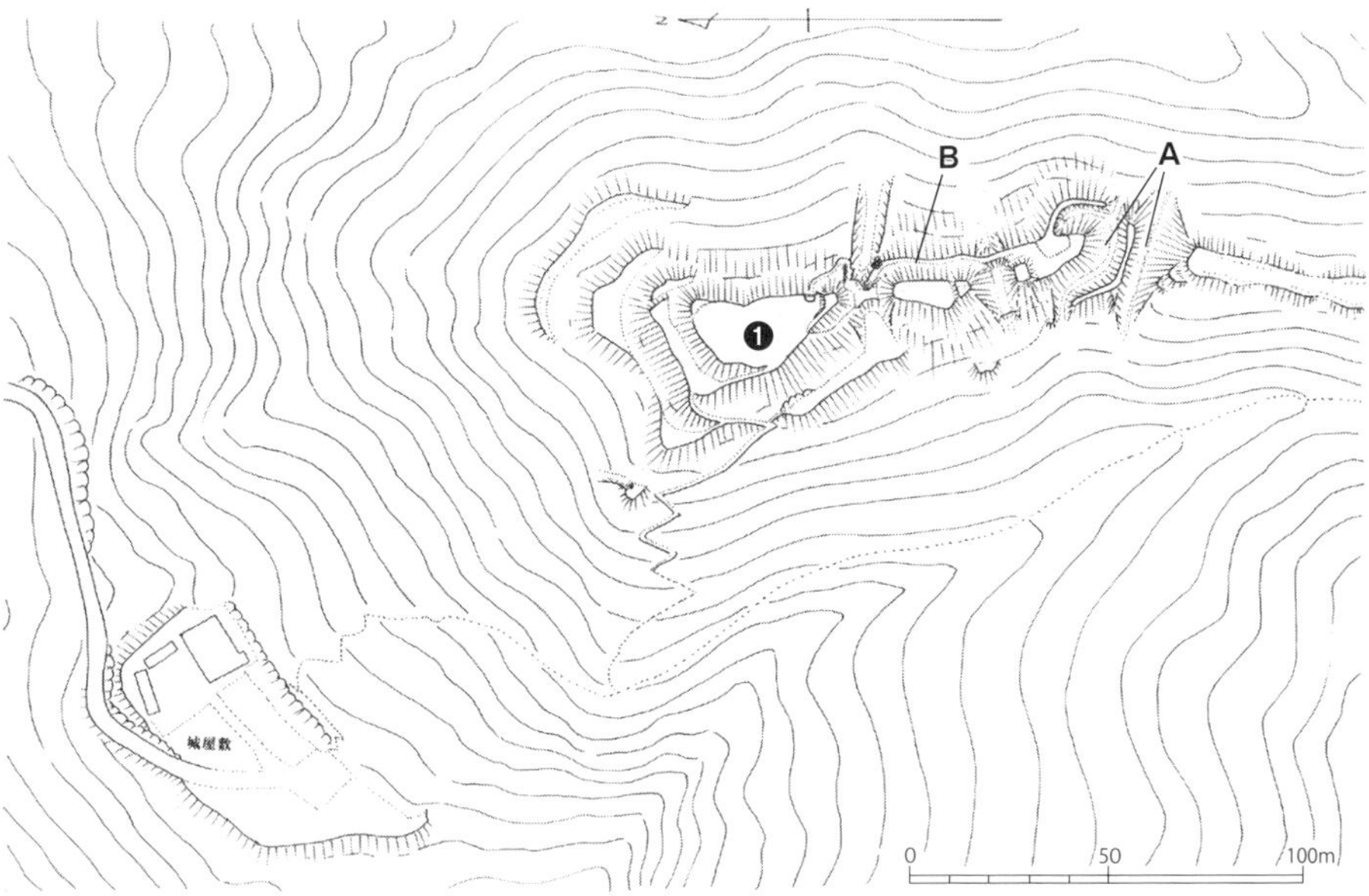

高根城縄張り図　作図：水野 茂

大草《おおくさ》氏を加勢として入れ、天野氏の犬居に通じる北遠の軍事拠点としたことが、武田流に大改造された縄張り構造からも読み取れる（県四―五〇二）。

【縄張り概要】　水窪集落が見渡せ、水窪川に迫る三角山という峻険な山上に占地し、山麓の北遠・南信を結ぶ塩の道を扼す要衝地に築かれた。良好に残る遺構は、前述したように武田氏による改造期のもので、とくに三の曲輪先の南尾根上を遮断する土塁を設けた巨大な二重堀**A**と、本城曲輪❶に至る城道**B**は常に横矢が掛かり技巧的で、〝見える化構造〟は見どころである。

残念ながら、奥山系の構造を知ることはできないが、高根城の前衛を守備する大洞若子《おおほらわかご》城にルーツがあると考えている。

〈水野〉

二の曲輪・三の曲輪から横矢が掛かる城道がよくわかる

発掘調査で確認した巨大な二重堀。見学者がいるところが大土塁

奥山氏庶流の城

75 大洞若子城《おおほらわかごじょう》

①所在地：浜松市天竜区佐久間町相月
②立　地：標高三一一ｍ（比高九〇ｍ）の丘陵上
③交　通：ＪＲ飯田線城西駅より徒歩三〇分

【城館史】　築城時期は不明であるが、伝承では奥山加賀守定吉が築き、美濃守定茂《さだしげ》に攻められ落城したと伝えている（『遠江国風土記伝』）。これは、永禄六年（一五六三）に起こった「遠州忩劇」の混乱の中で起きた戦闘と推定される。

この後、武田氏は元亀三年（一五七二）か天正二年（一五七四）の遠江出陣にあたり、高遠城の保科《ほしな》筑前守に条々の定めを下した。この中に「奥山ニ者、此間之加勢衆并松島、大草衆可在城、大洞ニ者典厩同心之知久衆、跡美同心之知久衆番の事」（県四―五〇二）とあり、遠江への侵攻時、奥山の高根城（天竜区）と大洞若子城の二城は武田軍の番手城として使用された。

天正三年五月、長篠の戦いで織田・徳川連合軍が武田勝頼に勝利すると、徳川家康の怒涛《どとう》の反撃が始まり、武田方の光明城・二俣城（浜松市天竜区）は次々と落城。犬居郷の天野氏も攻撃され、同時にこの地域も攻撃を受けたと推定される。

天正四年に奥山美濃守《みののかみ》、同右馬助《うまのすけ》等が信州に落ち（「奥山由緒」）、天正五年頃には奥山左馬允《さまのすけ》（加賀守定吉の子）も信州に逃れている。ただ、息子の惣十郎《そうじゅうろう》は徳川氏に従い活躍し、天正九年五月、家康から祖父定吉の所領・相月《あいづき》郷と中部《なかべ》領（天竜区）三分の一、雲名《うんな》（天龍区）等が安堵され、さらに、遠山（長野県飯田市）で一千貫文が宛行われている（県四―一三九一）。

【縄張り概要】　ＪＲ飯田線城西駅の東側、水窪川対岸の山上（比高七〇ｍ）にあり、西側を水窪川、北側を大洞沢《おおほらさわ》で隔てられた要害である。奥山氏の庶流が築いた城のためか、規模は小さく、南北

西方の城西駅方面から望む大洞若子城の全景

軸の尾根先端部山頂に本城曲輪❶（南北三五m、幅一二m）、鞍部で隔てられた南側二六m先に二の曲輪❷（南北二三m、幅一〇～二m）を築く。

南尾根には二重堀**A**・**B**を入れ、内側の堀**A**は箱堀、外側の堀**B**は薬研《やげん》堀で両側に落とす。掘り方の違いは見どころの一つ。

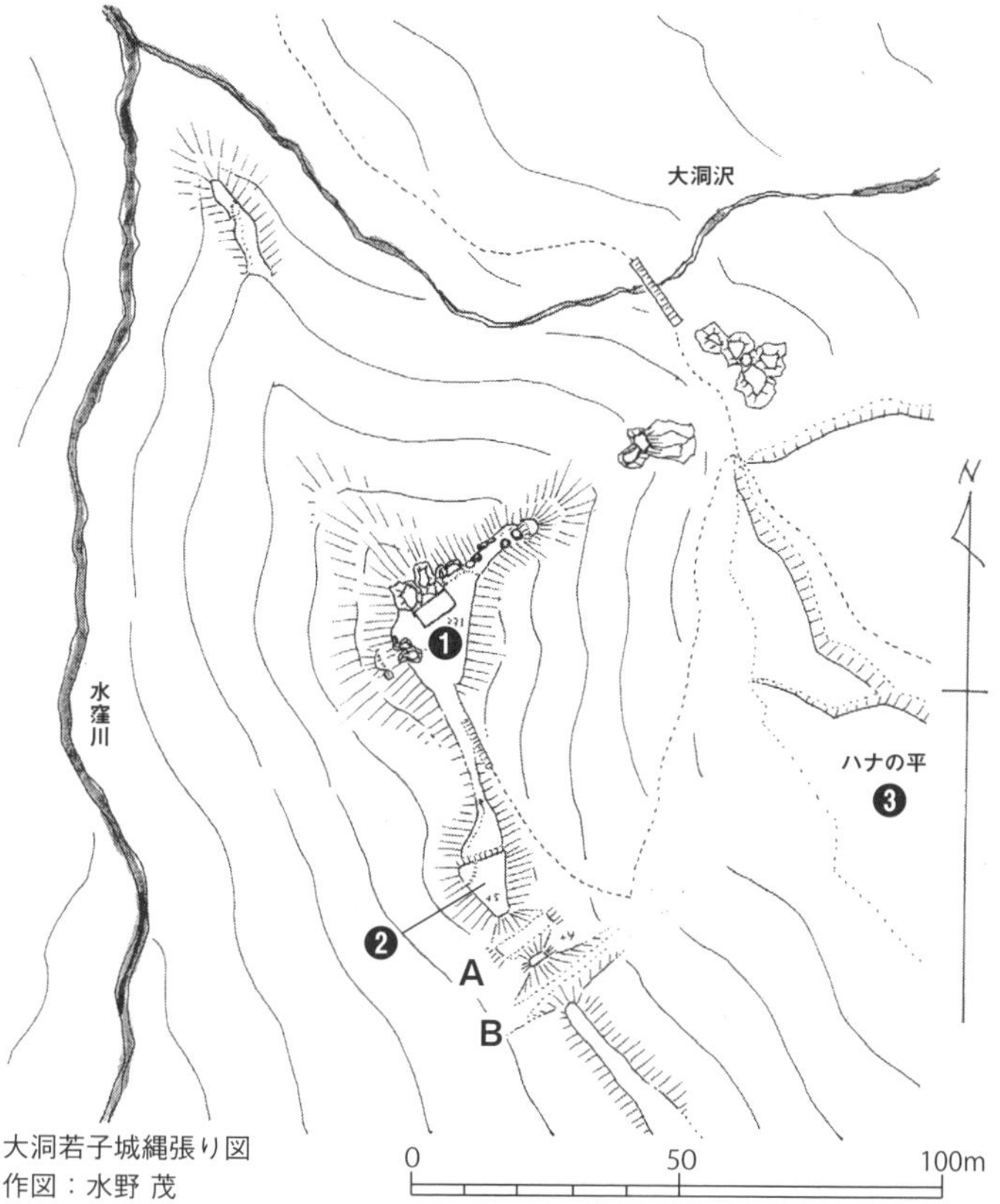

大洞若子城縄張り図
作図：水野 茂

その先の尾根（幅二～七m）は八〇mほど延び、尾根の中間地点西側に平場（南北三〇m、幅四～八m）がある。これは武田軍が番手城に使ったときに拡張し、大手となる大洞沢に下った広い谷戸地の「ハナの平」❸は、兵の駐屯地として機能したと考えられる。この他、二重堀切も武田軍の改修であろう。〈乗松〉

小規模で土塁・虎口もなく、古式な本城曲輪

南限を区画する二重堀切

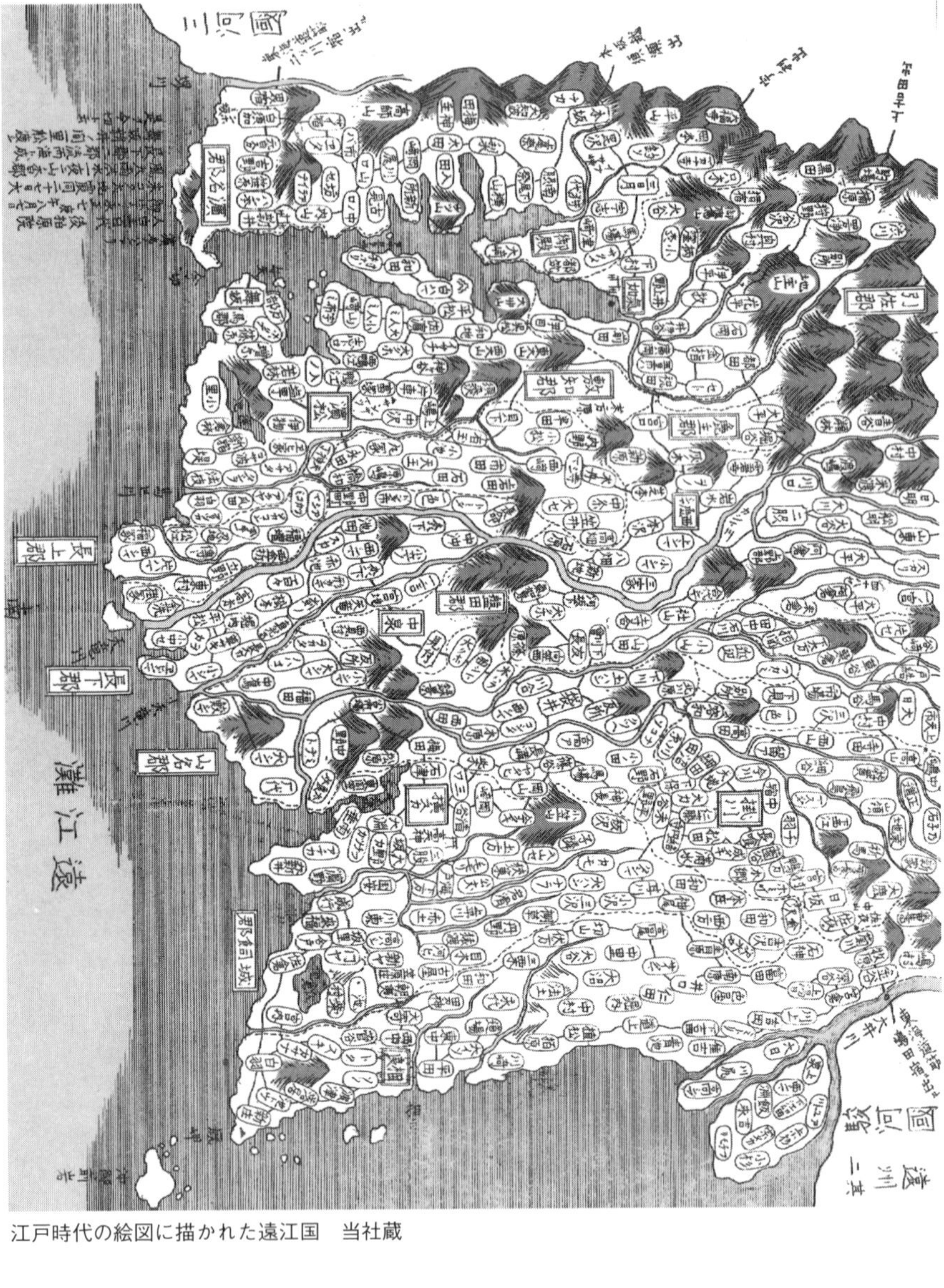

江戸時代の絵図に描かれた遠江国　当社蔵

【第三部】

戦国を彩った義元・氏真の戦い

第三部では、「花蔵の乱」という、今川義元《よしもと》の家督継承にともなう内乱の実態について注目したい。さらに、今川氏が滅亡に追いやられた、武田・徳川両氏の今川領侵攻に際しての城郭も見ていく。

⑪76、方上《かたのかみ》城〜83、遍照光寺《へんしょうこうじ》城（花蔵の乱）

天文五年（一五三六）三月、病弱であった氏輝と弟彦五郎が同時に謎の死を遂げ、「花蔵の乱」が勃発する。四月二十七日に弟の梅岳承芳《せんがくしょうほう》（後の義元、母は寿桂尼）と、庶兄の玄広恵探《げんこうえたん》（花蔵殿、母は重臣の福島氏）との間で乱が始まる。五月三日、早くも義元に将軍足利義晴から「義」の偏諱と家督相続が認められたことは、義元を擁立する太原崇孚雪斎《たいげんそうふせっさい》あたりがあらかじめ行動していたのであろうか。

同月二十四日、寿桂尼は福島越前守の宿所へ出向いて「花蔵ト同心」し、おそらく将軍からの御内書《ごないしょ》を渡したらしい。この行動について、有光有學氏は、義元派に対する一種の裏切り行為であると提言し、大きな論争となった。[*1] これまで、御内書を切り札に恵探を同意させたとか、合戦を回避させるために恵探派に妥協案を進めるためであったとの諸説が出されている。しかし結局、翌未明から駿府で合戦があり、福島党は敗北し、夜中に久能山に引き籠もった。

義元が岡部親綱《ちかつな》の忠節を賞した内容を見ると、六月に入ると戦線は恵探の本拠がある葉梨（藤枝市）の山西に移った。まず、恵探派が籠もる方上城（焼津市）が落とされ、敗走する兵を追撃して、最終的に葉梨城（花倉城）に立て籠もる恵探を攻め立てた。恵探はかろうじて瀬戸ノ谷に逃れるも、六月十四日に普門寺で自害したという。

定説では、あくまでも駿府での戦いが本戦で、葉梨での戦いは最終局面の小規模なものであったと位置づけていた。しかし、『駿河記』などによると、葉梨城東方三km地点の天王山には、「コッ

---

*1　有光友學「今川義元の生涯」（『静岡県史研究』九〇号、静岡県教育委員会、一九九〇年）、『人物叢書　今川義元』（吉川弘文館、二〇〇八年）。

チ番」・「向番」・「遠見番所」の記述があることから、現地調査を実施し、天王山上に同三か所の遺構と、桂島側には広大な陣場跡を発見した。さらに、村良《むらら》支塁《しるい》・入野《いりの》支塁も発見でき、『駿河記』には、そこを経由して駿府へ通じる「府中街道」の存在も記されていた。

こうした『駿河記』の記述や、臨時性の高い城跡の発見、駿府に通じる要衝地であったことなどを総合的に考えると、花蔵の乱期に義元派が広大な陣形をもって布陣したのであろうか。この乱における戦闘が四十八日間にわたる長期戦であったことも、首肯《しゅこう》できると考えている。

そこでここでは、花蔵の乱に関する城郭を見ていく。

⑫84、蒲原城《かんばら》~86、興国寺城《こうこくじ》（北条氏と対立した河東一乱）

親武田氏へと外交政策を転換させたことで、天文六年（一五三七）から始まった北条氏の今川領への乱入に際して、十七年間にわたった双方の対陣で築かれた陣城を見ていく。

⑬87、北松野城《きたまつの》・荻氏《おぎし》屋敷~90、陣場山《じんば》（信玄の駿河侵攻）

武田信玄の駿河侵攻に際して、最大のヤマ場である薩埵山の戦いでは（静岡市清水区）、北条氏が大軍を率いて出陣し、興津川を挟んで長期にわたる対陣が続いた。ここではそのときの薩埵山周辺の陣城を見ていく。

⑭91、宇津山城《うづやま》~95、佐久城《さく》（家康の遠江侵攻）

徳川家康の遠江侵攻に対して、今川氏が三遠国境にあたる浜名湖周辺に多くの陣城を構えた。文書史料は乏しいが、ここでは氏親・義元期の史料からも確認できる城郭を見ていく。

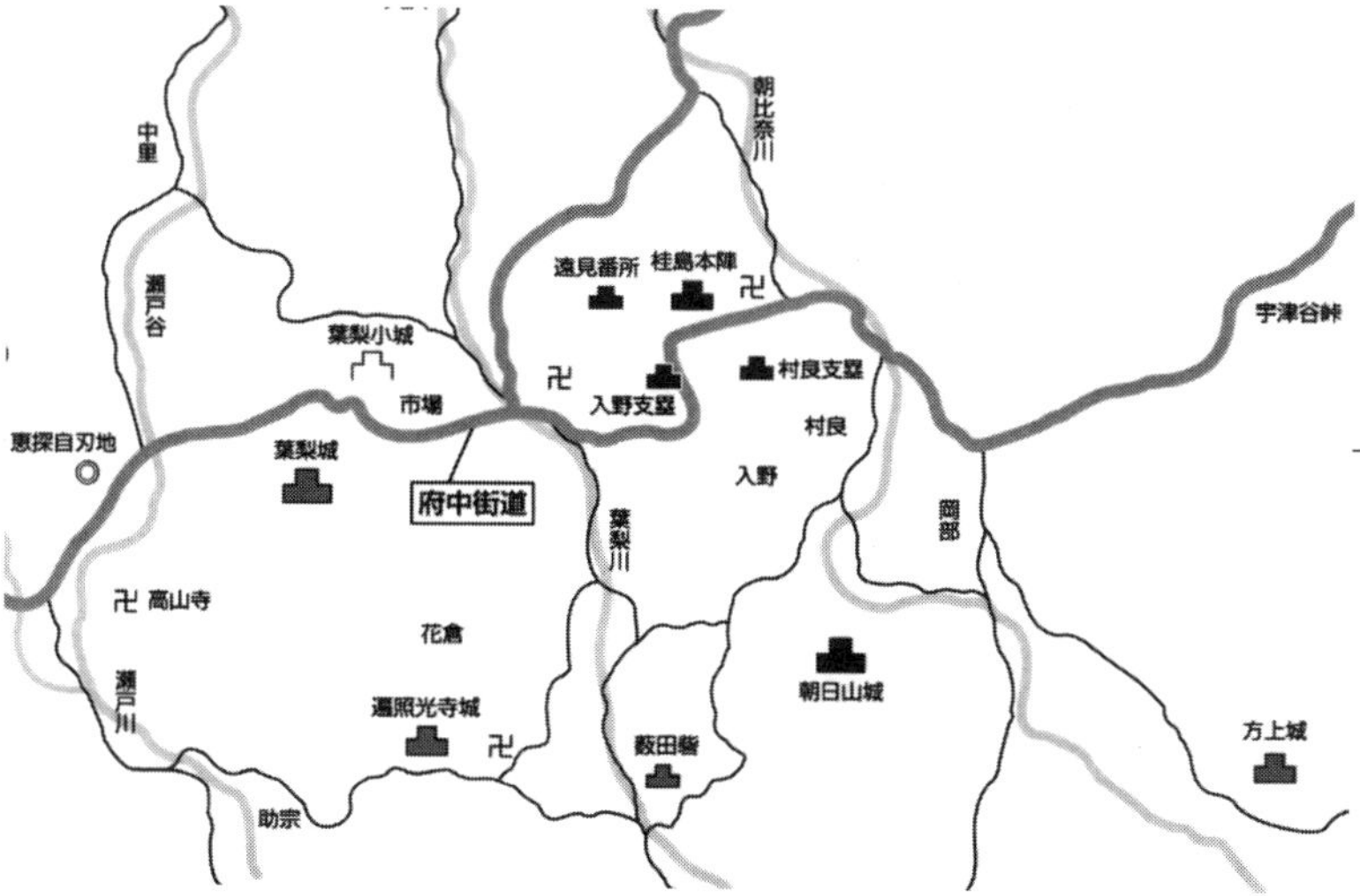

葉梨城・桂島本陣周辺の地形図　作図：平井 登

第三部掲載城郭位置図

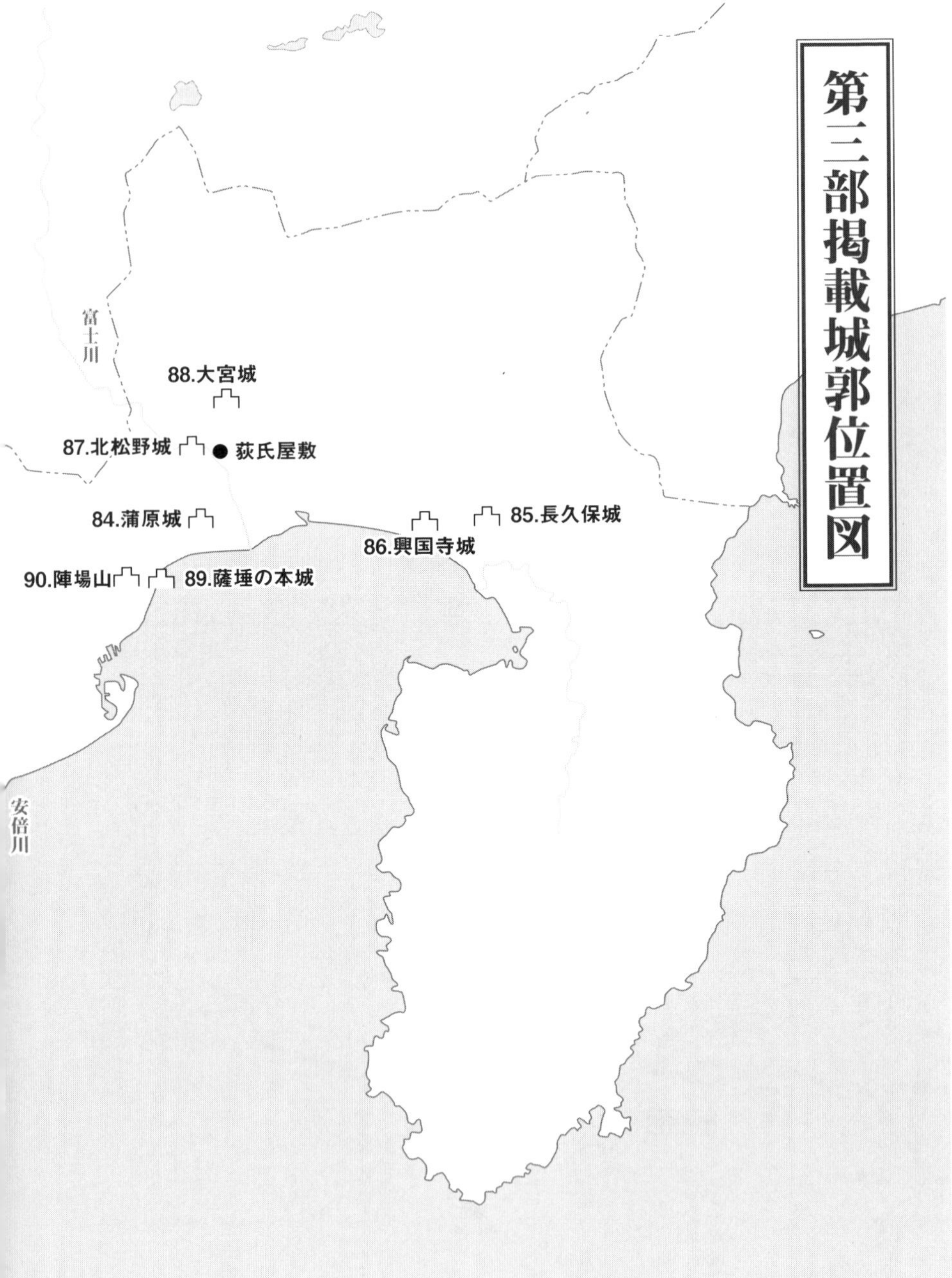
富士川
88.大宮城
87.北松野城
荻氏屋敷
84.蒲原城
86.興国寺城
85.長久保城
90.陣場山
89.薩埵の本城
安倍川

78.朝比奈城
82.葉梨小城
79.上の山城
77.花沢城
81.葉梨城
76.方上城
83.遍照光寺城
80.桂島陣場
大井川
94.鯉山砦
93.摩訶耶寺城
95.佐久城
92.堀江城
浜名湖
91.宇津山城
天竜川

花蔵の乱で落城

76 方《かたの》上《かみ》城《じょう》

①所在地：焼津市方ノ上字石《いし》会合山《わやいやま》
②立　地：標高二三〇m（比高二一〇m）の山上
③交　通：西麓の関方集落の関方バス停（しずてつジャストライン）の登り口に案内板あり。登り五〇分

【城館史】 天文五年（一五三六）三月、今川家当主の氏輝が早世し、弟の玄広恵探と梅岳承芳（後の今川義元）との間で家督争いが勃発した。通称、花蔵の乱という内乱で、義元に味方した岡部親綱の判物（県三―一四〇八）に、「今度一乱、於当構并方上城・葉梨城、別而抽粉骨畢」とあり、「当構《とうかまえ》」の駿府をはじめ方上城、葉梨城（藤枝市）での戦いを伝えている。しかし、方上城について、江戸後期編纂の『駿河記』・『駿河志料』等では触れていない。また、方上御厨という地域は、花沢郷を含めた高草《たかくさ》山南麓一帯の広域を示し、特定地域を指していないことから、『焼津市史』では方上城を花沢城の前身とする仮説を立てている。

【縄張り概要】 高草山南西中腹の支尾根上頂部に位置し、「山西《やまにし》」という志太平野を眼下に見通せる要地に存在する。東西三〇〇mと広域であるが、急崖《きゅうがい》が続く痩せ尾根上に構築しているために、曲輪は小規模で、要害地形に依存した縄張りは、古式な連郭式山城といえる。

主要頂部❶は、円墳《えんふん》状の「方ノ上《かたのかみ》経塚《きょうづか》遺跡」そのままで、積極的に曲輪としていない。経塚から西に下がった❷は、尾根幅一〇mで東西四五mを測り、これでも同城最大の曲輪である。祭《さい》祀《し》遺構か狼煙《のろし》遺構か不明であるが、内部には岩室《いわむろ》状に組まれた岩石が点在することから、武田期の狼煙台伝承が伝えられている。また、先端の腰曲輪にも「方ノ上古墳」の岩室が見られる。城兵が駐屯できるもう一つの曲輪❸は、経塚東下段に幅五mの堀切Aを挟んで、東西三〇m規模に

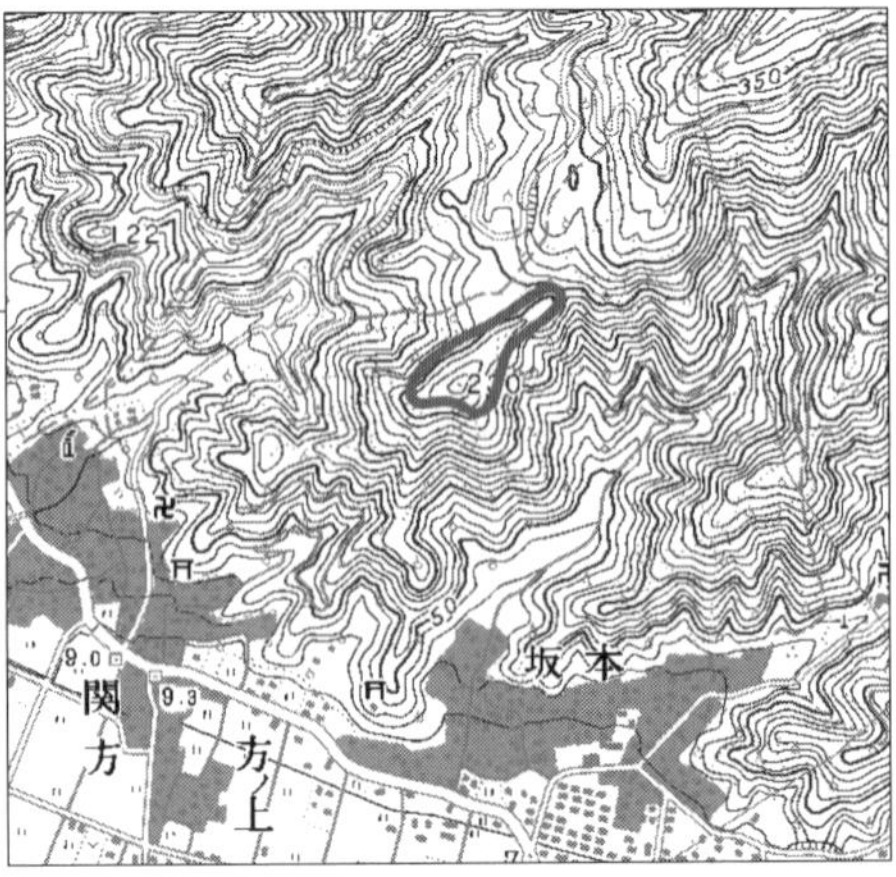

高草山から見る方上城。背後の志太平野には田中城が存在

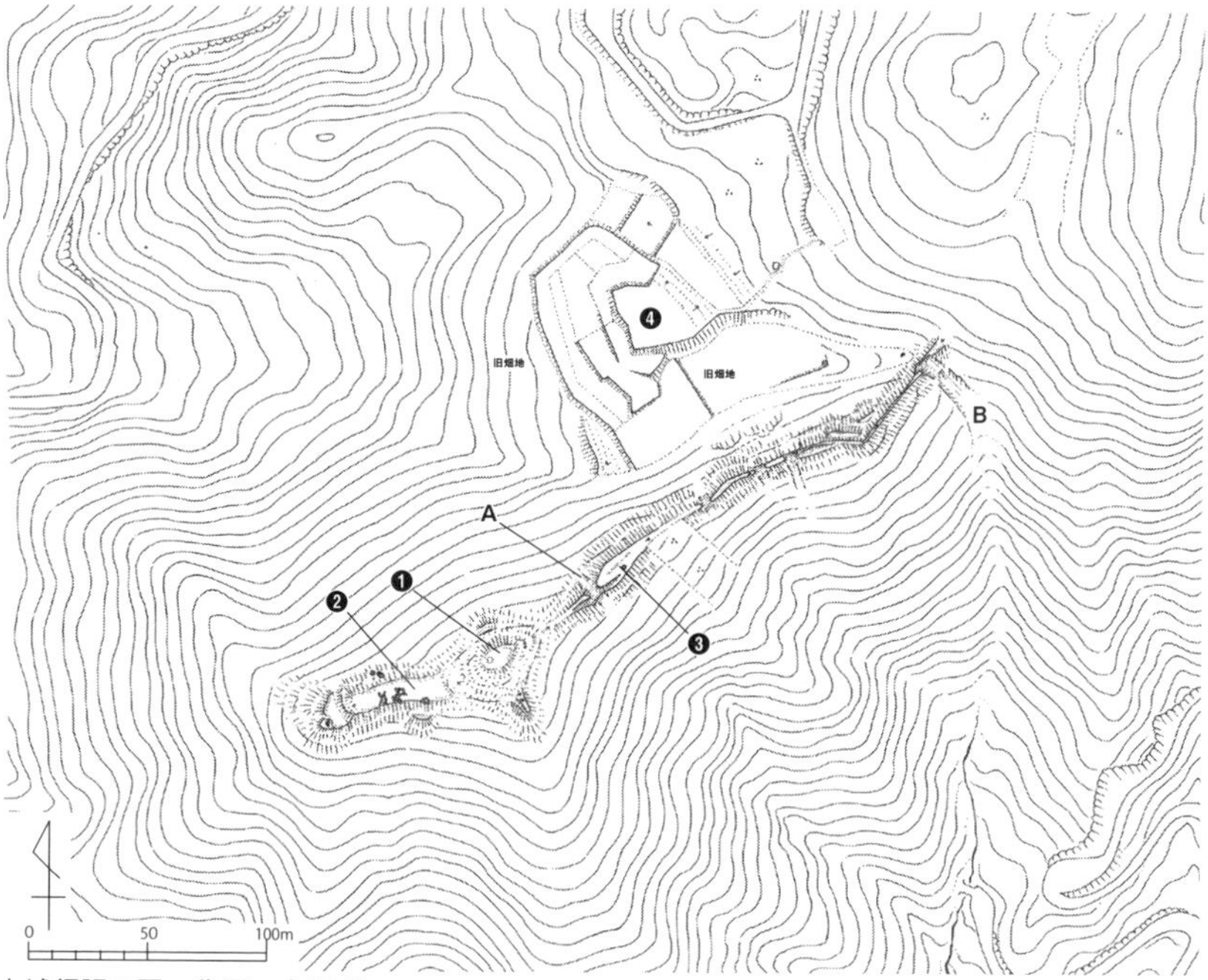

方上城縄張り図　作図：水野 茂

構えられている。東続きの痩せ尾根上には、幅二〜四mの小堀切三条が認められ、東端**B**は幅九mとあまりにも大型であることから、構築は数期の遅速があった可能性もある。

　ところで、当城北側下段に位置する約七〇m四方の平坦部❹をどう評価したらよいだろうか。畑地等により改変されているが、駐屯できる❹を方上城の一郭とすれば、花蔵の乱期に運用はされたと考えられないであろうか。

　また、花沢城から葉梨城へは視界的・狼煙的に見通せないため、同時期の運用には疑問が残り、花蔵の乱で義元派が落城させた方上城は、遺構面からも、現在に伝わる「方ノ上」地名からも、当城であることを示している。〈水野〉

城域中央に構えられた堀切A

ここが本城曲輪にあたるのか、まったくの自然地形である

今川軍残党による最後の抵抗拠点

77 花《はな》沢《ざわ》城《じょう》

①所在地：焼津市高崎字城山
②立　地：標高一四一m（比高一二〇m）の山上
③交　通：国道一五〇号線・野秋交差点より徒歩三〇分

【城館史】　永禄十一年（一五六八）十二月、武田信玄の駿河侵攻による駿河国の山《やま》東《ひがし》（庵原・有度・安倍の三郡）・山西《やまにし》（志太・益頭の二郡）制圧は、同十三年（元亀元年）正月の花沢城攻めと、徳一色城（田中城）争奪をもって完結する。このとき花沢城には、徳川家康に逐われ、宇津山城を守備していた大原資良《おおはらすけよし》以下の今川家臣が立て籠もっていた（県四―三五六三）。攻城戦については、『甲陽軍鑑』をはじめ『駿河記』・『駿国雑志』等が詳述しているが、武田方は信玄の子・勝頼、弟の信廉《のぶかど》、長《なが》坂長閑《さかちょうかん》らと、武田氏に従属した旧今川家臣の岡部正綱《まさつな》、孕石源右衛門《はらみいしげんえもん》らが攻めている。信玄は「高所より御覧有」とあり、浅野文庫蔵『諸国古城之図』にも記す高草山南山腹（高崎上）に陣取り、戦況を俯瞰していたのであろう。

軍記物や地誌類には、両軍の戦いは壮絶を極めたことが記されているが、大原資良配下の鱸《すずき》（鈴木）源六（家山《いえやま》郷の地侍）の戦功を賞した感状（県四―一五九）に、「今度花沢城中、正月四日ニ於小坂口討候間、御走回候、同十六日ニ於大手口鑓合、無比類御働候」とある。同城には少なくとも二か所の登城路があって、とくに城戸口での激しい戦いを伝えている。しかし、多勢に立ち向かったものの、資良らは同月下旬に開城し、徳川方を頼って遠江に退去した。ところで、今川方として同城に入った津阿弥《つあみ》（今川氏真の同朋《どうぼう》）は、信玄に引きたてられ武田水軍の船大将となった後の伊丹康直《いたみやすなお》である。

『今川家分限帳』によると、今川氏親期には今川氏一門の関口氏縁《せきぐちうじより》が在城したとあるが、根拠となる史料もなく、明らかではない。また、上方城を当城とする見解もあり（『焼津市史』）、多くの課題を持つ山城の一つといえる。

【縄張り概要】　花沢城は、高草山から南東へ延びる丘陵先端部に占地する。駿府へ通じる小坂越え（日本坂）[*1]の喉元を押さえ、高草山東の鞍掛峠《くらかけ》を越えて東海道と結ぶ街道の要衝地に築かれている。山上主要部だけでは東西一〇～四五m、南北一五〇mの規模であるが、支尾根上には多くの曲輪が配置され、南北四五〇m以上の大規模な山城といえる。本城曲輪❶の最大幅は東西二九m、南北六五mを測り、東・南辺に一部の土塁を残しているが、内部はみかん園・畑地により改変された。

上：東名・日本坂トンネル西域背後の独立峰の花沢城
下：高草山中腹の武田軍が布陣したあたりから俯瞰する

中央東寄りに城址碑と稲荷神社が祀られている。その北側に、幅五mの土橋を付加した堀切**B**を設けた南北二六mの曲輪❸と、さらに北へ下がった尾根上に、南北四五mの腰曲輪❹を構築している。この方面が前述した「小坂口」であった可能性が高い。

本城曲輪南には、幅一五・八mの堀切**A**を挟んで二の曲輪

＊1　日本武尊伝説のある「日本坂」は、奈良・平安期には駿府に通じる主要道で、『万葉集』に「焼津辺にわが行きしかば駿河なる安部の市に逢いし児らはも」とあり、平安末には現在の宇津ノ谷峠越えが国道となった。

本城曲輪は茶畑の開墾で改変されたが、近年、地元保存会により整備され、さらに当局の発掘調査も実施している

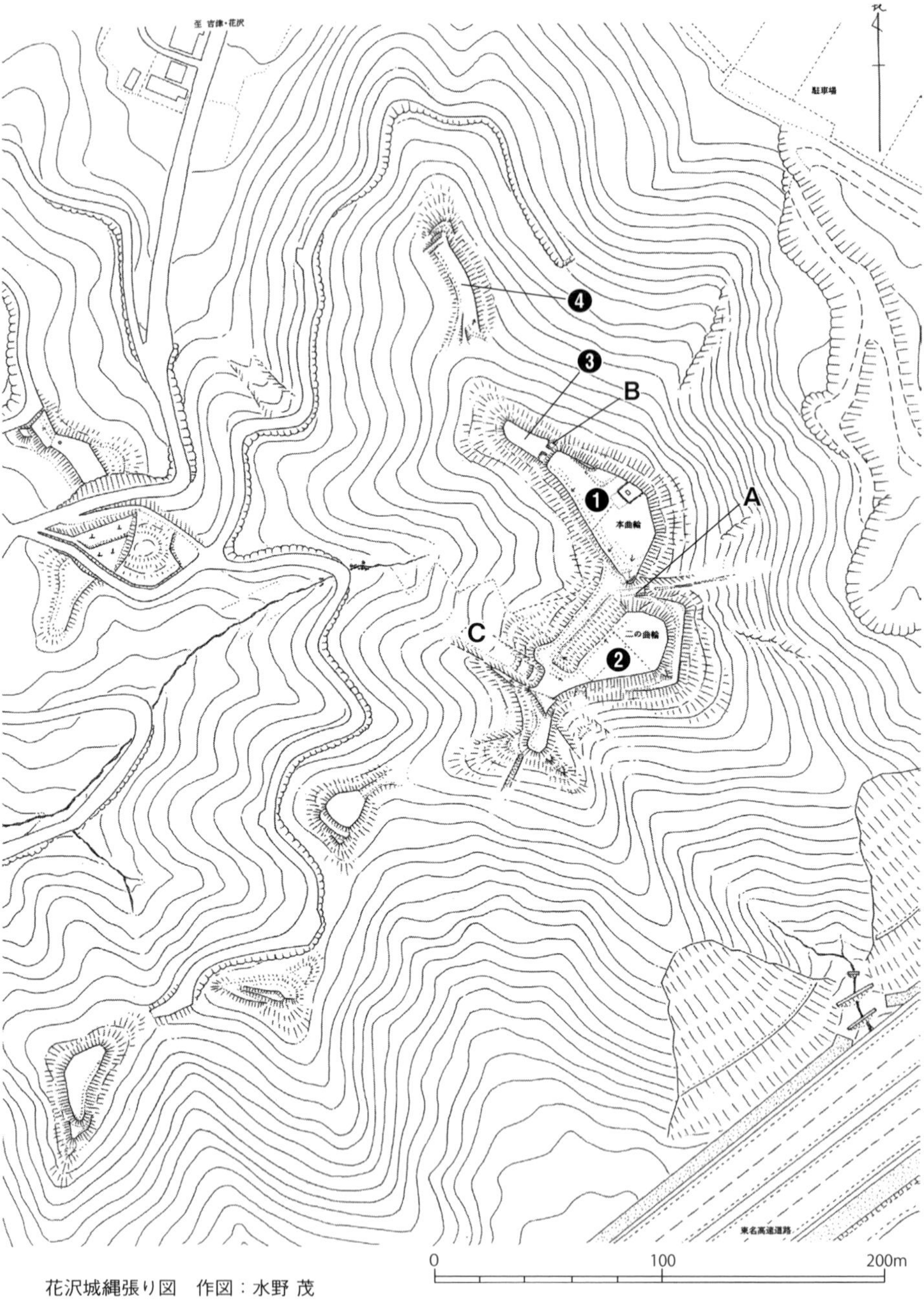

花沢城縄張り図　作図：水野 茂

❷が築かれ、東西の最大幅は二八m、南北六六mと本曲輪に次ぐ規模である。ここも茶畑による改変を受けているが、七m東下に帯状腰曲輪が構えられている。そして、同曲輪六m西下に四〇mの横堀状遺構が認められるが、これは土塁を設けた腰曲輪と考えられ、南側の竪堀**C**（崩れもある）とともに一体化した機能を見せている。この方面を下ると馬場集落で、『駿河志料』に「馬場村の方城の表なり」とあることからも、大手口に対する、当城で最も強化された防御構えといえる。

二の曲輪❷から南に下がる南尾根上小ピークには、三か所の平場があるが、堀切は確認できない。畑地の開墾か、曲輪であったのか不明であるが、『諸国古城之図』には「三ノ丸」として記されており、城域に存在した曲輪であったと思われる。

手前の二の曲輪に通じる大手道と背後が本城曲輪

高崎《たかさき》集落と吉津《よしづ》集落の境となる鞍部地形は、「馬場跡」という大手として位置づけている。現在は切り通しになった農道を挟んで、小ピークと平場の空間は大手曲輪の機能が推定できよう。

以上、花沢城の縄張り構造を見てきたが、武田氏等が積極に取り入れる、横堀と複雑化した虎口形態も認められない。求心的ではない連郭式の曲輪配置、強化された障壁となる堀と土塁もなく、やはり今川系の山城を伝えていると考えられる。開城以降は、武田・徳川両氏により再利用された記録もないことも理解できる。〈水野〉

二の曲輪北下段の腰曲輪（平成七年撮影）

今川氏重臣の古城

78 朝比奈城《あさひなじょう》

①所在地：藤枝市岡部町殿字松山
②立　地：標高一七〇ｍ（比高一二〇ｍ）の山上
③交　通：朝比奈川上流の「玉露の里」より徒歩三〇分

【城館史】　三浦氏とともに今川氏の宿老であった朝比奈氏のうち、駿府と掛川へ移った二系統は大身《たいしん》化したが、本地の「殿」には又八郎吉周《よしちか》とか孫左衛門尉泰元《まござえもんのじょうやすもと》が居住していた（県三―一六五四・他）。永禄十二年（一五六九）二月、武田信玄に従属した泰元は、当地周辺の六十二貫余を与えられた（県三―三六四五）。この年は、武田氏の駿河支配も盤石でなく、安倍郡（静岡市葵区）や山西（藤枝市・島田市など）で反武田の一揆も起こり、朝比奈城の築城につながる時期ともいえる。

当城について、『駿国雑志』では「殿山城」と記しているが、江戸期には呼称していたのであろうか。また、『駿河記』では北方の笹川《ささがわ》集落に存在している「上の城」を位置づけているが、土豪の朝比奈氏が二城も築けたのか、疑問が残る。

【縄張り概要】　駿府から藁科川筋の小瀬戸《こぜと》・飯間《はんま》を経て、志太平野や大井川筋へ通じる山間ルートの要衝地として、早くから開けた殿集落に存在する。

在郷領主の地名を伝える「殿」の朝比奈氏屋敷背後は「松山」と呼ばれ、山上には異なる二か所の山城空間が存在する。屋敷背後の東域で、根小屋関係になる朝比奈城を「殿山《とのやま》遺構」とし、山上南域を「松山《まつやま》遺構」と仮称し、見ていく。

標高一六〇ｍの殿山遺構は、松山遺構より奥まったところで、一〇ｍほど低い。東西一六ｍ、南北五～五〇ｍと、地形に合わせた小規模な連郭式山城である。前面となる北西側の痩せ尾根上

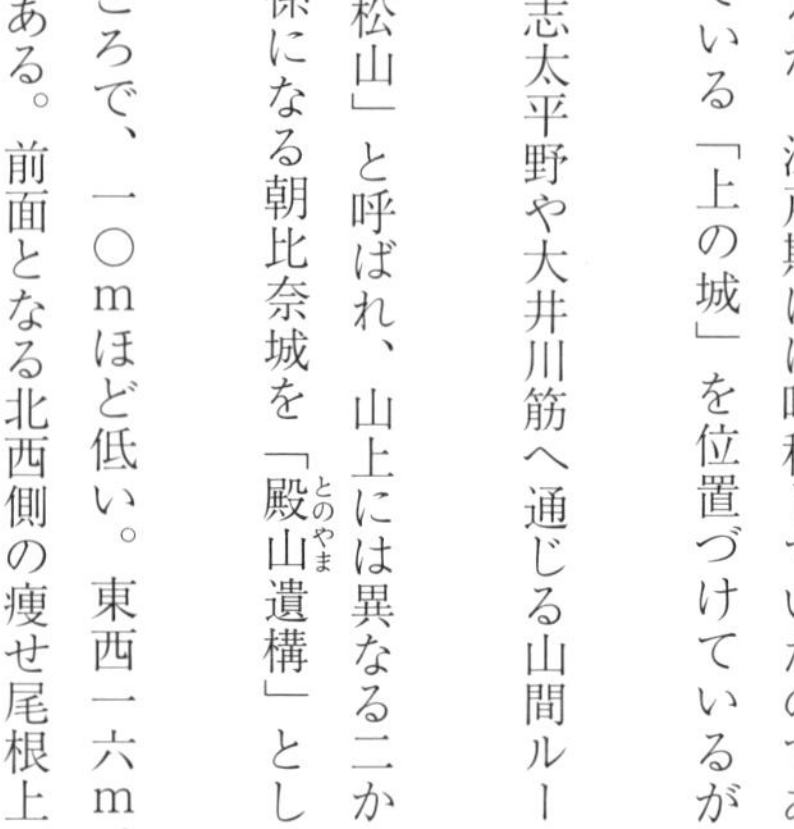

に三か所の堀切A・B・Cを穿ち、主要部に近いCが幅七mと最も大きく、強化している。主要部❶・❷は、堀切Cを越した東側の東西一〇〇mで、中央を区画するように小規模な堀切Dが認められることから、朝比奈氏創成期は、Dから東❶の東西五五mの小規模城郭が推定できないだろうか。本城曲輪❶には、虎口・腰曲輪・切岸などの機能が効果的に配置されていることで理解できる。よって、堀切Aから曲輪❷までは、武田氏に従属後の改修も考えることができる。

　一方、先行研究では、松山遺構を朝比奈氏の初期のものとし、殿山遺構を戦国期のものとしている。松山遺構は当該最高所の標高一八〇mの権現山から南先端部に位置し、殿山遺構と比べても急峻な要害地形ではなく、自然地形をそのまま利用した単郭の山城である。

朝比奈城と南に広がるコスモス畑

　城域❸は、東西二〇〜三〇m、南北七〇mと中規模で、北へ続く稜線上を幅四mの土塁を付加した堀切Eだけで城域を完結し、簡素で臨時性が高い縄張り（陣城）である。土塁には開口したところは見当たらないが、東隅に虎口の存在が認められ、その先の北側は緩やかな自然地形である。また、麓の万年寺《まんねんじ》から散策道が整備され、二〇分程度で登頂できるが、緩やかな南斜面には防御する堀・切岸もなく容易に入られてしまう。

　このように、臨時性の高い松山遺構のほうが、殿山遺構よりも山峰前面の高いところに占地している。階層性から見れば、より強大な勢力の介入を想定でき、この二か所の

（右写真）背後の朝比奈城南東麓に構える朝比奈氏屋敷北支尾根を遮断する大規模な堀切

小規模な主要部の削平地

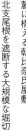

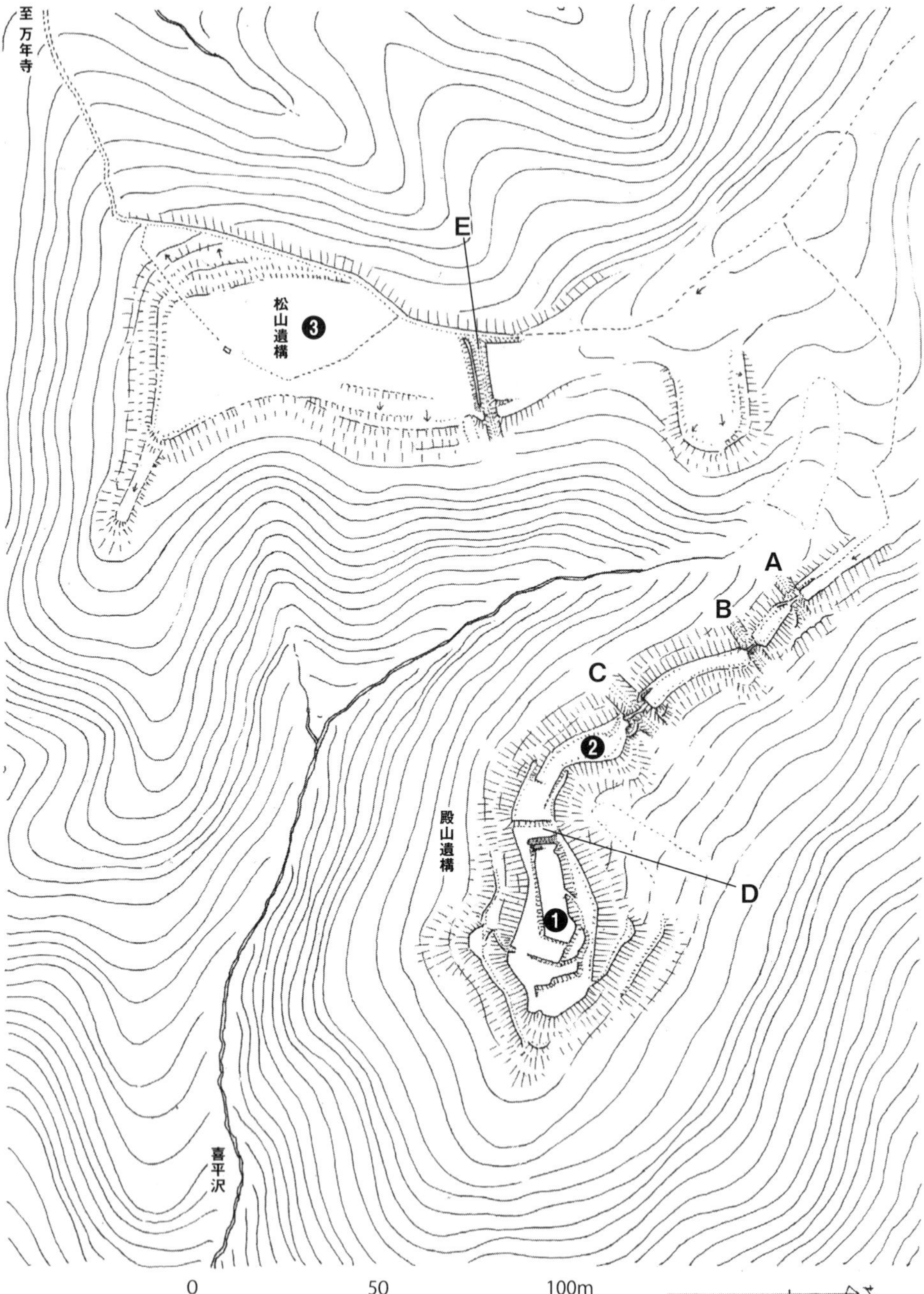

朝比奈城縄張り図　作図：水野 茂

築城主体者は異なることも首肯されよう。

「殿」地域での戦国期の抗争を挙げると、天文五年（一五三六）の花蔵の乱、永禄十一年（一五六八）の武田氏駿河侵攻にともなう今川氏真の掛川敗走、翌十二年の反武田との一揆抗争、そして天正十年（一五八二）の徳川軍の西駿河侵攻の四期がある。

近年の調査で、朝比奈城から北西一・三kmの笹川集落背後に上《うえ》の山《やま》城、また、反対の南二・五km地点に桂島《かつらしま》陣場が発見された。いずれも、松山遺構と同様に、堀切・土塁だけでの臨時性の高い山城で、三城は視界的、街道的にもつながっていた。このことは、広域の広がりを視野にした、戦国大名間抗争を見渡した築城期を考えたほうが妥当と思われる。[*1]

上：ビク石山頂から俯瞰する朝比奈城（中央奥）と上の山城（手前左）
下：朝比奈城よりも高い位置にある松山遺構の主要部内

「殿」の朝比奈氏という土豪層が、軍事的な朝比奈城を築けるのか、城郭史研究の永遠のテーマではあるが、これからの研究課題となるだろう。〈水野〉

＊1 松岡進「軍事施設としての中世城郭―空間論からのアプローチ―」（峰岸純夫・萩原三雄編『戦国時代の城―遺跡の年代を考える―』高志書院、二〇〇九年）。

松山遺構唯一の堀切と土塁

馬出しを設けた糧道基地か

79 上《うえ》の山《やま》城《じょう》

①所在地：藤枝市岡部町新舟《にゅうぶね》字笹川
②立　地：標高二一〇m（比高一四m）
③交　通：朝比奈川上流域の笹川集落から徒歩三〇分

【城館史】　城が所在する笹川には、平家《へいけ》の落人《おちうど》伝説がある。しかし、当城の良好な遺構残存状態を評価すると、戦国期に朝比奈城の関連城郭として築かれたと考えるほうが適切といえよう。

天文五年（一五三六）の花蔵の乱に際し、葉梨城の北部方面を押さえる位置にあった。また、永禄十一年（一五六八）十二月、武田信玄の駿河侵攻により駿府を逐われた今川氏真が、集落背後の地蔵峠を越えて上大沢《かみおおさわ》を経て掛川へ逃走している。

さらに、武田・徳川両氏の抗争期には、糧道確保のために、この隘路《あいろ》地の上の山城の存在は重要であったと考える。

堀切A馬出しを構成し、地蔵峠に向けられている

【縄張り概要】　笹川集落北側の丘陵に位置し、遺構が明確な堀切**A**・**B**の中央を駐屯地とした単郭構造である。しかし、主要部❶は削平されず、臨時的・短期間の運用を示唆している。堀切**A**は幅六m、深さ三mと大きく、

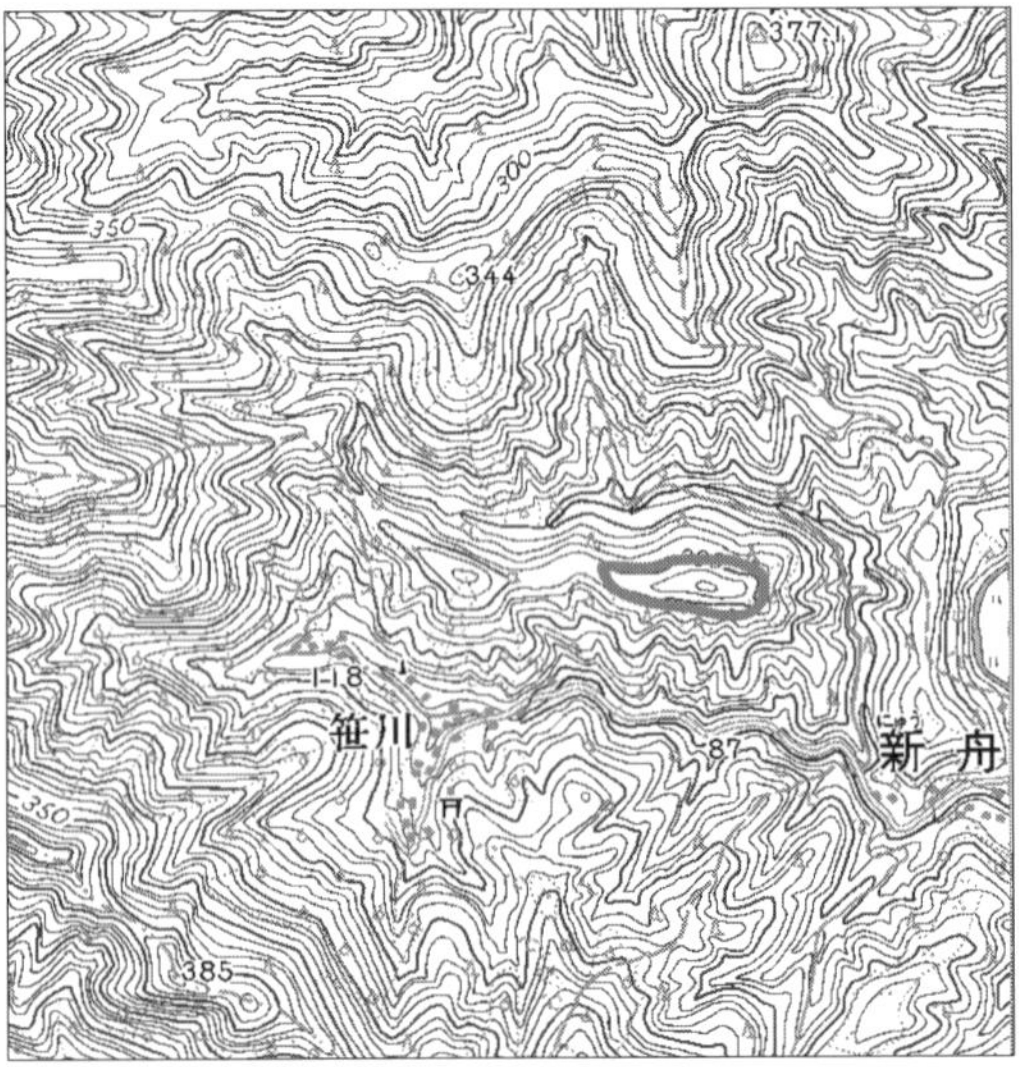

朝比奈城の堀切Aと酷似し、二重堀切による馬出し構造が想定される。

東側の堀切Bは土橋を残し、その先の尾根先端部両脇に数段の小曲輪❷を配するなど、新舟集落を挟んで指呼の間にある朝比奈城の支城として存在していたことが推測できる。永禄末期、武田氏にいち早く従属した朝比奈氏が、西駿河制圧の策源地としたか、あるいは反武田勢力に備えた縄張りと見るのが妥当である。

〈水野〉

上：搦め手にあたる土橋をはけた堀切B
下：同上を南側面から見る

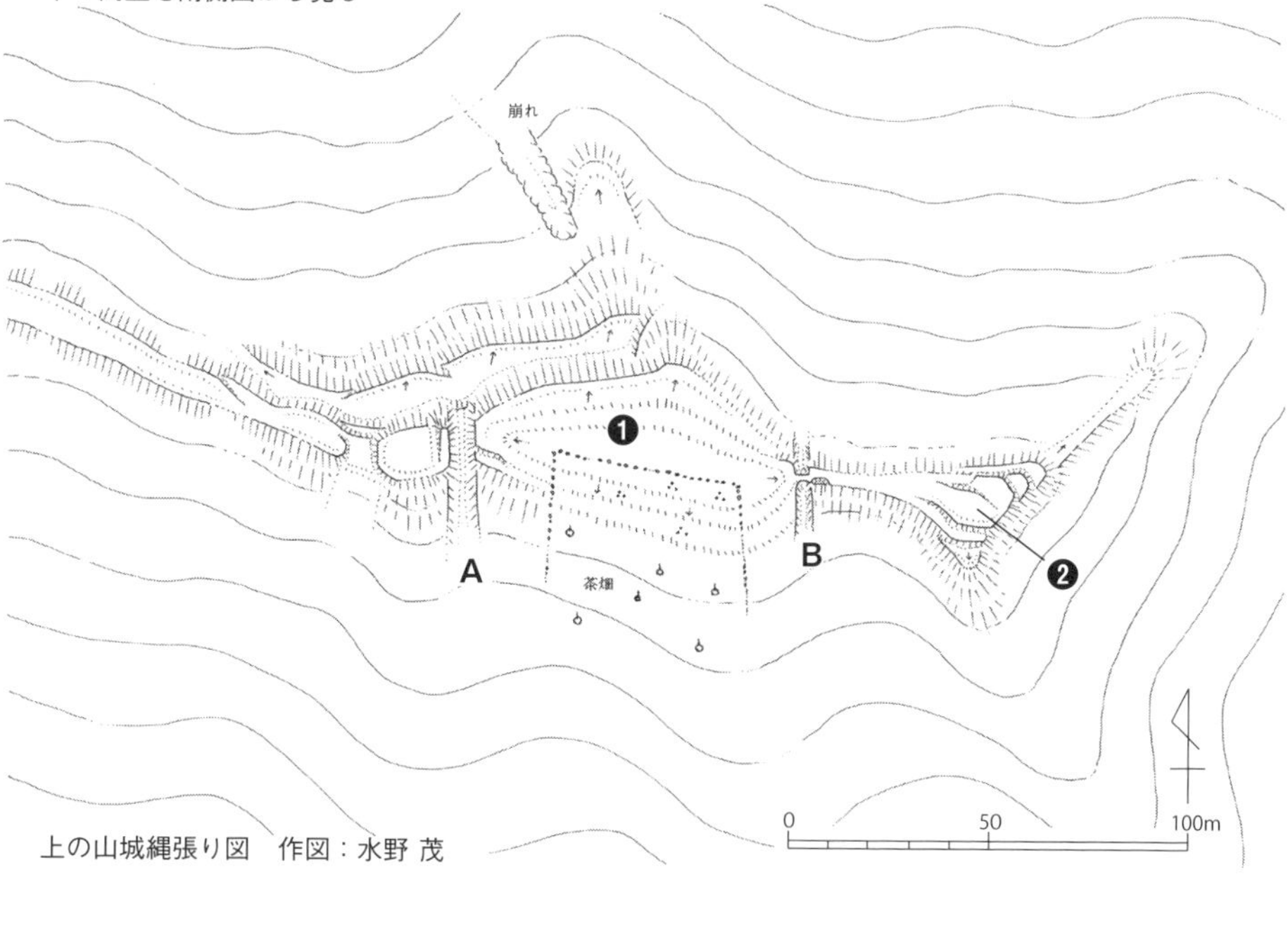

上の山城縄張り図　作図：水野 茂

花蔵の乱で使われた義元派の陣城

80 桂島陣場《かつらしまじんば》

①所在地：藤枝市岡部町桂島字神入沢
②立　地：標高四二九六m（比高二五〇m）の山上
③交　通：葉梨川上流の葉梨北方（新野）集落より徒歩五〇分、桂島への下山は不可

【城館史】　葉梨北方と岡部町桂島《かつらしま》にまたがる天王山《てんのう》（標高三五一m）の西端には、神亀五年（七二八）の行基《ぎょうき》開創という天台宗の古刹《こさつ》・安楽寺《あんらくじ》があり、その上には安楽寺の奥宮葉梨神社が鎮座している。また、桂島側の東端中腹には、安楽寺の末寺である神入寺《じんにゅうじ》跡があり、中世の石塔《せきとう》群が残存する。天王山の南西渓谷には、落差三三mの白藤《しらふじ》の滝がある。『駿河記』に、「白藤ノ滝の上にコッチ番・向番と云うあり。今川氏の時、両所に番所を置きて西南の方を遠見せし地と云う」と記す。

白藤の滝を抱える天王山には番所があったことを伝えているため、平成十九年に同山系の悉皆調査をしたところ、桂島側に本遺構を発見した。この遺構について、手がかりとなる文献は先述の『駿河記』以外にないものの、鷲津弘氏によると、桂島の伝聞では、武田氏・今川氏の戦闘がこの辺りであったという。真偽は不明ながら、本遺構は西の葉梨城、北の朝比奈城、南の朝日山城の中間に位置することや、山腹を通過する「府中街道」（『駿河記』志太郡「北方」小地名の項）を扼する要衝性、志太平野を一望できる抜群の比高と要害性など、戦略的な城砦構築に適した地理的環境にあることが指摘できる。

【縄張り概要】　天王山系の稜線は東西にほぼ水平に延びているが、東端側が一段下がっているのが遠目でわかる。本遺構はこの一段下がった尾根上にある。城郭形式としては単郭式であるが、幅二m、高さ一・五m、長さ二五mの土塁と、付加する深さ二m、幅五mの空堀Bが歴然と残り、尾根軸中

神入寺跡周辺の中世石塔群

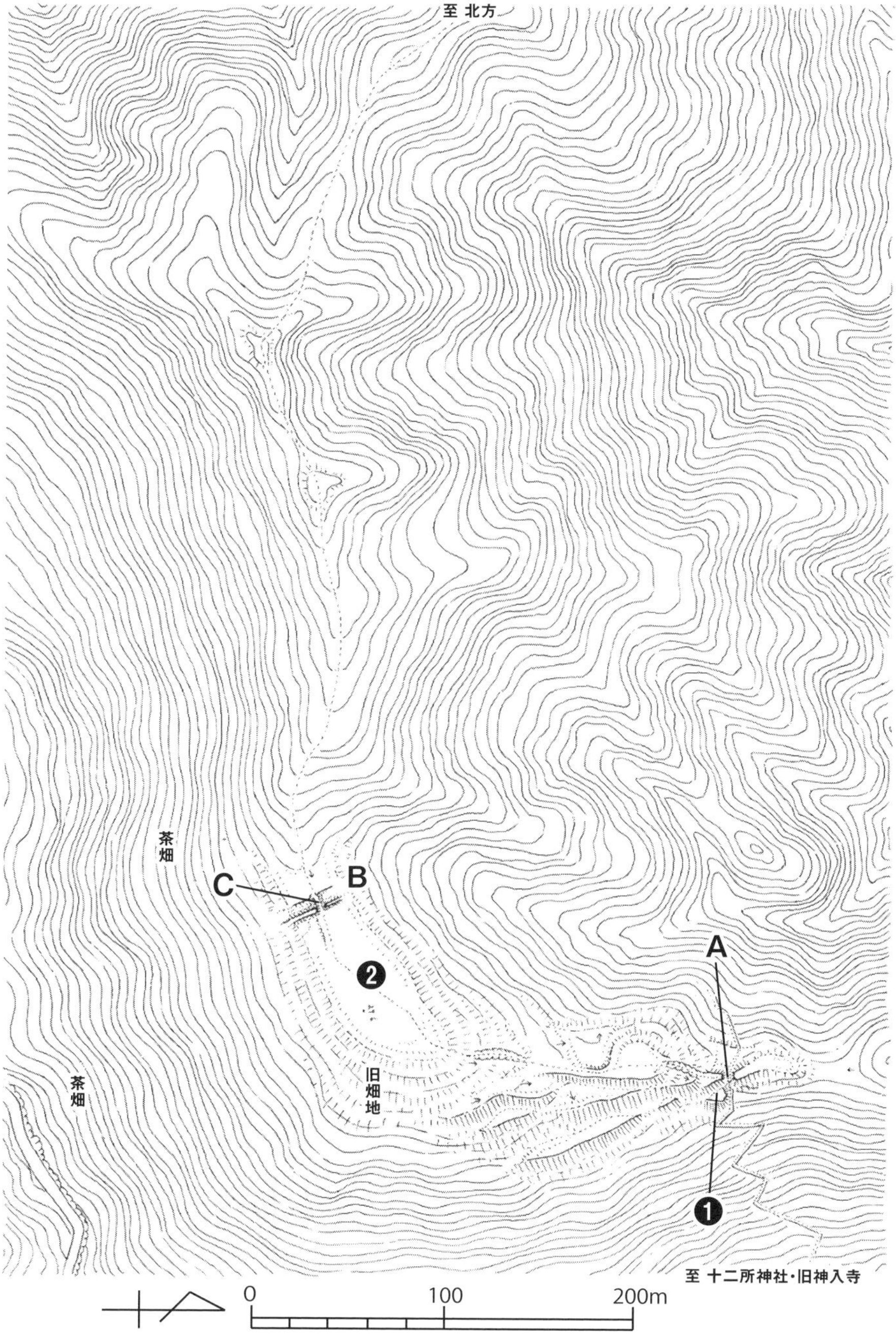

桂島陣場縄張り図　作図：水野 茂

上：天王山右辺の少し低いところが桂島陣場で、逆の左側に遠見番所、南に下がった中腹に入野・村良支塁が配置されている
下：桂島陣場の土塁と堀切が穿たれ、左側に多勢が入れる広い駐屯地

央には平入《ひらいり》虎口と土橋が見てとれる。そして、ここから北に屈曲して延びる尾根の鞍部に幅四m、深さ二mの堀切**A**を設けて城域としており、その間約二四〇mの緩やかで広大な尾根上を駐屯地空間とした、臨時性の高い陣城形態の縄張りである。

この陣場の対抗意識は、葉梨城がある南西に向いていることが、構成する遺構の並びから読み取れる。それは、城域を区画し、大手口を兼ねる堀切**A**、入陣監視の着到曲輪❶、広大な駐屯スペースの本城曲輪❷、真一文字に横切る土塁・空堀**B**、出撃口となる平入虎口・土橋**C**、これらの構造から当陣場の運用を推測すると、神入寺側から兵を入れ、陣備えし、天王山山頂筋に配備した「コッチ番」・「向番」を前衛として、葉梨城へ進撃するシステムが想定できる。

天文五年（一五三六）、花蔵の乱において義元派主将・岡部親綱の戦功が史料上明確であるが、当遺構は葉梨城攻略上の司令塔的占地にあり、南方に延びる支脈上に確認した「村良《むらら》支塁《しるい》」・「入《いり》野《の》支塁」と連携する布陣が俯瞰できることから、義元派の重要陣城の可能性が高い。さらに、葉梨城に立て籠もった玄広恵探が西の瀬戸谷へ敗走していることは、義元派の主力が同陣場の東方

駐屯地内部から見た土塁と中央の平入虎口遺構

桂島集落から同陣場に入る堀切状の虎口

から攻め上がったことが理解できよう。

〈平井・水野〉

遠見番所《とおみばんしょ》（所在地：藤枝市北方天王山）

『駿河記』では、天王山には今川期の「コッチ番」・「向番」と、「遠見番所」と思われる存在があったことを記している。同様に、天王山系の全域悉皆調査にともない、小遺構を発見できた。

同山頂の小ピークを含め、南東に七〇m延びる小尾根および山頂背後の袋状窪地、それらを総じて遠見番所と推測している。山頂の樹木を伐採すれば、北西〜南西に展開する葉梨郷を一望でき、葉梨城は西南方向二・六km先に望める。山頂南東の小尾根先端には、物見曲輪とおぼしき径一五mほどの楕円形平坦部❶と、わずかながら土塁・土壇痕跡が認められる。また、山頂背後の窪地❷は、水の手も確保でき、武者隠《むしゃかく》しには恰《かっ》好《こう》の袋状地形になっている。

天文五年（一五三六）の花蔵の乱で遠見番所が天王山系東端に控える桂島陣場の眼となって、葉梨城や遍照光寺方面を監視し、急襲に備えた先鋒陣地であったと考えている。

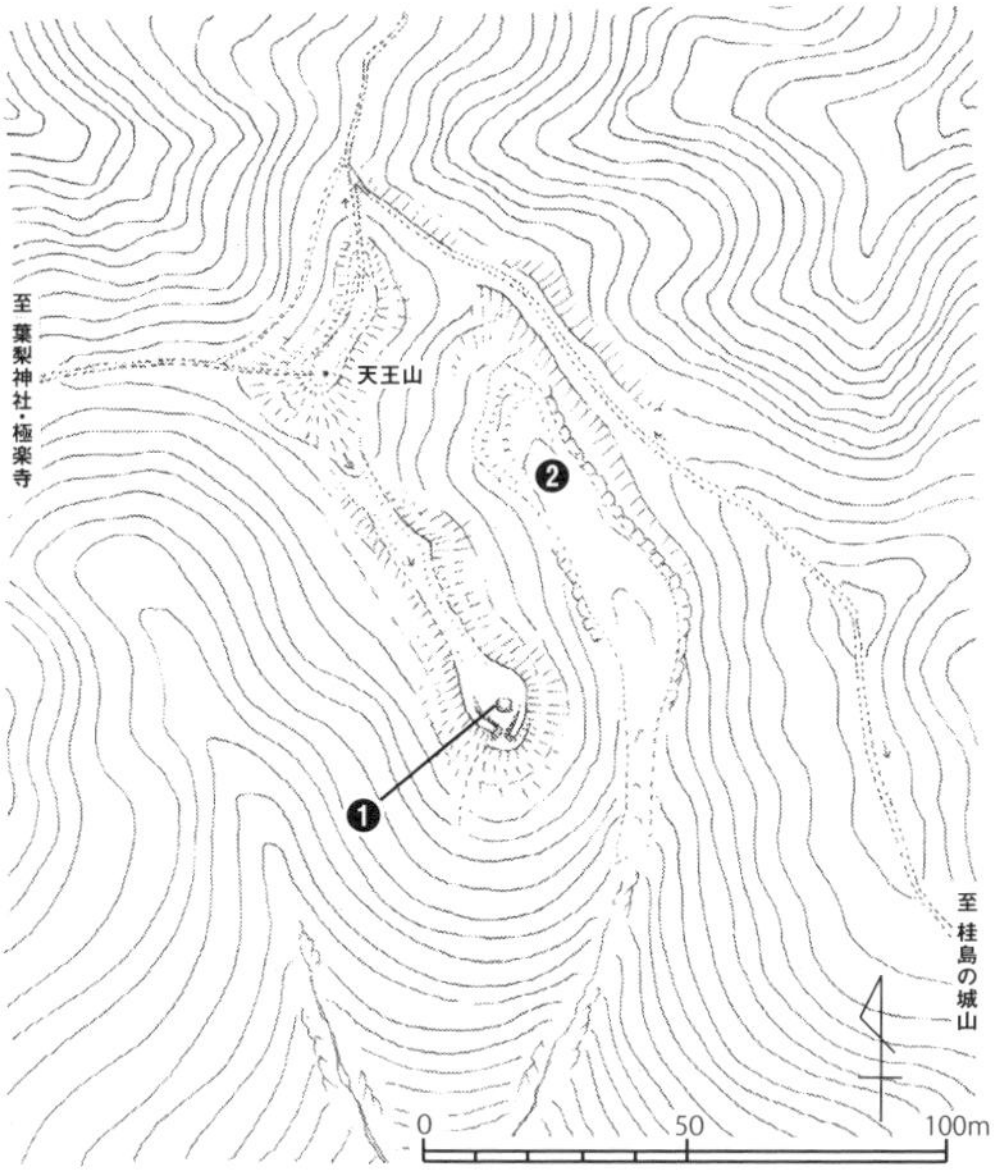

遠見番所縄張り図　作図：水野 茂

遠見番所　人工的な削平と南辺に小土塁がある

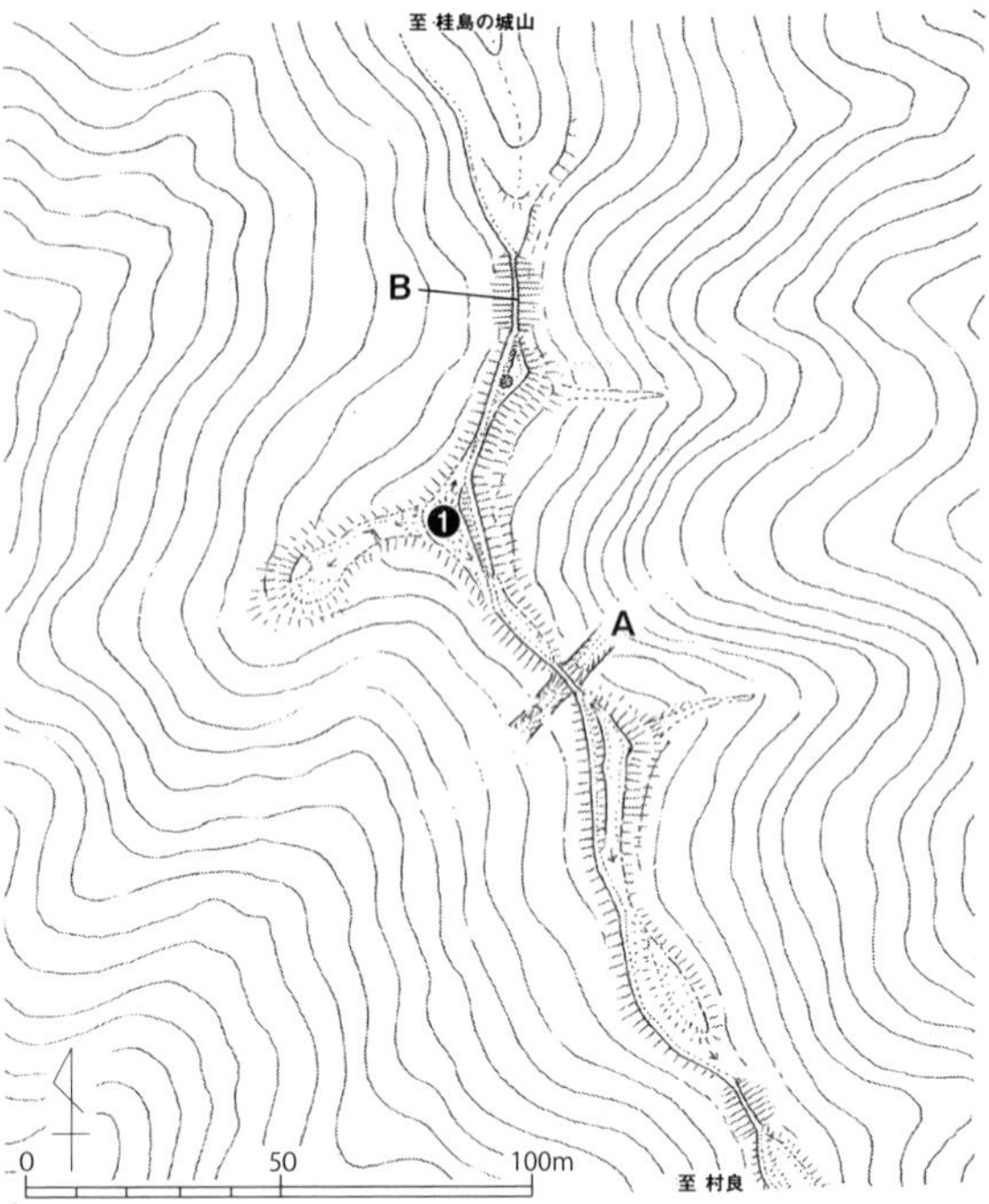

村良支塁縄張り図　作図：水野 茂

村良支塁（所在地：藤枝市岡部町村良小字トイ川）

桂島陣場遺構の周辺悉皆調査の際、新たに確認した遺構で、存在を伝える文献史料や地名・伝承もない。

花蔵の乱で功績をあげた岡部親綱の本地・朝日山城と桂島陣場を最短でつなぐ丘陵上の中間地点に存在する。桂島陣場との距離は直線で八〇〇m。城域は南北一〇〇mと小規模で、谷を隔てた西側の入野支塁と同一の規準・意図で構えられたことが見てとれる。

遺構は、痩せ尾根が最も狭隘《きょうあい》する地点に、土橋を架けた幅六mの堀切**A**が左右に竪堀を落とす形態は、普遍的な城郭遺構として明らかである。北域を示す長さ一四mの一騎駆け土橋**B**との間に、ほぼ自然地形だが駐屯地的な空間❶を確保している。

丘陵南端の天満宮から天王山に向かってまっすぐ通じる古道（府中街道か）が確認できることから、朝日山城から桂島陣場への糧道として運用された砦と考えられる。

桂島陣場を核とした四つの城砦群は、相当な勢力により一体化された作戦の中で築かれ、機能・

入野支塁に構える幅五mの堀切

運用されたもので、静岡古城研究会の見解＊1では、すべて花蔵の乱に通じる。

入野支塁（所在地：藤枝市北方・同岡部町入野）

村良支塁とともに新たに確認した遺構であるが、同様に文献や伝承などはない。

天王山から南方に延びる丘陵のうち、藤枝市北方と岡部町を分ける境界線上にあって、古道（府中街道か）が合流する要衝に占地している。遺構は、入野集落から天王山に向かう支尾根が最も絞り込まれた按部に幅五m、深さ二mの堀切**A**を穿ち、その北側にも土橋をともなう幅四mの堀切**B**で区画している。縄張りは矮小《わいしょう》であるが、南から合流する支尾根道を封鎖する目的が明確で、堀切の規模・構造が方上城の堀切と酷似することから、花蔵の乱に際し、義元軍が葉梨城攻めの付城として構えた桂島陣場の外備えであったと考えている。

桂島陣場との距離は八〇〇m、村良支塁とは七〇〇mで、三者間において目視や鐘・太鼓などで連携した布陣が推測できる。〈水野・平井〉

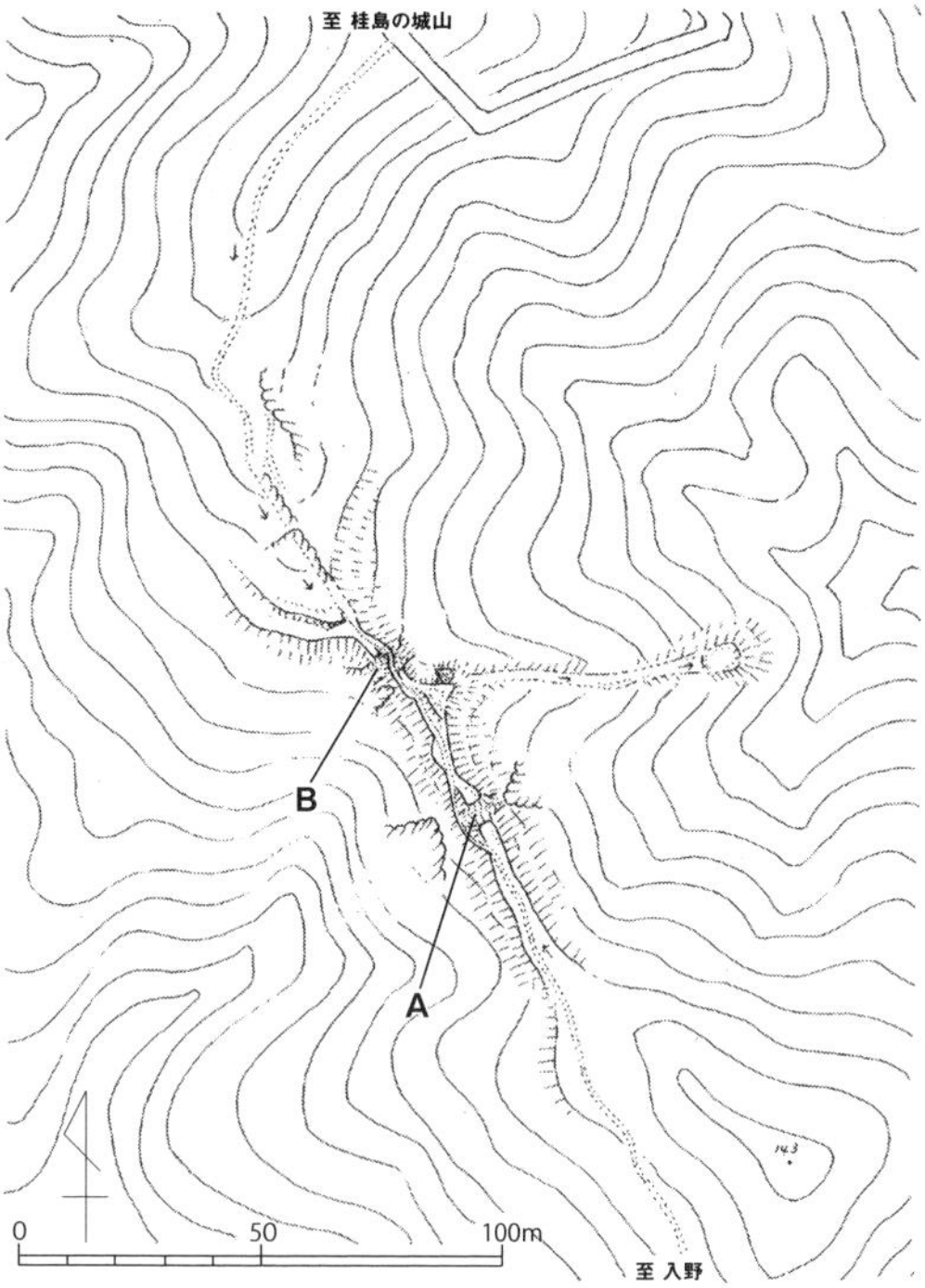

入野支塁縄張り図　作図：水野 茂

＊1　先学では、花蔵の乱の主戦場は駿府で、葉梨城の戦いでは最終局面を迎えた小規模なものと位置づけ、大規模な陣城を築くことはないとする。また、山上の土塁と堀切遺構について、山岳密教系の神入寺の背後地であることから、寺院の結界説も提言されたが、県内では類例遺構は確認できない。広域に築かれ葉梨城に向けられた遺構群と、『駿河記』の記述を尊重すれば、当然、軍事的に運用した装置であることは首肯されよう。

村良支塁の南限は土橋と竪堀、北限は一騎駆けで固めている

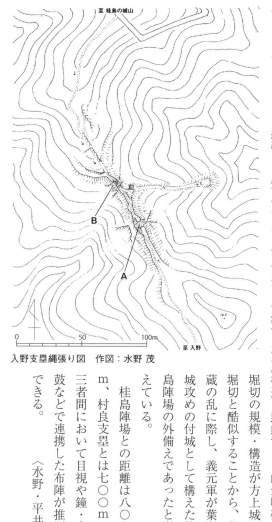

花蔵の乱での激戦地

81 葉梨城《はなしじょう》（花倉城《はなくらじょう》）

①所在地：藤枝市花倉字勝グリ谷
②立　地：標高二九六ｍ（比高二五〇ｍ）の山上
③交　通：葉梨川上流の花倉集落から徒歩五〇分

【城館史】遠江守護の今川範国は建武四年（一三三七）、美濃国青野原合戦《あおのがはらかっせん》の勲功として足利尊氏から駿河守護に補任《ぶにん》されるとともに、同国葉梨荘を与えられた（県二―一七八）。翌五年には、山城国御家人であった松井兵庫允・八郎父子に葉梨荘内の田地屋敷と地頭代職を与えているので（県二―一八八・一八九）、史料からも駿河支配の一拠点が置かれていたことが類推される。

観応元年（一三五〇）に勃発した観応の擾乱に際し、駿河南朝派と駿府・手越河原《てごしがわら》（静岡市駿河区）で、さらに尊氏と弟直義との間で薩埵山（同清水区）で大合戦となった。同三年には、敗走した南朝派が志太郡大津荘に置いた拠点・大津城と徳山城（ともに島田市）を今川軍に攻め落とされ、南朝勢力は駆逐されたことを、今川氏に従った伊達景宗《かげむね》軍忠状が記している（県二―五二二）。

駿河守護に任じられて以来、十六年に及ぶ南朝方との戦いだったが、この間、今川方の軍事拠点として築かれたのが、葉梨城と北側に並び立つ葉梨小城《はなしこじょう》であったと考えられる。葉梨郷には、三代今川泰範ゆかりの長慶寺《ちょうけいじ》や家臣屋敷跡といわれている場所があることから、南北朝期、また、泰範の半国守護期に根小屋的な集落が形成されていたことが推定されている。

戦国期の天文五年（一五三六）、今川氏輝死後に起きた家督争いの花蔵の乱では、葉梨城が決

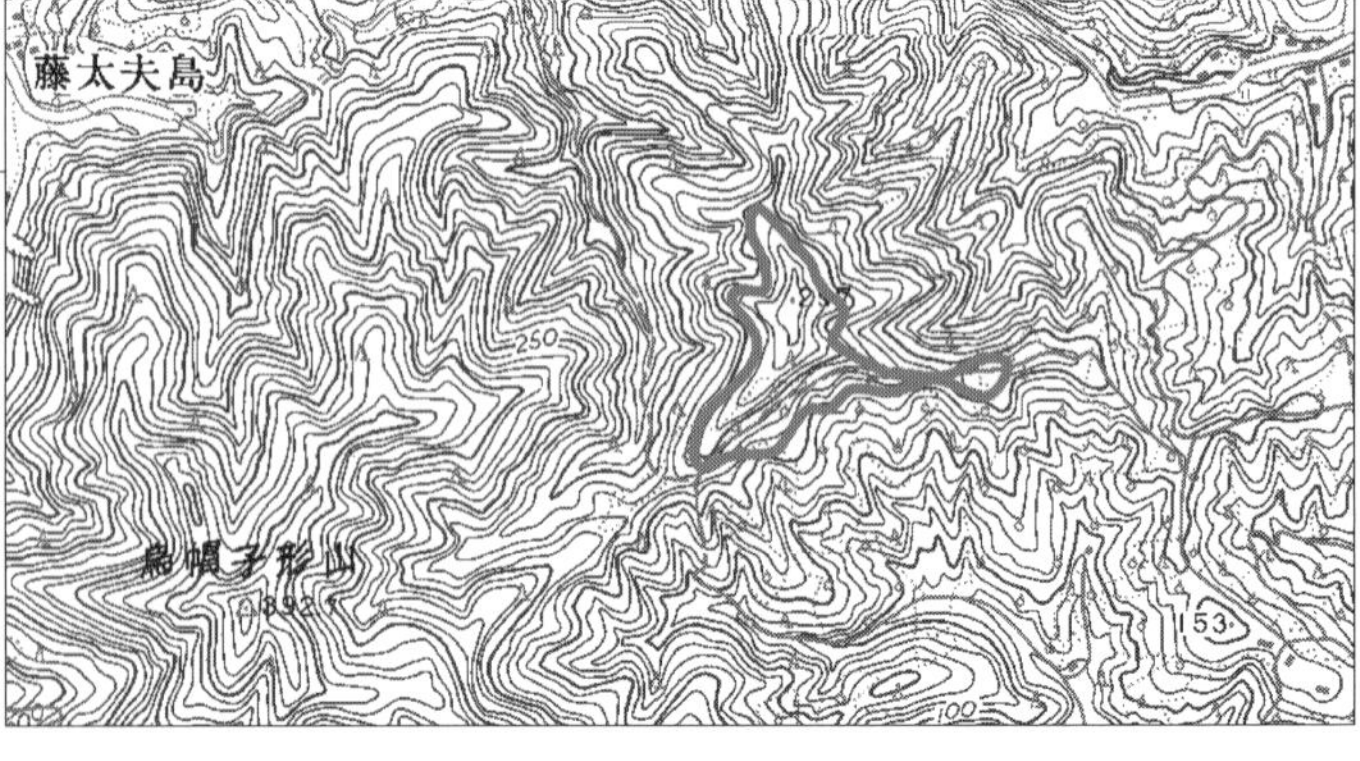

戦の舞台となった（県三一一四〇八）。この戦いでは、岡部親綱を主将とした梅岳承芳（のちの今川義元）派が、高草山中腹の方上城（焼津市）と葉梨城を攻撃し、両城に立て籠もった玄広恵探（花蔵殿）は敗走し、最後は瀬戸谷で自刃し、乱は終結した。

【縄張り概要】　葉梨城は、瀬戸谷と葉梨の境界上にまたがる標高三九二mの烏帽子形山《えぼしがたやま》から東方に降る支脈尾根上にあり、一つの独立峰に見える。山上主要部からの視界は、西の瀬戸谷方面は烏帽子形山に遮られているが、北・東・南側の視界はよく開け、葉梨郷はもとより、志太平野を一望に見渡せるなど、地域支配に適した地理的環境に占地している。

また、東麓に展開する葉梨郷から西の瀬戸谷郷に通じる間道（県道焼津・森線）を押さえる要衝地でもあり、この往還を挟んで市場集落北側に屹立《きつりつ》する葉梨小城との関係も注目される。

縄張り構造は、標高二九六mの最高所を本城曲輪❶とした南北軸の尾根上に、二の曲輪❷と未整形の三の曲輪❸、北端中腹には北曲輪❹を配置している。二の曲輪南Bの幅一〇

上：中央の花倉「勝グリ谷」手前の玄広恵探が住持であった遍照光寺（現在は偏照寺）の山城。背後左側三角ピークが葉梨城
下：大手曲輪から見る全景。車があればここまで行ける

それなりに階層性をもつ本城曲輪だが、自然地形である

少し整備された、展望も良い二の曲輪

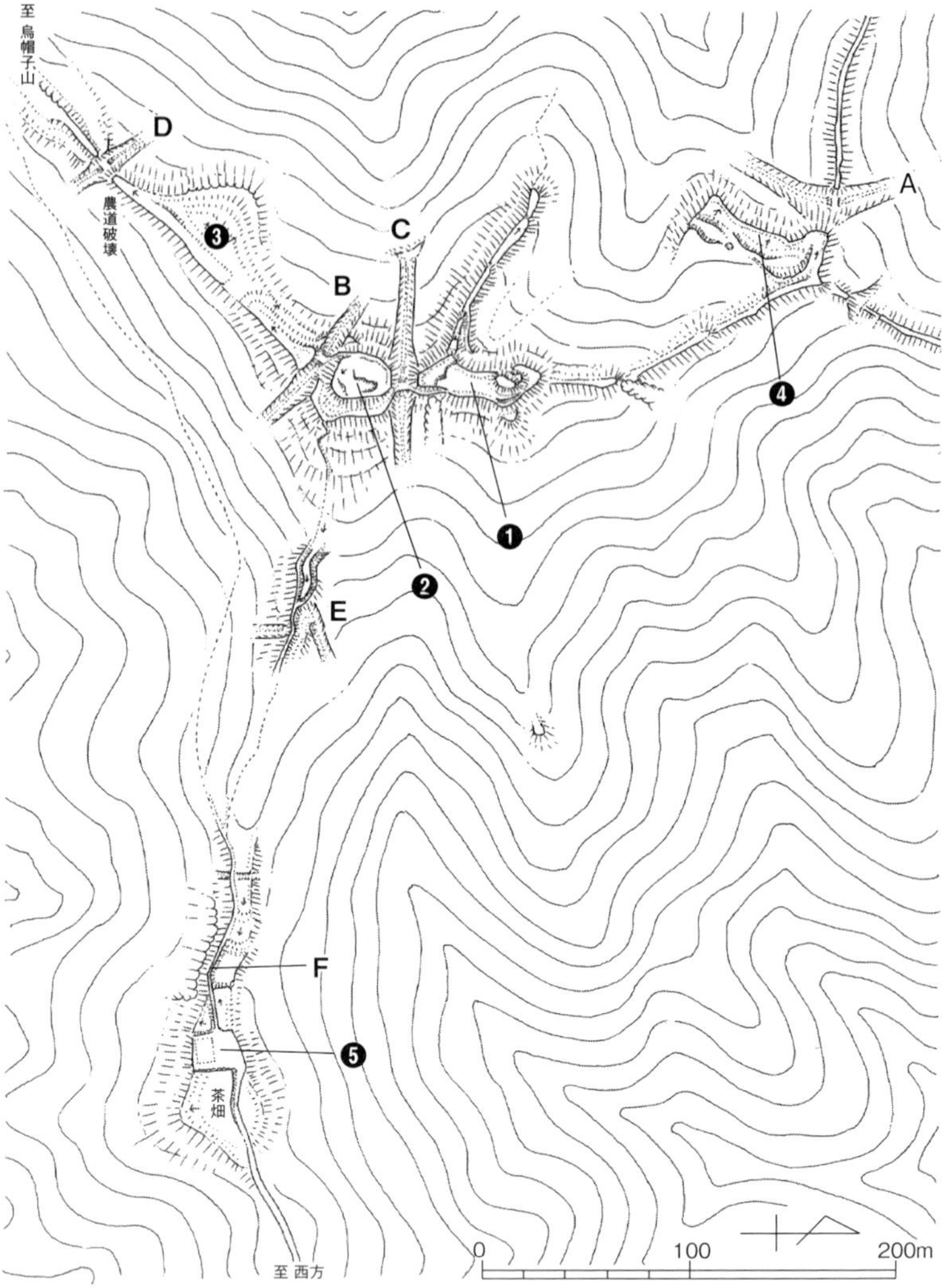

葉梨城縄張り図　作図：水野 茂

二の曲輪に至る中腹の城道と木戸口E

大手曲輪から城域に入る片堀に架かる土橋F

m、北は幅一四mの堀切Cは竪堀にもつながる大規模なもので、北限となる堀切Aと南限を示す堀切Dで城域を完結した、典型的な連郭式山城である。また、二の曲輪❷から東へ下る支尾根中腹には、木戸口と土橋を伴う竪堀Eと、その先には長さ一五mの片土橋を備えた箱堀Fがよく残り、重層化した導入系構造を明確化している。なお、この東尾根上の大手曲輪❺を進むと、地元で「城オモテ」と伝承される場所がある。この辺から東麓（市場・北方・西方）に城道が分岐し、一方の尾根を南に下った花倉医福寺《いふくじ》跡の傍を「大手門」といい、遍照寺付近の大守居館や家臣屋敷地に通じていたことがわかる。

　天険に依存した比高二五〇mの要害性、比較的小規模で不整形な曲輪構成、そして不明瞭な虎口、未発達の切岸などから山城の原初的な類型に当てはまる。後述する葉梨小城の堀切と規模構造が酷似している点からも、両城は同時期に西方面に対抗した機能と運用が推定でき、南北朝期の文書史料と符合する、今川氏初期の創築と考えられる。

　ただし、二の曲輪❷を構成する大堀切B・Cと東下段の曲輪を城道とすると、効果的に横矢が掛かる装置はその後の改造を示し、さらに直結する東尾根大手筋の遺構E・Fにより遮断系・導入系構造が強化され、戦国中期の発達した防御構造を呈している。花蔵の乱で籠城した玄広恵探方が急遽改修の手を加えたが、最も階層性の高い本城曲輪が未完成で間に合わず、風雲急を告げる戦いに突入してしまったことが示唆されよう。

　なお、堀切と竪堀が結合する構造から、武田氏改造説もあるが、武田系が構える横堀、二重堀、巧妙な横矢と虎口、導線に対しての切岸の〝見える化構造〟も脆弱《ぜいじゃく》であり、階層性が明確でないことからも、論拠としては乏しい。

〈水野・平井〉

二の曲輪と本城曲輪を仕切る堀切Cは竪堀につながる

右写真の堀切を手前に、二の曲輪全景を本城曲輪から俯瞰する

葉梨城との別城一郭か

82 葉梨小城《はなしこじょう》

①所在地：藤枝市西方字市場
②立　地：標高二三六m（比高一九六m）の山上
③交　通：西方集落より徒歩一時間、明確な山道はない

右側山上が葉梨小城。左側のなだらかな山上が葉梨城で、谷部の古道（府中街道）を挟むように並立している

【城館史】　平成十九年に新たに確認した山城である。江戸後期の地誌類や大正元年の『葉梨村誌』、郷土史家・秋山竹茂氏の著作など*1にも、同城に関する記述は一切見当たらない。だが、この山に耕作地を持つ地元農民への聴き取り調査で、当該地が「小《こ》城《じょう》」と呼ぶことが契機なり、城郭遺構であることが判明した。

また、この山の北側と南側には瀬戸谷と葉梨を結ぶ古くからの往還が通り、とくに南麓の「市《いち》場《んば》」地域は、主要地方道・焼津森線、別称「府中街道」（『駿河記』）に沿って集落が形成され、その地名からも市が栄えるほどの交通・経済の要所であったことを伝えている。

市場集落の南側には、小城と並立して葉梨城が聳える。両城の一体性は、「小城」の呼称や酷似する堀切遺構からもうかがえ、南北朝期に今川氏が南朝勢力に対峙するため、間道を挟んで〝別城一郭〟的に創築・運用したことが推定できる。

【縄張り概要】　葉梨川の支流・奥沢川と市場川に浸食された、峻険な独立峰（通称：中山）に築かれる。東西軸をなす痩せ

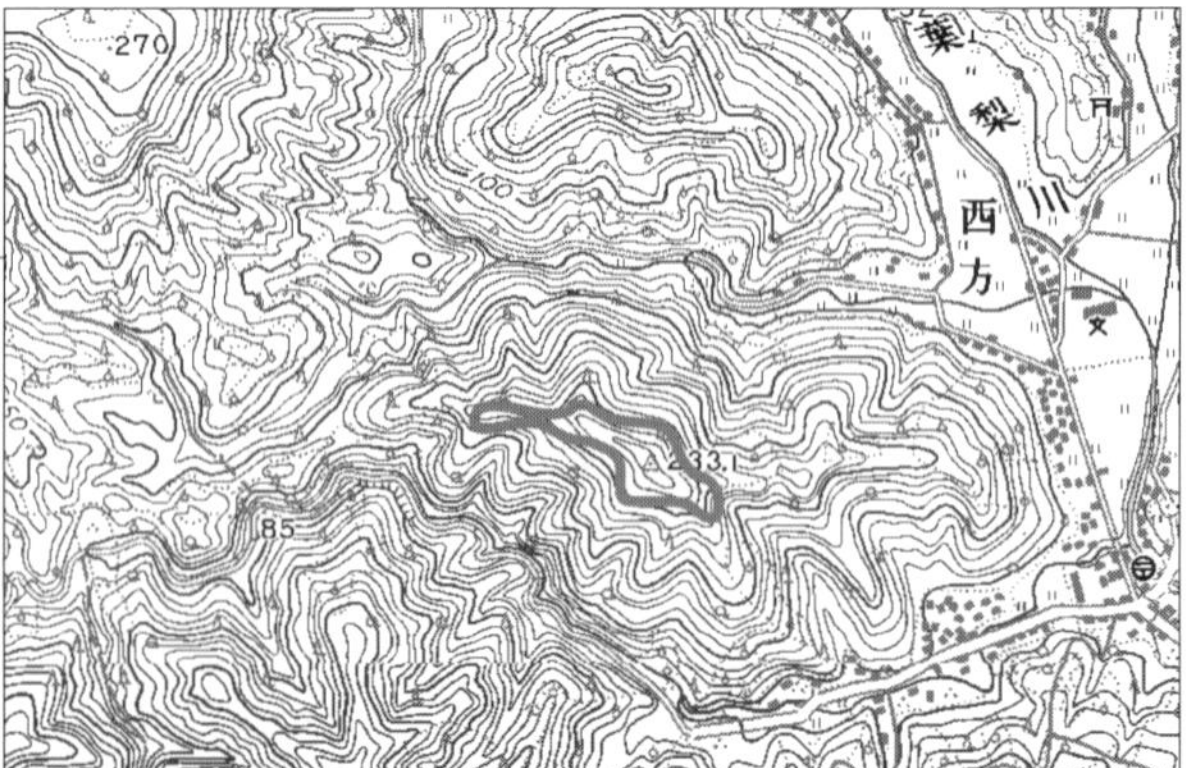

＊1　秋山竹茂『葉梨荘における今川遺跡の探究』（今川氏遺蹟顕彰会、一九七八年）。

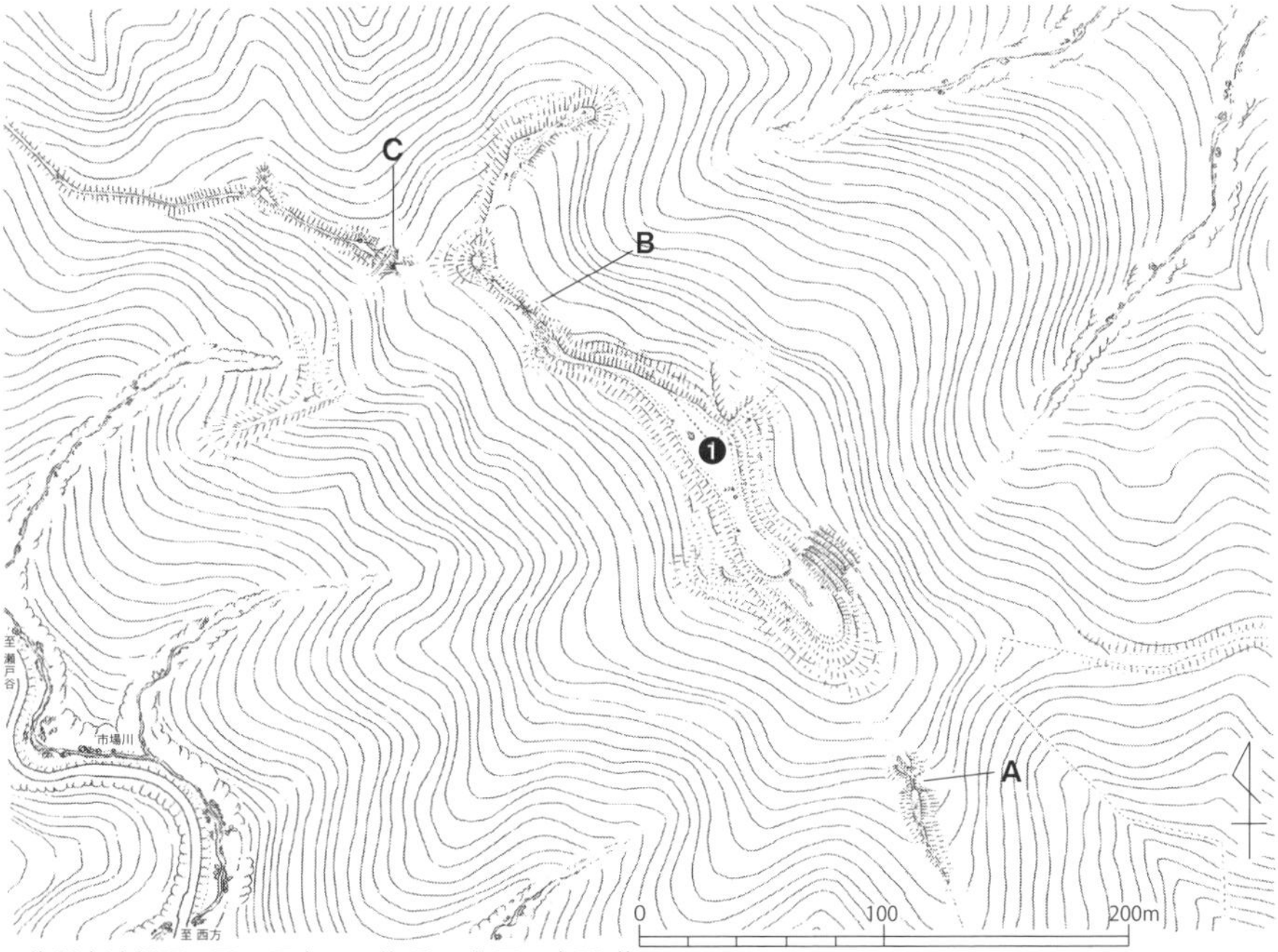

葉梨小城縄張り図　調査：平井 登　作図：水野 茂

尾根上に、都合四条の堀切とほぼ自然地形の山頂を主要部❶とした、極めて原初的な縄張りの山城である。主要部の東側（葉梨西北地区）が大手筋に当たるが、真東に延びる主軸尾根には堀切遺構は認められないものの、市場集落へ最短で下る東南尾根には、導入系遺構である土橋を備えた堀切**A**がある。

　反対側の西尾根筋は、防御意識を明確にする遮断系構造の堀切**B**・**C**、さらに縄張り図には入り切らない尾根西端に下った岩盤をV形に穿った堀切がある。中でも、堀切**C**は堀幅九mと大きく、葉梨城の城域を区画する堀切**A**・**C**と規模・構造ともに酷似している点を特筆したい。だが、もし小城＝古城であれば、葉梨城の前身的な構築であったとも考えられる。〈平井・水野〉

稜線が上部へ上がる基部に構える堀切Cなどは、今川系山城によく見られる

葉梨城の前身か

83 遍照光寺城《へんしょうこうじじょう》（花倉《はなくら》の今川氏館《いまがわしやかた》）

①所在地：藤枝市花倉字寺屋敷
②立　地：標高八七ｍ（比高五〇ｍ）の丘陵上
③交　通：花倉集落より徒歩二〇分、明確な山道はない

【城館史】『駿河記』の「花倉古館之跡」の項では、今川範国がここに館を構え、範国・範氏・泰範と三代が住み、周辺に今川一族衆や被官諸士、遍照光寺塔頭《たっちゅう》坊官《ぼうかん》の家宅があったとある。また、同じく「遍照光寺」の項に、「今川範氏建立なり。寺の後山に塔所あり。この寺天文、永禄に度々兵火にあった」とも記され、今川氏の駿河国入部以降の盛衰の一端を伝えている。

とりわけ、天文五年（一五三六）の花蔵の乱や、永禄十三年（一五七〇）の武田氏の山西侵攻で堂宇が灰燼に帰したことを想起させる記述から、花倉一帯が戦場になったことをうかがわせる。

なお、この地域には葉梨城をはじめ、「大楊《おおやぎ》屋敷」・「松井《まつい》屋敷」・「矢部《やべ》屋敷」などの地名や今川氏が勧請したといわれる花倉八幡神社・貴船神社《きふねじんじゃ》、今川泰範の創建で太原崇孚雪斎が隠居した長慶寺や補陀洛寺《ふだらくじ》など有力社寺があることから、中世には城下集落が形成されていたと考えられている。

【縄張り概要】今川氏館跡は、現在の偏照寺と花倉八幡神社の東側に位置したと伝わるが、後世の水田・宅地開発、道路整備により改変され、不明である。しかし、偏照寺背後の丘陵上に古式な城郭遺構があることや、伝今川範氏・氏家の墓と称される十四世紀後半以降の大型石塔群が同寺境内に存在することからも、今川氏館が一定期間存在したことは確実と思われる。

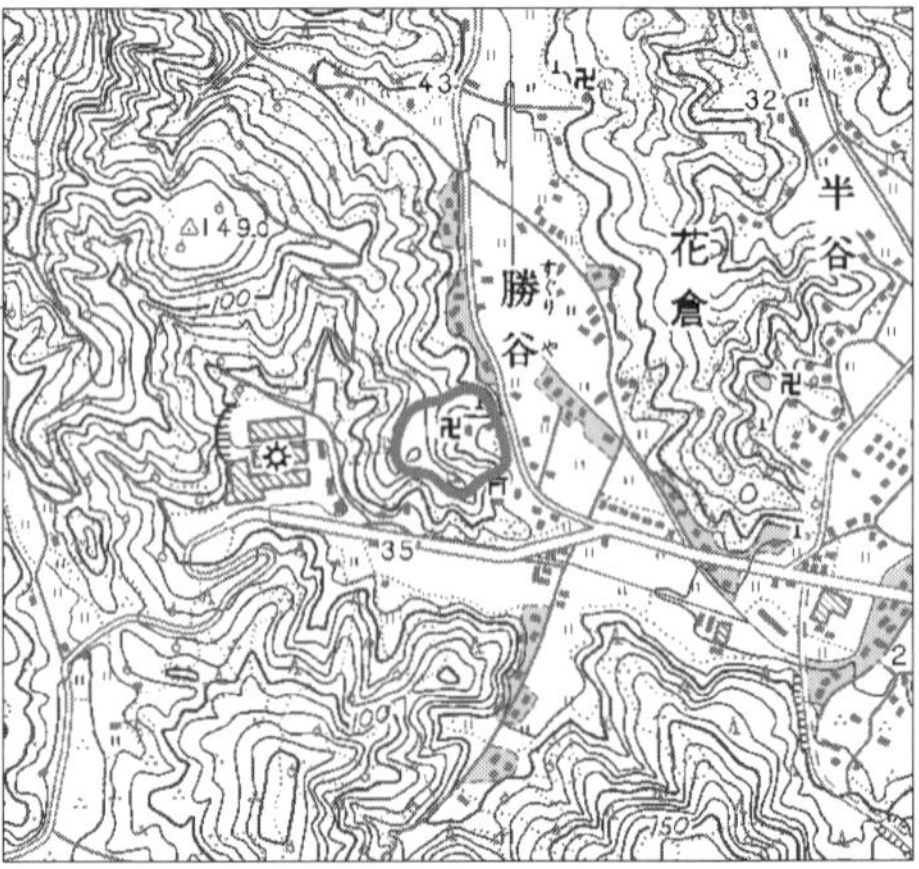

（左写真）偏照寺（もと遍照光寺）は、今川氏一門の玄広恵探の居館空間でもあった。背後を戦闘的に普請することは、反乱軍とされたことの証しかもしれない

当城は、烏帽子形山から南南東に派生した山稜の先端小ピーク、偏照寺境内をコの字に囲む丘陵上に縄張りされていて、南北尾根軸で三〇〇m、東西幅最大三五〇mの中規模な平山城である。しかし、城郭遺構の完成度は低く、主軸北尾根の按部に連続する二条の堀切**A**（幅八m）・**B**（幅六m）と主要部❶の南東側の堀切**C**（幅四m）、そして寺の北側に突き出た細尾根に堀切**D**（幅五m）が掘削されているものの、主要部❶は削平の形跡がない自然地形で、土塁・虎口構造も確認できない。また、直下にあって助宗から下之郷へと抜ける街道への防備が甘く、総体的に見て半造作《はんぞうさく》（未完成）の城といわざるをえないが、複数の堀切の設け方から、攻城戦に備えた形跡が見て取れる。

南北朝期の葉梨城の支城ではなく、花蔵の乱にともない玄広恵探方による普請が始まったが、戦線が山西（志太郡地方）に拡大するにおよんで同城は放棄され、葉梨城の本格的築城が成されたと位置づけておきたい。〈水野〉

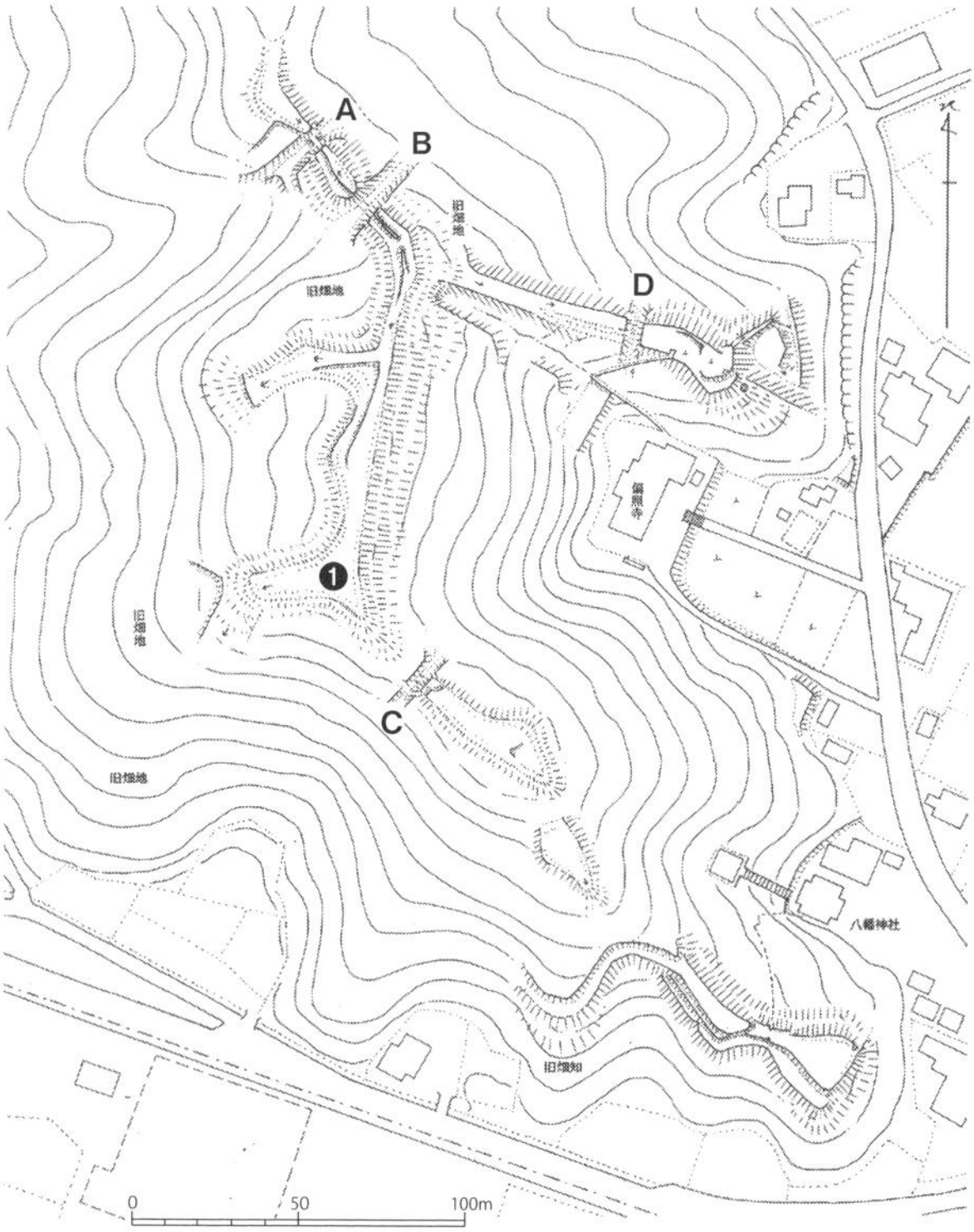

遍照光寺城縄張り図　作図：水野 茂

北側に設けた二重堀切のAにあたり、見応えがある

コラム

葉梨郷は今川氏初期の守護所か

昭和五十年代、葉梨荘域であった藤枝市葉梨川上流域の花倉・下之郷・中之郷・北方あたりに、今川氏は初期守護所を置いていたのではと提起された。同地の小字名《こあざ》・伝承地には「寺屋敷（花倉古舘之地）」・「松井屋敷」・「矢部屋」・「大楊屋敷」・「堀ノ内」・「殿ヶ谷」・「堀合」・「市場」などの、城下集落を意味する地名が多数あることが明らかになり、また、遍照光寺（現在は偏照寺）・花倉八幡神社・長慶寺・医福寺など今川氏ゆかりの寺社が、南北朝期の今川氏の拠点城伝承がある葉梨城（花倉城）南の広範囲に点在していることで注目され、考察が進んだ。

江戸時代の地誌『駿河記』に、

花倉小館之跡、按に今川五郎入道心省範国駿河の守護職に任じ、此処に館を構へ、或は大津郷に館を構と云う。範国・範氏・泰範、三代居住の地なり。其後範政の代より国府に移りしと見へたり

とあることが要因の一つである。さらに、範国は青野原の戦いの勲功として駿河守護と葉梨荘を与えられ（県二―一三三七）、家臣の松井兵庫允・八郎父子を地頭代《じとうだい》として置いたのが根拠となっている。なお、下之郷の長慶寺近くに、「松井屋敷」の伝承地が伝わる。

宮武正登氏は「南北朝期の今川氏と駿河守護所」（『国史学』一三八号、一九八九年）の中で、葉梨郷における初期の守護所的行政機関の存在を提唱し、注目された。ところが、大塚勲氏は、観応元年（一三五〇）十二月、伊達景宗軍忠状（県二―四二三）に「藤枝宿御発向之間、安部御敵等打出由、……自藤枝有御帰之処」とあり、翌日には合戦になったことから、範国段階ではすでに駿府に守護所が置かれていたことを提示した（「駿河守護今川氏の駿府進出について」今川氏研究会編『駿河の今川氏』第2集、静岡谷島屋、一九七七年）。

こうした典拠・論証を前提に近年編纂された『藤枝市史』通史編上では、藤枝の鬼岩寺《きがんじ》にあるおびただしい石塔の中に今川氏家臣「矢部隼人佑」の名があることが明らかにされた。さらに、花倉の偏照寺にも多くの中世石塔群があり、周辺の寺院の数が多いことから、長期にわたる武士層の居住が想定される。駿府は観応の擾乱期に南朝派の兵によって二か月近くも占拠されていることを考え合わせると、今川軍の府中出陣は、擾乱期の国内情勢の不穏化を範氏が予測し、これに対処すべく、葉梨には府中警固の軍事拠点が

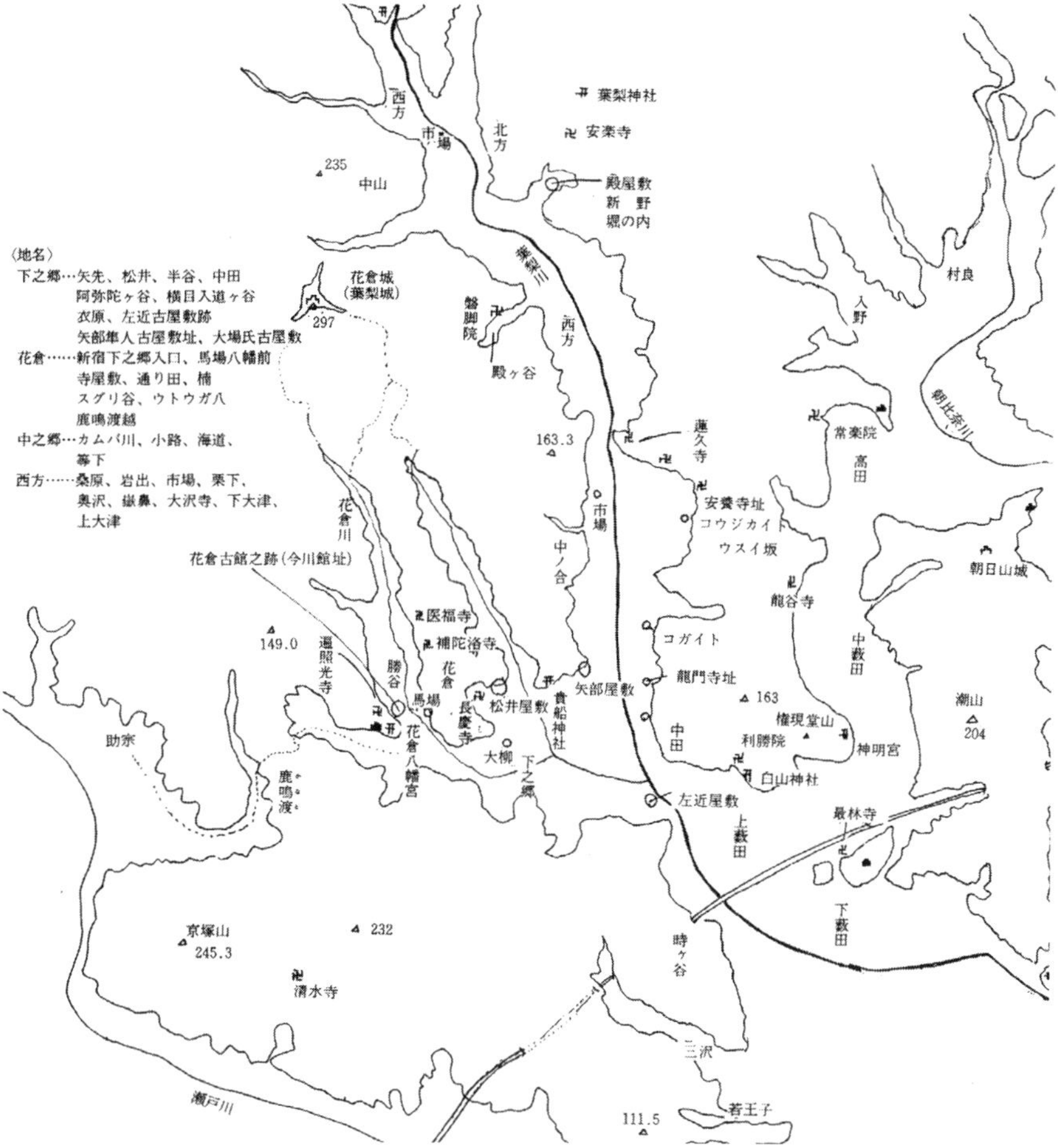

今川氏草創期の葉梨城下集落図　『藤枝市史』通史編上、2010年より転載

置かれていたと解釈したほうが無理はないとする。

　また、府中以西の南朝方の安倍城をはじめ、大津城（滝沢城と瀬戸谷城）・護応土《ごおうど》城・徳山城などの城郭が藤枝市周辺に見られる点を挙げ、東海道の裏街道のような中山間地を通る「府中街道」（『駿河記』）により駿府とつながる要衝の葉梨郷には、今川氏の軍事拠点があったことは明らかである（第一部参照）。

　偏照寺には二代目今川範氏の墓所がある。さらに、長慶寺には三代目泰範の墓所がある由来として、泰範の守護職が駿河半国になったとき、一時的にではあるが、葉梨郷に守護所が置かれていたことも指摘できる。

〈水野〉

河東を睨む大城郭

84 蒲原城《かんばらじょう》

①所在地：静岡市清水区蒲原字城山
②立　地：一三七・七ｍ（比高一一七ｍ）
③交　通：ＪＲ東海道本線新蒲原駅から徒歩二〇分、自家用車の場合は城の北に駐車場もある

蒲原市街地から蒲原城を望む

【城館史】　駿河国山東（静岡市）の東端、富士川近くにあり、河東《かとう》（駿河東部）を望む大城郭である。

　史料上の初出は、永享六年（一四三四）と推測される今川範忠感状写（記録御用所本古文書所収）で、正月九日に高山玄光《たかやまげんこう》・由比左源太《ゆいさげんた》を大将とする一揆が蒲原城とされる「其城」を囲んだが、牟礼但馬《むれたじま》に退治されたとある。この戦いは今川範政の後継をめぐる兄弟のお家騒動《いえそうどう》（永享の内訌）と考えられる。幕府（足利義教）が推す長男の彦五郎（範忠）、父の範政や鎌倉府が推す末子の千代秋丸、さらに次男の弥五郎を押す一派があり、複雑に推移した。

　重臣や国衆も二つに割れ、三浦氏・進藤《しんどう》氏・狩野氏・興津氏・富士氏が範政・千代秋丸側に立ち、岡部氏・朝比奈氏・矢部氏が幕府・彦五郎側についた。永享五年九月に狩野氏の湯嶋城が落ちたことで範忠が当主となり、駿河は安定したとされていたが、蒲原城の包囲が翌年の正月であるなら、永享六年まで反彦五郎勢力が抵抗していたことになる。

　その後、義忠から氏輝までは使用に関する史料はない。再び

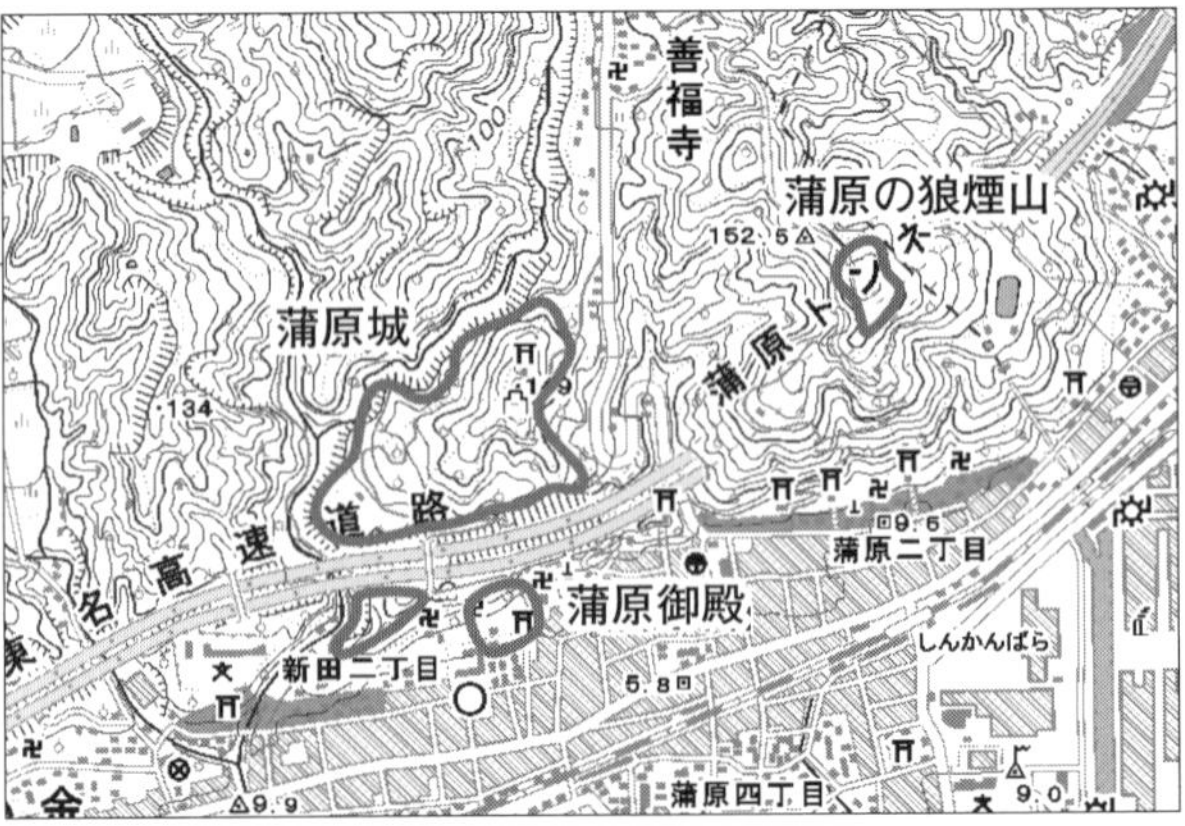

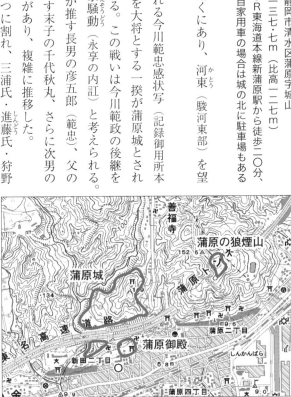

蒲原城が活用されるのは、義元の時代で、義元が当主になってまもなく勃発した北条氏との河東一乱で拠点的に使用されている。これは、今川義元が武田氏と関係を持ったことで、それまでの同盟者であった北条氏綱の侵攻を受けたものである。氏綱は河東、すなわち富士川の東岸を占領し、吉原城に拠点を置いたことで、蒲原城は今川氏の最前線となった。天文十三年（一五四四）に蒲原を訪れた宗牧《そうぼく》の『東国紀行《とうごくきこう》』（県三―一七一六）によれば、引間の飯尾乗連《のりつら》が蒲原城の当番となっていること、原六郎《はらろくろう》・二俣昌長《まさなが》など遠江の国衆も城番に入っていることがわかる。

　天文十四年に、義元は河東を奪還、その後、北条・武田と三国同盟を結んだことで、境目の城としての機能は薄まったが、その後も城番は置かれていた。永禄二年（一五五九）十二月二十七日付の今川氏真判物（県三―二七二四）では朝比奈千代増の在城が確認される。また永禄四年九月三日の今川氏真判物（県三―二九六七）では、佐竹高貞《たかさだ》に又七郎の知行・跡職《あとしき》を安堵するとともに、城が増強され、堀・築地の修築や根小屋について記されている。

上：狼煙山（御殿山）からの蒲原城の全景、背後は薩埵山砦
下：桜の名所で知られる本城曲輪

　永禄十一年の武田信玄の第一次駿河侵攻は、蒲原と興津の間の由比を通過するが、そこで武田氏の攻撃を受けていない。駿東の葛山氏は武田氏

発掘調査が実施された三の曲輪

蒲原城縄張り図　作図：望月 徹

に与したが、蒲原城と河東の南部には、今川氏を助けて北条氏が軍を進め、蒲原城にも北条新三郎を入れた。このときに改修も行われたであろうが、一年も経ない十二月六日、武田氏の攻撃で落城してしまった。北条氏の使用は一年足らずで、その後、武田氏が使用している。

【縄張り概要】　今川氏の後、北条・武田両氏に使用された際改修は推測されるが、基本的なプランはそのまま用いられたのであろう。

城の東は富士川で、間に御殿山《ごてん》（狼煙山）があり、直接富士川や河東は見えず、東方の監視のためには、この山に物見を置く必要がある。西は由比・薩埵方面を見ることができる。南は街道を挟んで海であり、海陸の通行を監視することができる。東と西は大規模な渓谷で、防御性が高い。ただし、北は狭い尾根で背後の山につながっている。

上：善福寺曲輪から本城曲輪を望む
下：整備された善福寺曲輪

基本的には連郭式の縄張りで、北から善福寺《ぜんぷくじ》曲輪・本曲輪・二の曲輪・三の曲輪・小峯《こみね》曲輪と呼称されている。山腹にも階段状に多数の曲輪を設けているが、畑地として開墾された箇所もある。複雑な形でもあり、極めて防御性の高い山城となった。

最高所が本城曲輪❶で、北側に大堀切**A**を隔てて善福寺曲輪❷がある。南西方向の尾根上に階段式

本城曲輪と善福寺曲輪との大堀切には畝堀は認められなかった

上：本城曲輪から眺望できる富士山
下：整備された善福寺曲輪とその背後右側が狼煙山

に二の曲輪❸・三の曲輪❹、さらにその前方部に東西方向に小峯曲輪❺が配置され、海岸方向からの防御地帯を形成した。小峯曲輪の東端が、大手口と推定されている。

小峯曲輪❺は大規模であったが、東名高速道路の建設で消滅した。南側にわずかに遺構を残す。また、東側の山裾沢に面して、突出した小高地があった。地形は改変されているが、かつては背後に堀切を有する削平地が存在していた。絵図や地形図等から、城の存立期には高櫓が構えられ、東方から南方部を監視したと推定される。

現在、本城曲輪❶には八幡神社があり、公園として整備されている。城跡の東側の道を上ると北側に駐車場があり、善福寺曲輪❷方面から入ることができる。山腹には横堀・土塁を構えているが、これは整備のときに造ったものである。

また、本城曲輪からは富士川方面を直接見ることができないため、城外に監視施設が置かれたことが推測できる。まず、東の「御殿山」（標高一六三・一m比高一五五m）が考えられる。『駿河記』の「蒲原城墟」項には、「艮に当りて狼烟山と云あり」との伝承を載せる。しかし、果樹園の開発や公園化により、遺構を探ることはできず、現在は桜の名所となっている。さらに、北方には

狼煙山は桜の名所。公園として整備されたため、遺構は不明

標高三二〇ｍの愛宕山砦（富士市）があり、ここにも「モノミ跡」の伝承がある。わずかに曲輪・土塁・腰曲輪などの遺構も残り、蒲原城と一体化して用いられた可能性がある。〈川村〉

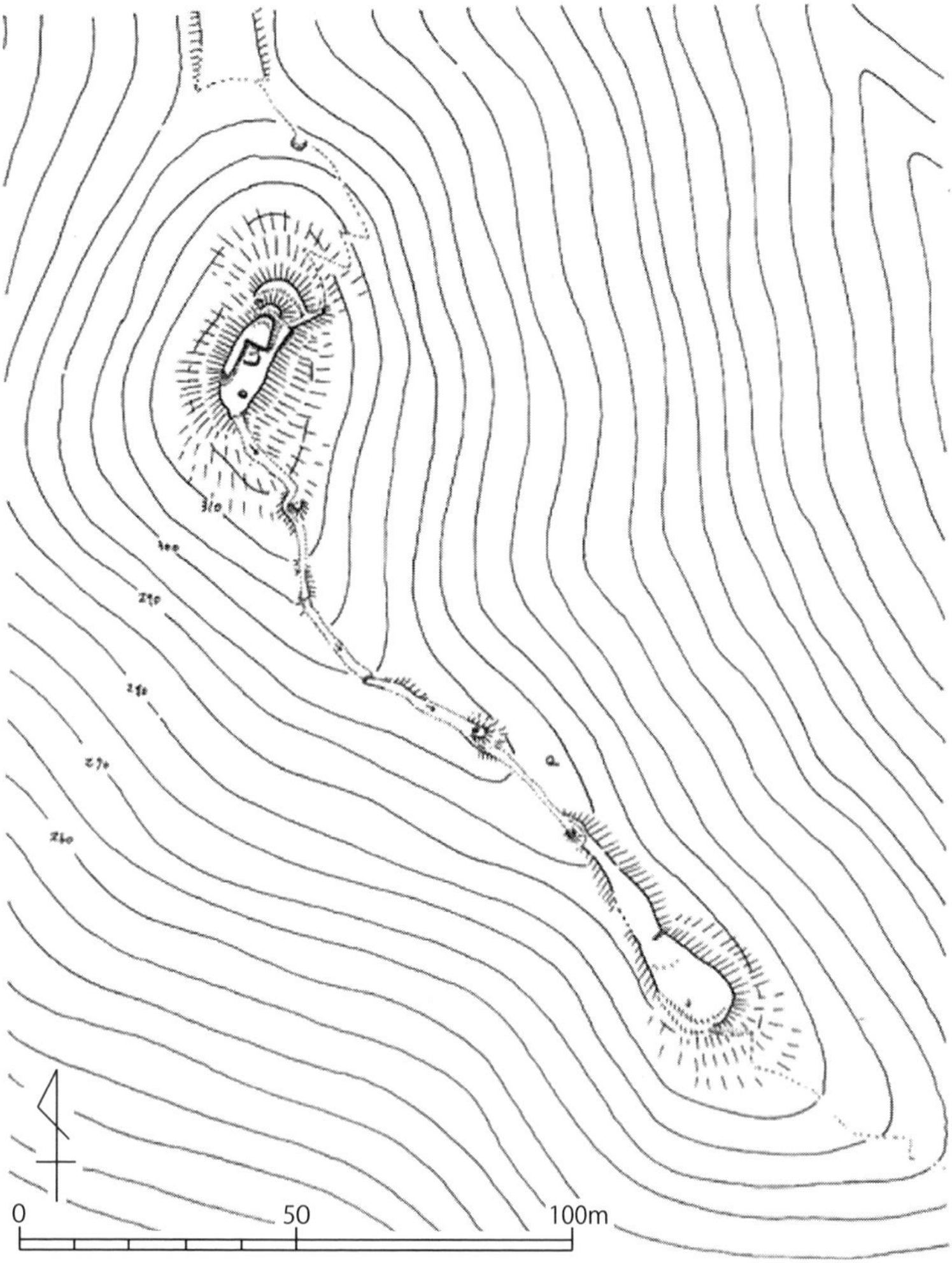

愛宕山砦縄張り図　作図：水野 茂

旧岩淵町吉津から見上げる愛宕山砦

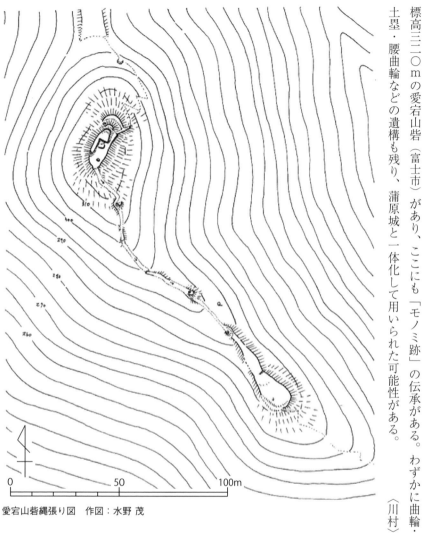

今川・北条両軍の激戦地

85 長久保城《ながくぼじょう》
86 興国寺城《こうこくじじょう》

85長久保城
①所在地：駿東郡長泉町長窪字城山
②立　地：標高八五m（比高二〇m）の丘陵上
③交　通：JR御殿場線長泉なめり駅から徒歩一五分

86興国寺城
①所在地：沼津市根古屋字城地ほか
②立　地：標高三五m（比高二八m）の丘陵上
③交　通：JR東海道本線原駅から徒歩三〇分

【城館史】 河東一乱とは、今川氏と北条氏による駿河の河東地域（現在の富士市・沼津市西部・駿東郡）をめぐる抗争である。争いは、天文六年（一五三七）の北条氏綱の河東占領から同二十三年の甲相駿三国同盟成立まで、断続的に十七年間続いた。

また、この紛争には、当事者の今川義元と北条氏綱・氏康父子にとどまらず、武田信虎・晴信父子や関東管領上杉氏が関わった。義元にとっては、家督を継いだ直後から当主を退くころまで続いたため、当主時代の大部分がこの紛争に費やされたことになる。

天文五年の今川氏の家督争い（花蔵の乱）に勝利を収めた承芳は、当主となり義元と名乗った。そして外交姿勢を転換し、それまで争ってきた甲斐の武田信虎の娘と政略結婚する。これには北条氏綱が納得せず、翌年二月に河東に出兵、占領する。これが第一次河東一乱である。氏綱は遠江や三河の国衆にも働きかけ、義元は東西から挟撃された。若い義元は遠江の反乱に対応せざるをえず、河東での戦局は不利であった。

今川方は蒲原城、北条方は吉原城を拠点とし、しばらく小競り合いが繰り返されたが、北条氏の優勢は変わらなかった。だが、やがて北条氏では氏綱が没し、氏康が当主となる。

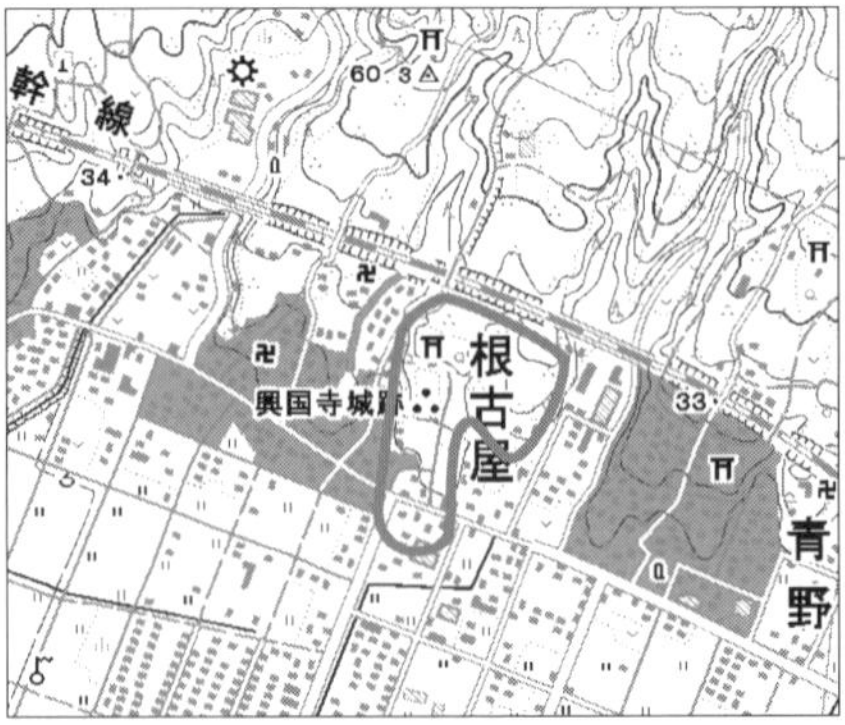

天文十四年、領国を安定させた義元は、河東の奪回をはかる。これが第二次河東一乱と呼ばれるものである。『為和集《ためかずしゅう》』によれば、義元は七月二十四日に駿府を出陣し、その日のうちに善得寺（富士市）に着陣した。そして、武田晴信や関東の古河公方《こがくぼう》足利晴氏・山内《やまのうち》上杉憲政《のりまさ》・扇谷上杉朝定《ともさだ》と結び、今度は北条氏を東西で挟撃する。

その後の経過は、晴信の家臣・駒井高白斎《こうはくさい》の『高白斎記』に詳しく、武田晴信と義元は八月十一日には善得寺で会談をしている。ただし晴信は、援軍というよりも調停役だったようである。一方、古河公方と両上杉氏は北条方の関東の拠点・河越城《かわごえ》（埼玉県川越市）を包囲した。

後世の文献によれば、義元が着陣したのは「善得寺城」であるともされる。ただし、史料には善得寺城は登場しない。また、今日「善得寺城の図」とされる「浅野文庫」の絵図は、その形状から興国寺城を描いたものと考えられる。さらに、日吉神社付近の城の遺構とされてきた石塁は、明治の神仏分離で廃寺となった旧東泉院の石垣である。近くに城山の地名はあるが、遺構も確認できず、しかも離れている。そのため、善得寺城の存在や義元の着陣は疑わしい。義元は善得寺を宿所としたとしてよいだろう。

八月十六日、今川軍は善得寺と吉原湊を結ぶ今井《いまい》狐橋《きつねばし》で戦い、北条勢を破った。九月十六日には吉原城が自落する。その後、義元と晴信は別々に駿東郡に進み、千本浜を経て北条方の拠点・長久保城（長泉町）に迫り布陣した。睨み合いの中、晴信が仲介して今川・上杉方と北条方の交渉が行われ、十一月六日に長久保城は開城し、義元は北条氏から河東を奪回した。しかし、関東の上杉憲政らは講和を受け入れず、河越城の包囲を続けた。翌年四月、氏康は両上杉氏と古河公方を破り（河越夜戦）、関東の勢力地図は塗り替えられる。

その後、第三次河東一乱があったとする文献（北条氏系の軍記）もあるが、確かな史料では確

長久保城跡を分断するように裾野バイパスが通る

唯一、城域の南西隅（バイパス南側）に残存する南曲輪と大土塁

認できない。ただ、緊張は続いたようで、義元は興国寺城を築城している。天文二十三年には甲相駿の三国同盟が結ばれ、その後、義元は三河へ、氏康は関東へ、晴信は信濃へ傾注《けいちゅう》できるようになった。

【縄張り概要】　長久保城は、義元が氏康から奪うことで今川氏に属したが、この時期の史料は確認できない。また、永禄十一年の今川氏没落の後、再び北条氏に属し、さらに武田氏・牧野《まきの》氏・中村《なかむら》氏に支配されたため、今川氏時代の縄張りは判然としない。最終的には東西六〇〇m、南北四〇〇mという広大な城域となったが、現在は大部分が開発されてしまった。本城曲輪はショッピングセンターとなったが、かつては方六〇mほどの広さであったとされる。また、二の曲輪は国道２４６号線バイパスと宅地になったが、東西三〇m、南北四五mほどであったようである。義元のころはその程度であろう。小学校になった三の曲輪や、神社の境内であったために遺構が残った南曲輪❶と呼ばれる一画は、より後世のものと考える。

興国寺城は、緊張が続く中、義元の命で築城されている。以前は伊勢盛時（北条早雲）が築城

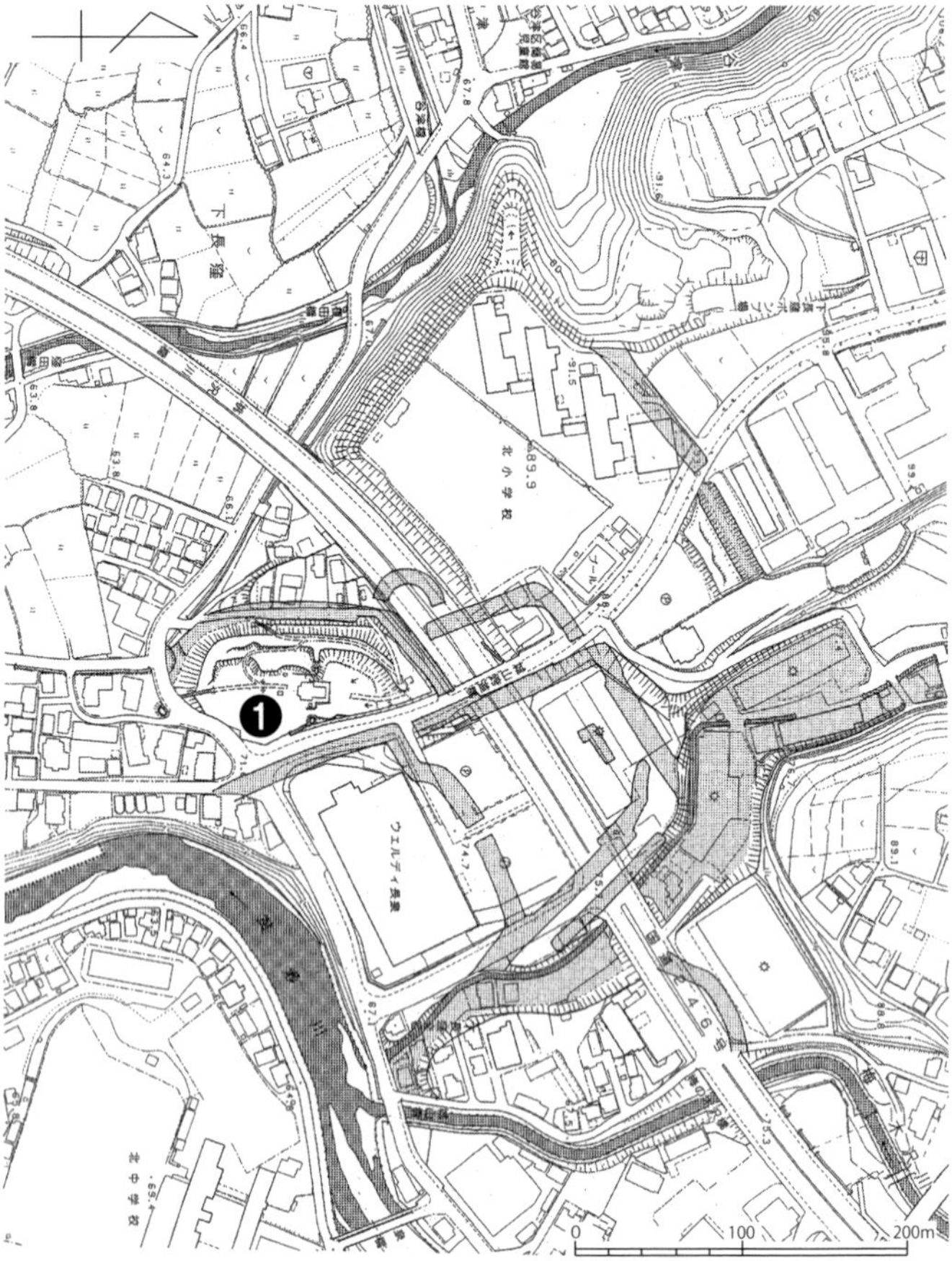

長久保城縄張り図　作図：水野 茂

したとされていたが、天文十八年の判物（県七―一九二二）から、このときに築城されたことがわかる。今川氏滅亡後は、北条氏と武田氏の間で争奪戦が繰り広げられ、さらに徳川系・豊臣系の武将が入ることで改修が繰り返された。発掘調査でも、今川氏時代の遺構はほとんど確認できない。ただし、主要部である本城曲輪・二の曲輪からは遺構・遺物ともに古いものが確認できないのに対し、根方街道を通した三の曲輪からは、十六世紀前半の瀬戸・美濃系陶器などの遺物、土塁状の遺構など、古いものが確認されている。そこで、今川氏時代の城は、糧道《りょうどう》となる根方街道に沿うように、簡素な策源地的なものであったのかもしれない。

興国寺城縄張り図　作図：水野 茂（『興国寺城跡調査報告書Ⅰ』地形図使用）

河東地域ではその他、史料にも伝承にもない、小規模で整えられていない遺構が愛鷹山中で確認されている。*1 武田・北条の争いのときの可能性もあるが、河東一乱のときの住民の避難地である可能性がある。愛鷹山中の踏査はいまだ十分ではなく、今後の発見が期待できる。〈川村〉

興国寺城の広大な本城曲輪と囲繞する大土塁は、最終期の天野氏時代の遺構

＊1　平成十九年、興国寺城北西の愛鷹山中に山城が発見され、地名から「霞の城山」を城名とした。水野茂「霞の城山と愛鷹山中の小・中規模城郭」（『古城』第五二号、二〇〇七年）に詳しい。

信玄に立ち向かった国境の領主の城

87 北松野城《きたまつのじょう》・荻氏屋敷《おぎしやしき》

①所在地：富士市北松野字城山、荻氏屋敷は城山北麓の字儘下
②立　地：標高一二〇・七m（比高五二m）
③交　通：JR沼久保駅から徒歩三〇分

【城館史】北松野は旧庵原郡の北にあり、富士川に接する。観応の擾乱のとき、薩埵山に入った足利尊氏方によって、内房《うつぶさ》・逢坂とともに要害が設けられ、当時から交通の要地であったことがうかがえる。荻氏は、そのころ紀州から駿河に来住し、今川氏に仕えたとされる。

永禄十一年（一五六八）十二月、河内路を南下した武田勢は、まず内房を占領し、さらに北松野の西の松野台で今川勢を破った。そして、富士川を渡り大宮城を攻撃する。その後、内房から由比に出る道を整備したうえで由比方面に進出し、薩埵山の戦いで今川氏真を破った。

荻氏については、小次郎清誉《きよたか》が武田勢を迎え撃つが、山県昌景と戦い戦死したとされる。しかし、荻氏の過去帳《かこちょう》によれば、清誉は永禄八年に、その子・久誉《ひさたか》は永禄二年に没しており、他にもこのときに戦死したとする人物を見出すことができない。ただ、翌年の十二月六日、蒲原城の戦いで法名《ほうみょう》・蓮忠《れんちゅう》が戦死している。蓮忠は久誉の子の叔誉《よしたか》とされ、これと混同したものであろう。叔誉の弟・善次郎君誉《きみたか》《ただたか》は穴山氏に仕えた。そして、武田氏を継いだ家康の九男・信吉《のぶよし》に従い、水戸《みと》に去っていった。その後、荻氏の屋敷があった場所には、家老であったとされる宇佐美《うさみ》氏が帰農して住んだ。

【縄張り概要】北松野城は、集落西部の神明社の背後にある。神社の背後を回り込んで城に上る

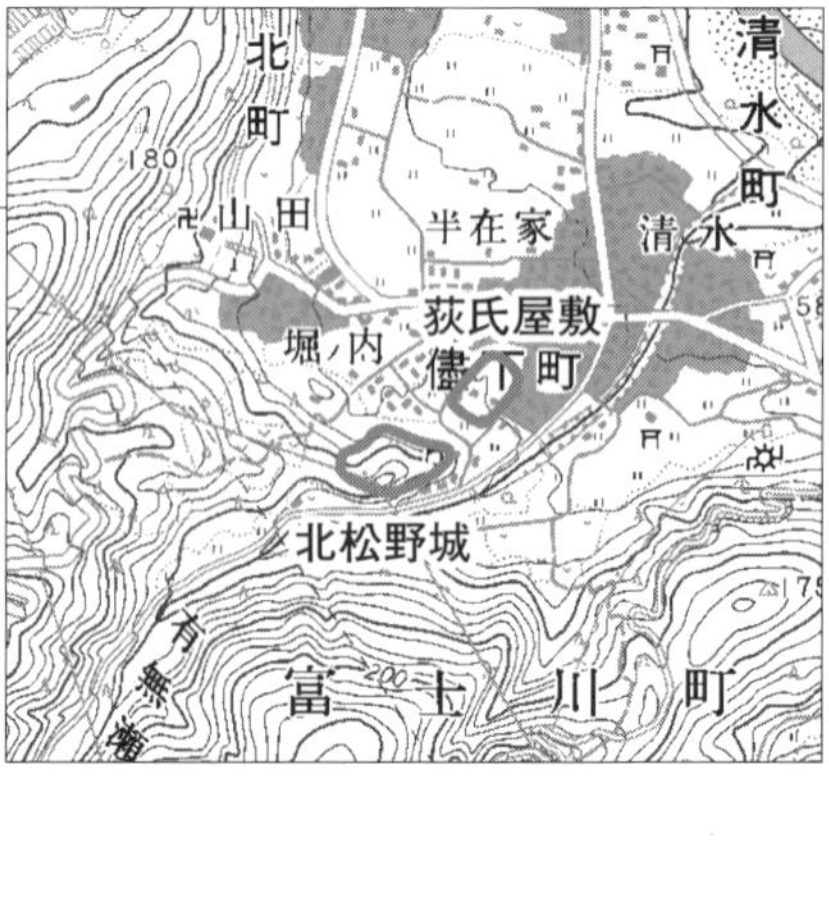

北松野集落北域の県道脇に祀られている荻氏一門の墓地

ことができるが、元来は神社から直接登城できたのかもしれない。東西一三〇m、南北五〇mほどの小規模な山城である。現在は横堀**A**、二重堀**B**などの技巧的な遺構が認められ、その後の武田期に改修が加えられたと考えられるが、ところどころに古い形態が見られる。そのため、城そのものは荻氏時代にすでにあったと考えられる。

北松野集落の中央に位置し、北松野城北麓が荻氏屋敷跡である。江戸時代の絵図によれば、八〇m四方の方形の館跡❶が確認できる。現在は宅地や畑になっている。現在もある程度はその形状をうかがうことができ、土塁**C**も一部残っている。また、「表門」・「裏門」などの地名も残る。

屋敷と背後の城からなる形態は、荻氏時代にさかのぼるものと思われ、寺社・集落・街道を含めた、地域小権力者の貴重な歴史的環境を残している。〈川村〉

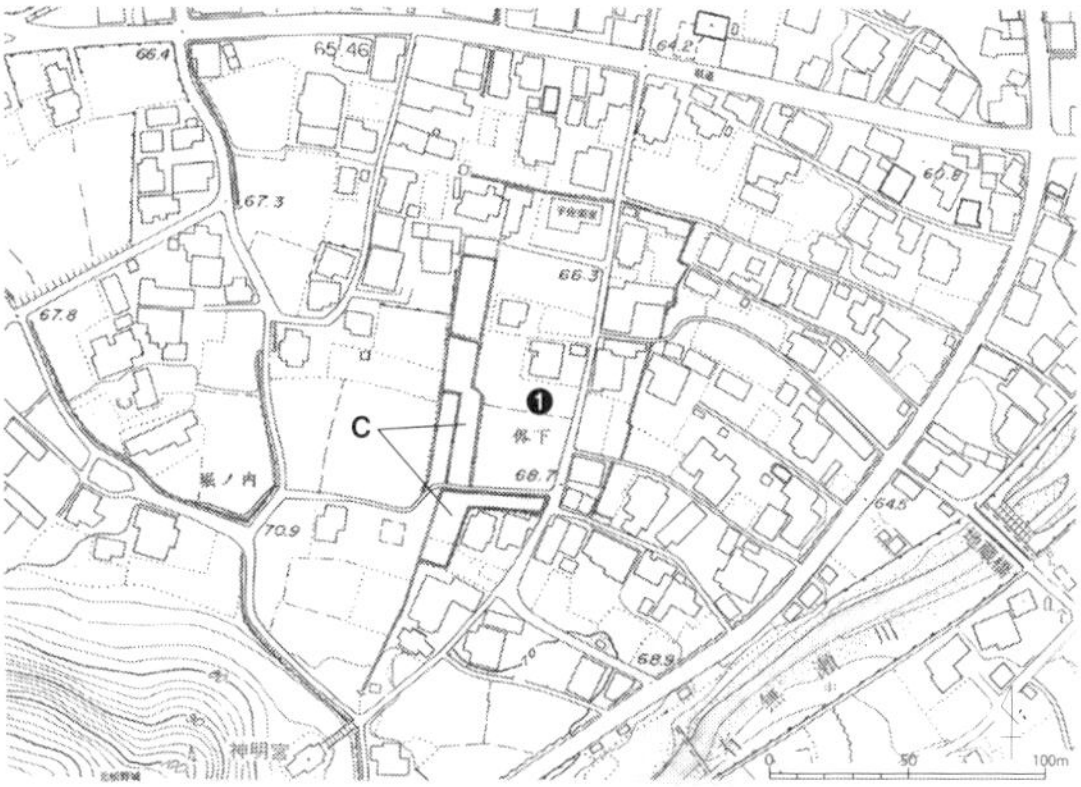

荻氏屋敷縄張り図　作図：水野 茂

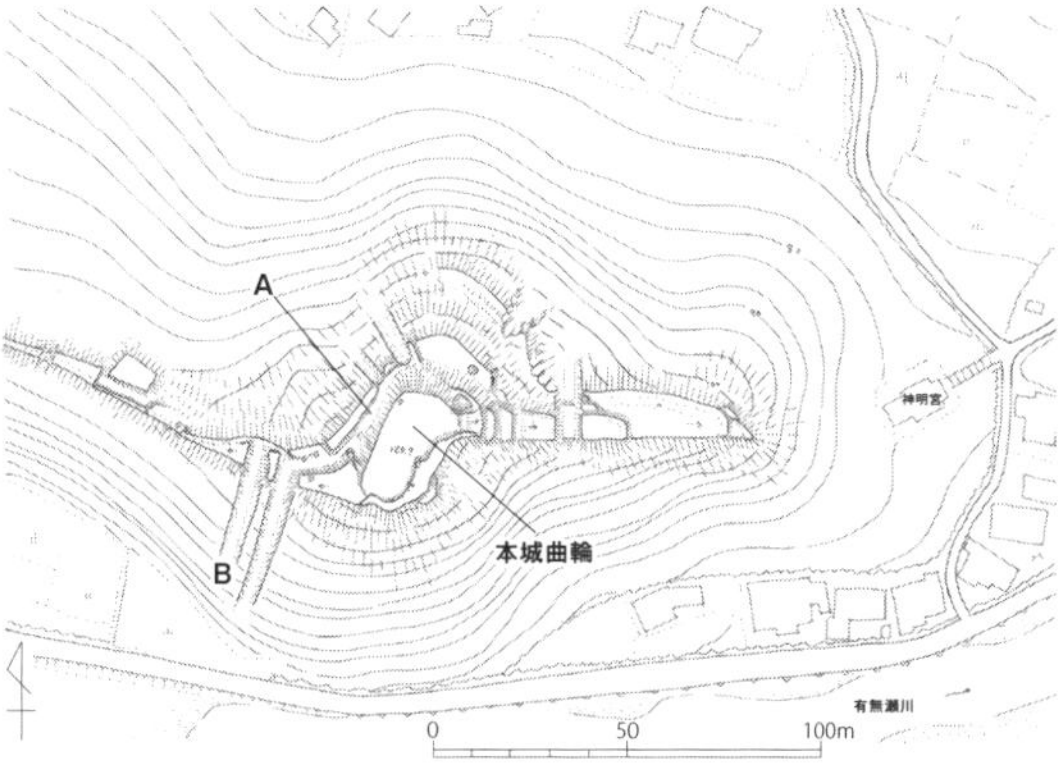

北松野城縄張り図　作図：水野 茂

荻氏屋敷から望む「城山」の北松野城

わかりにくいが、「城山」に残存する二重堀

富士大宮司の城

88 大《お》宮《お》城《みや》《じょう》

①所在地：富士宮市元城町字城山・蔵屋敷
②立　地：標高一二二・七ｍ（比高五ｍ）の河岸微高地
③交　通：ＪＲ身延線富士宮駅から徒歩一〇分

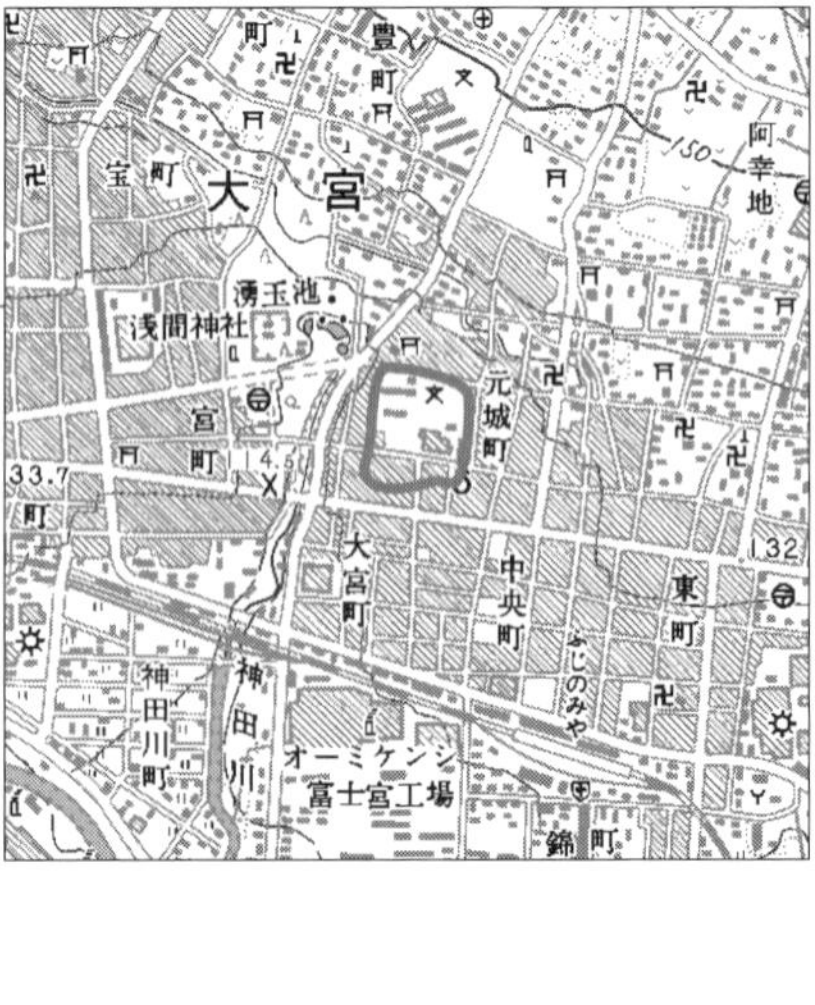

【城館史】　大宮は、富士山本宮浅間神社の門前町として栄えた。また、駿河と甲斐を結ぶ中道《なかみち》往還（右《う》左《ば》口《ぐち》路《じ》）の商業都市としても発展し、永禄年間には今川氏真が楽市令を出している。浅間神社の大宮司《だいぐうじ》職《しき》は、古代から和爾《わに》氏の流れをくむ富士氏が継承していた。富士氏は中世に武士化し、室町時代には駿河の有力国衆として富士郡北部に勢力を振るった。桶狭間の戦いの後の永禄四年（一五六一）七月、富士信忠は今川氏真の命で大宮城代になった（県七—二九五三）。さらに八月には、大宮城と興国寺城の普請を進めるように命じられ、富士郡の防備を固めている（県三—二九六四）。

　永禄十一年十二月、河内路を南下した武田勢は内房・松野を占領し、対岸の富士郡に兵を進めた。このとき、大宮城は武田勢の攻撃を受けたが、これを退けている（県四—三五八）。ただ、信玄はすぐに由比・興津方面に南下している。翌永禄十二年二月、穴山氏によって再び攻撃されたが、北条氏の支援を受けてこれを退けている。しかし、信玄は六月には三度目の攻撃を行い、攻防戦の末の交渉で七月二日、大宮城は開城した（県四—四八）。富士氏は小田原に移ったが、その後、武田氏に従うことになった。

【縄張り概要】　大宮城跡は、浅間神社の東にある神田川の東岸、富士山麓の傾斜地に位置する。廃城後、畑、さらに小学校となり、地表面の遺構は確認できなくなっていた。ただ、大宮小学校敷地付近には小字「城山」・「蔵屋敷」が、北にある城山公園付近には「渋沢堀」という水路と「棒杭」

世界文化遺産（構成資産）の富士山本宮浅間神社

の地名が残り、城の範囲をかろうじて想像することができた。しかし、一九七四年と二〇〇九年に発掘調査が実施され、その結果、溝で区画された連郭式の縄張り、建物の跡・堀・土塁などの遺構、さらに中国から伝来したものも含む陶磁器が見つかり、往時の姿が浮かび上がってきた。ただし、その形状から堀などは武田氏の改修によるものと思われる。〈川村〉

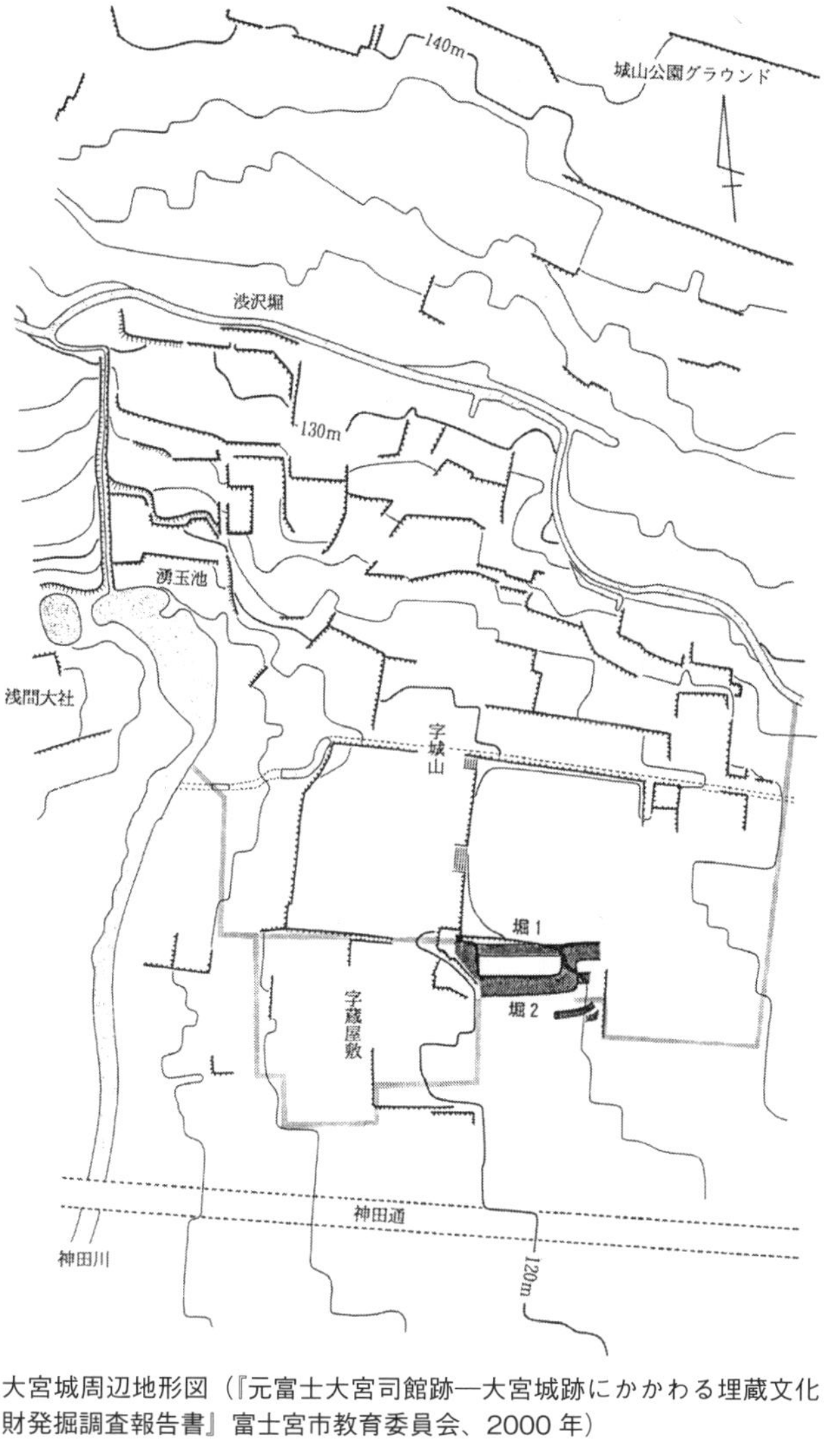

大宮城周辺地形図（『元富士大宮司館跡―大宮城跡にかかわる埋蔵文化財発掘調査報告書』富士宮市教育委員会、2000年）

現在の大宮城跡地周辺

発掘調査で検出された堀跡は武田氏による改造か

武田氏の駿河侵攻に備えた陣城

89 薩埵《さった》の本城《ほんじょう》
90 陣場山《じんばやま》

89 薩埵の本城
①所在地：静岡市清水区興津東町字小条川・本城
②立　地：標高九七・二m（比高四四m）の山上
③交　通：ＪＲ東海道本線興津駅から徒歩一時間

90 陣場山
①所在地：静岡市清水区承元寺町字久留八・穴ケ沢、由比寺尾字陳場
②立　地：標高五〇七m（比高四六二m）の山上
③交　通：公共交通機関を用いてアクセスするのは困難である

永禄12年正月、北条氏が布陣したときの薩埵山陣場の全景。やや左寄りのピーク上が、その前に今川軍が守備した陣馬山

【城館史】　永禄三年（一五六〇）の桶狭間の戦いで今川義元は横死したが、甲相駿三国同盟は継続していた。しかし、三河の松平元康（のちの家康）の自立と勢力拡大（三州錯乱《さんしゅうさくらん》）、遠江国衆の今川氏への反抗（遠州忩劇《そうげき》）などで今川氏の勢力は縮小していく。やがて、武田信玄が信長と結ぶと、今川家と武田家との関係も次第に悪化していった。

　武田家における今川派の中心であった信玄の嫡子・義信《よしのぶ》が失脚し自害すると、両者の関係はさらに悪化し、氏真は信玄との対決に傾いた。氏真は上杉謙信に接近して信玄を牽制、さらに北条氏とともに「塩止め」を実施した。これは、信玄に危機をもたらすと同時に、駿河侵攻の口実ともなった。

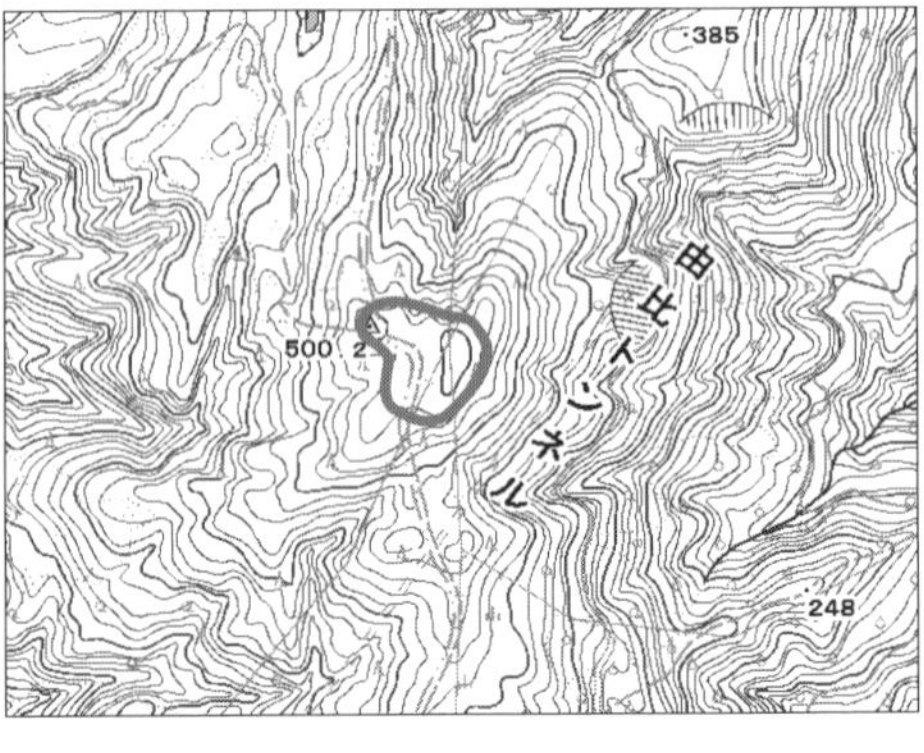

（左写真）陣馬山南中腹より富士山を望み、四㎞先には北条氏の拠点となった蒲原城がある

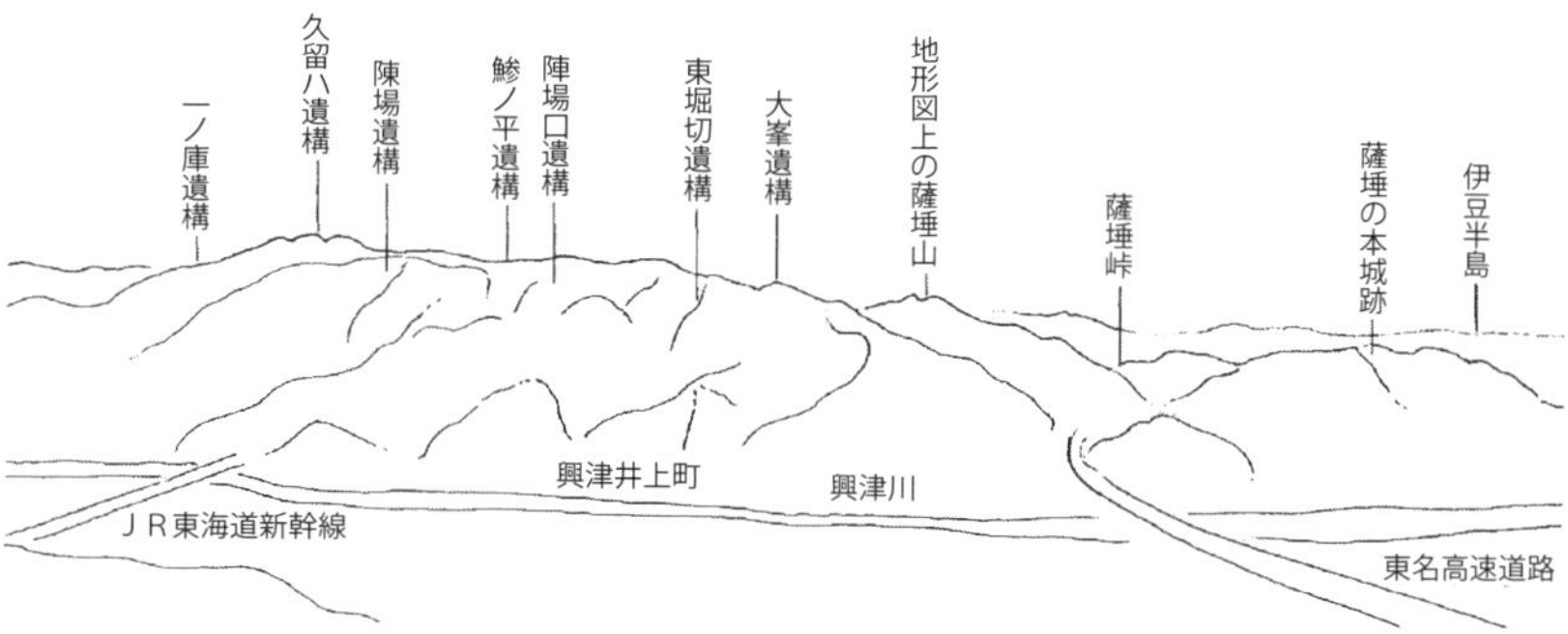

薩埵山陣場跡全景　西方の清見寺丘陵より　作図：水野 茂

塩止めについては、葛山氏に関する史料が残されているが、当然、興津郷も関係したはずである。当時、駿河から甲斐への道・身延道（河内路）の起点は由比であり、隣接する興津郷には塩関が置かれていた。塩止めの戦略には興津が拠点となる。さらに、ここは東西交通の要衝・薩埵山があり、興津氏はそこに置かれた関も管理もした。大永四年（一五二四）九月、今川氏親が興津久信に安堵した「佐田山関」（県三―八四九）、天文三年（一五三四）七月、今川氏輝が興津正信に安堵した「薩埵山警固関」（県三―一二八七）がそれに関わるものと思われる。関の場所は史料からは明らかではないが、峠道の上に城跡が確認でき、関との関係は容易に推測できる。

永禄十一年（一五六八）十二月、ついに武田信玄は駿河侵攻を開始した。いわゆる、第一次駿河侵攻である。『甲陽軍鑑』によれば、信玄の本隊は十二月六日に甲府を出陣、富士川に沿って南下する。そして国境を突破し、内房・松野、さらに芝川を占領した（禁制からの推測）。その後、内房から山を越えて由比に進撃している。

今川氏真は、迎撃のために興津まで出陣した。氏真自身は清見寺に本陣を置き、薩埵山に庵原氏・小倉氏などの前衛を配置した。ここで食い止めている間に、北条の援軍を待ったのであ

大軍を率いた北条氏による大規模な堀跡

ろう。このときの今川勢を二万五〇〇〇とし、武田勢（一万二〇〇〇とされる）に勝る兵力とする文献もあるが、すでに三河を失い、遠江も家康の侵攻を受けている状態である以上、それほどの兵力を維持できていたとは思えない。

十二日、氏真の周囲の武将が相次いで無断で撤退した。瀬名・葛山・朝比奈氏など合わせて二十一人に達し、すでに信玄に調略されていたとされている。まともな交戦もできず、今川軍の防御線は崩壊、氏真も薩埵山の前衛も駿府に撤退した。十三日には駿府も炎上、氏真は掛川城に逃れた。駿河は信玄に占領されたかに見えたが、北条氏政の援軍が到着、さらに山西（焼津市の高草山の西）や安倍奥で今川勢の抵抗が続いた（県三―三六一七）。こうして、永禄十二年になると、今度は信玄が東西から挟撃される危機的な状況に陥ることになる（県三―三六七六）。

薩埵山中の各所には、陣城跡が確認できる。その多くは大規模なもので、北条氏によるものと考えられる。ただ、そのうち「陣場山」（北の小河内にも「陣馬山」があるが別である）に若干異質で北に向けられた遺構が確認できる。規模が小さく、形式も古い。観応の擾乱のとき、足利尊氏勢が使用したことも考えられるが、永禄十一年の武田信玄の第一次駿河侵攻に際して、今川方が入ったことが推測できる。

【縄張り概要】

［薩埵の本城］薩埵峠の古道の上、小字「小条川」・「本城」に遺構がある。西山麓には中世の峠道と考えられる地蔵道が通り、並行して縄張りされている。南北は二八〇ｍに達し、上部は果樹園となって改変が著しく、曲輪の確認は困難であるが、現状からは四つの曲輪があったと推測で

薩埵の本城縄張り図　作図：水野 茂

きる。また、周囲に六条の堀切を確認できる。幅一〇mに達する堀切や横堀状遺構があり、小田原北条氏の手が加わっていることが考えられるが、原型は今川氏が峠を押さえるために置いた「薩埵山警固関」に関連するものであろう。

〔陣場山〕永禄十二年正月、北条氏政自ら率いた大軍が薩埵山に布陣し、武田信玄と対峙した。薩埵山の山中に確認できる陣場群はこのとき、北条氏によって築かれたものと推測される。しかし、その最高所近くに古態をとどめる遺構があり、これが「陣場山」である。ここからは他の遺構を俯瞰することができ、遠く西方からも望むことができる。

他の陣場遺構に見られるような大規模な土木工事（箱堀など）が施されたものではなく、小規模な堀切**A**・**B**・**C**と竪堀**D**が見られる程度である。切岸・曲輪・虎口状の遺構を見ることができるが、全体的には古い形状である。主要部の曲輪❶・❷では、北に対して低い切岸状の遺構**E**を確認することができる。遺構の異質さから、今川氏時代のものと考えられる。〈川村〉

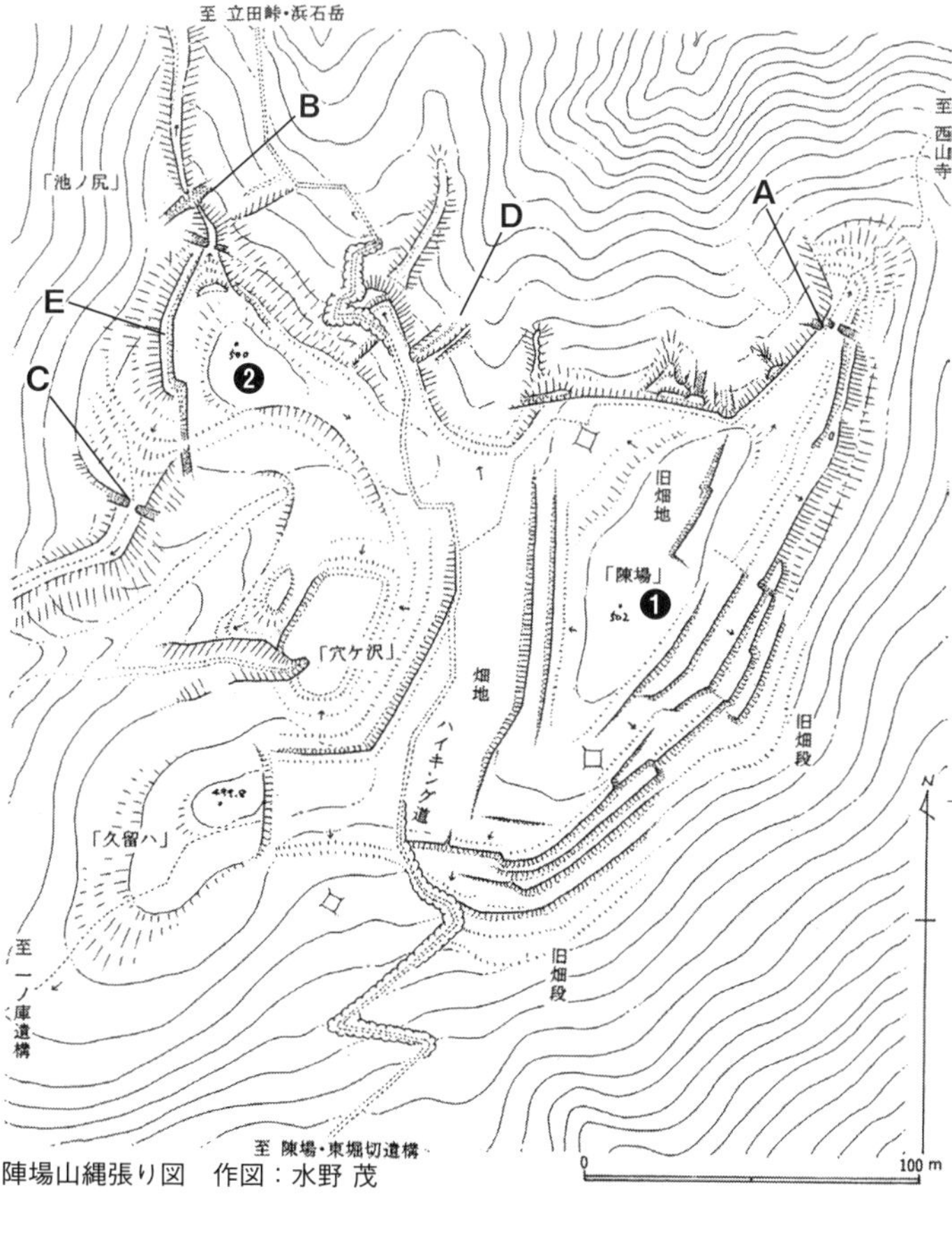

陣場山縄張り図　作図：水野 茂

今川氏の三河国境の拠点

91 宇津山城《うづやまじょう》

①所在地：湖西市入出字城山
②立　地：標高五一ｍ（比高四八ｍ）の丘陵
③交　通：天竜浜名湖鉄道知波田駅から徒歩三〇分

【城館史】　永禄三年（一五六〇）五月、桶狭間での今川義元の敗死を契機に、松平元康（後の徳川家康）は岡崎城に返り咲く。今川勢が守備する諸城を次々に席巻しながら、今川氏の拠点であった吉田城（愛知県豊橋市）を同八年三月に制圧し、西三河を支配下に置いた。遠江では国衆が相次いで今川氏から離反する「遠州忩劇」という混乱の中で、家康は武田信玄と大井川を境に国分けの協力を約し、同十一年十二月に三遠国境を越え、遠江へ侵入する。浜名湖・猪鼻《いのはな》湖沿岸には、今川氏の有力家臣が備えを固めていたことから、家康は井伊谷三人衆（近藤《こんどう》・鈴木・菅沼《すがぬま》の三氏）に道案内をさせ、国境北寄りの井伊領である陣座峠《じんざとうげ》を越え、井伊谷（浜松市北区）から引馬城（同中区）に布陣した。当面の目標は、信玄に駿府を逐われて今川氏真が入った掛川城攻めであった。

家康は陣を妙恩寺《みょうおんじ》（浜松市東区）に進め、さらに前進して久野城（袋井市）主の久野宗能を懐《かい》柔《じゅう》させ、同十二月二十七日、掛川城周囲に三か所の付城を築き、攻め立てた。城主の朝比奈泰《やす》朝《とも》率いる兵も勇敢に打って出て、翌年三月五日には城下や天王山などで激戦が展開されたが、結局、家康は力攻めをあきらめ講和交渉にもちこみ、開城させたのが五月十七日であった。

前置きが長くなったが、家康の遠江侵攻に際しては、東三河から撤退する今川軍の兵も加わり、主に浜名湖沿岸に吉田城から通じる多米《ため》峠越えには宇津山城、牛久保城（愛知県豊川市）からの本坂峠（姫街道）と宇利峠越えに対しては摩訶耶寺《まかやじ》城（千頭峯城。浜松市北区）を主力として配し

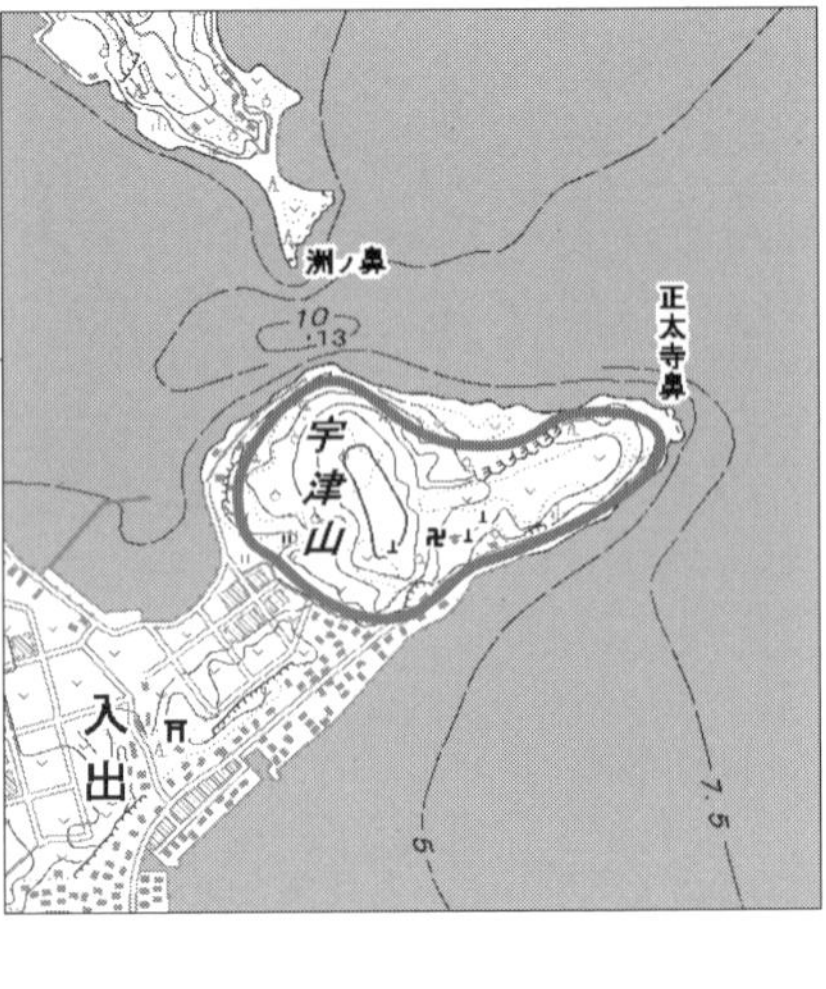

宇津山城　尾奈砦より。水陸両用の城としての環境がわかる

た。後方には、水利でつながる堀江城（同西区）と佐久城（同北区）などを策源基地としたことが史料からわかる。すなわち、家康の遠江侵攻の最前線となる浜名湖西岸には、浜松市西区の松田城を南端域として境目《さかいめ》城・宇津山城・尾奈《おな》砦・日比沢城・鯉山《こいやま》砦・摩訶耶寺城とつなぎ、南北一五km以上の大防衛網を敷いたと考えられる。

　宇津山城は、今川氏親期には長池親能《ちかよし》、氏真期には朝比奈泰忠らが守備したが、永禄十年正月、吉田城から退去した小原鎮実《おはらしずざね》（資良《すけよし》か）が占拠し、入城した。しかし、翌年十二月に家康が国境を越えると、同時に酒井忠次《さかいただつぐ》による宇津山城攻めが始まったが、城はあっけなく落城し、鎮実は船で逃れたという。落城に際しての逸話に、徳川軍が城内に突入したときにしかけてあった爆薬が一斉に爆発したが、一兵も損じなかったと『三河後風土記《みかわごふどき》』は記す。その後、家康は松平家忠《いえただ》を城主、松平清善《きよよし》に城番を命じている。

【縄張り概要】　宇津山城は、多米峠越えの東方、浜名湖に突き出た東西五四〇m以上の半島丘陵上に築かれ、中央の正太寺《しょうたいじ》を挟んで東・西に主要部が分かれている。これまで、東域の字「城山」（正太寺鼻）は今川期のもので、西域の「高山」は家康期の松平家忠による拡張とされているが、今川期の軍事運用をからすると、東三河に対する備えや監視を重視した境目の城で、「高山」にも縄張りしていたことは歴然である。正太寺には江戸中期の「宇津山古図」と「正太寺四世喝岩和尚一代記」が伝わり、畑地にするため土塁などを崩し、改変させたことが判明している。

　東域の「城山」地区の東西二二〇mを測る広大な主要部は、ほとんど荒れ放題の畑地になってしまった。北側の本城曲輪❶と古図では「天守」とする幅広い土塁**A**は櫓台で、外側の幅八mの堀切**B**は大規模な竪堀につながり、圧巻である。本城曲輪南下段の二の曲輪❷もほとんど荒れ放題で、畑地になっているが、中央に「御殿」の地名がある。二の曲輪の東端下段の腰曲輪❸は地

「総木戸」より後方の登城路、「城坂」あたりが船泊りであった

往時の形態がわかる「宇津山古図」　湖西市・正太寺蔵

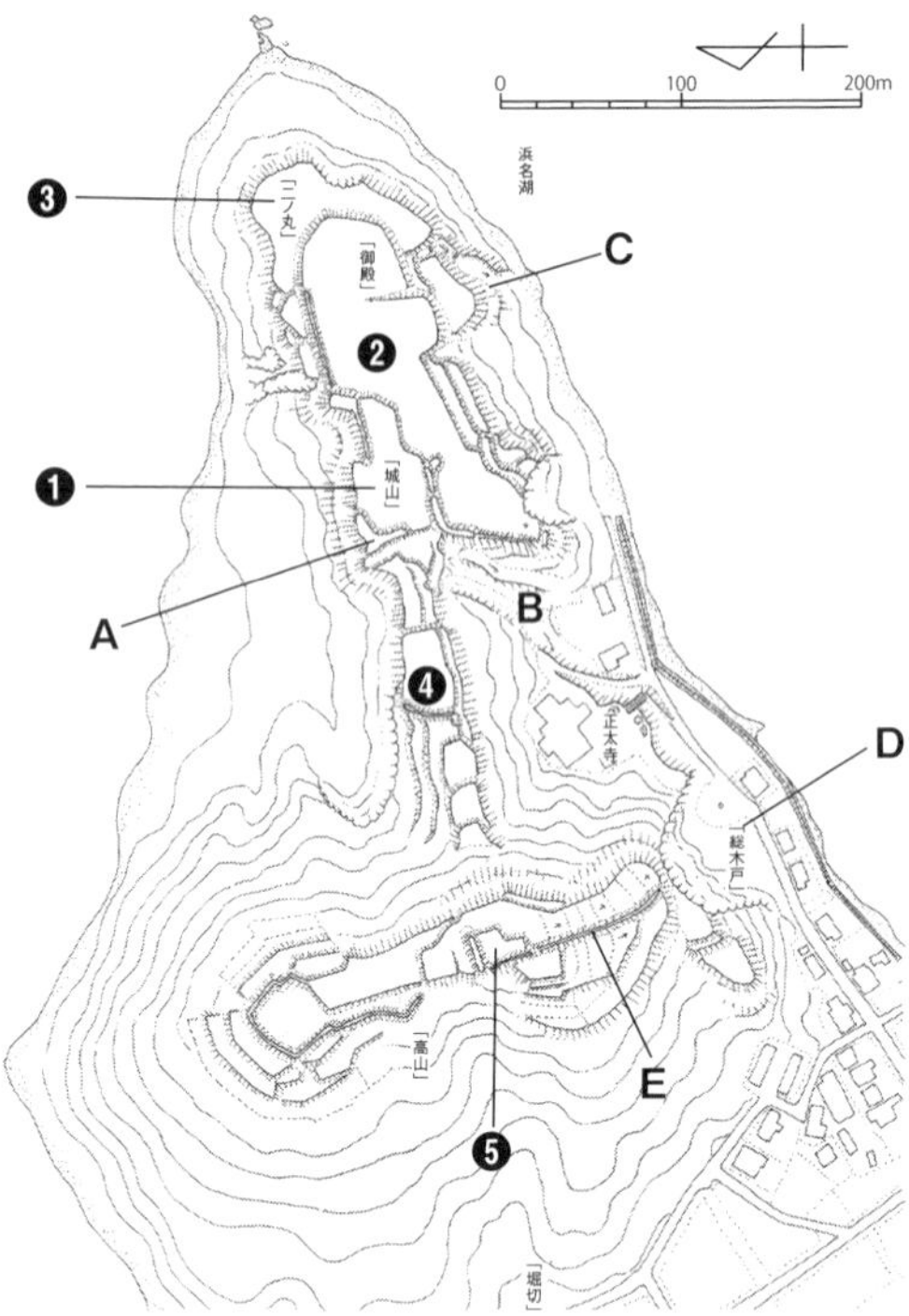

宇津山城縄張り図　作図：水野 茂（湖西市教育委員会編『宇津山城跡』地形図使用）

名「二ノ丸」となっているが、三の曲輪とするのが適切である。二の曲輪の南西隅に湖岸に下りる「表門」Cと古図にあり、「城坂」とも称して登城路としていた。このあたりに船が着岸し、西域の「高山」麓は「総木戸」という大手口D、さらに西に「根古屋」という広い城下集落が存在していたことが、古地名からもわかる。

広大な主要部に続いて、西域の「高山」につながる尾根上には五つの曲輪が点在し、その中で❹が最も広く、西辺に土塁と幅一五mの堀切も認められるところを、古図は「小本城」とする。本城曲輪の前衛に位置し、今川期には主要部の一角であったと推定される。さらに、三条の堀切を描いているが、現在は不明である。

西域の「高山」は、南北二八〇mと同様に広大である。山上には平坦地と土塁状遺構などがあり、山腹の大量の腰曲輪群は、畑地開墾によるものと考えられる。南に降る土塁線Eも同様で、城全域の山腹に多くの竪堀があるともされるが、崩れや畑道と思われる。古図の「高山」域に、一か

西域「高山」に残る大土塁と空堀

所だけ小規模な曲輪が描かれている。これが、中央に位置する空堀・土塁を付加した曲輪跡❺と符合し、西域は物見台的な装置❺と、未成型で広大な駐屯地であったと考えているが、今後の課題としたい。しかし、辛うじて残存する広大な城域に大規模な空堀・土塁がある曲輪の権力構造を注視すれば、今川氏、さらに徳川氏と大名間抗争にともなう、強固で要となった境目の城であったことは理解できる。

『静岡県の中世城館跡』*1によれば、宇津山城周辺の支城的な城館として、取手山・角の城・岡城・境目城・松田城を位置づけている。ほとんど開発により消滅してしまったが、境目城だけは改変されながらも残存しているので、紹介したい。

境目城縄張り図　作図：望月 徹

境目城（所在地：湖西市吉美字川尻）

永禄十年、今川氏真が妙立寺《みょうりゅうじ》を「改替」して、徳川軍の侵攻に備えて城に取り立てたと史料にあり、酒井忠次の攻撃で落城したとある。ここは、明治十九年に旧東海道本線工事の土取り、宅地開発にともない南はほとんど荒れ放題で畑地になっているが、西域が辛うじて残存している。〈水野〉

境目城内の城道と虎口遺構

*1　『静岡県の中世城館跡』（静岡県教育委員会、一九八一年）

国境になる浜名湖の防衛拠点

92 堀《ほり》江《え》城《じょう》（堀《ほり》江《え》要《よう》害《がい》・佐《さ》田《た》城《じょう》）

①所在地：浜松市西区舘山寺町
②立　地：標高二七・九m（比高二五m）の浜名湖畔丘陵
③交　通：遠鉄バス浜名湖パルパル・バス停下車徒歩一〇分

【城館史】『宗長手記』（県三―三〇三）の文亀元年（一五〇一）の項によると、斯波氏被官の堀江下野守の堀江城が、伊勢宗瑞と朝比奈泰熙《やすひろ》の率いる今川軍に攻撃され、三日ほどで落城した。ここは本城と外城《とじょう》・黒山《くろやま》から成り、館は城内にあったと思われ、黒山は村櫛荘と気賀荘の境界地、根本《ねもと》山と推定される。落城した堀江氏は降伏して今川氏に降り、代わって大沢氏が在番した。

永禄十一年（一五六八）十二月、弱体化した今川氏の隙を突き、徳川家康は遠州に侵攻し、翌年の三月に当城を攻撃した。城には大沢基胤《おおさわもとたね》・中安種豊《なかやすたねとよ》・権太織部佐《ごんだおりべのすけ》等らが立て籠もっていたが、家康は和議による開城を勧め、大沢氏は四月に今川氏真の命により城を明け渡し、家康に降った。

【縄張り概要】堀江城は、舘山寺《かんざんじ》の町並み東側、浜名湖の入り江に面した丘陵上に位置し、城域の大部分は現在、遊園地の浜名湖パルパルやホテルの敷地である。遊園地最高所の平場（字「大平」）が本城曲輪❶、南側の一段低い平場の東半分が二の曲輪❷、西側半分が三の曲輪（字「上ノ段」）❸の位置である。二

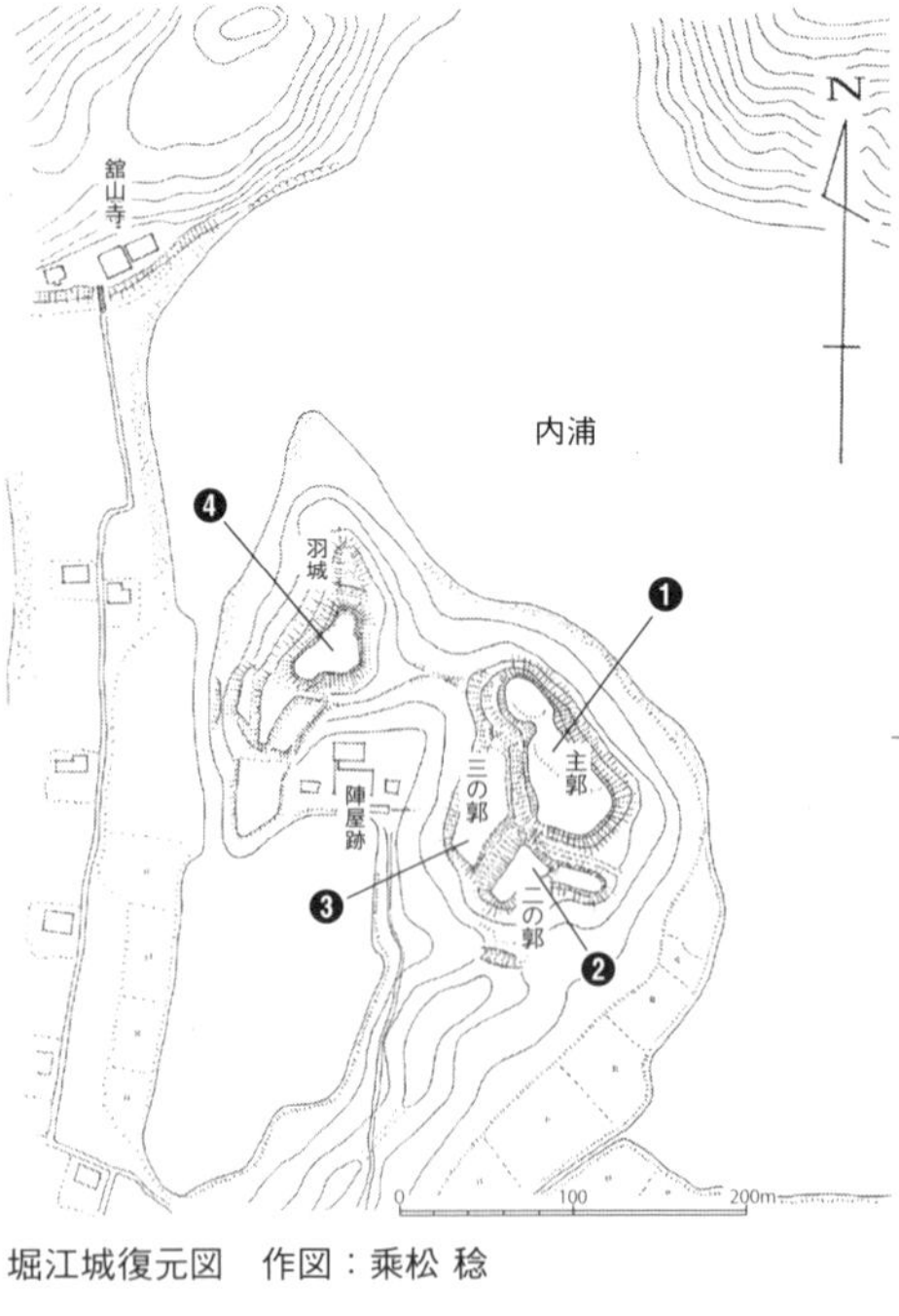

堀江城復元図　作図：乗松 稔

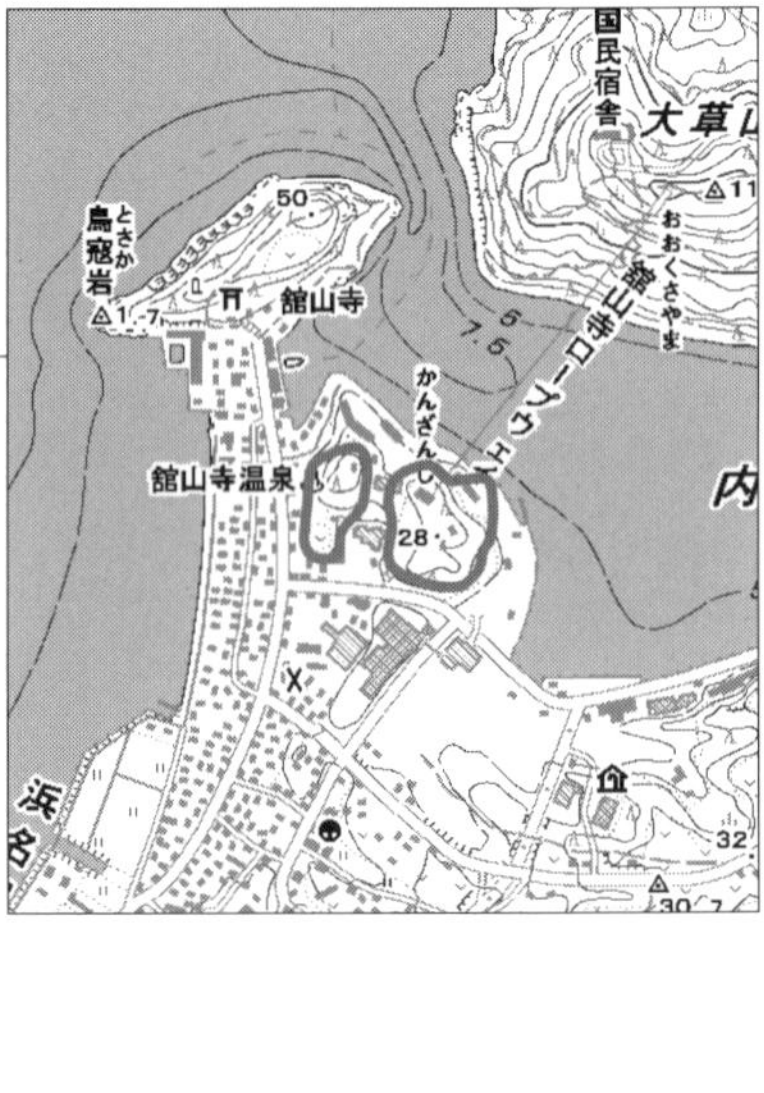

の曲輪は三の曲輪より四mほど高く、本城曲輪との間、南側の道路の辺りに堀切があったという。本城曲輪から谷を挟んだ西側の丘陵を「御陣山」❹といい、山頂には曲輪と土塁が残る。この曲輪の北側は「羽城《はじょう》」といい、御陣山全体が出曲輪と考えられる。また、御陣山と南東側の谷間には「旧陣屋跡」地名があり、江戸期の高家旗本・大沢氏の陣屋跡で、堀江氏の館もこの辺りと思われる。陣屋の南側は当時、葦《あし》の茂る沼地であった。〈乗松〉

堀川城《ほりかわじょう》（所在地：浜松市北区気賀字沖通り）

永正年間の三岳城の戦いにおける今川軍の拠点は刑部城で、支城として堀川城が存在した。その後の永禄十一年（一五六八）十二月、徳川家康の遠江侵攻にともなう最大の激戦は、今川氏真が立て籠もる掛川城攻めであった。戦いは長期にわたり、この氏真に呼応し、反徳川を鮮明にしたのが、堀江城の大沢基胤と連帯し、堀川城に立て籠もった「堀川一揆」という井伊領の土豪・農民たちである。翌年三月の堀江城での戦いは熾烈を極めたが、大沢氏は徳川軍の説得で従うことになった。だが、あくまで抵抗の意志を捨てなかった堀川城では、竹田《たけだ》高正《たかまさ》・山村修理《やまむらしゅり》・尾藤《びとう》主膳らがリーダーとなり、一説では二〇〇〇が籠城したという。『三河物語』には「男女共に撫で斬りに討たりける」とあり、一〇〇〇人以上が殺されたという。さらに、多くの一揆衆が捕らえられて斬首され、二〇〇〇を超す首がさらされたと伝わり、そこを「獄門畷《ごくもんなわて》」と呼んでいる。悲惨を極め、反徳川勢力に対して見せしめ的な戦いとなった。

堀川城は、都田川沿いの田園地帯の中に城址碑が建っている。『三河物語』から、往時は南対岸の油田《あぶらでん》から派生する微高地とラグーン的に囲まれた水城的な要害地が想定されるが、河川工事にともない、今では同城の正確な所在地も不明である。〈水野〉

入口に「首塚」ともある堀川城址

遠江・三河国境の境目の城

93 摩訶耶寺城《まかやじじょう》（千頭峯城《せんとうがみねじょう》か）

①所在地：浜松市北区三ケ日町摩訶耶字城山
②立　地：標高一三七ｍ（比高一一〇ｍ）の尾根山上
③交　通：天竜浜名湖鉄道三ケ日駅より徒歩一時間

【城館史】　元来、ここは南北朝期の系譜を伝える千頭峯城と呼称されてきた。だが、現状の遺構と地勢、文献史料などを再検討すると、戦国期に構築された「摩訶耶寺城」とするのが妥当と考え、見ていきたい。[*1]

　大福寺所蔵の「瑠璃山年録残篇裏書《るりさんねんろくざんぺんうらがき》」に、「暦応二年己卯七月廿二日為井責越後殿下大平ニ向給尾張殿浜名手向給カモヘノ城廿六日追落畢、同十月卅日千頭峯城追落畢」とあり、千頭峯城の落城を伝えている。この城を当城のこととしたのが沼舘愛三氏である。[*2]『日本城郭大系』[*3]でも、「南北朝時代、引佐地方を本拠とした井伊氏を主力とする南朝方城砦群の一つで（中略）井伊氏の一族奥山朝藤の一党が守備についていたものと思われる」としている。

　しかし、当城の遺構形態や発掘調査の成果により、「当城は今川氏にとっては東三河に至る本坂道と宇利越えの街道を抑える重要な城であった」ともある。[*4] また、「各尾根筋上に階段状の曲輪をもうけ、堀切によって遮断し、重要曲輪には土塁を設ける特徴は、静岡県内では今川氏末期の城に見られる。従って、本城は、徳川家康の遠江進行前の城とするのが妥当」とし、家康改造とする説もある。

　ちなみに、今川義元は天文八年（一五三九）八月、摩訶耶寺に寺領と不入《ふにゅう》特権などを安堵《あんど》し

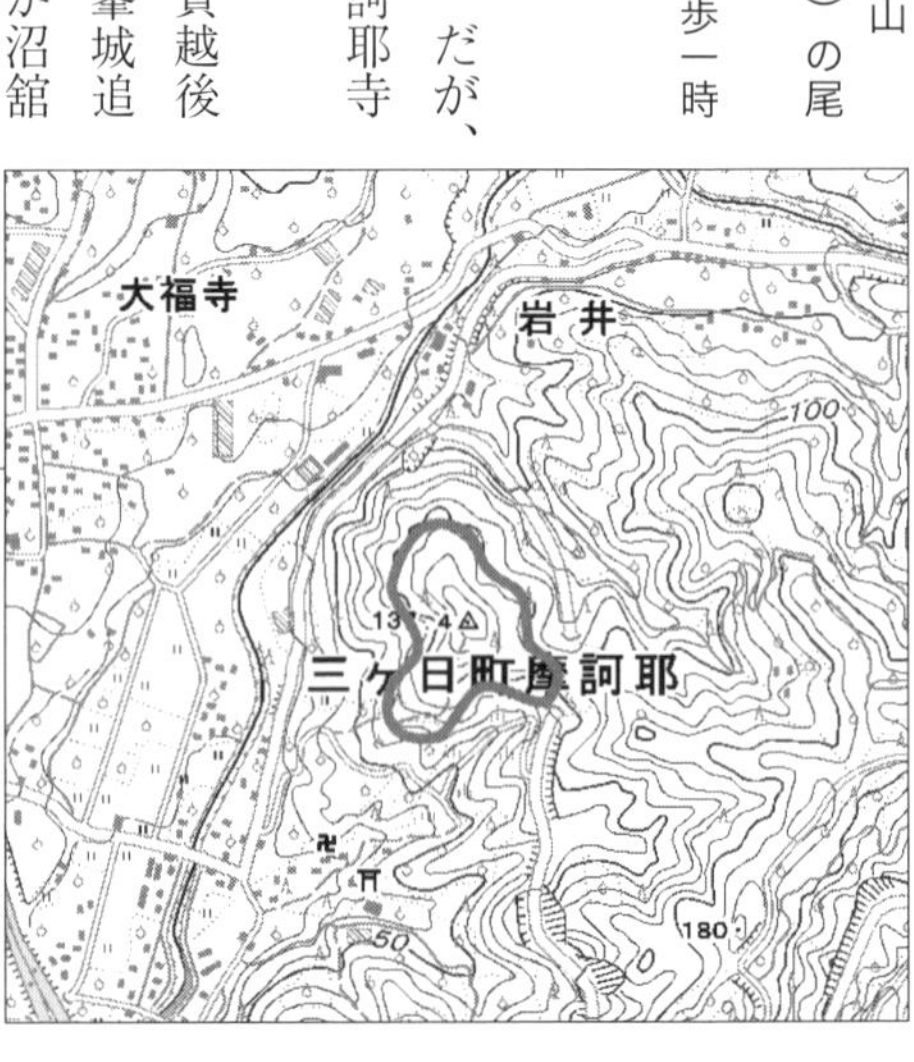

*1　静岡古城研究会の悉皆調査で、千頭峯城は本城東方四・五km地点の「尉ヶ峰」と位置付けている。第一部の千頭峯城を参考にされたい。

*2　「千頭峯城址の研究」（『静岡県郷土研究』第十三輯、一九四〇年）。

*3　平井聖・村井益男・村田修三編『日本城郭大系』（9静岡・愛知・岐阜　新人物往来社、一九七九年）

ており（県三―一四九三）、今川氏への帰属関係が厚く、今川氏が番手城としたことも考えられる。当地の国衆・浜名氏の普請では荷が重すぎること、同城に関わる史料がないことも気になる。

【縄張り概要】　摩訶耶寺城は、三ケ日市街地北方に伽藍を構える古刹・摩訶耶寺背後の城山山頂（通称センドウ山）に築かれ、西方向の眺望はとてもよい。また、城の西側を、三河から宇利峠を越え、浜松方面に向かう宇利道と、奥山を経て井伊谷に至る街道の分岐点でもあり、南方には東西を結ぶ本坂道（姫街道）が通る国境の交通の要衝地である。

本城曲輪❶は東西三〇m、南北四五mほどの広さで、北西側に土檀（一六m×一二m）があるが、周囲に土塁は認められない。虎口は土檀西側**A**（大手）と南東側**B**（搦め手）にあり、**A**は小さな枡形状で、前面を土檀で遮っている。また、搦め手口の虎口**B**には後世の周遊道が造られ、不

上：地勢から見ても南北朝期に激戦があったとは想像しがたい
中：本城曲輪と後方には今川系に多い土壇遺構がある
下：二の曲輪から本城曲輪までの切岸は10ｍに達する

＊4　小和田哲男『静岡県古城めぐり』（静岡新聞社、一九八四年）

摩訶耶寺城南方の駐車場より望む

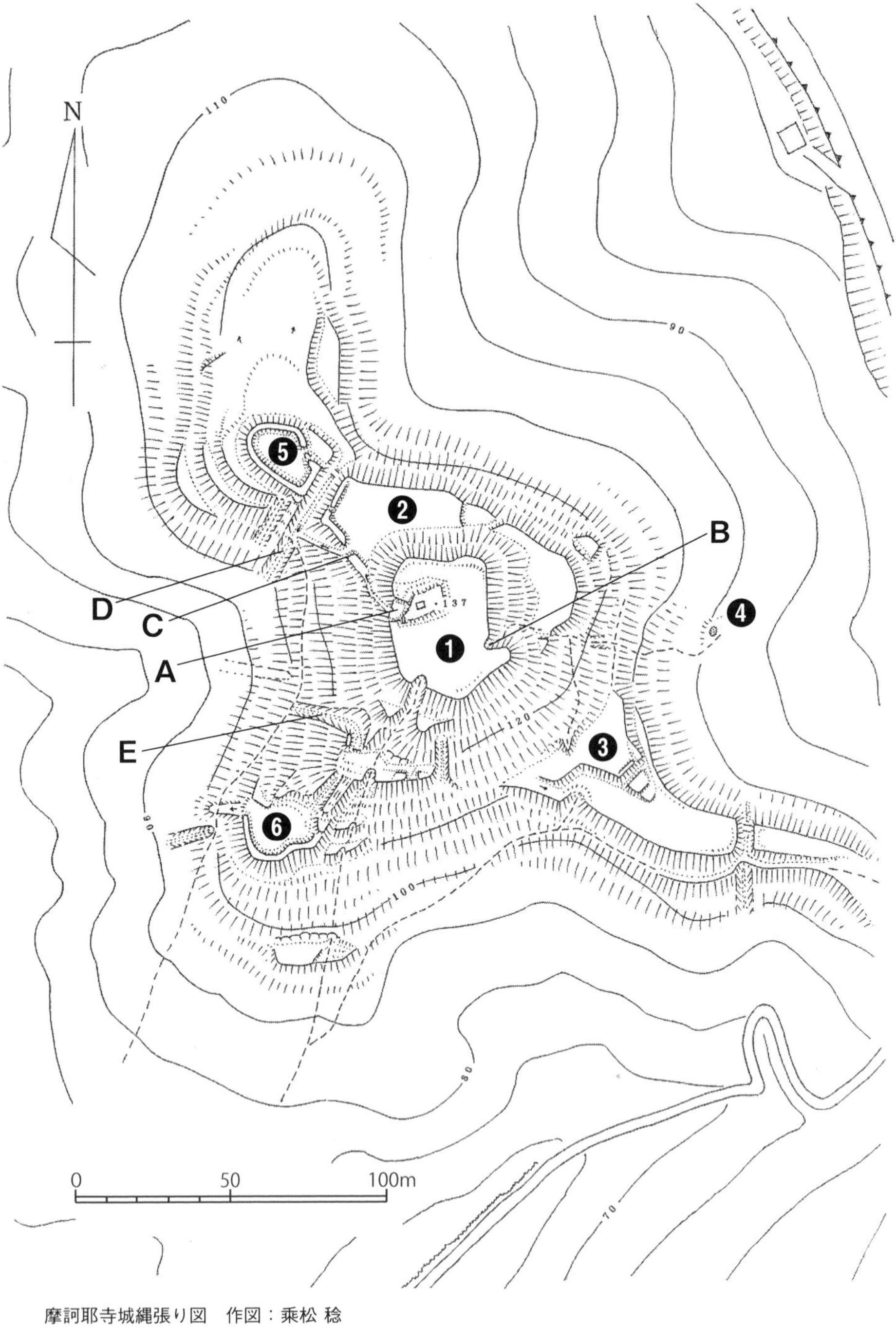

摩訶耶寺城縄張り図　作図：乗松 稔

明である。本城曲輪北側は見事な切岸が穿たれ、一〇m下段に二の曲輪❷が配置され、東側（東西一八m、南北三五m）と西側（東西四五m、南北二五m）に二分されている。西・南辺にはL字状に土塁があり、南辺の中央に虎口**C**が開いている。また、東側には土塁はないが、南端部に坂状虎口があり、東曲輪❸や井戸曲輪❹（井戸は直径二m）に行くことができる。発掘調査では掘立柱建物跡や遺物が見つかり、おおよそ十六世紀初頭のかわらけが多く出土した。

二の曲輪西側は、幅七m、深さ三mの堀切**D**で隔てた西曲輪❺が構えられ、東西二五m、南北二二mの随円形曲輪の周囲を土塁で囲み、東側に虎口がある。西曲輪の北域は、広い自然地形から築城途中という説もあるが、兵員の駐屯地であったと推定される。大手道は堀切**D**までできて反転し、二の曲輪の斜面を登り虎口**C**に至るルートであり、敵兵は絶えず、二の曲輪と西曲輪両面から厳しい横矢が掛けられる、技巧的な構造である。

本城曲輪南側には三段の曲輪があり、上段の曲輪は登山道で分断された。中段の曲輪は、東側に竪堀を入れて東曲輪方面からの侵入に備え、南面にも土塁の痕跡がある。また、北西側から西側斜面に、上部で曲がった竪堀**E**が落ちる。最下段の曲輪❻は東西二六m、南北二〇mを測り、摩訶耶寺方面から登る大手道に備え、三方面に土塁を巡らし、東南角で折れを付け、東側土塁は上段の曲輪まで延びていることから、東側に入った敵兵に絶えず攻撃できる。虎口は西側に開き、竪堀と土塁で大手道を固めている。土塁を巡らした西曲輪❺周辺と曲輪❻は、大手口に対する連続した導入系構造の重層化が考えられる。さらに、大手口が宇利峠越えなどの前線に向けられているることは、馬出的な機能も考えられ、徳川氏による改修論は、土塁をともなう横矢と、今川系には見られない折れ構造から首肯されるようだ。

〈乗松・水野〉

二の曲輪と西曲輪との間の堀切は横矢が掛かる城道

本城曲輪西辺の枡形虎口

駐屯地とした陣城

94 鯉《こい》山《やま》砦《とりで》

①所在地：浜松市北区三ケ日町三ケ日字鯉山
②立　地：標高一六三m（比高一五〇m）の山稜
③交　通：天竜浜名湖鉄道三ケ日駅から北へ徒歩五〇分、城の東側まで林道あり

【城館史】　史料・地誌・伝承等がない山城であるが、『日本城郭大系』[*1]では南北朝期に千頭峯城の支城として築かれたとして紹介される。また、『静岡県の中世城館跡』[*2]では「千頭峯城の目の砦」とされるが、独立した城構を持っているとある。

しかし、同城の南麓には浜名氏ゆかりの金剛寺《こんごうじ》や堂崎《どうざき》屋敷・矢崎屋敷などの根小屋的景観があることから、浜名氏の詰の城であった可能性もある。

鯉山砦を西山麓から望む

【縄張り概要】　三ケ日市街地北に横たわる鯉山山頂に築かれた砦である。南側麓には浜名総社《はまなそうじゃ》や金剛寺、北側には摩訶耶寺があり、三河から本坂峠を越え、浜松方面に向かう本坂道（姫街道）と、宇利峠を越える宇利道の合流点でもある。山頂からの眺望はすばらしく、浜名湖を航行する船や街道の監視には優れた位置にある。本城曲輪❶は東西四七m、幅一七〜一二mの楕円形で南面に土塁が付き、中央付近が開口し、虎口**A**がある。虎口を出て斜面を下ると、二m下に幅五mほどの腰曲輪❷が本城曲輪の東・南・西と西側北に廻っている。腰曲輪は西側で横堀になり、北に曲がりこんだ所で竪堀となって落ちている。

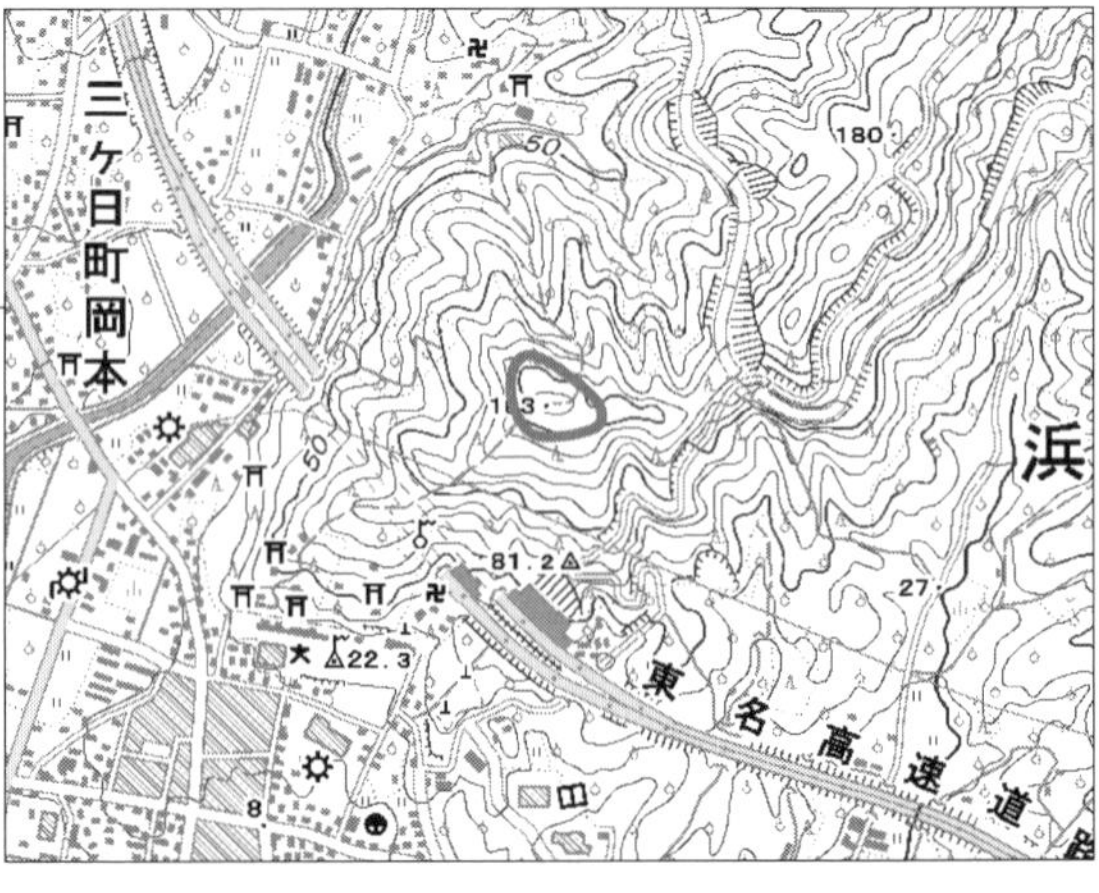

＊1　平井聖・村井益男・村田修三編『日本城郭大系』（9 静岡・愛知・岐阜　新人物往来社、一九七九年）
＊2　『静岡県の中世城館跡』（静岡県教育委員会、一九八一年）

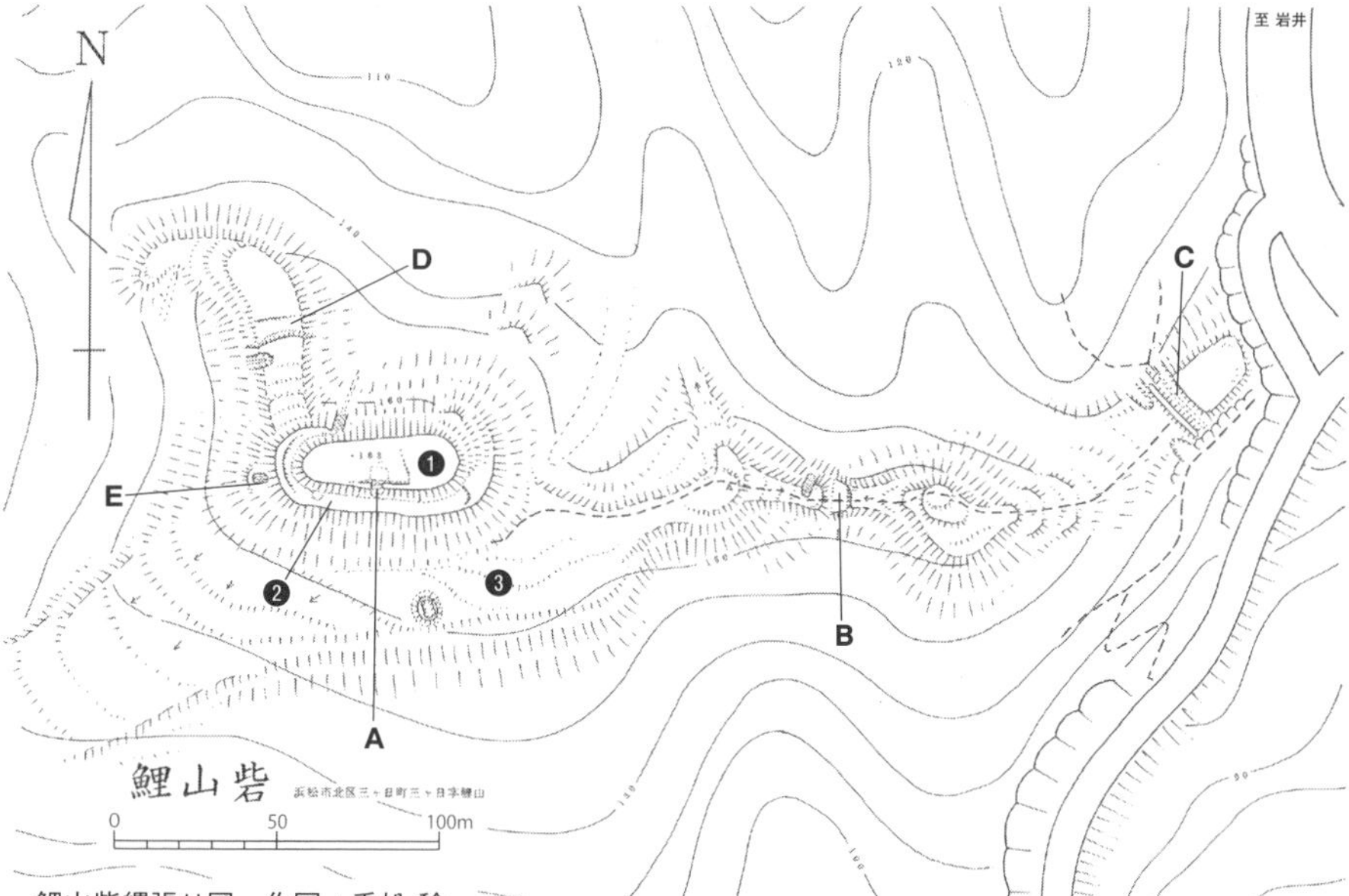

鯉山砦縄張り図　作図：乗松 稔

人工の曲輪はこの部分のみで小規模であるが、腰曲輪の南面を一〇mほど下ると南北二〇m、東西九〇mほどの未整形の平場❸があり、東尾根に幅八mの堀切**B**があることから、曲輪として使用されたことがわかる。さらに、堀切**B**の東一〇〇mにもう一条の堀切**C**を入れ、強化している。これに対し、本城曲輪❶の西側は、腰曲輪から北に延びる尾根に一条の幅七mの堀切**D**を入れているが、南西方向の広い緩斜面には防御施設は見当たらず、横堀の土塁の外に直径三～四mの井戸**E**があるだけである。

本城曲輪に横堀を付加した形態等が、天正初期の二俣城攻めや、奥三河にある徳川氏による陣城と類似すること、多くの兵を収容できる曲輪があることから、天正三年（一五七五）四月、武田勝頼の長篠布陣に対し、徳川軍が築いた陣城と考えられる。〈乗松〉

城域東限の堀切Cは、内側に土塁も付加する

浜名湖水軍の城

95 佐《さ》久《く》城《じょう》

①所在地：浜松市北区三ケ日町都筑字西平
②立　地：標高一一・五m（比高一〇m）の台地上
③交　通：天竜浜名湖鉄道・都筑駅より徒歩三〇分

【城館史】　佐久城には浜名氏が拠り、「浜名城」とも称した。浜名氏の来歴ははっきりしないが、南北朝期には足利尊氏に従い、三岳城・大平城などの井伊氏攻めに貢献し、湖北の地頭として知られるようになった。室町期には奉公衆として将軍義満・義持などから偏諱《へんき》を賜り、満政《みつまさ》・持政《もちまさ》と名乗ったようだ。

遠江守護・斯波氏の配下にいたが、明応年間（一四九二〜）に始まる今川氏親の遠江侵攻に際して今川氏に従属する。伊勢宗瑞率いる今川軍が三河へ侵攻すると、松平氏の岩津《いわつ》城攻め（愛知県岡崎市）にも参陣した。連歌師宗長とも親交を深め、今川氏のなかでも重臣になっていった。[*1]『宗長手記』に、浜名湖と猪鼻湖沿岸には今川方の宇津山城（湖西市）をはじめ堀江城（浜松市西区）・浜名城・刑部城（同北区）などがあり、舟運《しゅううん》で結ばれていたことを記し、有事に際して水軍により国境守備を固めていたのだろう。

桶狭間で今川義元が敗死して七年後の永禄十一年（一五六八）十二月、徳川家康は弱体化した遠江へ侵攻した。宇津山城の大原資良と連携し、抵抗した浜名頼弘《よりひろ》であったが、翌年二月

まさしく猪鼻湖に浮かぶ水軍城ような佐久城

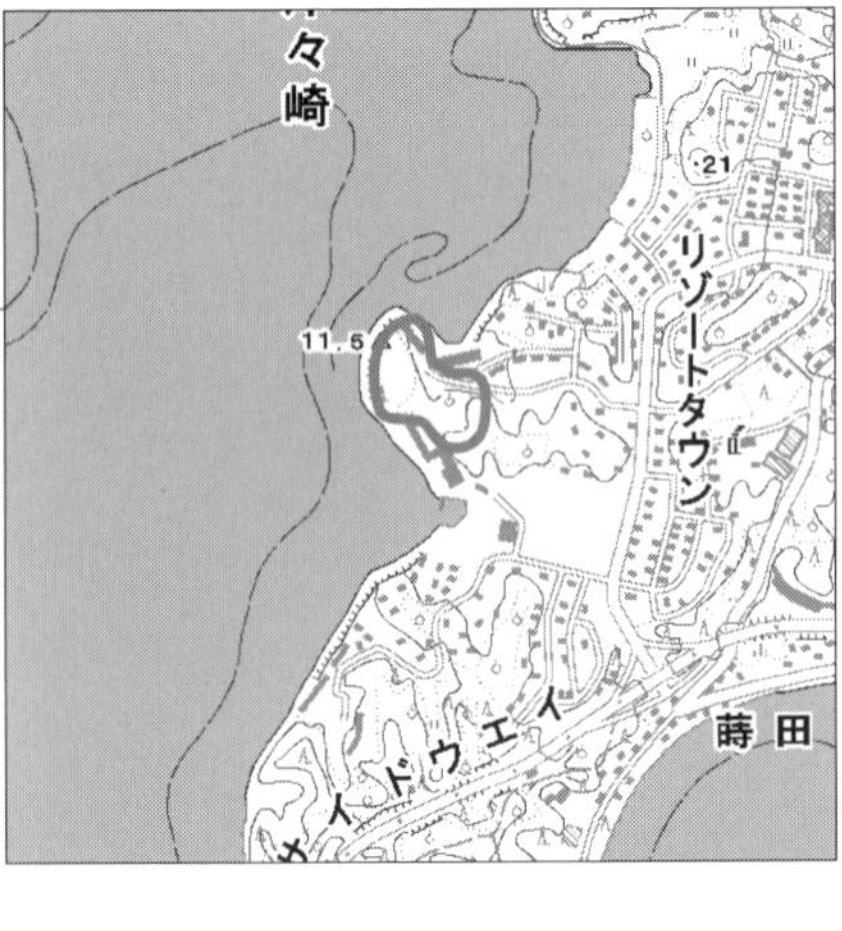

＊1　『三ケ日町史』上巻（三ケ日町、一九七六年）。

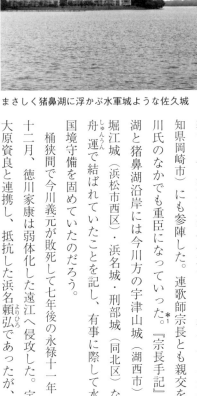

に城を開け渡し、武田氏を頼って逃亡したという。*2

落城した佐久城では、家康の重臣本多信俊《ほんだのぶとし》・信勝《のぶかつ》らが城代を勤め、大々的に改修され、新たに徳川系城郭として生まれ変わった。

【縄張り概要】猪鼻湖に大きく突き出た半島状の台地に位置し、西端部に本城曲輪❶を置き、枡形系虎口A前面の土橋と丸馬出曲輪❷に横堀を用いる形態は、三河では徳川系として普遍的に存在する。この縄張りは、天正十二年（一五八四）の小牧・長久手の戦い前後のものであることは、すでに指摘されている。残念ながら、浜名氏期の遺構は確認できないが、『静岡県の中世城館跡』に載る「地籍図」には、同城の地名が「西平」で南側に「本城」と「御馬」がある。

さらに、周辺にも「古城」や「本城」・「南本城」地名が点在し、広大な城域を有していたと思われ、浜名氏の城はここではなかった可能性もあるが、別荘地の開発により、注目できる土地はすべて消滅してしまった。〈水野〉

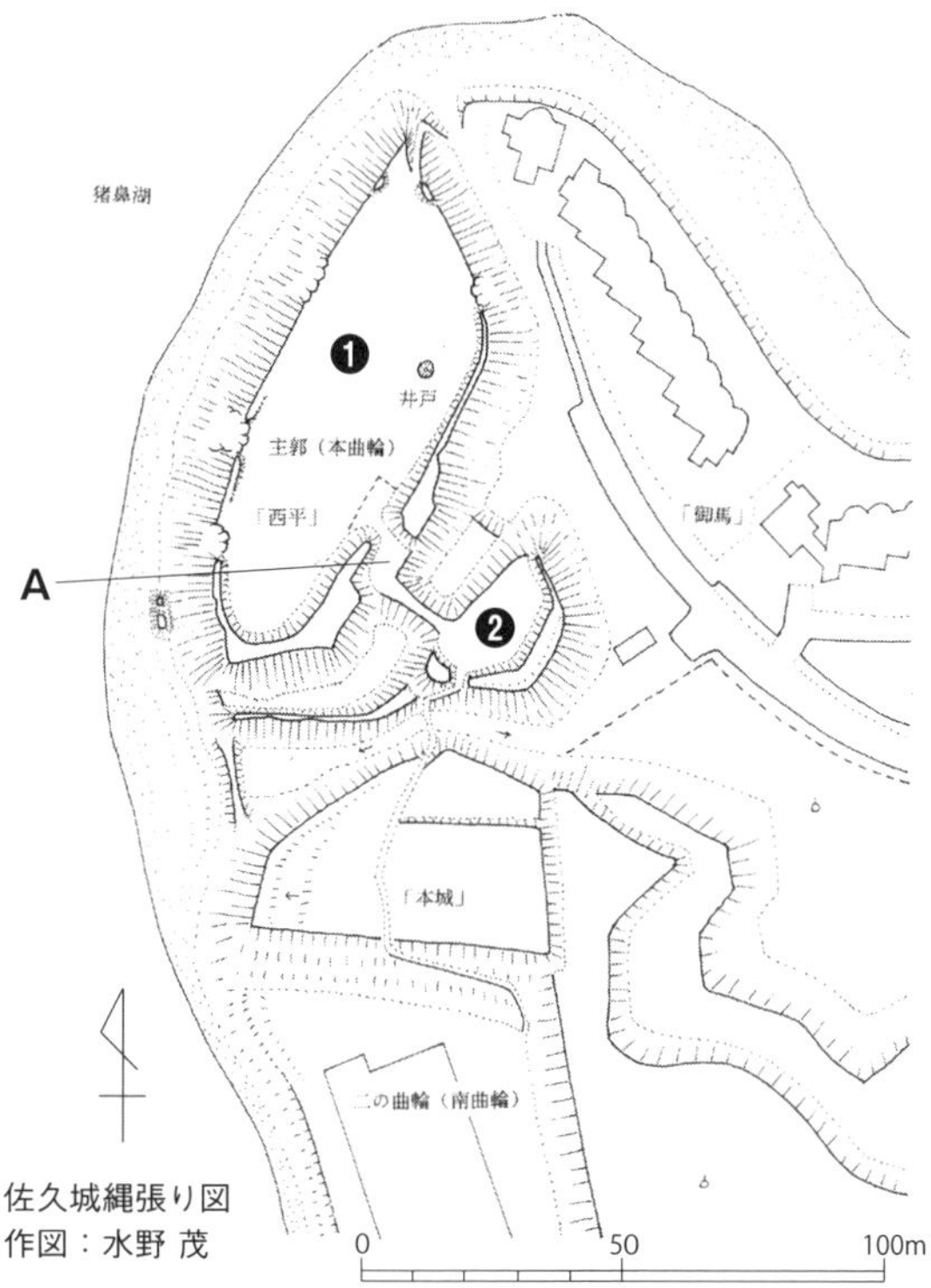

佐久城縄張り図
作図：水野 茂

*2 高橋佑吉編『浜名史論』（浜名史論刊行会、一九五三年）。

最も特徴的な丸馬出と土橋。手前は枡形虎口になっている

視点

発掘調査から見た今川氏の城館

戦国期以前の今川氏関係の城館跡

今川氏の発展の礎を築いた今川範国は、南北朝の争乱で足利方として戦功を挙げ、遠江、次いで駿河守護に補任された。同時期の遠江守護所の遺構としては、見付城・見付端城遺跡（磐田市見付）が比定されている。

同遺跡は、南北に連なる方形居館遺構が認められており、北側の見付城の遺構が当初の遠江守護所ではないかと考えられている。現在も土塁遺構の一部が観察でき、発掘調査の結果、堀跡も確認されており、青磁・白磁等の中国製陶磁器やかわらけ等の遺物も出土している。ただ、同遺跡はその後、遠江守護となった斯波氏も守護所として使用しており、範国の時代の遺構を特定するのは難しい。

その後、今川氏は駿河守護となり、現在の駿府城跡にあったとされる今川氏館に守護所を構えたと考えられるが、戦国期以前の駿府の今川氏館は、十四世紀後半〜十五世紀後半頃までの遺物は出土するものの、それ以後の改変を受けており、当該期の館の具体像を解明するのは困難である。

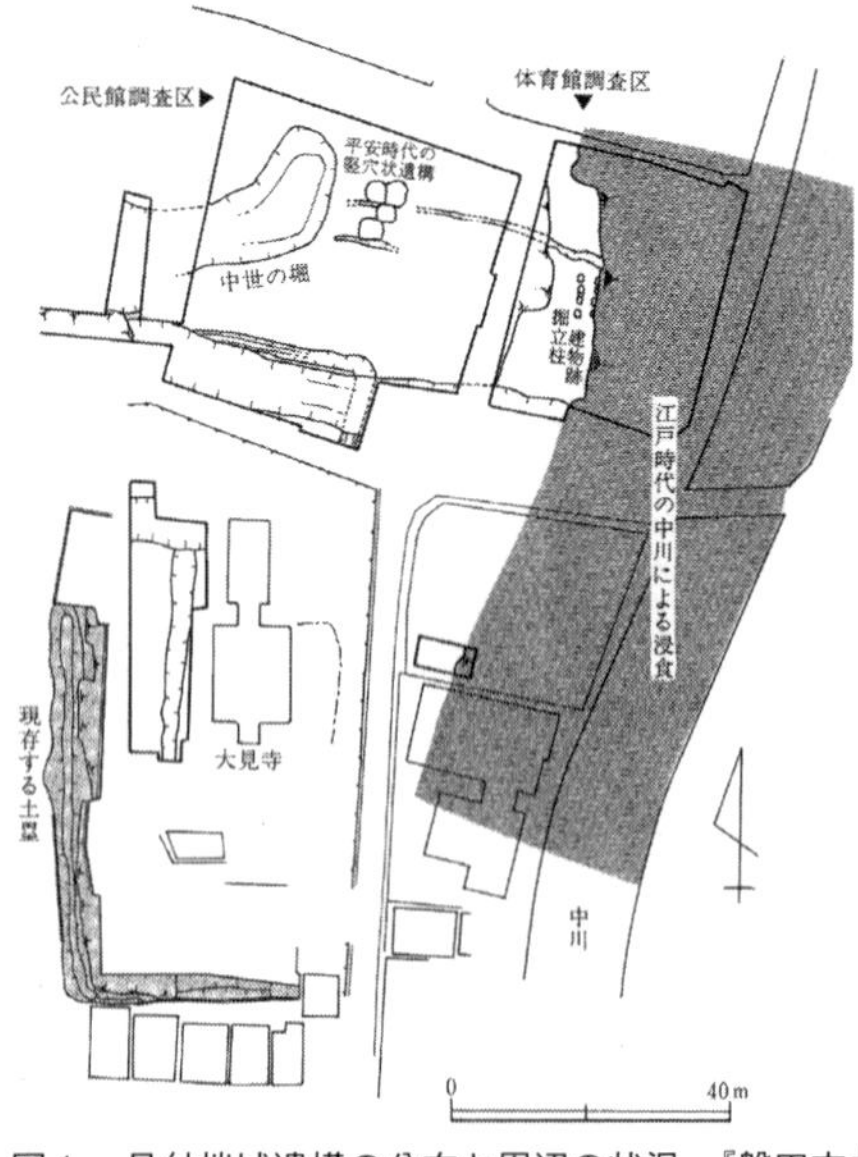

図１　見付端城遺構の分布と周辺の状況　『磐田市史』（史料編Ⅰ考古・古代・中世、磐田市、1992年）

発掘された今川氏館

　昭和五十七年、駿府城二ノ丸跡に静岡県立美術館を建設する計画が持ち上がり、それに先立ち発掘調査が行われた。調査の結果、近世駿府城の下層から、中世の陶磁器片や古銭などを伴って園池《えんち》状遺構や礎石建物・掘立柱建物跡・大溝・暗渠・井戸などの遺構が検出され、十五世紀から十六世紀にかけての今川氏の館跡の一部ではないかと推定された（その結果、県立美術館は他の場所に建設されることになり、遺構は地中に保存されている）。

　遺物は、中国製の青磁・白磁・染付などの貿易陶磁器をはじめ、瀬戸焼などの国産陶磁器や大量のかわらけ・漆椀《うるしわん》・硯《すずり》・そして梅花文《ばいかもん》のついた金製の板も出土し、栄華を誇った今川氏の威光がしのばれるものであった。陶磁器の型式から、遺構の年代は十五世紀後半～十六世紀半ば頃が中心であるという。無論、この遺構が今川氏館の主要部分とは即座に考えられず、むしろ重臣か一族の居館ではないかと考える研究者が多いが、広い意味で、今川氏の居館を構成する遺構の一部であったことは間違いないと考えられている。

　その後も、駿府城跡やその周辺で静岡県庁の施設整備

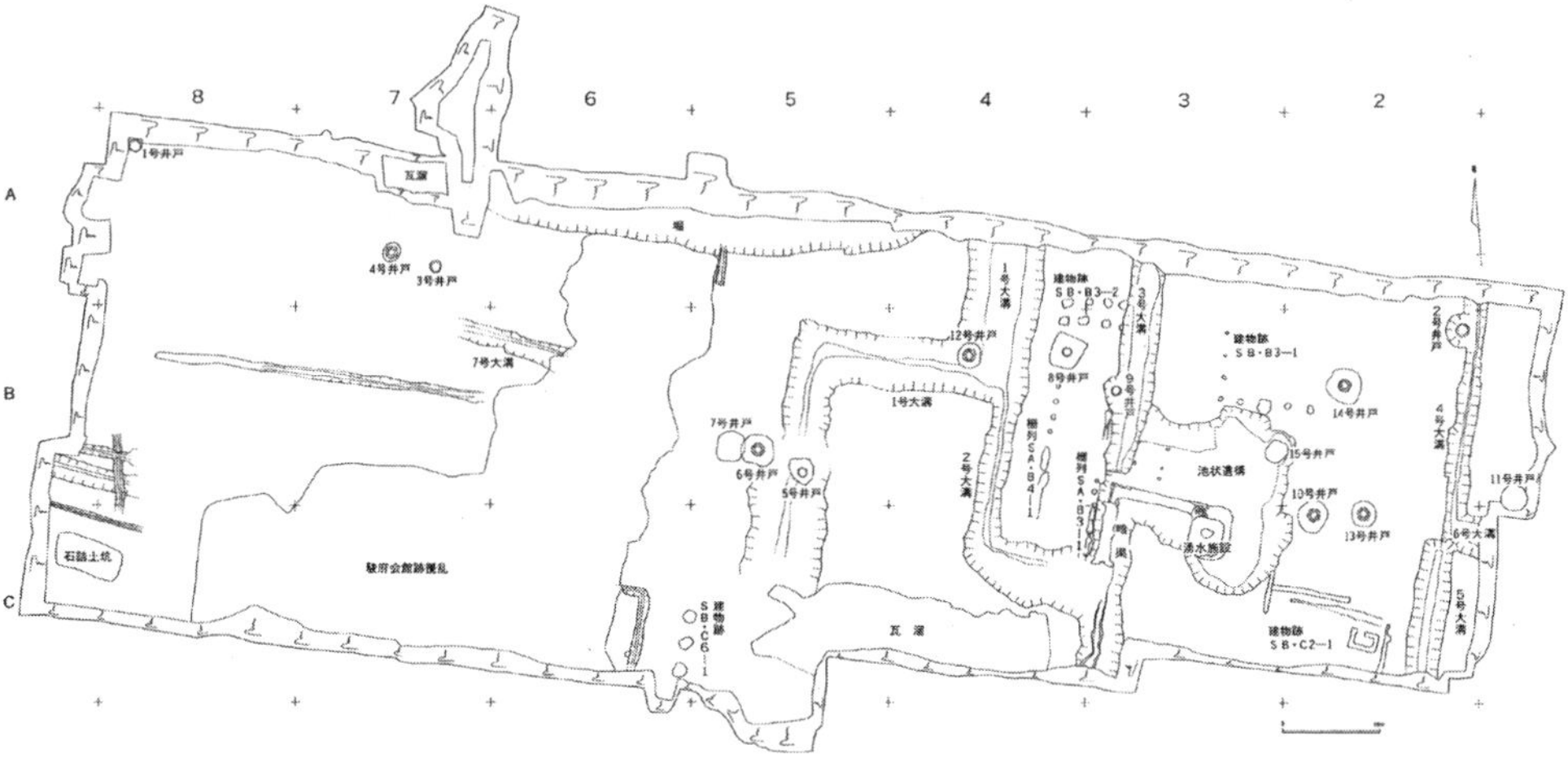

図２　今川氏館第Ⅲ次発掘調査区全体平面図　『駿府城跡内埋蔵文化財発掘調査報告』（静岡県文化財保存協会、1983年）

や静岡地方裁判所の改築、駿府城公園の整備等にともない、静岡県・静岡市による発掘調査が行われ、掘立柱建物跡や井戸・溝状遺構等が検出され、陶磁器や漆椀、箸等の木製品等が出土した。しかし、前述した二ノ丸跡の調査成果と併せても、今川氏館の具体的な構造は把握できていないというのが現状である。状況から考えれば、今川氏館は隣国甲斐の武田氏の躑躅ヶ崎館などと同様、方形居館を基本とした構造であろうことが推測されるものの、その全貌は、今後の調査成果の蓄積による分析・解明を待つより他ないだろう。

発掘調査の成果からみた今川氏の城館遺構

静岡県内において、今川氏館と同時期に発掘調査された城館遺構で顕著な成果が示された遺跡として、小川城（道場田・小川城遺跡、焼津市小川）が挙げられる。同城は志太平野の自然堤防上に立地する平地城館で、昭和五十六年から平成元年にかけて土地区画整理にともなう発掘調査が行われ、掘立柱建物跡や堀・土塁跡などが良好な状態で検出された。

規模は北西から南東に約一五〇m、北東から南西に約八〇mの長方形状を呈しており、周囲には幅約一三・五m～一五・五mの水堀と、その内側に基底部幅約八mの土塁が巡らされていた。なお、堀内部には畝状の障壁が何か所かに設けられている「障子堀」で、関東の後北条氏の城郭等にみられる同様の堀よりも、時期的に若干遡

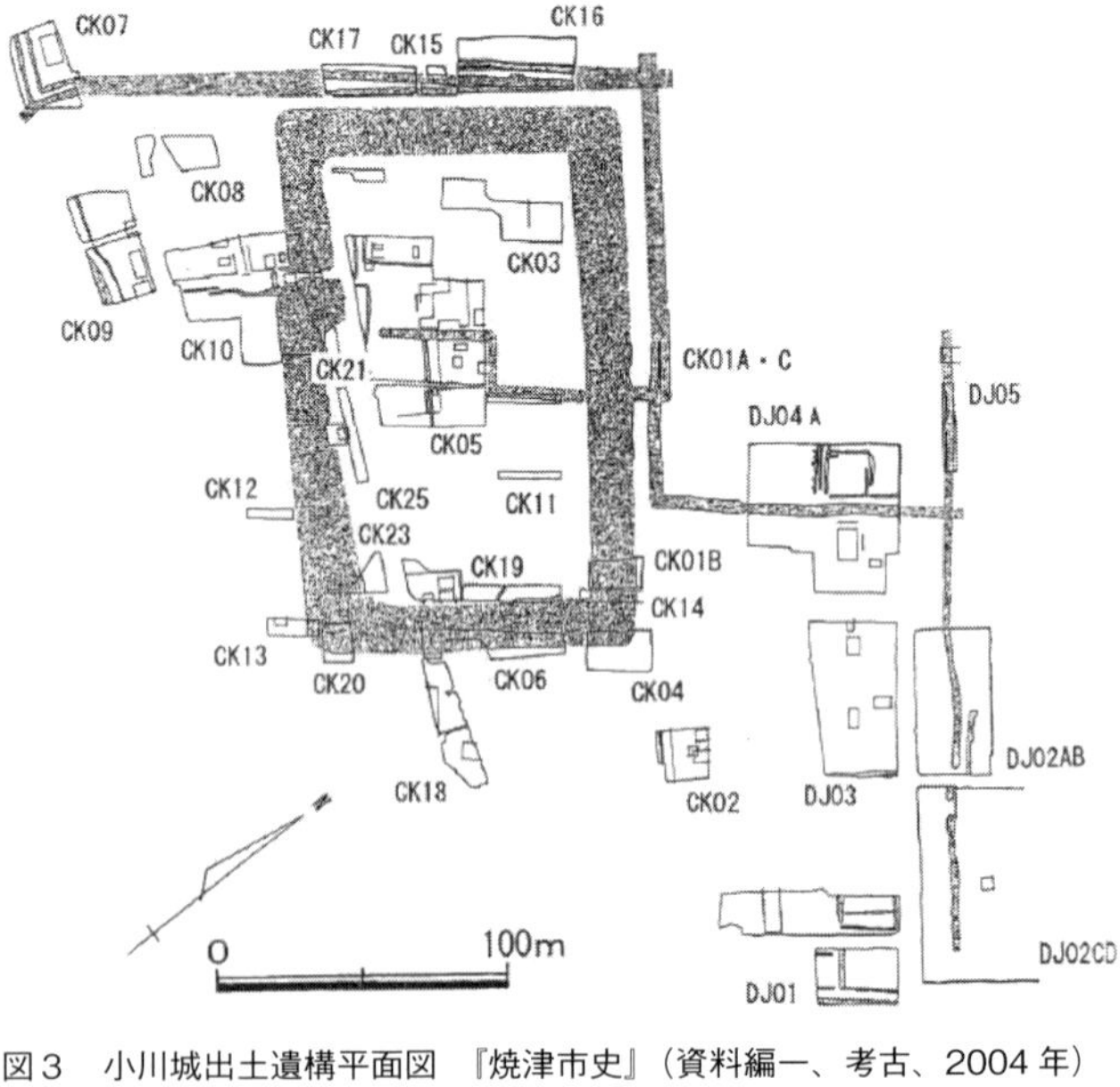

図３　小川城出土遺構平面図　『焼津市史』（資料編一、考古、2004 年）

る可能性がある。居館内部には、城主が居住する主殿や会所跡の遺構と思われる中枢地区、倉庫群と思われる建物が複数あった地区など、溝や塀等で複数の区画に分けられていた。

出土遺物は、大量のかわらけ、瀬戸・美濃焼、常滑焼等の国産陶器、青磁・白磁・染付等の貿易陶磁器・建築部材・漆椀・下駄・曲げ物・舟形・将棋の駒・木簡・羽子板等の木製品等が豊富に出土し、戦国期当時の生活を物語る貴重な資料となっている。

同城は、「法永長者」と呼ばれた小川法永《ほうえい》（後に長谷川氏を名乗る）の居館と考えられ、同氏は今川義忠死後の家督をめぐる「文明の内訌」の際、今川氏親と母親の北川殿（伊勢宗瑞の姉妹）を保護していたといわれており、今川氏との非常に関係の深い居館遺構である。

さらに、出土遺物の年代の下限は十六世紀の後半で、武田氏の侵攻にともなう今川勢力の滅亡と軌を一にしていることから、小川城は戦国大名今川氏の始まりと終わりを語るうえで、欠かすことのできない遺跡といえるのではないだろうか。

小川城と同様、平地に立地する戦国期の居館遺構で発掘された事例として、今川氏に従属した国衆のものと考えられる遺跡が、静岡県の東西でいくつか挙げられる。葛山氏の居館とされる葛山館（裾野市葛山）、富士氏の居館とされる大宮城（富士宮市大宮町）、松下氏の居館とされる頭陀寺城（浜松市南区頭陀寺町）などが、その代表的なものである。

葛山氏館は、愛鷹山東麓の入谷地形の平坦部に立地する東西約九七×南北約一〇四mの方形居館で、かつては土塁と堀が四周に巡らされていたという（現在、土塁は破壊された部分が復元されている）。平成元年と同四年に

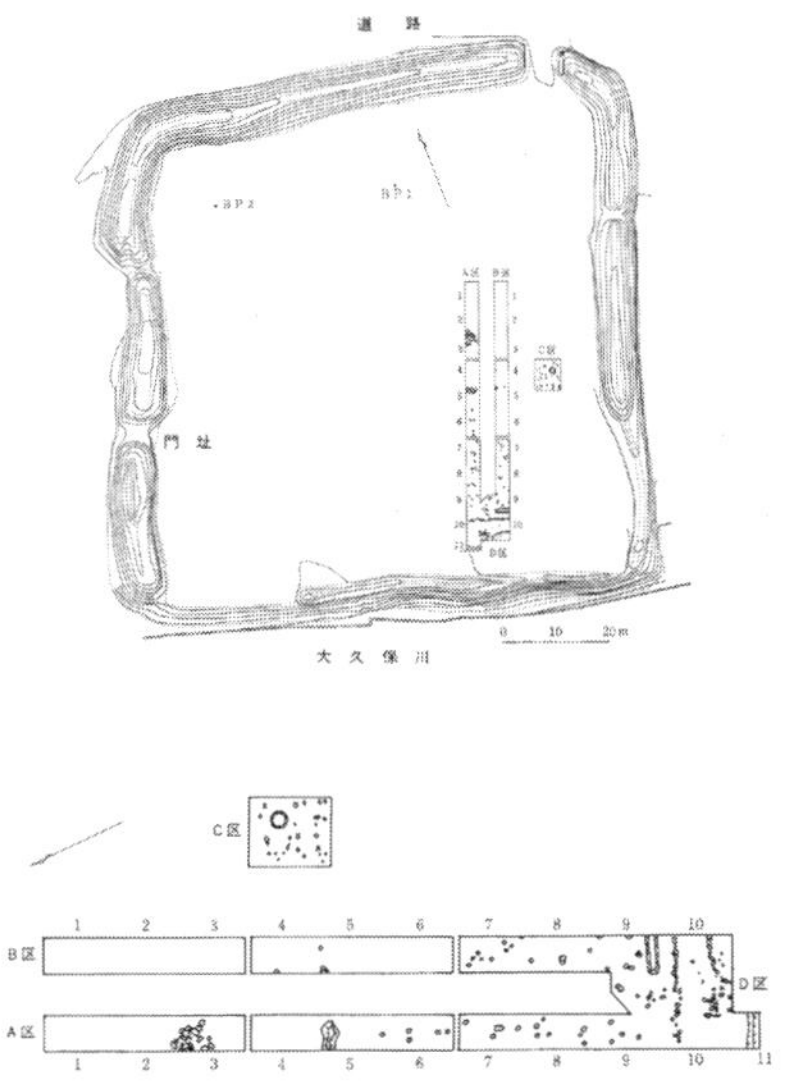

図4　葛山居館跡遺構確認調査区図　『葛山居館跡遺構確認調査概要』（裾野市教育委員会市史編さん室、1993年）

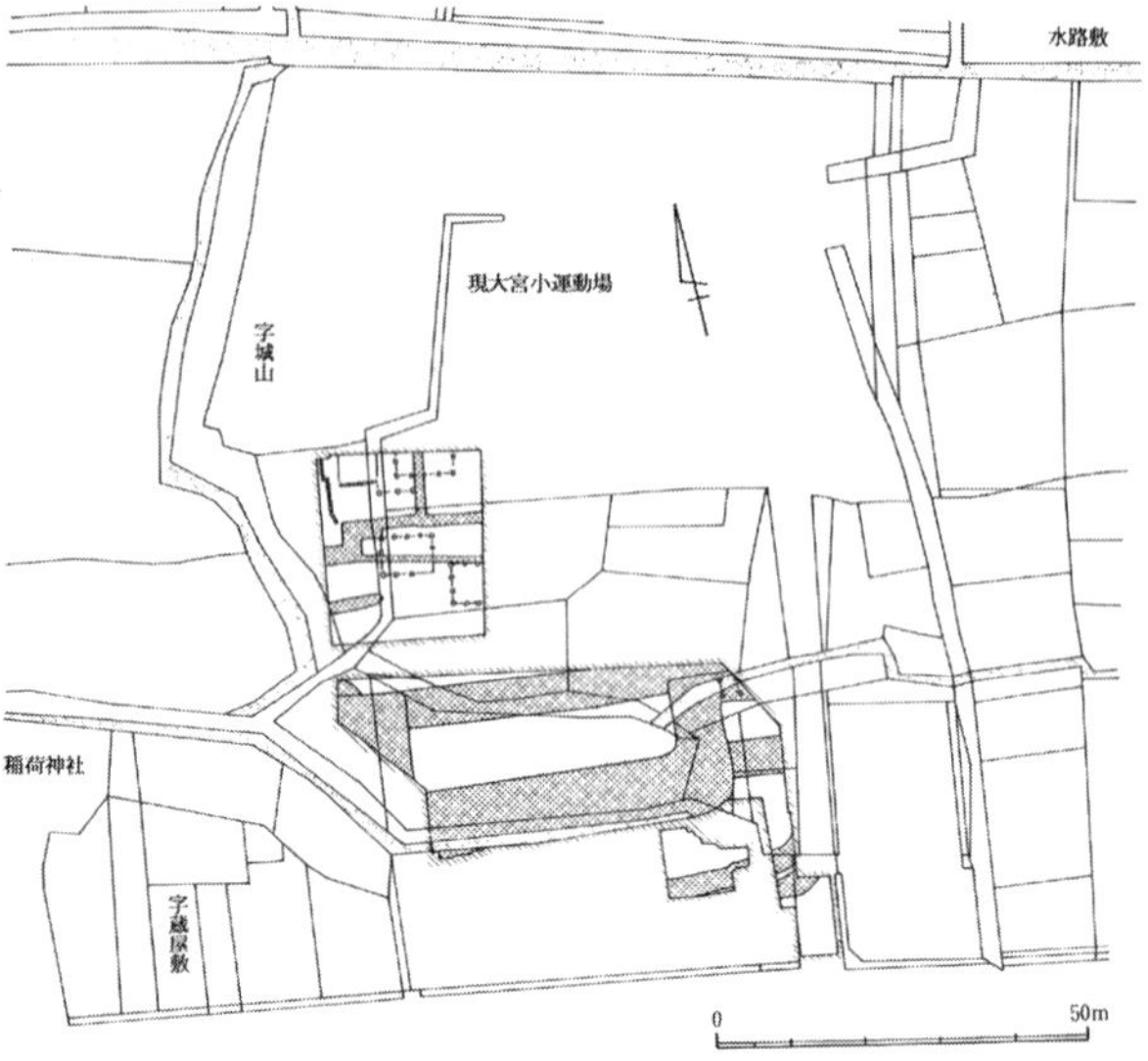

図５　大宮城地籍と遺構の相関図　『元富士大宮司館跡』（富士宮市教育委員会、2000 年）

内部の発掘調査が行われ、柱穴の他、溝状遺構や集石遺構、井戸跡などが検出された。遺物は鎌倉時代〜戦国時代の陶磁器が出土し、中世を通じて生活の跡があることが確認された。

　なお、館の北側二〜三〇〇mの山上には葛山城が築かれ、かつては館と詰めの城がセットになった事例とされていたが、同城の遺構は駿河に侵攻した武田氏により築かれたと思われる遺構が多く、居館と山城が同時期に存在していたかは検討の余地がある。

　大宮城は、富士山南西麓の溶岩流末端の平坦面・緩斜面に立地し、昭和五十九年から何回かにわたって発掘調査が行われ、掘立柱建物跡や溝状遺構・土塁・多重の堀などが検出されている。遺物は、かわらけ・貿易陶磁器・国産陶器等が出土しており、鎌倉時代（十二世紀前半）から戦国時代末期（十六世紀末）まで、四期の画期に分かれて存続したと考えられている。周囲が市街地化しており、一部の調査であるため、全貌はいまだ不明だが、土塁・堀を備えた方形居館であることは間違いないと思われる。

　頭陀寺城は、浜松市南部を流れる芳川流域の自然堤防上に立地し、古地図等から東西約一一五m・南北約一二〇mの方形居館であったと推定され、平成十三年と同二十七年に発掘調査が行われ、居館の周囲を巡る土塁と堀の跡が検出されている。また、土塁内部の曲輪部分には礎石建物跡が検出されており、炭や焼土も確認され、永禄六年（一五六三）に同城が焼失した記録との関連が注目されている。遺物は、多量のかわらけ・貿易陶磁器・国産陶器等が出土しており、時期は十六世紀後半までで、焼失後は廃城となったと考えられる。

以上のような調査事例から、戦国時代に今川氏の領国であった地域の平地城館は、一辺約一〇〇m（いわゆる「方一町」）の方形居館を基調とする「館城」で、いまだ全貌は不明なものの、前述した今川氏館も方形居館であることが推定できることから、今川氏やそれに従った国衆の支配拠点は方形居館であったことが考えられる。このような特徴は、守護大名の系譜をひく他国の戦国大名（甲斐の武田氏など）も同様で、いわゆる「室町殿（花の御所）体制」を踏襲していたということができるのではないだろうか。

一方、今川氏時代、山上や丘陵上などに設けられた「要害」の城跡の様相はどのようになっていただろうか。文献史料や発掘調査で出土した遺物の年代等から、今川氏時代から存在していると考えられる城跡は少なくない。静岡県東部から順を追って見ていくと、深沢城（御殿場市深沢）、長久保城（駿東郡長泉町下長窪）、興国寺城（沼津市根古屋）、蒲原城（静岡市清水区蒲原）、庵原城（静岡市清水区庵原町）、田中城（藤枝市田中）、高天神城（掛川市下土方）、掛川城（掛川市掛川）、殿谷城（掛川市本郷）、久野城（袋井市鷲巣）、笹岡城（浜松市天竜区二俣町）、高根城（浜松市天竜区水窪町）、引馬城（浜松市中区元城町）等が挙げられる。

ただし、いずれの城も、後に入った武田氏、

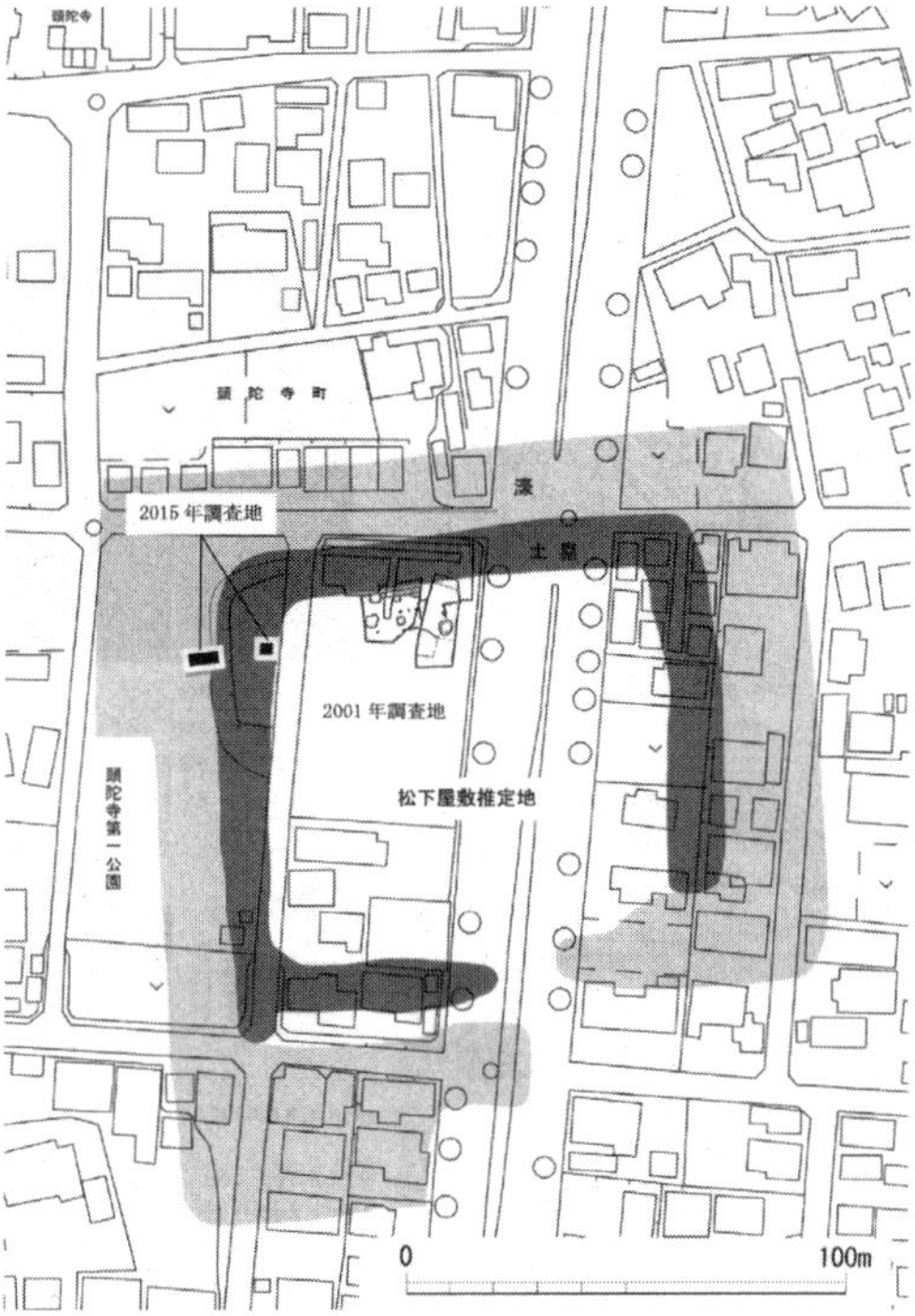

図６　頭陀寺城調査図　「松下氏屋敷現地説明会資料」（浜松市文化財課、2015年）

北条氏、徳川氏等による大規模な改修が考えられ、今川氏時代の城郭遺構の把握が困難である。その中でも、状況等から考えて、今川氏時代の遺構が比較的残っているのではないかと考えられる、蒲原城・殿谷城・笹岡城に

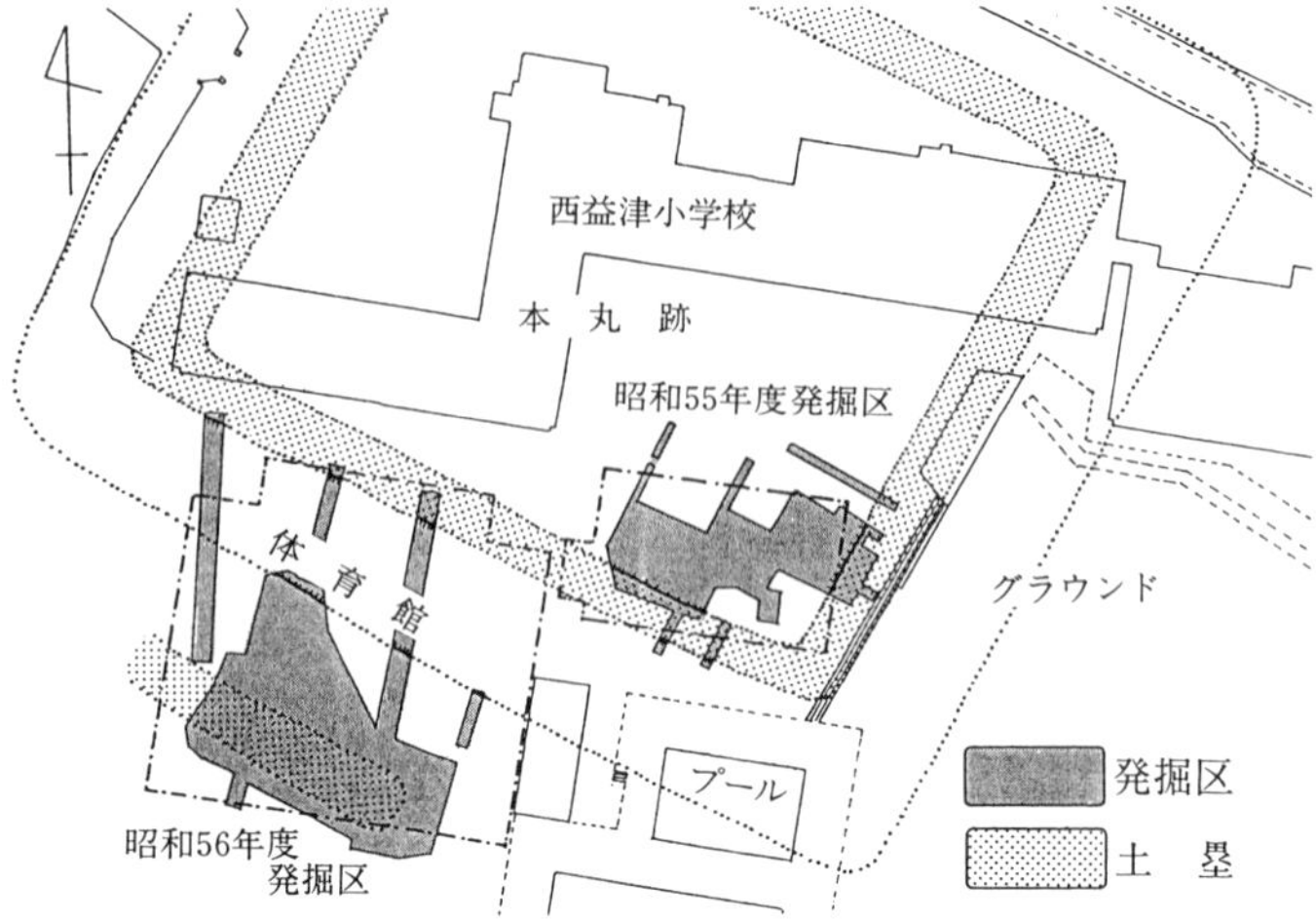

図７　田中城本丸跡（昭和 55 年度）・二ノ丸跡（昭和 56 年度）発掘区位置図
『静岡県藤枝市田中城跡発掘調査報告書Ⅱ―昭和 55 年度西益津小学校校舎増築工事に伴う本丸跡発掘調査－』（藤枝市教育委員会、1985 年）

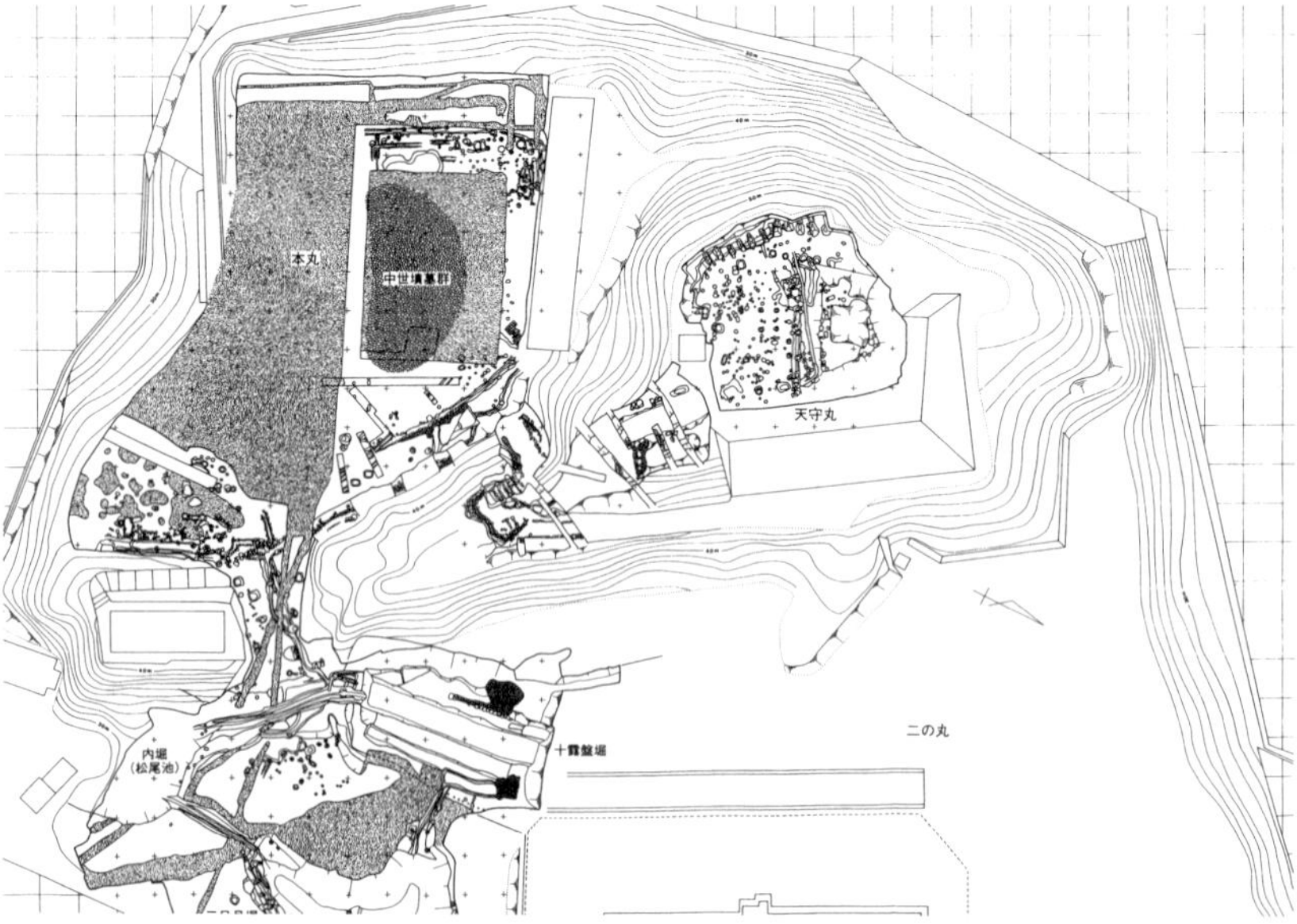

図８　掛川城復元調査 遺構全体図　『掛川城復元調査報告書』（掛川市教育委員会、1998 年）

ついて、以下に述べてみたい。

蒲原城は、駿河湾に面した旧蒲原町背後（北側）の標高約一三八mの山上に築城された、典型的な山城である。同城は山上の最高所に本曲輪、北側の大堀切を隔て善福寺曲輪（北曲輪）を配し、本曲輪の南には二ノ曲輪、さらに西側に三ノ曲輪を階段状に設けるという構造になっている。

発掘調査は昭和六十二年〜平成二年、平成八年〜同十一年、平成十七年の、のべ六回にわたって行われ、溝・柱穴と思われるピット、集石遺構等が検出され、かわらけ・貿易陶磁器・国産陶器・銭貨・鉄砲玉・鉄製馬具・石臼等の遺物が出土している。中世の陶磁器の年代は十五世紀後半〜十六世紀後半の年代観を示している。

文献史料によれば、同城は河東一乱（一五三七〜一五四五頃）の際、北条氏に対する今川氏の城郭として、引馬城の飯尾氏ら遠江の国衆が城番として在城しており、永禄十一年（一五六八）の武田氏の駿河侵攻の際には北条氏が入り、翌永禄十二年十二月には武田氏の攻撃によ

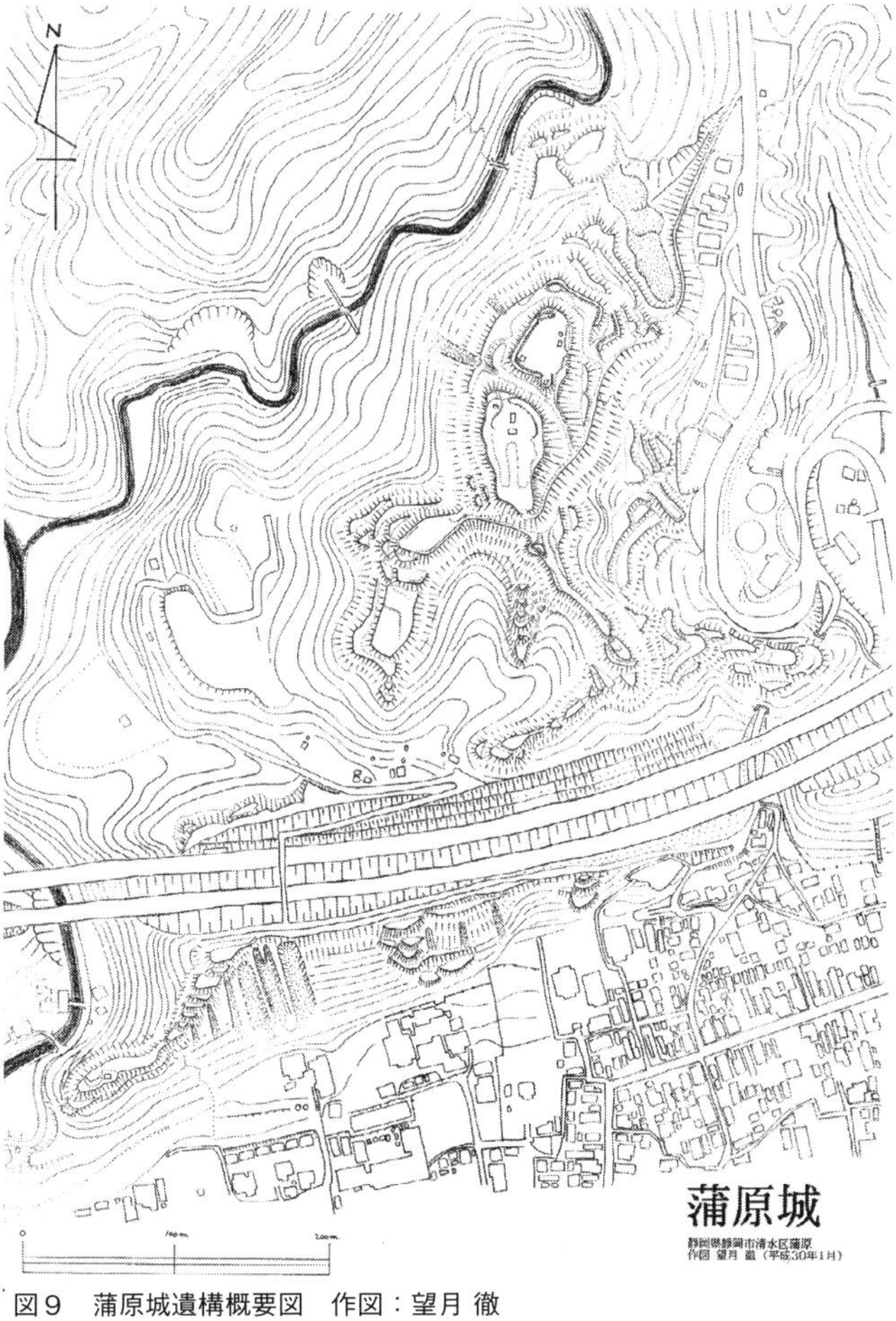

図９　蒲原城遺構概要図　作図：望月 徹

り落城してしまう。

北条氏が蒲原城に在城したのは最後の約一年ほどであり、角馬出や障子堀などといった、関東の北条氏の城郭にみられるような特徴的遺構がみられないことから、同氏は今川氏の城郭であった同城を多少拡張した可能性はあるものの、ほぼそのまま使用したことが推定される。

高藤城（殿谷城）は、掛川市西端を流れる原野谷川により開析された丘陵上に築かれた山城で、昭和五十七年〜五十八年に発掘調査が行われた。

遺構は掘立柱建物跡・堀・虎口・石列などが検出されており、貿易陶磁器・瀬戸美濃系陶器などの遺物が出土している。陶磁器の中心年代は十五世紀後半〜十六世紀前半であり、文献史料に記された明応三年（一四九四）の今川氏の東・中遠江侵攻から、天正元年（一五七三）に徳川氏が同城周辺を制圧したことによる廃城までの年代の中に納まっており、ほぼ今川氏時代の国衆レベルの城郭と考えてよいものと思われる。

笹岡城は、浜松市天竜区の二俣川西岸の段丘上と背後の山上に築かれた、平山城と山城が合体した城郭で、昭和四十六年に発掘調査が行われている。遺構は掘立柱建

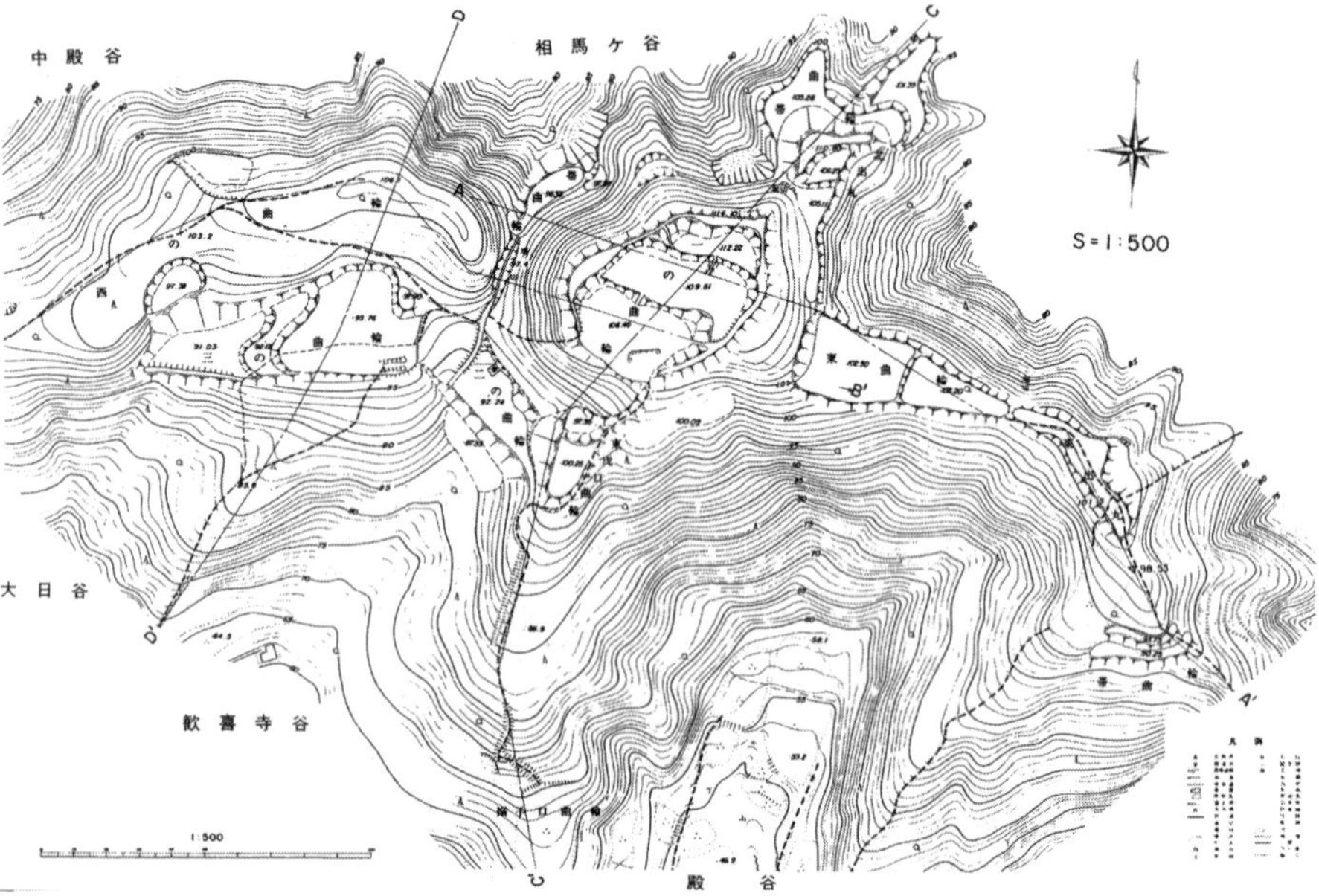

図10　高藤城調査図『殿谷城址他遺跡 発掘調査報告書』（掛川市教育委員会、1985年）

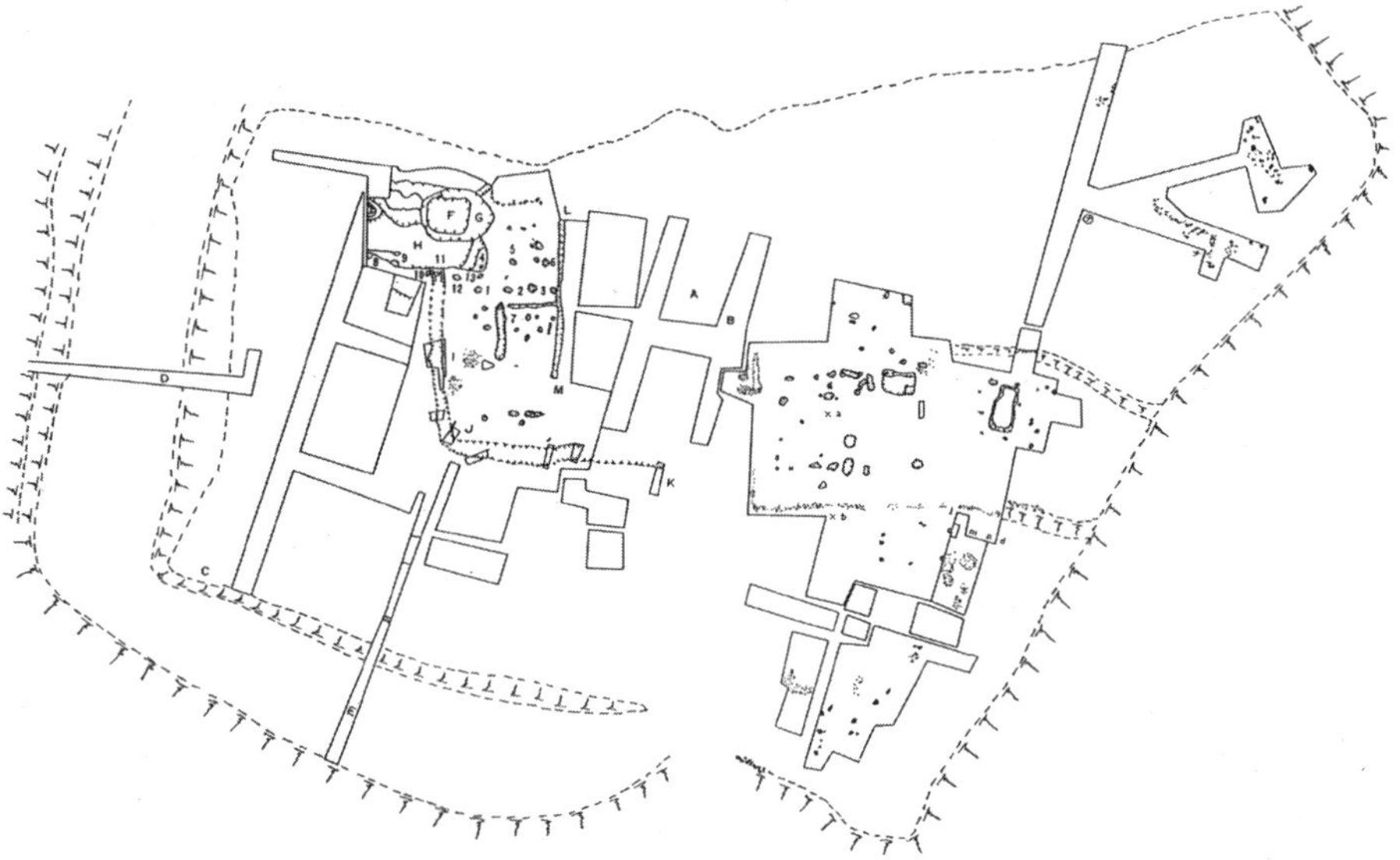

図 11　笹岡城調査図　『遠州笹岡古城 昭和 43 年度発掘調査報告』（天竜市教育委員会、1972 年）

物を構成すると思われる柱穴群と井戸などが検出され、かわらけ・貿易陶磁器・瀬戸美濃系陶器・瓦等の遺物が出土している。陶磁器の年代は十五世紀後半〜十六世紀前半が中心で、瓦が織豊期のものであることを除けば、今川氏時代に国衆（文献史料では松井氏か）によって築かれた城である可能性が高いと考えられる。

今川氏の城館遺構の特徴とは？

以上、考古学的にみた今川氏時代の遺構・遺物について、主に城館遺構を中心に概観してみた。今川氏の城館の一般的特徴として、平地では方形居館を基調とした「館城」がほとんどで、山上の「要害」としての山城は、自然地形を利用した連郭式の縄張で主に堀切で遮断する構造が一般的であったことが、一応の傾向として考えられる。

無論、これは現時点での調査成果をもとに導き出したもので、今後、新たな発見や分析結果が出てくれば、多少変わる可能性もあることを申し添えておく。今川氏の城館については、今後、考古学だけでなく文献史学や民俗学等と連携しつつ、さらなる研究の深化が期待される。

〈望月〉

【参考文献一覧】

「宗長手記」（『群書類従　第十八輯　日記・紀行部』所収）

「今川記」・「富麓記」・「今川家譜」（『続群書類従第二十一輯ノ上　合戦部』所収）

内山真龍『遠江国風土記伝』（寛政十一年〈一七九九〉、一九八〇年復刻）

桑原藤泰『駿河記』（文政三年〈一八二〇〉、一九七四年復刻）

阿部正信『駿国雑志』（天保十三年〈一八四二〉、一九〇九年刊行）

中村高平『駿河志料』（文久元年〈一八六一〉、一九六九年復刻）

斎田茂先・山本忠英『掛川誌稿』（文化年間〈一九世紀初頭〉、一九九七年翻刻）

静岡縣郷土研究会編『静岡縣郷土研究』（一九三三～一九四二年、一九八二年復刻）

『古城』（静岡古城研究会機関紙、一九七二年・第一号～二〇一八年・第六二号発行）

『駿河の今川氏』一号～一〇号（今川史研究会、一九七七～一九八七年）

『日本城郭大系9　静岡・愛知・岐阜』（新人物往来社、一九七九年）

『静岡県の中世城館跡』（静岡県教育委員会、一九八一年）

小和田哲男ほか『静岡県古城めぐり』（静岡新聞社、一九八四年）

小和田哲男監修『図説　駿河・伊豆の城』（郷土出版、一九九二年）

『興国寺城跡保存管理計画報告書』（沼津市教育委員会、一九九三年）

『清水市内遺跡群発掘調査報告書　平成四年度』（清水市教育委員会、一九九三年）

伊藤公芳編集『今川時代とその文化』（静岡県文化財団、一九九四年）

小和田哲男監修『図説　遠江の城』（郷土出版、一九九四年）

『久能山城　久能山城跡現況遺構確認調査報告書』（静岡古城研究会、一九九四年）

『静岡県史　資料編三考古三』（静岡県教育委員会文化課県史編さん室、一九九二年）

『静岡県史　資料編七中世三』（静岡県教育委員会文化課県史編さん室、一九九四年）

『静岡県史　資料編八中世四』（静岡県教育委員会文化課県史編さん室、一九九六年）

『静岡県史　通史編二中世』（静岡県教育委員会文化課県史編さん室、一九九七年）

水野茂『ふるさと古城の旅』（海馬出版、一九九八年）

『静岡県指定史跡横地城跡総合調査報告書』（菊川町教育委員会、一九九九年）

小和田哲男『今川氏の研究　小和田哲男著作集第一巻』（清文堂出版、二〇〇〇年）
小和田哲男『今川家臣団の研究　小和田哲男著作集第二巻』（清文堂出版、二〇〇一年）
小和田哲男『中世城郭史の研究　小和田哲男著作集第六巻』（清文堂出版、二〇〇二年）
『薩埵山陣場跡』（清水市教育委員会・静岡古城研究会、二〇〇二年）
『小川城　焼津市考古資料調査報告書』（焼津市総務部市史編さん室、二〇〇三年）
『元富士大宮司舘跡　大宮城跡にかかわる埋蔵文化財発掘調査報告書』（富士宮市教育委員会、二〇〇三年）
『蒲原城跡総合調査報告書』（静岡市教育委員会、二〇〇七年）
『よみがえる戦国の村―阿野庄と七栗田―歴史シンポジウム・イン・沼津』（静岡古城研究会、二〇〇七年）
『花蔵の乱・隠された真実と諸城跡　歴史シンポジウム・イン・藤枝』（静岡古城研究会、二〇一〇年）
大塚勲『戦国大名今川氏四代』（羽衣出版、二〇一〇年）
『静岡県の城跡　中世城館縄張図集成　中部・駿河国版』（静岡古城研究会、二〇一二年）
大石泰史編『今川氏年表　氏親・氏輝・義元・氏真』（高志書院、二〇一七年）
鈴木将典『国衆の戦国史―遠江の百年戦争と「地域領主」の興亡』（洋泉社、二〇一七年）

あとがき

静岡県内における中世城館跡の分布調査は、昭和五十六年度に静岡県教育委会の手により実施された。その成果は『静岡県の中世城館跡』として発刊し、確認された城館跡の数は六六九であったが、静岡古城研究会の四十六年間の永きにわたる実地踏査活動により、平成三十年段階では、実に一〇〇〇を超える数になっている。その中には、本会が発見・確認したものが二〇〇か所以上にのぼり、この数だけからみても、大いなる偉業としてご理解いただけるだろう。

近年、本会では先の成果を活かした『静岡県の城跡―中世城館縄張図集成―』の編纂事業を進めている。県内のすべての現地再調査などを実施する中で、何といっても発見・新たな確認は最大の醍醐味で、当然ながら今頃見つかる城郭は文献・地名どころか伝承もなく、そこの地権者も知らない有様である。現地では、通説を否定するようなさまざまな意見が交錯し、それは童心に帰るような喜びで一杯になる。そうした最新情報も本書では取り挙げ、「諸説あり」という内容も多い。ぜひ、訪れたときにはそこの地域史に深く触れ合っていただきたい。

本書は、川村晃弘・望月保宏・乗松稔と水野茂の四名のベテラングループが執筆担当し、さらに平井登氏・望月徹氏の二名に協力を仰いだ。彼らは、山深く難儀する現地調査もすごい馬力で難なく登っていく。一つ山城が見つかると、各支尾根すべてを下がったり上がったりして遺構の確認をするだけでなく、周辺に見える稜線・ピーク上など、徹底的に踏査する姿を見ていて、先学たちには申し訳ないが、これぞ真似ができない真の悉皆調査で、日本一の白眉な調査員と思っている。われわれが目指している、見落としのない、悉皆調査を多くの方に知っていただき、本会でいう「城郭フィールド学」として歴史学に位置付けできることを期待し、多くの城郭ファンにも活用してもらいたい。

本書ではとくに、現地の縄張り図を分析し、歴史観などを捉えてまとめてある。われわれが起こす精度の高い縄張り図は日本一と思っているが、今回のように今川系城郭をテーマにすると、その後の武田氏・徳川氏・北条氏による改造後の作図になってしまい、今川系の特異性などを捉えるのは非常に難しいのが現状である。よって、今川氏の対抗勢力の城郭も列記した。本書が、今後も進歩するであろう城郭研究の学術資料として、また、各方面での城館跡の「保存と活用」という宿命的な使命のためにも広く活用され、一助となれば、調査員たちの望外な喜びである。

静岡県の城郭史をまとめるには、本書で取り上げた今川系だけでは少し物足りなく、完結できないことは明らかで、今後、武田系・徳川系・北条系というように続けられれば幸甚である。このたびの刊行にあたっては、戎光祥出版株式会社代表取締役の伊藤光祥氏にたいへんお世話になった。執筆を担当してくれた川村晃弘・望月保宏・乗松稔・平井登・望月徹の各氏には、お忙しい立場でありながら頑張っていただいた。また、本書刊行にあたっては、三十年来の友人である髙田徹氏からお薦めいただいた。縄張り図作成にあたって、氏と筆者は同じ師匠（佐分清親氏）のもとで長年磨き上げ、最高レベルにあることが起因していると自負している。やっと、恥ずかしくないものが刊行できたこと、紙面を借りてお礼申し上げたい。

平成三十年十月

水野　茂

【執筆者一覧】

水野茂（みずの・しげる）

別掲

川村晃弘（かわむら・あきひろ）

一九六二年、静岡市清水区生まれ、同区在住。静岡県立静岡中央高校教諭。静岡古城研究会副会長。『静岡県の城跡 中世城郭縄張図集成』調査・編纂委員。

望月保宏（もちづき・やすひろ）

一九六三年、静岡市清水区生まれ、三島市在住。静岡県立御殿場南高校副校長。静岡古城研究会副会長、静岡県地域史研究会幹事。『静岡県の城跡 中世城郭縄張図集成』調査・編纂委員。

乗松 稔（のりまつ・みのる）

一九五一年、磐田市生まれ、浜松市東区在住。静岡古城研究会理事。『静岡県の城跡 中世城郭縄張図集成』調査・編纂副委員長。

【協力者】

各務博俊

平井 登（静岡古城研究会事務局長）

望月 徹（静岡古城研究会理事）

【編著者紹介】

水野　茂（みずの・しげる）

1944年、静岡市葵区生まれ、同在住。写真家。
現在、静岡古城研究会会長、静岡県文化財保存協会理事、SBS学苑講師。『静岡県の城跡 中世城郭縄張図集成』調査・編纂委員長。
主な著書に『百寺百社』（静岡新聞社、1987年）、『写真でつづる今川氏十代の軌跡』（静岡新聞社、1997年）、『ふるさと古城の旅』（海馬出版、1998年）、静岡古城研究会機関誌『古城』の論文多数、産業経済新聞「静岡古城をゆく」（2012年より連載）などがある。

図説 日本の城郭シリーズ⑪

今川氏《いまがわし》の城郭《じょうかく》と合戦《かっせん》

2019年1月7日 初版初刷発行

編著者　水野　茂
発行者　伊藤光祥
発行所　戎光祥出版株式会社
〒102-0083 東京都千代田区麹町1-7 相互半蔵門ビル8F
TEL:03-5275-3361（代表）　FAX:03-5275-3365
https://www.ebisukosyo.co.jp
編集協力　株式会社イズシエ・コーポレーション
印刷・製本　モリモト印刷株式会社
装　　丁　山添創平

ISBN978-4-86403-307-7